北京市社会科学理论著作出版基金资助

王秀梅 等著

美国死刑制度与经典案例解析

Death Penalty and
Classic Cases
in America

图书在版编目(CIP)数据

美国死刑制度与经典案例解析/王秀梅等著.—北京：北京大学出版社，2018.1

ISBN 978-7-301-29037-8

Ⅰ.①美… Ⅱ.①王… Ⅲ.①死刑—司法制度—研究—美国—现代 Ⅳ.①D971.24

中国版本图书馆 CIP 数据核字(2017)第 304915 号

书　　名	美国死刑制度与经典案例解析 MEIGUO SIXING ZHIDU YU JINGDIAN ANLI JIEXI
著作责任者	王秀梅　等著
责任编辑	郭栋磊
标准书号	ISBN 978-7-301-29037-8
出版发行	北京大学出版社
地　　址	北京市海淀区成府路 205 号　100871
网　　址	http://www.pup.cn
电子信箱	law@pup.pku.edu.cn
新浪微博	@北京大学出版社　@北大出版社法律图书
电　　话	邮购部 62752015　发行部 62750672　编辑部 62752027
印刷者	三河市北燕印装有限公司
经销者	新华书店
	965 毫米×1300 毫米　16 开本　22 印张　286 千字 2018 年 1 月第 1 版　2018 年 1 月第 1 次印刷
定　　价	59.00 元

未经许可，不得以任何方式复制或抄袭本书之部分或全部内容。

版权所有，侵权必究

举报电话：010-62752024　电子信箱：fd@pup.pku.edu.cn

图书如有印装质量问题，请与出版部联系，电话：010-62756370

序

众所周知，美国实行的是联邦制度，联邦和州在法律上存在着权力的划分。美国宪法明确规定，联邦宪法列举的各项联邦权以外的所有权力均归各州行使。由于普通刑事犯罪不属于联邦管辖专列事项，因此刑事法律基本属于州的立法权限范围。只有当某项犯罪侵犯了联邦法律，才由联邦执法机构予以定罪处罚，其余绝大多数普通犯罪均由各州自行立法管辖。在这个意义上说死刑制度很大程度上只是各州的法律问题。美国50个州的法律，加上联邦法律及华盛顿特区的法律，总共有52个法律体系，也有52个刑事法律体系（如果算上美国的军事法律系统，则应该有53个刑事法律体系）。其中，有36个州至今仍然保留有死刑，联邦刑法也保留死刑，而其余各州则废除了死刑。在保留死刑的各州中，有两个州（纽约州和堪萨斯州）的死刑法律最近被该州最高法院宣布为违宪；有一个州（伊利诺伊州）宣布，因在押死刑犯中最终被认定无辜者的数量很大，从2000年以后，死刑一律暂缓执行。事实上，自1976年以来，仅仅是一小部分州（得克萨斯州、弗吉尼亚州、俄克拉荷马州、密西西比州和佛罗里达州）所执行的死刑占了美国死刑执行的绝大多数。

大约200—300年前，西方国家普遍适用死刑。当时，死刑的适用不仅公开，而且适用于各种犯罪。特别是在国家独立或者建国之初，国家尚处于不稳定阶段，并随时受到政治方面的威胁，死刑的广泛适用一方面有利于维护国家的稳定；另一方面，死刑又作为国家权力的象征，取代私人报应刑作为控制犯罪、实现正义的工具。然而最近200年以来，随着公众价值观的改变，自由、民主和保障人权的理念逐渐使死刑的适用得到限制。一些政治、文化和法律精英提出限制国家权力、限制国家使用暴力和保障个人权利的主张，并对适用死刑的一些案件提出质疑，死刑的存在与现代社会价值观发生冲突，死刑逐渐偏离了公众的视野。

目前，在西方国家，废除死刑的主张处于主导地位，特别是在欧盟国家，已彻底废除了死刑。那么，美国作为法治发达国家为何仍在联邦政府、36个州和军事司法管辖中保留死刑的适用？其原因大致如下：(1)美国是联邦制国家，该制度决定各州有自己的刑罚权，死刑存否也在各州的刑罚权之内。(2)美国宪法是200年前制定的，宪法制定之初，死刑尚未成为社会问题，其后有关刑事方面的宪法修正案也只涉及刑事诉讼中的人权保障问题，而没有涉及死刑的存废问题。(3)美国政治制度的影响。一方面，联邦与各州之间的政治关系非常复杂，死刑也是美国两个政党之间的政治关注点；另一方面，法官特别是检察官须经民选，因而如果没有公众的支持，很难改变立法的态度和司法上对死刑案件的指控。(4)美国犯罪率仍居高不下，特别是暴力犯罪，使得民众主张适用死刑的呼声仍占有较高的比率。

应该说，美国联邦最高法院曾是全美范围内废除死刑的唯一机构。死刑法律及程序方面的变革是联邦最高法院在1972年审理的弗曼诉佐治亚州（Furman v. Georgia）案，在该案中，联邦最高法院认为，当时佐治亚州的死刑制度违反了美国宪法《第八修正案》禁止残酷和异常惩罚的规定。尽管弗曼案中的每一位法官都写下了不同的赞成和反对意见，但弗曼案之最终仍被视为违宪，因为死刑的适用充满着专断、恣意以及可能的歧视，而不是因为死刑本身构成残酷和异常的惩罚。1972年，弗曼案的判决使所有50个州和联邦政府有关死刑的成文法归于无效，美国联邦最高法院的裁决几乎在全美范围内废除了死刑。

然而，弗曼案并没有像一些人所希望的那样导致死刑的废除，此后由于犯罪率激增，民众对暴力犯罪深恶痛绝，社会也显示出对死刑的需求，大多数州起草新的立法以使死刑适用合法化。迫于社会各界的压力，在弗曼案四年后，联邦最高法院在1976年格雷格诉佐治亚州（Gregg v. Georgia）一案中维持了佐治亚州关于死刑程序方面的修正，并明确如果死刑程序满足公正原则的某些要求，则依此判处的死刑合乎宪法。这些要求包括：（1）为了区分死刑定罪和量刑这两个必经程序并避免裁判者的偏见和混乱，死刑的审判必须将定罪和量刑阶段分开。（2）量刑者在判断是否适用死刑时必须考虑一系列因素和标准。美国联邦最高法院最终通过格雷格案又恢复了死刑，但将死刑限制适用于有限的几种犯罪，主要是有加重情节的谋杀罪；同时也禁止将死刑适用于未成年人和精神障碍人。

死刑是对生命权的剥夺，而生命权是人的一项最基本权利，同时也是最应当受到宪法保障的权利。由于死刑关乎生命，从而使死刑具备了刑罚与人权的双重属性，同时，对宪法保护生命权亦提出了双重刑事司法系统中最能体现正当程序和平等保护的一种刑罚，是与《公民权利和政治权利国际公约》以及《反酷刑公约》中规定的禁止残忍、异常处罚关系最为紧密的一种刑罚，是对宪法保护生命权的挑战。近现代美国死刑制度经历了深刻的历史变革，执行死刑的数字也经历了由低到高再由高到低的发展趋势，死刑的合宪性解释是更高的和最后的解释。对美国死刑制度和死刑在司法实践中的适用，以及废除非暴力犯罪死刑、废除未成年犯罪死刑、废除智障人死刑等方面的研究，可以为我国严格控制死刑，慎重适用死刑以及发掘死刑替代措施等方面提供一定的借鉴作用。

王秀梅教授一直以来从事国际刑法和比较刑法的研究，尤其对中美刑法的比较和美国死刑制度都有较深的研究。曾主持多项中美死刑制度比较和死刑替代措施方面的研究项目，合作出版了《中美死刑制度比较研究》，并有多篇涉及中美死刑方面的学术文章发表，著有《美国刑法规则与实证解析》及译著《美国刑法精解》和《美国死刑法精解》。她多次实地考察了美国死刑制度的运行，参访并与美国最高法院法官、律师协会以及民间死刑机构座谈，掌握了美国死刑制度的大量一手资料。《美国死刑制度与经典案例解析》一书，是王秀梅教授在亲自参与考察访问，指导其学生以经典案例为素材撰写的硕士论文基础上整理完成的，对美国死刑制度的历史变迁和当代适用进行了清晰的说明与研究。为我国研究限制和减少死刑适用，并最终废除死刑适用具有重要的参考价值。中美两国是世界上颇有影响的国家，这两个国家均保留死刑的适用。而就目前而言，中国还不能彻底废除死刑，但须严格控制死刑适用。从法律传统看，中美两国分属两个不同的法系，但对美国死刑制度尤其是从案例入手进行研究，将有助于中国死刑制度的改革从中汲取其精华，避免其在死刑制度变迁中曾经出现的失误。

是为序。

高铭暄

2017 年 6 月 18 日

死刑政策是失策的吗

（前言）

死刑本身失策吗？死刑作为刑罚体系中剥夺犯罪人生命权利的一种刑罚方法，起源于古代氏族部落的战争，当时的战胜者会将俘虏杀死以示复仇，这伴随着国家和法律的产生而发展成为一种法定的刑罚方法。数千年来，死刑也一直是报复刑论中最重要的内容之一。但意大利著名刑法学家贝卡利亚在18世纪所著的《论犯罪与刑罚》拉开了死刑存废辩论的帷幕。2016年11月30日，聂树斌故意杀人、强奸妇女案再审改判无罪，又将死刑适用的风险和无法弥补性的论争推向了高潮。

世上没有完美的司法体系，而且死刑是不可逆转的，一旦执行即无法挽回。死刑无法吓阻罪行，它只是徒然分散了大家对建置一个有效刑事司法系统需求的注意力。2016年9月21日，原俄勒冈监狱长Semon Frank Thompson感慨，在做监狱长之前，他支持死刑，而且认为，通过执行死刑正义得到了实现。但做了监狱长后，他改变了想法，认为"死刑是一项失败的政策"，"美国不应再接受死刑在我国刑事司法制度中发挥着任何建设性作用的神话。结束死刑适用虽然是个艰难的过程，但将会给我们带来一个更健康的社会"。[①]

任何一种刑罚制度的存在与消亡自然有其合理存在与合理消亡的理由，同样，其消亡的过程正是因为当初确立这种刑罚制度的合理因素已经不适应法治社会发展、进步的需求或者无需存在。

---

① http://www.deathpenaltyinfo.org/，访问日期：2016年12月12日。

如果一个刑罚没有任何阻止或者预防犯罪的效果，那么这种刑罚展现出来的也就只有报复功能了，就相当于社会对违反其基本准则的行为用数学形式对事物的性质作出回应。因为，事实显示，死刑并没有真正起到预防犯罪发生的作用。科学研究表明，始终没有发现有力的证据证明死刑比任何其他刑罚都更有效地威慑了犯罪。1988 年联合国对死刑和杀人罪概率之间关系的调查，以及 2002 年联合国更新这个调查发现，"……在很大程度上，接受适用死刑比适用较轻些的终身监禁更威慑杀人罪的假设是不谨慎的。"①

美国阿拉巴马州前检察官 Billy Hill 先生曾经质疑死刑的价值，他在重新考虑其看待死刑的立场时说，终身监禁不得假释应该是惩罚暴力犯罪最恰当的刑罚，因为只有当罪犯躺在停尸板上的那刻，他才有可能走出监狱。如果一个国家支持适用死刑，那么为了保障死刑适用的公正，还需要花费更大的成本保证程序的公正和审判的准确。② 他认为，死刑并不是我们应该使用的一种英明的、人道的资源，错判、死刑的任意性、不能得到良好的辩护、被害人家庭经受长期的折磨，使他相信不得假释的终身监禁应该是替代死刑的较好措施。通过 30 多年对暴力犯罪的观察，他发现在暴力犯罪人中主要有三种引发犯罪的因素：（1）儿时受到的虐待，有的是身体上的虐待，也有的是性虐待；（2）对某些类型的化学药物依赖，比如酒精或者毒品；（3）神经上不健全。凭借多年工作的经验，他认为，死刑并不能满足被害人家庭的需要，因为通常在确定执行日期后，在不断重复的上诉过程中，死刑被不断地取消执行，被害人家庭始终被失去亲人的痛苦缠绕。③ 美国原监狱长和前检察官的观点从实践角度显示了死刑作为刑罚是失策的。当然死刑的支持者也会列举一系

---

① Roger Hood, *The Death Penalty: A World-wide Perspective*, Oxford, Clarendon Press, third edition, 2002, p. 230.
② http://www.deathpenaltyinfo.org/newsanddev.php?scid=59, 访问日期：2016 年 12 月 7 日。
③ http://www.deathpenaltyinfo.org/FactSheet.pdf, 访问日期：2016 年 12 月 7 日。

列理由来强调死刑是一项非常有效的政策。

从国际社会的实践来看，死刑仍在部分国家存在，说明其还有一定的合理性。国际公约也没有强制性要求全面废除死刑。1948年《世界人权宣言》第3条规定："人人有权享有生命、自由和人身安全。"当时，世界大部分国家的法律都有死刑的规定，因而该宣言没有明确废除死刑，其后的国际公约以生命权为基底，越来越多地限制死刑的适用范围，并强调反对非法剥夺他人生命的行为。联合国于1966年通过的《公民权利和政治权利国际公约》（以下简称《公民权利公约》）和《经济、社会、文化权利国际公约》亦强调生命权是人与生俱来的权利，国际公约强调法律所保护的最基本权利就是"人人固有生命权"。依古典自然法学派的观点，任何人都有不受侵害、和平生活的权利，这是人类所能够得到的最基本的理性启示之一，也是最基本的自然法精神。① 生命权是神圣的、平等的，任何理由都不能成为侵犯他人生命权的合理依据。

1971年联合国大会呼吁国际社会以人权的准则来保障人权，号召全世界积极控制死刑惩罚罪犯的数量，最终达到废除死刑的目的。1980年联合国秘书长在第六次联合国预防犯罪和罪犯待遇大会上宣称，死刑"明显侵犯了人权"。联合国秘书处在为这次大会准备的一份文件中强调，"死刑是残酷的、不人道的和堕落的刑罚……这种刑罚不应被采纳。"1985年欧洲理事会为增补《欧洲人权公约》而制定的《关于废除死刑的第六附加议定书》得以生效。该议定书是国际法中第一个禁止死刑的约束性文件，要求当事国废除和平时期的死刑，有十多个欧洲国家在这个文件上签字。1989年12月15日第44届联合国大会以59票赞成、26票反对、48票弃权通过了《旨在废除死刑的〈公民权利和政治权利国际公约〉第二项任择议定书》（以下简称《废除死刑公约》），该《公约》不仅影响了各国刑罚中死刑

---

① ［英］霍布斯：《利维坦》，黎思复、黎庭弼译，商务印书馆1985年版，第97、98页。

的实际适用①,而且预示以后的国际公约在刑罚规定方面应放弃死刑的适用。《废除死刑公约》鲜明地提出了废除死刑的主张,该议定书指出:"废除死刑有助于提高人的尊严和促使人权的持续发展……深信废除死刑的所有措施应被视为享受生命权方面的进步……"② 2007年联合国通过旨在全面废除死刑的《停止执行死刑决议》,2007年12月18日,联合国大会负责社会和人道主义事务的第三委员会以99票赞成、52票反对、33票弃权的结果通过题为《暂停使用死刑》(Moratorium on the use of the death penalty)的决议,主要内容包括:(1)对继续适用死刑表示严重关注;(2)呼吁保留死刑的国家尊重死刑犯的权利,向联合国秘书长提供死刑的适用情况,逐步限制死刑之适用和减少适用死刑的罪名,暂停执行死刑以期将来废除死刑;(3)呼吁已经废除死刑的国家不要恢复死刑。

根据《联合国宪章》和有关国际法准则,联合国大会的决议案对各国没有强制执行力,但可以形成一种价值观和舆论上的压力。各国有权自主选择适合本国国情的法治模式,各国的法治模式可以相互借鉴、取长补短、共同发展。奥尔忠尼基泽表示,在一些国家,废除死刑是一个困难和敏感的过程。废除死刑的进程向前迈进仍需在全国范围内开展全面和包容的辩论。他希望这次反对死刑世界大会将突出已经废除死刑或暂停实施死刑国家的实际经验,从而有助于促进这样的国家辩论。由此引申出另外一个值得思考的问题,死刑问题是内政还是外交? 死刑是一国行使司法主权的标志之一,是绝对的内政。但却被用来作为外交的手段之一,废除死刑成为加入欧盟成员的条件之一。在引渡国际惯例中死刑犯不引渡,在司法实践中死刑在刑事司法协助与合作方面的障碍比比皆是,甚至成为一

---

① 我国修订的刑法典明显地限制了死刑适用,而且修订刑法也恰好是在《废除死刑公约》颁行之后,即便两者之间不存在偶合,也说明我国在顺应国际潮流的同时,又不失本国的国情和特色。
② 胡云腾:《存与废——死刑基本理论研究》,中国检察出版社2000年版,第294页。

国抨击另一国人权状况的借口，由此可见，死刑是一项重要的外交内容。涉及死刑及其适用的国际规范允许死刑有条件地存在与适用，尚不能说明死刑政策是一项绝对失效的策略，但在一些具体国家刑事政策中却被视为一项失败的政策。历数各国刑法典中的刑罚规定，死刑招致如此广泛的诟病，究其原因，无外乎生命价值与人类所享有的其他基本权利相比具有实质的不同。

最后，本书得以顺利付梓，特别感谢北京大学出版社副总编辑蒋浩及责任编辑郭栋磊先生的鼎力相助。感谢我的恩师高铭暄教授为本书作序，感谢赵秉志教授等美国死刑考察团团队的付出，同时感谢原美国纽约大学同事虞平博士及三亚学院曾赛刚博士的贡献。本书是我指导的硕士研究生的成果展现。第一章是由王秀梅撰写，曾赛刚参与了部分写作。安倩楠和刘瑞参与了第二章的写作，王倩倩参与了第三章的写作，于静涵参与了第四章的写作，魏鸣参与了第五章的写作，巫扬帆参与了第六章的写作，徐博参与了第七章的写作，楚丽和谢娟参与了第八章的写作，龚静参与了第九章的写作，第十章是由王秀梅撰写。书中尚有纰漏不妥之处，敬祈专家和读者批评指正。

王秀梅

2017年6月

目录 Contents

- 001 第一章
  美国死刑制度概述
- 001 第一节 美国死刑制度历史渊源
- 009 第二节 美国死刑法律的立法现状
- 016 第三节 美国死刑诉讼程序
- 064 第四节 美国死刑的执行

- 094 第二章
  美国未成年人死刑适用制度
- 096 第一节 美国未成年人死刑适用制度发展概况
- 106 第二节 美国废除未成年人死刑的典型案例
- 113 第三节 联邦最高法院裁决评析
- 129 第四节 美国宪法在废除未成年人死刑决策中的作用

- 136 第三章
  美国智障人死刑适用制度
- 138 第一节 潘瑞诉莱诺案（Penry v. Lynaugh）概况
- 140 第二节 智障者死刑案件的审理问题
- 144 第三节 潘瑞诉莱诺案具体问题
- 147 第四节 美国对智障者适用死刑制度的演变

- 156 第四章
  美国共同犯罪案件中的死刑适用制度
- 158 第一节 恩芒德诉佛罗里达州案（Enmund v. Florida）
- 168 第二节 蒂森诉亚利桑那州案（Tison v. Arizona）
- 176 第三节 美国对共犯适用死刑问题的剖析

- 181 第五章
  死刑制度中的种族歧视
- 181 第一节 麦克莱斯基诉坎普案案情介绍

184　第二节　麦克莱斯基案的争议焦点
191　第三节　种族歧视与美国死刑
204　第四节　麦克莱斯基诉坎普案的法律评析

209　第六章
　　　死刑替代之终身监禁不可假释制度
209　第一节　美国终身监禁不得假释制度概述
216　第二节　美国终身监禁不得假释制度的实施
221　第三节　美国终身监禁不得假释制度的价值分析
229　第四节　美国终身监禁不得假释制度与死刑

232　第七章
　　　美国死刑案件中的新证据制度
234　第一节　埃雷拉诉柯林斯（Herrera v. Collins）案情介绍
240　第二节　死刑案件中新证据的概述
248　第三节　新证据的有效性分析
254　第四节　从埃雷拉案获得的思考和启示

258　第八章
　　　美国死刑案件中的陪审团制度
258　第一节　陪审团在美国死刑制度中的变革背景
261　第二节　瑞恩诉亚利桑那州案概况
269　第三节　瑞恩诉亚利桑那州案的法理分析
283　第四节　美国死刑适用中的民意考量制度化

294　第九章
　　　美国强奸犯罪中的死刑适用制度
295　第一节　肯尼迪诉路易斯安那州案概述
299　第二节　美国死刑限制适用于强奸犯的背景

316　第十章
　　　美国死刑制度的改革
316　第一节　美国死刑的评估
325　第二节　死刑制度改革建议
331　第三节　伊利诺伊州死刑制度改革

第一章 美国死刑制度概述

第一节 美国死刑制度历史渊源

一、美国死刑制度沿革

大约 200—300 年前，西方国家普遍适用死刑。当时，死刑的适用不仅公开，而且适用于各种犯罪。特别是在国家独立或者建国之初，国家尚处于不稳定阶段，并随时受到政治方面的威胁，死刑的广泛适用一方面有利于维护国家的稳定；另一方面，死刑作为国家权力的象征，取代私人报复刑作为控制犯罪、实现正义的工具。一些政治、文化和法律精英提出限制国家权力、限制国家使用暴力和保障个人权利的主张，并对适用死刑的一些案件提出质疑，死刑的存在与现代社会价值观发生冲突，死刑逐渐偏离了公众的视野。

17 世纪，当欧洲殖民者来到美洲时，也带来了他们的死刑制度，对美国的死刑制度影响最大的是英国。在殖民地时代有记载的第一次执行死刑是在 1608 年。在 1608 年，乔治上尉因充当西班牙的间谍而被弗吉尼亚州处以死刑。[1] 在 1612 年，弗吉尼亚州州长颁布了一项法律。该法规定死刑适用于一些轻微犯罪，偷葡萄、杀鸡、与印第安纳人进行贸易的行为也会适用死刑。在 1665 年，纽约殖民地

---

[1] See Evan J. Mandery, Capital Punishment: a Balanced Examination, Jones and Bartlett Punishers, p. 4.

制定了一项法律。根据该法，殴打父母和否定"真实上帝"的存在也要被处以死刑。

在 18 世纪末，美国死刑的适用范围发生了很大变化。宾夕法尼亚州把谋杀罪划分等级，并规定死刑仅适用于一级谋杀。但在那时所有的一级谋杀仍是绝对死刑（Mandatory death penalty）。在宾夕法尼亚州对谋杀罪分级后的 4 年里，美国大多数州也都效仿了宾夕法尼亚州的做法。那时美国死刑法律里充满了种族歧视色彩。美国南部的死刑是控制奴隶的一个工具。例如，在北卡罗来纳州，奴隶偷窃、煽动奴隶暴动和为了使奴隶获得自由而隐藏奴隶等行为也要被处以死刑。[1] 佐治亚州法律规定奴隶或黑人自由人强奸白人要处以死刑，白人强奸奴隶或黑人妇女则由法院自由裁量，处以罚金或监禁。[2] 由于当时美国南部各州的刑法明显带有种族歧视色彩，美国南部各州的刑法被称为《黑人法典》（Black Codes）。即使《解放宣言》（Emancipation Percolation）[3] 颁布之后，这种形势也没有改变。在这时期被处以死刑的人中有一半以上是黑人。18 世纪末，美国关于死刑的法律还通过了一项重要法案。在 1790 年，美国国会通过了第一个联邦刑法——《美国治罪法案》（Act for the punishment of certain crimes against the United States）。该法律对以下几种犯罪规定了死刑：叛国罪、伪造文书罪、在联邦司法区管辖内的故意杀人罪、海盗罪、伪造货币罪。[4]

在 19 世纪早期，美国的许多州缩小了适用于死刑的犯罪行为范围，并创建了监狱。在 1834 年，宾夕法尼亚州率先规定死刑不在公

---

[1] See Evan J. Mandery, Capital Punishment: a Balanced Examination, Jones and Bartlett Punishers, p. 6.
[2] Ibid., p. 7.
[3] 《解放宣言》指 1863 年 1 月 1 日由美国总统林肯宣布在指定的州和地区处于奴隶状态的人从即日起获得自由的宣言。参见薛波主编：《元照英美法词典》，法律出版社 2003 年版，第 466 页。
[4] See Randall Coyne and Lyn Entzeroth, Capital Punishment and the Judicial Process, Carolina Academic Press, Durban North Canlina, p. 845.

众面前执行。在1846年，密歇根州法律规定死刑仅适用于叛国罪。在这之后，罗得岛州和威斯康星州彻底废除了死刑。尽管此时有些州开始废除死刑，大多数州仍保留死刑。一些州的法律甚至扩大了死刑的适用范围。特别是那些由奴隶实施的犯罪，其中有很多可以适用死刑。在1838年，为了增强人们对死刑的好感，一些州开始废除绝对死刑。在1838年，田纳西州首先颁布相对死刑法。在美国内战期间，人们关注更多的是废除奴隶运动，关于死刑的改革没有太大进展。美国内战结束后，纽约州法律规定可以用电椅来执行死刑，接着许多州也采用了电椅作为执行死刑的方法。

从1907年到1917年，美国有6个州完全废除了死刑，并且有3个州的法律规定死刑仅适用于叛国罪和一级谋杀法律执行官罪。然而，美国人对俄国社会主义革命感到恐慌，并且当时美国已加入第一次世界大战。在这种情形下，到1920年美国已废除死刑的6个州中有5个州重新恢复了死刑。在20世纪20年代至40年代，美国经历了经济危机时期。此时的犯罪学家也声称死刑是必要的社会防卫措施。因而，在这段时间里，美国执行死刑的人数大大增加。但是，美国的死刑立法并没有多少变化。20世纪50年代，美国在死刑立法方面仍没有什么变化，而死刑的执行人数却大幅减少。在20世纪60年代，死刑的合宪性开始遭到质疑。

在1972年，弗曼诉佐治亚州案（Furman v. Georgia）、杰克逊诉佐治亚州案（Jackson v. Georgia）和布兰奇诉得克萨斯州案（Branch v. Texas）使死刑是否合宪的问题再次上诉到美国联邦最高法院。弗曼（Furman）声称死刑判决是专断和任意的，因而，死刑判决违反《宪法第八修正案》"禁止残酷和异常刑罚"的规定。在该案中，联邦最高法院9位法官以5：4的投票得出结论，判决佐治亚州的死刑制定法违反《宪法第八修正案》"禁止残酷和异常刑罚"的规定。联邦最高法院在作出弗曼判决的同时，还设定了一个判断某种刑罚是否符合"残酷和异常刑罚"的标准：刑罚对于罪行是否太重，刑罚是否专断，刑罚是否侵犯了社会的正义感，刑罚是否比另一种更轻的刑罚效果更好。根据对弗曼的判决和上述标准，其他州有关死刑的制定法因违宪而无效。

尽管在弗曼案中，布伦南（Brennan）和马歇尔（Marshall）大法官认为死刑本身违宪，但弗曼案被视为违宪主要是因为佐治亚州有关死刑的制定法违反《宪法第八修正案》"禁止残酷和异常刑罚"的规定，而不是因为死刑本身违宪。这就是说，该州有机会修订有关死刑制定法以消除弗曼案中出现的问题。在联邦最高法院作出弗曼案判决之后5个月，佛罗里达州修订了其有关死刑的制定法。不久之后，其他34个州也修订了有关死刑的制定法。但此时各州有关死刑制定法的修订仍未得到联邦最高法院的认可。在1976年，由于格雷格诉佐治亚州案（Gregg v. Georgia）、埃尔克诉得克萨斯州案（Jerk v. Texas）和普罗菲特诉佛罗里达州案（Proffitt v. Florida），死刑是否违宪的问题被再次上诉到联邦最高法院。在这几个案件中，联邦最高法院认可了这几个州有关死刑的制定法。联邦最高法院认为，死刑本身不违反《宪法第八修正案》"禁止残酷和异常刑罚"的规定。因此，在格雷格诉佐治亚州案之后，美国又恢复了死刑制度。

二、现代美国死刑制度发展

目前，在西方国家，废除死刑的主张处于主导地位，特别是欧盟国家彻底废除了死刑。那么，美国作为法治发达国家为何仍在联邦政府、38个州（参见图表1.1）和军事司法制度中保留死刑的适用？其原因大致如下：（1）美国是联邦制国家，该制度决定各州有自己的刑罚权，死刑存否也在各州的刑罚权之内。（2）美国宪法是200年前制定的，宪法制定之初，死刑尚未成为社会问题，其后有关刑事方面的宪法修正案也只涉及刑事诉讼中的人权保障问题，而没有涉及死刑的存废问题。（3）美国政治制度的影响。一方面，联邦与各州之间的政治关系非常复杂，死刑也是美国两个政党之间的政治关注点；另一方面，法官，特别是检察官须经民选，因而如果没有公众的支持，很难改变立法的态度和司法上对死刑案件的指控。(4) 美国犯罪率仍居高不下，特别是暴力犯罪，使得民众主张适用死刑的呼声仍占有较高的比率。应该说，美国联邦最高法院是在全美范围内废除死刑的唯一机构。1972 年，在弗曼诉佐治亚州（Furman v. Georgia）案中，联邦最高法院的裁决导致几乎在全美废除了死刑。然而，此后由于犯罪率剧增，民众对暴力犯罪深恶痛绝，社会也显示出对死刑适用的需求，大多数州起草新的立法以使死刑适用合法。迫于社会各界的压力，美国联邦最高法院最终又于 1976 年同意恢复死刑，但将死刑限制适用于有限的几种犯罪，主要是有加重情节的谋杀罪；同时也禁止将死刑适用于未成年人和精神障碍人。

（一）现代美国死刑制度发展的分界点

在普通法上，谋杀罪几乎毫无例外适用死刑。而其他的重罪，例如，强奸罪、绑架罪，尽管并没有造成被害人的死亡，但也可以判处死刑。不过，随着比例性原则的发展，按严重程度的不同而对犯罪进行等级划分，以及在量刑时引入自由裁量原则，极大地缩小了死刑适用的范围。死刑逐渐被认为是专门为最恶劣的犯罪所保留的惩罚措施。在 20 世纪初，美国的 23 个司法区域已经完成了从强制适用死刑到仅仅对一级谋杀罪自由裁量适用的转变。到 1962 年，死刑在所有的司法区域都是自由裁量的。[①] 然而，在 1972 年之前，在量刑上各州都没有指导该自由裁量权行使的标准。当适用死刑时，陪审团和法官并没有这方面的指南。因此，被判处死刑的被告人完全由量刑者自由裁量，这导致的结果是：在法律制度中，最严重的惩罚看上去不是保留给最恶劣的犯罪，而似乎是任意作出的。

[①] Sanford Kadish, Stephen Schulhofer, Criminal Law and Its Processes: Cases and Materials, Aspen Publish Co, 2012. 7. p. 493.

(二) 美国死刑与禁止"残酷和异常的惩罚"

随着1972年联邦最高法院对弗曼诉佐治亚州案（Furman v. Georgia）①一案的审理，美国迎来了死刑法律及程序方面的新纪元。在该案中，联邦最高法院认为，当时佐治亚州的死刑制度违反了《宪法第八修正案》禁止残酷和异常惩罚的条款。尽管弗曼案中的每一位法官都写下了不同的赞成和反对意见，而弗曼案之所以被认为违宪，是因为死刑的适用充满着专断、恣意以及可能的歧视，并不是因为死刑本身构成残酷和异常的惩罚。联邦最高法院对弗曼案的判决也使所有50个州和联邦政府有关死刑的成文法归于无效。必须指出的是，在弗曼案的年代乃至今日，死刑制度得到了美国民众的支持。因而，弗曼案并没有像一些人所希望的那样导致死刑的废除，而只是迫使各州和联邦重新立法，并使有关死刑的立法遵守弗曼案判决的种种要求。

(三) 美国死刑的恢复期

在弗曼案4年以后，联邦最高法院在格雷格诉佐治亚州（Gregg v. Georgia）②一案中维持了佐治亚州关于死刑程序方面的修正并确立：如若死刑程序满足公正原则的某些要求，则依此判处的死刑合乎宪法。这些要求包括：(1) 为了区分死刑的定罪和量刑这两个必经程序并避免裁判者的偏见和混乱，死刑的审判必须将定罪和量刑阶段分开。(2) 量刑者在判断是否适用死刑时必须考虑一系列因素和标准。与弗曼案中死刑程序的开放性和任意性相比，新的程序在限制法官或者陪审团自由裁量方面必须有足够的确定性。尽管所有的刑事案件都是通过警方、检察官、陪审团、州长以及假释委员会的自由裁量（因而存在任意的可能性）而形成和决定的，但是审理格雷格（Gregg）案的法庭认为，死刑本身并不违反宪法修正案"残

---

① Furman v. Georgia, 408 U. S. 238 (1972).
② Gregg v. Georgia, 428 U. S. 153 (1976).

酷和异常刑罚"的规定。弗曼案和格雷格案之后的联邦最高法院判例进一步缩小了死刑适用的范围，规定在非致命的犯罪中（例如强奸罪和绑架罪）适用死刑是非法的，理由是惩罚的严厉程度与犯罪的严重程度不成比例。① 联邦最高法院也确立了强制性死刑的违宪性，要求判决死刑时考虑包括犯罪人人品、犯罪记录以及具体犯罪情节在内的许多减轻情节。② 从伍德森（Woodson）案到洛基特（Lockett）案再到以后的一系列案件都强调了呼吁个别化裁量和尊重个人尊严的《宪法第八修正案》。机械地适用强制性的死刑未能考虑个人的具体情况，因而构成违宪。

（四）美国现代死刑争议的问题

在美国死刑法律适用方面面临着两个主要的限制。一方面，死刑不能任意适用，如弗曼案；另一方面，死刑不能够自动适用，而必须考虑被告人和犯罪的具体情况，诸如伍德森案、洛基特案等。为了满足这两个条件，量刑者在适用死刑时必须遵循某些法定标准，同时还必须考虑每一个案件中个人的情况。当然，至于在适用死刑方面，美国各司法区域是否成功遵守上述两个规定一直是仁者见仁、智者见智。

1987年，佐治亚州的死刑制度在麦克莱斯基诉坎普（McClesy

---

① Coker v. Georgia, 510U. S. 1009 (1977). 认为死刑对于强奸一名成年妇女的犯罪而言是严重不成比例的，法院的判决理由扩展于所有非致命的犯罪中。
② Woodson v. North Carolina, 438U. S. 280 (1976). 认为强制性的死刑惩罚与当前的道德标准不一致，对《宪法第八修正案》规定的尊重个人尊严要求作个别化的考虑。此后，遵循伍德森（Woodson）案的一系列的判例有：Lockett v. Ohio, 438U. S. 586 (1978). 认为"量刑者，除极其个别案件外，在所有的死刑案件中，都不应当排除考虑减轻因素，以及任何被告人的品格或记录方面和任何被告人提供的作为判处轻于死刑刑罚的犯罪情况"；Eddings v. Oklahoma, 455U. S. 104 (1982). 认为阻止被告人提供遭遇麻烦以及感情困扰而应减轻处罚的证据是违宪的；Skipper v. South Carolina, 476U. S. 1 (1986). 认为排除在等待审判过程中被告人良好表现的证据是不允许的；Sumner v. Shuman, 483U. S. 66 (1982), Penry v. Lynaugh, 492U. S. 302 (1989). 认为通过阻止陪审团将被告人智力迟钝和儿童时期受虐待背景作为减轻因素考虑以及排除在减轻证据方面"有理由的精神上的反应"而限制陪审团的审查重点违反了遵循先例的洛基特（Lockett）案。

v. Kemp)① 案中再一次受到挑战。在该案中，尽管大量的统计数据表明死刑的适用带有种族歧视倾向，很大程度上取决于被害人的种族，但是联邦最高法院仍然维持了对被告人的死刑判决。在一项划时代的研究中，大卫·巴尔多（David Baldus）教授、乔治·伍德沃斯（George Woodworth）以及查尔斯·普拉斯基（Charles Pulaski）调查了在1973年到1979年之间佐治亚州的2000起杀人案件后，认定被指控杀害白人被害人的被告人占4.3%，他们与被指控杀害非裔美国人的被告人相比，被判处死刑的可能性更大。杀害白人被害人的黑人被告人更可能被判处死刑。在麦克莱斯基（McClesy）案件中，一名非裔美国人被认定杀害一名白人警察。然而，法院驳回了麦克莱斯基关于死刑歧视性适用方面的申辩，拒绝考虑将统计数据所表明的种族歧视适用于他的案件中。联邦最高法院对麦克莱斯基案的判决，在美国一直引发批评，因为它拒绝承认目前在整个司法体系中的种族歧视与偏见可能影响到死刑的适用。

在宪法要求个别化的死刑裁量和禁止任意、反复无常以及歧视性死刑适用之间的冲突从未彻底解决。也许我们不能说这种调和是不可能的，但是至少其困难程度非常大，最终导致布莱克门（Blackmun）大法官在1994年宣布"死刑的试验已经失败"。② 布莱克门坚持认为，死刑无法在宪法约束下公正进行。由于其终极性和不可撤回性，死刑是一种特殊类型的刑罚。但是，在弗曼案之后近20年的现代死刑制度中，布莱克门仍然发现，死刑适用最终是"存在着内在的主观性，充满了各种对于生活的理解、经验、偏见和感情，这样它不可避免地否定了理性以及宪法所要求的一致性"。③

---

① McClesy v. Kemp, 481U. S. 279 (1987).
② Callins v. Collins, 510U. S. 1141 (1994). 布莱克门（Blackmun）的反对意见。
③ Callins v. Collins, 510U. S. 1141 (1994). 布莱克门（Blackmun）观点的全部内容见附录D。

第二节 美国死刑法律的立法现状

一、美国死刑的法律渊源

美国是一个联邦制国家，美国各州都有自己的刑法，联邦有联邦刑法。从这一点已经可以窥视美国死刑法渊源的多样性。在美国所有保留死刑的州，制定法规定了死刑适用的犯罪行为和适用的加重情节和减轻情节，同时也规定了裁量加重情节和减轻情节的程序。另外有一些州也通过宪法来规定死刑的实质条件和程序。[1] 同时，美国联邦宪法的修正案和一些相关宪法规定适用于州和联邦的死刑审判。特别是《宪法第八修正案》在理解美国死刑法律中起着最为重要的作用。"美国最高法院已经依靠《宪法第八修正案》的解释规定了死刑安检程序。"[2] 判例法在美国死刑案件的审判中有着重要的作用。特别是联邦最高法院的判例对死刑案件的审判有着重要的指导作用。联邦最高法院在死刑案件的审判方面创立了重要的判例法体系。同时，州法院也创立了适用于自己司法区的判例法体系。另外，有些国际公约也可以作为死刑案件的法律渊源。"青少年死刑案件的被告人可以依据《公民权利和政治权利国际公约》提起缓期执行的请求。"[3] 总之，美国死刑案件方面的法律渊源有联邦制定法、州制定法、联邦宪法、州宪法、判例法和国际公约。可见，美国死刑案件方面的法律渊源确实具有多样性。这种多样性的产生除了与美国的政治体制、法律文化传统密切相关外，也与美国人生活的多样性不无关系。"多样性是美国生活方式的基本特征之一，它体现在社会

---

[1] Linda E. Carter Ellen Kreitzberg, Understanding Capital Punishment Law, LexisNexis, 2012, p.17.
[2] Ibid., p.18.
[3] Ibid., p.20.

生活和国家制度的各个方面。多样性在刑法方面体现得非常突出。"①

大多数美国刑法是州法，而不是联邦法。因此，在美国，大多数死刑犯是根据各州的法律而并非联邦的法律被判处死刑。死刑的法律和程序在各州之间具有很大的不同。甚至并不是所有的州都有死刑：38 个州有死刑规定，12 个州没有。在 38 个有死刑的州中，有两个州（纽约州和堪萨斯州）的死刑法律最近被联邦最高法院宣布为违宪，有一个州（伊利诺伊州）宣布，因在押的死刑犯中最终被认定无辜的数量很大，自 2000 年起死刑暂缓执行。事实上，自 1976 年以来，仅仅是一小部分州（得克萨斯州、弗吉尼亚州、俄克拉荷马州、密西西比州和佛罗里达州）所执行的死刑占了美国死刑执行的绝大多数。尽管各州关于死刑的法律和程序有很大的不同，所有各州的法律必须遵守由美国宪法和联邦最高法院死刑宪法问题先例的法律要求和限制。死刑法律和程序暗含了下列宪法保证：《宪法第五修正案》和《宪法第十四修正案》关于正当程序和平等保护，以及《宪法第八修正案》禁止残酷和异常的刑罚。因为《宪法第八修正案》要求对犯罪施加的刑罚必须是成比例的，对于并没有造成死亡的犯罪而言，判处死刑，一般来说是过度的，因而违反美国宪法。大多数州并不对谋杀罪之外的犯罪判处死刑。然而，联邦法律却允许对某些非致命性的犯罪提起死刑起诉，这些罪包括间谍罪、叛国罪，以及非法走私大量毒品的犯罪。

二、联邦死刑立法现状

美国联邦是一个保留死刑的司法区。美国联邦最高法院在弗曼诉佐治亚州（Furman v. Georgia）②一案中作出裁定后，于 1988 年恢复其死刑法律的效力。从程序上看，联邦死刑案件与州死刑案件

---

① 参见储槐植：《刑事一体化与关系刑法论》，北京大学出版社 1997 年版，第 137 页。
② 408 U. S. 238 (1972)。

相比具有很多共同的特点。自从20世纪90年代中期以来，国会增加了若干可以判处死刑的联邦犯罪，以及限制对各州和联邦在押死刑犯进行人身保护令审查的法律。这样，1994年以后，在联邦被指控犯有可判处死刑的犯罪数量迅速增加。1994年以后，总检察长授权寻求死刑案件的数量也迅速增加。[1] 1995年，联邦司法部为联邦检察官制定了新的程序指南。从1995年到2000年，联邦检察官呈请审查的案件中，可能寻求死刑的案件有682件。总检察长最终授权对其中159起案件提出死刑指控。这些数字大大高于从1988年到1994年之间的数字。从1988年到1994年，检察官向总检察长提请寻求死刑判决的案件总共有52件，其中47件获得了批准。在这段时间内，联邦检察官审查的符合判处死刑条件的案件并没有数据统计。[2]

（一）美国联邦法律规定适用死刑的罪名

联邦法律规定可能适用死刑的罪行大体分为两类：一是与谋杀罪有关的死刑罪名；二是与谋杀罪无关的死刑罪名。

第一类罪名包括：(1) 与偷运人口有关的谋杀罪[3]；(2) 毁损飞机、机动车辆，或者相关设施并造成死亡的犯罪[4]；(3) 与毒品有关的驾车滥射（drive-by shooting）的谋杀罪[5]；(4) 在国际机场实施的谋杀罪[6]；(5) 报复执法人员直系亲属的谋杀罪[7]；(6) 违反民权并导致死亡的犯罪[8]；(7) 谋杀国会议员、重要行政官员或者联邦最

---

[1] 死刑信息中心。检察官指控可判处死刑的犯罪案件的历年数量为1993（28）、1994（45）、1995（118）、1996（159）、1997（153）。总检察长授权寻求死刑判决的案件的历年数量为1993（5）、1994（7）、1995（17）、1996（20）、1997（31）。www.deathpenaltyinfo.org/article.php?scid=29&did=196。

[2] 死刑信息中心，《联邦死刑体系：数据概览（1988—2000）》，见www.deathpenaltyinfo.org/article.php?scid=29&did=196，访问日期：2016年12月7日。

[3] 《美国法典》（U.S.C.）第8节，第1342条。

[4] 《美国法典》（U.S.C.）第18节，第32—34条。

[5] 《美国法典》（U.S.C.）第18节，第36条。

[6] 《美国法典》（U.S.C.）第18节，第37条。

[7] 《美国法典》（U.S.C.）第18节，第115(b)(3)条，参见《美国法典》（U.S.C.）第18节，第1111条关于一级谋杀的规定。

[8] 《美国法典》（U.S.C.）第18节，第241、242、245、247条。

高法院法官①;(8)非法贩运爆炸物品致他人死亡、毁损政府财产并导致他人死亡,或者损毁与国内、国际贸易有关的财产并导致他人死亡的犯罪②;(9)在暴力犯罪或者贩卖毒品犯罪中使用枪械实施的谋杀③;(10)在联邦政府设施内实施的谋杀④;(11)种族灭绝⑤;(12)一级谋杀⑥;(13)谋杀联邦法官或者执法官员⑦;(14)谋杀外国官员⑧;(15)在联邦监狱服刑的罪犯所实施的谋杀⑨;(16)在外国谋杀具有美国国籍的人⑩;(17)已经被判处终身监禁的逃犯所实施的谋杀⑪;(18)谋杀州或地方执法官员或者协助调查者,谋杀州的矫正官员⑫;(19)实施绑架罪中的谋杀⑬;(20)劫持人质时的谋杀⑭;(21)谋杀法院官员或者陪审员⑮;(22)以阻止证人、被害人或者提供信息者作证的目的实施的谋杀⑯;(23)报复被害人、证人、检举者的谋杀⑰;(24)以故意杀人或导致死亡为目的,邮寄具有杀伤力物品的犯罪⑱;(25)暗杀或绑架中导致总统或副总统

---

① 《美国法典》(U. S. C.) 第 18 节,第 351 条,参见《美国法典》(U. S. C.) 第 18 节,第 1111 条关于一级谋杀的规定。
② 《美国法典》(U. S. C.) 第 18 节,第 844 (d)、(f)、(i) 条。
③ 《美国法典》(U. S. C.) 第 18 节,第 930 条。
④ 《美国法典》(U. S. C.) 第 18 节,第 924 (i) 条。
⑤ 《美国法典》(U. S. C.) 第 18 节,第 1091 条。
⑥ 《美国法典》(U. S. C.) 第 18 节,第 1111 条。
⑦ 《美国法典》(U. S. C.) 第 18 节,第 1114 条。
⑧ 《美国法典》(U. S. C.) 第 18 节,第 1116 条。
⑨ 《美国法典》(U. S. C.) 第 18 节,第 1118 条。
⑩ 《美国法典》(U. S. C.) 第 18 节,第 1119 条。
⑪ 《美国法典》(U. S. C.) 第 18 节,第 1120 条。
⑫ 《美国法典》(U. S. C.) 第 18 节,第 1121 条。
⑬ 《美国法典》(U. S. C.) 第 18 节,第 1201 条。
⑭ 《美国法典》(U. S. C.) 第 18 节,第 1203 条。
⑮ 《美国法典》(U. S. C.) 第 18 节,第 1503 条。
⑯ 《美国法典》(U. S. C.) 第 18 节,第 1512 条。
⑰ 《美国法典》(U. S. C.) 第 18 节,第 1513 条。
⑱ 《美国法典》(U. S. C.) 第 18 节,第 1716 条。

死亡①；(26)雇凶或受雇杀人②；(27)设计有组织犯罪的谋杀③；(28)恶意毁坏火车导致死亡④；(29)和抢劫银行有关的谋杀或者绑架⑤；(30)和劫持车辆有关的谋杀⑥；(31)和强奸或猥亵儿童有关的谋杀⑦；(32)对儿童实施性侵犯并导致死亡⑧；(33)在实施妨害航运的犯罪过程中的谋杀⑨；(34)和妨害海事平台犯罪有关的谋杀⑩；(35)美国公民在其他国家实施的恐怖谋杀⑪；(36)使用大规模杀伤性武器的谋杀⑫；(37)涉及酷刑的谋杀⑬；(38)涉及连续性组织犯罪有关的谋杀，或与联邦、州或当地执法官员有关的谋杀⑭；(39)因劫机造成死亡。⑮

第二类罪名包括：(1)间谍罪⑯；(2)叛国罪⑰；(3)贩卖大宗毒品罪⑱；(4)在涉及有组织犯罪的案件中，企图、授权或者建议杀害任何官员、陪审员或者证人，无论是否导致死亡⑲；(5)涉及走私外国人的杀人。⑳

---

① 《美国法典》(U. S. C.) 第18节，第1751条，同时参见《美国法典》(U. S. C.) 第18节，第1111条有关一级谋杀之规定。
② 《美国法典》(U. S. C.) 第18节，第1958条。
③ 《美国法典》(U. S. C.) 第18节，第1959条。
④ 《美国法典》(U. S. C.) 第18节，第1992条。
⑤ 《美国法典》(U. S. C.) 第18节，第2113条。
⑥ 《美国法典》(U. S. C.) 第18节，第2119条。
⑦ 《美国法典》(U. S. C.) 第18节，第2245条。
⑧ 《美国法典》(U. S. C.) 第18节，第2251条。
⑨ 《美国法典》(U. S. C.) 第18节，第2280条。
⑩ 《美国法典》(U. S. C.) 第18节，第2281条。
⑪ 《美国法典》(U. S. C.) 第18节，第2332条。
⑫ 《美国法典》(U. S. C.) 第18节，第2332a条。
⑬ 《美国法典》(U. S. C.) 第18节，第2340条。
⑭ 《美国法典》(U. S. C.) 第21节，第848 (e)条。
⑮ 《美国法典》(U. S. C.) 第49节，第1472—1473条。
⑯ 《美国法典》(U. S. C.) 第18节，第794条。
⑰ 《美国法典》(U. S. C.) 第18节，第2381条。
⑱ 《美国法典》(U. S. C.) 第18节，第3591 (b)条。
⑲ 《美国法典》(U. S. C.) 第18节，第3591 (b) (2)条。
⑳ Bureau of Justice Statistics, Capital Punishment 2003 report.

(二) 美国各州法律规定适用死刑的罪名

在保留死刑的38个州中，死刑的适用范围也不完全一致。其中，26个保留死刑的州仅对谋杀罪规定了死刑；另有12个州除对谋杀罪规定死刑外，还对别的罪种规定了死刑。如加利福尼亚州、科罗拉多州、佐治亚州、路易斯安那州规定叛国罪可以适用死刑；佐治亚州和密西西比州对劫机罪规定了死刑；加利福尼亚州除对谋杀罪和叛国罪规定死刑外，还对颠覆火车罪和导致执行的伪证罪规定了死刑；佛罗里达州除对谋杀罪规定死刑外，还对贩卖毒品罪、性攻击罪规定了死刑；佐治亚州除对谋杀罪、劫机罪和叛国罪规定死刑外，还对绑架罪规定死刑；爱达荷州除对谋杀罪规定了死刑外，还对加重绑架罪和导致死亡的伪证罪规定了死刑；肯塔基州除对谋杀罪规定了死刑外，还对具有加重因素的抢劫罪规定了死刑；路易斯安那州除对谋杀罪和叛国罪规定死刑外，还对被害人在12岁以下的加重强奸罪规定了死刑；南达科他州除对谋杀罪规定了死刑外，还对加重绑架罪规定了死刑。由上可见，美国绝大部分的死刑罪名都与剥夺他人的生命有关；只有叛国罪、贩卖毒品罪、劫机罪、造成身体伤害的绑架罪可以在没有剥夺他人生命的情形下适用死刑 (参见图表1.1)。

图表1.1 美国保留死刑的26个州对谋杀罪适用死刑需要满足的条件

州名	死刑罪名
阿拉巴马	具有18种加重情形的故意谋杀罪
亚利桑那	至少具有10种加重情节之一的一级谋杀罪
特拉华	具有加重情节的一级谋杀罪
伊利诺伊	具有21种加重情节之一的一级谋杀罪
印第安纳	具有16种加重情节之一的谋杀罪
堪萨斯	具有8种情节的死刑谋杀罪
马里兰	一级谋杀，或有预谋，或在实施重罪的过程中实施，要求满足一定的死刑条件
密苏里州	一级谋杀罪
内布拉斯加	至少具有制定法规定的加重情节之一的一级谋杀罪

(续表)

州名	死刑罪名
内华达	至少具有 1 到 15 种加重情节之一的一级谋杀罪
新罕布什尔	6 种死刑谋杀罪
新泽西	自我行为导致的谋杀，教唆导致的谋杀，在实施毒品犯罪的共谋的过程中实施的谋杀，或者在实施恐怖主义犯罪中实施的谋杀
新墨西哥	至少具有 1 到 7 种制定法加重情节的一级谋杀
纽约	具有 1 到 13 种加重情节之一的一级谋杀
北卡罗来纳	一级谋杀
俄亥俄	至少具有 1 到 10 种加重因素之一的加重谋杀
俄克拉荷马	与制定法规定的 1 到 8 种加重情节相联系的一级谋杀
俄勒冈	加重谋杀
宾夕法尼亚	具有 18 种加重情节的一级谋杀
南卡罗来纳	具有 1 到 11 种加重情节的谋杀罪
田纳西	具有 1 到 15 种加重情节的谋杀罪
得克萨斯	具有 1 到 8 种加重情节的刑事杀人罪
犹他	加重谋杀
弗吉尼亚	具有 1 到 13 种加重情节的一级谋杀罪
华盛顿	加重一级谋杀
怀俄明	一级谋杀

上述各州所列举的符合适用死刑的加重情节虽然各有不同，但较为集中地规定了具有下列三种加重情节将被判处死刑：(1) 被害人是警察；(2) 残忍手段杀人；(3) 杀害多人。

(三) 美国联邦军队适用死刑的罪名

联邦军队也有自己的法院体系和死刑法律。不过，30 多年以来，军队司法系统中从未执行过死刑。[①] 根据美国《统一军事司法典》，现在美国军方可以适用的死刑犯罪如下：(1) 擅离军职罪；(2) 殴打或恶意不服从上级军官指示罪；(3) 叛乱罪；(4) 煽情动叛乱罪；(5) 在敌军面前不法行为罪；(6) 蔑视被迫自首罪；(7) 滥用口令罪；(8) 抢劫安全装置罪；(9) 帮助敌人罪；(10) 间谍罪；

---

① Bureau of Justice Statistics, Capital Punishment 2003 report.

(11) 对军舰造成不适当的危险罪；(12) 谋杀；(13) 重罪的共谋罪；(14) 强奸。①

第三节　美国死刑诉讼程序②

一、美国死刑审判概览

在联邦最高法院 1972 年弗曼（Furman）案判决之后，保留死刑的各司法区都在立法上针对专断和恣意适用死刑作出了限制性规定，并通过建立如下制度重新引入立法：(1) 分离审判——首先确定是否有罪，然后单独就量刑问题进行审理。(2) 通过规定加重因素以及允许不受限制的减轻因素而对量刑者的自由裁量加以限制。(3) 死刑量刑的自动审核。在格雷格诉佐治亚州一案中，联邦最高法院提到将分离审判作为限制死刑专断、肆意适用的保障措施。分离审判被认为有助于陪审团在作出量刑决定时能够更好地获得信息，并避免采用那些可能与量刑询问有关但却和定罪问题无关且易造成偏见的证据。

只有在被告人可以判处死刑的犯罪成立后，才能进入量刑阶段。在定罪阶段和量刑阶段，都存在着许多相同的程序方面的保护。首先，陪审员必须判断是否存在可能会导致判处死刑的任何加重情节。③ 该判断通常被称为"适格性判断"。如果具备死刑的条件，那

---

① UCMJ arts. 1-140, 10U. S. C801-940.
② 有些专家相信，因为各司法区有很大的不同而难于归纳，试图对死刑程序作出概述是徒劳的。James Acker, Charles Lanier, Beyond Human Ability? The Rise and Fall of Death Penalty Legislation, from American's Experiment with Captital Punishment, Carolina Academic Press, 1998, p.104. 载 James R. Acker, Robert M. Bohm and Charles S. Lanier: American's Experiment with Capital Punishment: Reflections on the Past, Present, and Future of the Ultimate Penal Sanction, Carolina Academic Press, 1998, p. 89.
③ Ring v. Arizona, 536U. S. 584 (2002), 认为被告人享有要求陪审团找出制定法规定的使该案在判处死刑方面适格的规定的权利。

么，被告人必须还要经历一个被称为"选择判断"的阶段。在该阶段中，量刑者（通常是陪审团，有时候是一名法官或者是审判庭）会考虑和被告人以及该案有关的加重或者减轻的因素，然后决定是否应当判处死刑。

各司法区域在陪审团最初及最终的选择决定方面的规则各不相同。有一些司法区域指导陪审团，为了判断是否适用死刑，要对加重因素和减轻因素进行权衡。如果减轻因素大于加重因素，那么将不适用死刑。在这些所谓的"衡量"司法区域之中，当加重因素大于减轻因素时，还进一步分为强制性判处死刑的地区和允许判处死刑但不要求判处死刑的地区。其他司法区域，包括弗吉尼亚州，将加重因素作为死刑适用的门槛。一旦发现存在加重因素，那么，它和其他证据将会被一起考虑以判断是否判处死刑。[①] 但是，量刑者不必在加重和减轻因素之间进行衡量。这些司法区被称为"非衡量"司法区域。

几乎所有州的法律和联邦法都规定了死刑定罪和量刑方面的自动上诉程序。在大多数州，是向州最高法院提起上诉。在联邦死刑案件中，是向上诉巡回法院提起上诉。在格雷格诉佐治亚州一案中，自动上诉规定的保障要求是联邦最高法院判断"后弗曼（Furman）时代"各州法律是否已经满足程序方面防止专断、恣意适用死刑的重要因素之一。[②] 然而，对于自动上诉是否也是宪法上的要求，则在法律上尚不明确。

如果在上诉以后维持了对被告人的死刑定罪与量刑，他可以在罪后程序中通过申请人身保护令的方式针对该定罪和量刑进行间接

---

① 例如："如果你从证据中发现联邦已经排除合理怀疑地证明了该情节，那么，你可以将被告定为死刑。但是，如果你从所有的证据中（包括减轻证据）相信判处死刑是不公正的，那么，你应当判处被告更轻的刑罚。"《弗吉尼亚州陪审团刑事指导标准规则》，引自 Liada E. Carter and Ellen Kreitzberg：《美国死刑法精解》，王秀梅等译，北京大学出版社 2009 年版，第 54 页注释 15。
② Proffitt v. Florida, 428. 242 (1976); Jurek v. Texas, 428U. S. 262 (1976).

否定。人身保护令是民事程序。对于各州的定罪而言，存在着各州的人身保护令和联邦的人身保护令。对于联邦的定罪而言，被告人只能申请联邦人身保护令。

人身保护令程序提供了对某些限制性问题进行司法审查的额外途径，主要涉及的是案件中的法律问题，诸如在审判中没有得到有效的辩护协助，以及在审判阶段没有获得被告人无罪的证据等。尽管人身保护令程序可以为被判处死刑的罪犯提供一个重要的上诉程序，但是被告人在各州的人身保护令程序方面并不享有获得律师帮助的权利。他们虽然在联邦人身保护令程序中有权获得律师帮助，但是，当被告人的人身保护令请求到达联邦最高法院的时候，他所提出的主张在很大程度上受制于在各州层次上所提出的问题。而且，最近的立法在联邦人身保护令取得方面进行了限制。随着1996年《反恐怖主义和有效死刑法》的出台，有关法律发生了重大变化。该法限制了获得人身保护令的可能性并且通过令状时效的限制、令状授予条件的限制以及因最终性原因而事实上排斥了连续申请，而更多地与各州法院的决定相一致。①

美国各州死刑法律的编纂相当复杂，特别是适用死刑的程序法，其复杂性远远超出刑法和民法法规。死刑案件的定罪和量刑完全分开处理，适用死刑必须伴有加重情节，死刑设有自动上诉程序，死刑案件还有审后程序及赦免。各州从选择陪审团到宣判死刑，直至最后执行死刑往往要经过9个诉讼阶段，在这一过程中，会出现以下三个结果：（1）长期等待。从判处死刑到执行死刑平均等待12年，也有等待20年或者20年以上者。长期等待也有以下三个结果：① 死囚自然死亡；② 死囚自杀；③ 死囚最终被执行死刑。（2）改判。由于出现法律错误，或者因为美国《宪法第六修正案》规定的

---

① [美] 琳达·E. 卡特等：《美国死刑法精解》，王秀梅等译，北京大学出版社2009年版，第199页。

被告人没有获得足够的律师辩护等因素，2/3 的死刑案件被改判为有期徒刑。（3）死刑判决不执行。死刑判决不予执行的情况有三：① 因为改判；② 因为被告人在等待执行期间自然死亡；③ 被告人得到赦免等司法救济。

（一）美国现行死刑适用的统一性和量刑个别化

美国现行死刑案件主要围绕着死刑适用的统一性和量刑个别化而展开。在 1972 年弗曼（Furman）案件的审理中，美国联邦最高法院以 5∶4 票微弱优势判决：将死刑判决的权力交给陪审团，而没有实质性法律标准约束他们，在什么情况下，对谁作出判处死刑的决定是"任意的、专横的"，因而违反美国《宪法第八修正案》关于禁止残忍和异常刑罚的规定，以及《宪法第十四修正案》关于正当程序（Due Process）的要求。值得注意的是，该判决虽然没有宣布死刑本身违反美国宪法关于"残忍和异常刑罚"的规定，但是却对死刑程序提出了比较具体的要求，在满足这些要求之前，任何死刑判决均是违宪的。因此，按照这一标准，几乎当时所有各州包括联邦有关死刑的法律均违反宪法，在这些程序下判决的死刑自然也就不能执行。该判决生效以后，当时大约有 620 名死刑犯因此被减刑为终身监禁。

在弗曼判决中，只有布伦南（Brennan）和马歇尔（Marshall）两位大法官坚持认为死刑本身就是违反宪法的，因而必须废除。其余的大法官则认为，死刑作为一种刑罚是合乎宪法的，问题出在死刑的程序上。弗曼判决是美国历史上最为复杂的判决，判决书长达二百多页，每位大法官均写下了各自的附议意见或是反对意见，堪称联邦最高法院建制以来最具有代表性的判决。需要指出的是，在弗曼案件中，联邦最高法院并没有具体说明什么样的改革才能满足其要求，它把什么样的死刑法律符合宪法要求这个问题交给了各州的立法机构，仅仅是要求他们对现行的死刑法律进行大幅度的修改。

时隔 4 年，联邦最高法院在格雷格案件中才正式对什么样的死刑法律符合宪法要求作出了具体的回应。即任何死刑法律必须要满足联邦最高法院对《宪法第八修正案》解释的两个要求：（1）死刑审理程序必须保证陪审团有足够的法律指导以防止最终死刑判决过于任意和变化不定；（2）在判决是否适用死刑前，法律要对被告人的犯罪情节、个人品行及其经历予以足够的考虑，以体现死刑量刑的"个别化"。简言之，联邦最高法院要求死刑判决必须符合"统一性"和"个别化"的要求。

在1978年的洛基特诉俄亥俄州案（Lockett v. Ohio）中①，联邦最高法院进一步明确了"死刑量刑个别化"的要求，判定："量刑者在任何情况下均不能够将被告人的个人品行、犯罪记录以及围绕着相关罪行的减轻情节排除在（死刑量刑）考虑之外。"② 伯格首席大法官在撰写主流意见时还特别强调，虽然从历史上看量刑个别化在非死刑判决中曾经被看作一个"刑事政策问题"，但是，在对死刑的考量上，量刑个别化却是宪法的要求。③ 洛基特案是历史性的，它对几乎所有与被告人相关的减轻情节均要求予以考虑。如果说，弗曼判决是要求消除死刑适用的任意性，那么洛基特判决则是强调适用死刑必须要考虑个别被告人的具体情况，并明确宣布宪法对死刑量刑的"个别化"要求。

正如一些分析家所指出的，死刑量刑的统一性和个别化是一对矛盾。当司法机关在追求统一性的时候，试图在量刑上能够达到一致性。也就是说，同等情况同等处理。而在量刑"个别化"的要求下，对于某个人所判处的刑期、刑种则应当视该人的具体情况而定，这显然就偏离了量刑的统一性原则。在这一点上，美国联邦最高法院的布莱克门（Blackmum）大法官就曾无可奈何地承认，要想同时满足宪法解释上有关死刑的统一性和个别化要求实在是太勉为其难。

---

① 438 U. S. 586 (1978).
② 438 U. S. 586 (1978), p. 604.
③ 438 U. S. 586 (1978), pp. 602—605.

他甚至认为，这两个目标是永远无法共存的。①

（二）统一适用死刑和量刑个别化的具体制度及其实践

为了保证在美国统一适用死刑，避免死刑的任意性和多变性，同时也考虑到死刑被告人的具体情况，做到每一个死刑的判决同时也是"量刑个别化"的结果，美国联邦及各州死刑法律作了以下的改革。

1. 定罪和量刑分离式审判程序

1972年弗曼案件判决之前，美国各州对死刑案件的审理并不要求区分定罪和量刑阶段，在陪审团定罪之后，法官或者陪审团直接量刑。弗曼判决后，各州为了满足联邦最高法院的要求，几乎无例外地一律将死刑案件的审判分为两个程序，即将定罪和量刑分离开来，作为不同的两个听审程序分别进行。虽然弗曼判决并没有明确指出分离式审理是宪法所要求的，但是在实践中，各州乃至联邦的死刑审理程序现在均采用了这种定罪和量刑的分离式审理方式。

除了在定罪和量刑方面实现分离式审判以外，美国联邦和各州在统一死刑适用罪名上作了很大的限制。在定罪方面，为了将死刑保留给最为恶劣的罪行，各州相应地将死刑适用范围作了进一步的统一限制。即绝大多数州均将死刑保留给最为恶劣的"一级谋杀罪"，也有少数州除了谋杀罪以外，还设置了更为严格的、适用死刑的非杀人罪。联邦法律规定叛国罪和大宗毒品也适用死刑。尽管如此，可以说，在美国绝大多数死刑还是仅仅适用于与剥夺他人生命有关的罪行，其他非关生命的死刑罪基本上是法律规定的。美国联邦最高法院还通过判例将有些非谋杀罪的死刑罪行排除在死刑适用范围之外，例如，1977年，联邦最高法院于在科克尔（Coker）诉佐治亚州一案中，排除了对强奸成年妇女罪适用死刑。②

---

① 参见布莱克门的反对意见，Callins v. Collins, 510 U. S. 1141.
② Coker v. Georgia, 433 U. S. 584 (1977). 但是，对强奸幼女罪有些州仍然保留死刑。

在适用死刑的主体上,过去 20 年来,联邦最高法院也通过诸多判决将死刑适用的主体作出限定。其中包括对重罪一级谋杀罪中非参与杀人的从犯不适用死刑的规定。过去很长一段时间中,美国各州对在共同故意一级谋杀罪中的从犯适用与主犯同样的法律责任,即可以一体判处死刑。在恩芒德(Enmund)诉佛罗里达州一案中①,联邦最高法院根据量刑的比例性原则认为,如果一个从犯仅仅是参与共同抢劫,而并没有共同杀人的故意,不应该对杀人的行为负责,也不应该与实施杀人行为的主犯一样适用死刑。而在阿特金斯(Atkins)诉弗吉尼亚州一案中②,联邦最高法院也明确禁止对有智障的人适用死刑。而在 2005 年,经过多年的反复争论,联邦最高法院最终在罗珀诉西蒙斯(Roper v. Simmons)一案中宣布③,对未满 18 岁的未成年人适用死刑违反美国宪法。

通过以上联邦最高法院判决和各州刑法的修改,美国在死刑适用的统一性上有了很大的改善。时至今日,可以说,美国的死刑法律在州和联邦两个层次上均有了较为统一的实践,基本上满足了 1972 年弗曼案件判决的统一性要求。

2. 量刑阶段的适格程序和适用程序的分离

美国虽然比较好地解决了死刑适用稳定性和统一性问题,但是如何体现死刑量刑个别化则一直困扰着法院,各州的做法也五花八门。一般而言,各州在定罪以后适用死刑还需通过两道关卡:即对被告人是否适用死刑的适格性(Eligibility)判断和是否最终适用死刑(Selection Process)的决定。

在"适格性判断"中,陪审团必须判断被认定有罪的被告人是否属于这类可能判处死刑的被告人。如果不是,那么被告人不能被判处死刑。如果是,那么陪审团将会进入适用死刑阶段。在适用死

---

① Enmund v. Florida, 458 U. S. 782 (1982).
② Atkins v. Virginia, 536 U. S. 304 (2002).
③ Roper v. Simmons, 543 U. S. 551 (2005).

刑阶段，陪审团决定在具体的案件中是否应当适用死刑。

(1) 适格性判断

对是否适用死刑先行进行适格性判断可以进一步缩小死刑适用范围。联邦最高法院规定对被认定犯有一级谋杀的人不能自动适用死刑。相反，死刑只是保留给谋杀罪中最为恶劣的情形。因此，确定一个罪行是否适用死刑的适格性判断的基本依据就是被告人除犯有相关罪行外，还必须具备某些法定的"加重情节"（Aggravating Circumstances）。只有当某些法定加重情节存在，才可能导致对一级谋杀或者其他适用死刑犯罪的被告人判处死刑。各州关于加重情节的规定各不相同。学者们将加重情节分为三种类型[①]：关于犯罪人品格方面的加重情节，例如犯罪记录和未来的危险性；关于实施犯罪时杀人犯态度的加重情节，例如动机或者谋杀是不是特别凶残或者残酷；关于被害人身份的加重情节，例如被害人是否警察或者消防队员、儿童或者案件的证人。

法律界定加重情节的目的是为了筛选死刑犯罪而扮演过滤器的角色，区分最为严重的谋杀犯以及缩小这些"符合条件"的死刑类型案件范围。常见的加重情节包括多次杀人、杀害警察、使用非常残酷手段、故意造成被害人痛苦的杀人。因为它们扮演着过滤和缩小考虑因素的作用，所以特定的一个加重情节不会适用所有的案件。换言之，由于加重情节主要是为了缩小死刑的适用范围，所以某些看上去比较严重的犯罪情节不能被当作加重情节适用到所有的案件中。例如，主观恶意不能称为一个加重情节，因为被认定为谋杀的犯罪人通常都具有恶意，这是犯罪成立的要素。并且，加重情节必须以一种有控制且客观上较为确定的方式指导行使自由裁量，从而产生一个没有歧视的结论。

[①] James R. Acker, Robert M. Bohm and Charles S. Lanier, Beyond Human Ability? The Rise and Fall of Death Penalty Legislation, from American's Experiment with Captital Punishment, Carolina Academic Press, 1998, p. 89.

适格性判断的举证责任和犯罪其他方面要素的举证责任一样。正如在审判中的有罪决定一样，为了认定被告人符合判处死刑的条件，陪审团必须认为控方已经以排除合理怀疑的方式证明存在至少一项法律所规定的加重情节。适格性判断可以包括在死刑审判的定罪阶段或者量刑阶段。如果是在认定有罪阶段，那么，陪审团必须按照排除合理怀疑的标准判断是否至少存在一项加重情节以证明被告人犯有可以适用死刑的谋杀罪。这种做法在各州中属于少数，大多数州给在定罪阶段的谋杀罪下的定义很广，然后根据量刑阶段适格性判断去限制判处死刑的被告人范围。[①] 将适格性判断放在定罪阶段还是放在量刑阶段会在程序上产生不同的结果。当加重情节不必作为死刑谋杀犯罪成立的要素之一加以证明时，大陪审团在审判初始阶段将无需审查加重情节方面的证据是否足够。这使得检察官拥有提起死刑指控的广泛权力。[②] 同时，这也会影响陪审团的组成。[③] 专家们发现，当法律规定加重情节必须作为死刑谋杀的要素加以证明时，审判程序将会更加严格，也更有利于保护被告人的利益。[④]

（2）适用死刑程序

一旦被定罪，通过了死刑适格性审查，就进入所谓的"适用死刑阶段"。决定被告人是否应当被判处死刑的是量刑者（Sentencer）。

[①] James R. Acker, Robert M. Bohm and Charles S. Lanier, Beyond Human Ability? The Rise and Fall of Death Penalty Legislation, from American's Experiment with Captital Punishment, Carolina Academic Press, 1998, p. 89.

[②] James R. Acker, Robert M. Bohm and Charles S. Lanier, Beyond Human Ability? The Rise and Fall of Death Penalty Legislation, from American's Experiment with Captital Punishment, Carolina Academic Press, 1998, p. 91. 在美国绝大多数司法体制下，起诉需要经过一个大陪审团的审核。检察官需要将他所拥有的所有证据提交给一个由19—23人组成的大陪审团来审查，已确定他是否可以对被告提出起诉。只有当大陪审团批准，检察官才能够正式向法院提出起诉。这个阶段称为"大陪审团审查"阶段，这一制度体现了司法的民主性。但是也有人批评说，实际上检察官控制着大陪审团审查过程，大陪审团其实就是他的橡皮图章。需要注意的是，大陪审团的审查过程是秘密的，技术层面的要求很高，它仅仅审查检察官拥有的证据是否足够起诉被告，并不负有以排除合理怀疑证明被告有罪的义务。

[③] 同上。

[④] 同上。

目前，大多数州规定由陪审团量刑，决定是否适用死刑；也有少数一些州规定，陪审团向法官提出建议然后由法官作出最终的量刑选择。另外一些州则规定，法官可以否决陪审团的死刑判决，将之改成终身监禁不得保释。① 在通过了死刑适格性审查后，量刑者就需要综合考虑本案的所有加重和从轻情节（Mitigating Circumstances），并最终判断是否应当判处死刑。在这一过程中，量刑者需要考虑所有法定的和非法定的从轻情节。在有些州，量刑者对于法律规定之外的某些和终身监禁或者死刑判决有关的加重证据也要予以考虑。在所有的州，量刑者必须能够考虑到和被告人的品格、犯罪记录和情况有关的所有相关从轻情节。

以下是美国各州和联邦法律规定中在适用死刑阶段需要考虑的比较普遍的加重和减轻情节。

第一，加重情节。在死刑适用阶段，量刑者考虑的加重情节范围要比适格性判断阶段广。这是因为考虑这些因素的目的不再是为了筛选最为恶劣的犯罪。相反，考虑这些因素是为了决定是否对特定的被告人最终判处死刑。常见的加重情节证据包括被告人未来对社会构成危险的证据，被告人以前的犯罪证据，以及和犯罪情况有关的证据，诸如被害人和被害人家庭方面的证据（Victim Impact Statement）。有些州在其量刑程序中规定了何种加重证据可以在死刑适用程序中采用，有些州则没有。法官通常会就不同形式加重情节证据的可采性作出裁决。

某些形式加重情节证据的采用可能会存有争议。这些证据包括意在显示未来危险性的证据，以及犯罪对被害人及被害人家庭造成损害的证据。那么在被告人进行心理咨询之后，心理医生的证言能

---

① 例如："如果你从证据中发现联邦已经排除合理怀疑地证明了该情节，那么，你可以将被告定为死刑。但是，如果你从所有的证据中（包括减轻证据）相信判处死刑是不公正的，那么，你应当判处被告更轻的刑罚。"《弗吉尼亚州陪审团刑事指导标准规则》，引自［美］琳达·E. 卡特等：《美国死刑法精解》，王秀梅等译，北京大学出版社 2009 年版，第 98 页。

否成为证据,允许所谓的被害人损害证据的范围有多大呢?加重情节证据的采纳,特别是非法律规定的证据,总是存在着从情感上影响量刑者并造成其感性、冲动,从而为非理性因素所左右的危险。这种危险反过来又暗示着在可靠、非专断的量刑裁判要求和个别化量刑要求之间存在冲突。一般而言,法院认为加重情节证据不应过度宽广,不允许重复或者模糊不清以至违反宪法,并且它必须与终身监禁和死刑判决有关。法官在就加重情节证据进行取舍时必须根据这些宽泛的指导规则进行决定。

根据联邦法律,死刑谋杀犯可以被判处死刑或者终身监禁(Life Imprisonment)。在联邦司法区,死刑案件要经过两个阶段的审判:定罪阶段和量刑阶段。陪审团都要参与这两个阶段。联邦法律规定判处死刑要经过全部陪审员的一致同意(unanimously agree)。如果在量刑阶段陪审员不一致同意判处死刑,则要判处终身监禁。为便于陪审团裁量,联邦法律规定了适用死刑的具体法定加重情节。在被告人已构成间谍罪(espionage)[①]或叛国罪(treason)[②]或纯杀人罪(pure homicide)[③]或毒品犯罪(drug offense)[④]的情形下,公诉方必须证明存在下列情节之一,陪审团才会判处被告人死刑。

其一,间谍罪和叛国罪的加重情节(aggravating circumstances for espionage and treason):(1)被告人先前已经被定叛国罪或间谍罪;(2)被告人实施犯罪行为时知道他会给国家安全带来巨大危险;(3)被告人实施犯罪行为时知道他的行为会给他人带来巨大危险。

其二,杀人罪的加重情节(aggravating circumstances for homicide):(1)在实施另一个犯罪中导致了他人的死亡;(2)被告人被认定构成用枪实施暴力犯罪;(3)被告人先前被认定可以判处死刑

---

① 18U. S. C3592 (b).
② Ibid.
③ 18U. S. C3592 (c).
④ 18U. S. C3592 (d).

或终身监禁的犯罪；(4) 被告人已经被认定构成两个以上联邦或州犯罪，被判 1 年以上监禁，被告人在另外的场合实施或企图实施导致另一个人重伤或死亡的犯罪；(5) 被告人给另一个人带来了严重的死亡的危险；(6) 被告人以特别邪恶、残酷或卑鄙的方式实施犯罪行为，这种行为会对被害人造成残酷的或严重的身体伤害；(7) 被告人通过付款或许诺付款或任何其他有经济价值的东西来寻求实施犯罪行为；(8) 被告人因为考虑到接收或期望接收任何有经济价值的东西而实施犯罪行为；(9) 被告人在做好引起他人死亡或实施恐怖行为的计划后实施犯罪行为；(10) 被告人先前已被认定两个以上可以判处 1 年以上监禁的州或联邦犯罪，在另外的场合被告人实施了引起控制物散发的行为；(11) 被害人由于年老、年少或身体虚弱而特别容易受到伤害的；(12) 被告人先前已经被认定毒品犯罪，可能判处 5 年以上刑罚，或者被告人先前已经被认定参与连续实施犯罪的组织；(13) 被告人在参与有组织地不断给 21 岁以下人分发毒品的犯罪行为；(14) 被告人对下列人员实施犯罪行为：美国总统、总统当选人、副总统、副总统当选人，或者如果没有副总统，职位仅次于美国总统的官员，或者任何依据《美国宪法》行使总统职权的人；外国国家元首，外国政府首脑，或者与前两者同等政治地位的外国人；在美国从事公务的外国官员；法官、法律执行官、美国刑罚或矫正机构的雇员等联邦政府公务员；(15) 被告人已经被认定构成性侵犯或对儿童性骚扰。

其三，毒品犯罪的加重情节（aggravating circumstances for drug offenses）：(1) 被告人先前已经被认定构成导致他人残废的联邦或州罪，按照法律该罪可以判处死刑或终身监禁；(2) 被告人先前已经被认定构成两个以上联邦或州罪，每一个都可以判处 1 年以上监禁，被告人在另外的场合实施了运入、制造、分发控制物品犯罪行为，或实施了或企图实施造成他人身体伤害或死亡的行为；(3) 被告人已经被认定构成另一个联邦或州罪，该罪是有关制造、分发、运入或占有控制物品的行为,按照法律规定该罪可判处 5 年以上刑罚;(4)被告人在实施犯罪行为或促进持续性犯罪组织中使用了枪支或故意指示、建议、命令、帮助用枪支威胁、恐吓、殴打、伤害他人;(5)被告人直接向 21 岁以下的人分发毒品;(6)被告人在学校附近分发毒品;(7)被告人直接实施了利用未成年人的犯罪行为;(8)犯罪行为涉及运入、制造、分发控制物品,而被告人明知该物品中混有潜在的致命杂质。

美国保留死刑的各州规定适用死刑也必须具备一定的情节。大多数州规定了具体的加重情节,而且各州规定的加重情节不尽相同,如伊利诺伊州法律列举了 21 种加重情节,而加利福尼亚州法律列举了 10 种加重情节。少数州没有规定具体的加重情节,如佛罗里达州和密苏里州。加利福尼亚州适用死刑的加重情节有[①]:(1)故意并且是为了获取金钱而实施谋杀;(2)被告人先前已经被认定一级谋杀罪或二级谋杀罪;(3)被告人在当前被指控的两个以上的一级或二级谋杀罪中已经被定罪;(4)被告人采用破坏性器械、炸弹、安放炸药于任何地方的方式实施犯罪行为,并且被告人知道或有理由相信他应该知道他的行为会给他人生命带来巨大危险;(5)杀人行为是为了逃避或阻止合法的拘禁,或者是为了从或企图从合法监禁中脱逃;(6)被告人采用邮寄、分发或企图邮寄、分发破坏性器械、炸弹、炸药的方式实施谋杀行为,并且被告人知道或有理由相信被告人知道他的行为会给他人生命带来巨大危险;(7)被害人是和平官员;(8)被害人是联邦法律执行官员或特工;(9)被害人是救火人员;(10)被害人是证人,杀害证人是为阻止他在刑事司法程序中作证。

第二,从轻情节。和加重情节一样,从轻情节是为了帮助对被告人及其犯罪进行个别化的考虑和分析。它的功能同被害人损害证

---

① California penal code Ann. 190. 3.

据和被告人未来危险性证据一样,但是与加重情节相反,它侧重提出不应当对被告人判处死刑的理由。联邦最高法院认为,几乎所有对被告人有利的、作为从轻情节而提出的证据都必须进入量刑考量。这种证据包括被告人品行、犯罪记录和犯罪情况的证据,例如,被告人年轻涉世不深,不够成熟,有被虐待的历史,以及在监狱中的良好表现等都将会加以考虑。美国联邦最高法院禁止对从轻情节的提出进行限制[①],但是,它们也允许量刑者在考量和运用从轻情节时拥有一定的弹性。只要从轻情节对量刑有意义,每一个陪审员能够对该证据在减轻方面的效果做出判断,各州均可以在证据采信和考量方面制定其所认为妥当的程序。

尽管联邦宪法不允许保留死刑的司法区阻止死刑犯在量刑阶段出示所有减轻证据,但联邦司法区允许陪审团根据下列减轻情节否决死刑的适用:(1)被告人辨别他的行为错误的能力或使他的行为符合法律规定的能力严重地受到伤害,而不管这种能力受到伤害是否构成对指控的辩护理由;(2)被告人受到不寻常和重大的强迫,而不管这种强迫的程度是否达到构成对指控的一个辩护理由;(3)被告人被作为主犯处罚,另一个人才是主犯,被告人的参与行为的危害性相比较小,而不管是否这种参与行为小到了构成对指控的一个辩护理由;(4)另一个或几个具有同等罪责的被告人将不被判处死刑;(5)被告人先前没有重大犯罪经历;(6)被告人在严重脑力伤害或情感伤害的情形下实施犯罪行为;(7)被害人同意实施导致被害人死亡的犯罪行为;(8)在被告人的背景、记录、特点方面可以阻止死刑适用的其他因素,或可以阻止死刑适用的其他犯罪情节。此外,在联邦司法区不允许对18岁以下的人适用死刑,禁止对智力迟钝者适用死刑。

---

① Lockett v. Ohio 案确认了该规则;Liada E. Carter and Ellen Kreitzberg: Understanding Capital Punishment Law, Lexis Nexis, 2004, p. 138.

美国保留死刑的各州也规定有相应的减轻情节。例如，加利福尼亚的减轻情节有[①]：(1) 被告人被定的罪的情节；(2) 被告人在场或不在场的犯罪活动涉及使用或企图使用暴力，或者暗示使用暴力；(3) 犯罪行为是在被告人受到极度的脑力伤害或情感伤害的情形下实施的；(4) 被害人参与了被告人实施的谋杀行为或者同意了谋杀行为；(5) 犯罪行为是在被告有理由相信他的行为是正常的司法行为或执法行为的情形下实施的；(6) 被告人是在受到另一个人的极度压迫或严重控制下实施犯罪行为的；(7) 在实施犯罪行为时，被告人辨别他的行为的罪责性和使他的行为符合法律规定的能力由于脑力疾病或缺陷的原因或者醉态的影响而受到了损害；(8) 被告人在犯罪时的年龄；(9) 被告人是共同犯罪人，并且他参与的犯罪行为的危害性相对较小。

第三，死刑的最终适用。对最终是否适用死刑各州的规定不完全一样。尽管所有的司法区域都制定了考虑加重和从轻情节的程序，但是对于以何种方式考虑这些证据各州的规定则不尽一致。

在权衡式（weighing）司法区域，量刑者必须在权衡加重情节证据和从轻情节证据，并对两者进行比较评估后，方可作出量刑决定。这是最为广泛采用的量刑模式。不过，即使是在这些司法区域，也存在着实质性的差别。在一些权衡式司法区域，即使发现加重情节大于减轻情节，量刑者也没有判处死刑的义务。而在另一些权衡式司法区域，量刑者如果发现加重情节大于减轻情节，则必须判处死刑。这种准强制性做法的风险在于，仅仅给予加重情节和减轻情节的权衡考量会导致量刑者忽略判决死刑时所需要的道德判断。权衡式司法区域在举证责任规定方面也有所不同。有些司法区域要求以排除合理怀疑的方式证明加重情节大于减轻情节。其他一些司法区域则不要求如此高的证明标准。如果加重情节和减轻情节相当，

---

① California Penal Code Ann. 190. 3.

则要审查来自被害人和被害人家庭方面的证据,当这方面证据有利于被害人时,那么量刑者则考虑判处无期徒刑。换句话说,在加重和减轻情节相持不下时则必须判处无期徒刑,而判处死刑,则要求加重情节必须大于减轻情节。

在非权衡式(Non-weighing)司法区域,例如佐治亚州,不要求在适用死刑阶段权衡加重情节和减轻情节。相反,在作出判决时,陪审团仅被要求简单地考虑各种不同的因素,而无需任何进一步的法官指导或者框架性意见。如何影响陪审团是控辩双方诉讼的主要内容,很大程度上取决于初审法官的自由裁量。举证责任也是不一致的,有时候由代表国家的检察官承担,有时候则由被告人负责。

实践中还存在第三种量刑模式,在这一模式中,量刑阶段是有意地围绕着特定量刑问题而展开的。这就是俄勒冈州、得克萨斯州和弗吉尼亚州所采用的模式。值得注意的是得克萨斯州每年执行死刑的人数为全美之冠。[①] 在得克萨斯州,审判中的量刑阶段是围绕着被告未来危险性而进行的。在刑罚阶段,陪审团必须对是否"存在被告将会实施暴力犯罪行为从而构成对社会持续危险的可能性"做出回答。如果答案是肯定的,那么陪审团会考虑是否存在足够的减轻情节"以保证判处无期徒刑而不是判处死刑"。如果答案是否定的,那么就必须判处死刑。[②] 在弗吉尼亚州,陪审团既考虑未来的危险性,也考虑被告人的行为是否存在令人憎恶或者残酷等恶劣情况,如涉及酷刑、精心策划、冷酷残忍或者加重伤害等情节。如果陪审团对其中之一的判断是肯定的,那么陪审团在考虑是否有减轻情节之后作出量刑的决定。

---

① See http://www.hku.hk/ccpl/documents/Paper-death PenaltySeminarfromMs. RobinMaher.pdf.
② James R. Acker, Robert M. Bohm and Charles S. Lanier, Beyond Human Ability? The Rise and Fall of Death Penalty Legislation, from American's Experiment with Captital Punishment, Carolina Academic Press, 1998, p. 104.

(3) 宪法要求的相互冲突和协调

应当注意到的是，美国的死刑法律及其程序是建立在量刑程序中适格性判断和适用死刑分离基础之上的。适格性决定根据宪法要求，对死刑裁决的自由裁量权进行一定的指导和限制，以防止死刑适用的任意性。通过这一程序，控方必须以超出合理怀疑标准证明至少有一项加重情节的存在，以供陪审团作为依据判定被告人是否应当适用死刑。适用死刑程序则为了满足宪法对被告人和犯罪进行个别化量刑考量的要求，在该程序中，陪审员在判断符合死刑适用条件的被告人是否应当被判处死刑时要考虑加重和减轻情节两方面的因素。显而易见，宪法的这两个要求在某种程度上存在着明显的冲突。① 因此产生了以下疑问：能否平衡加重和减轻情节之间的矛盾？是否存在一个统一的、不偏不倚的标准，同时每个死刑判决又考虑了每一个被告人和犯罪具体情况的死刑制度？联邦最高法院前大法官哈里·布莱克门（Harry Blackmun）曾经确信这两个要求之间是不可调和的，并得出美国的"死刑试验已经失败"的结论。② 现任联邦最高法院大法官安东尼·斯卡利亚（Antonin Scalia）也视这两个要求为不可调和的，但是他的结论却与布莱克门大相径庭，他主张无须进行个别判断，而一律自动适用死刑。然而，大多数法院通过将死刑判决划分为死刑适格性判断和死刑适用两个阶段，从而解决了上述两者的冲突。他们认为，在死刑适格性判断中满足了宪法对自由裁量权进行限制的要求，即统一适用死刑的要求，而在死刑适用程序中则实现了死刑量刑个别化的要求。

例如，斯蒂文森大法官（Stevens）将受到限制的自由裁量和个

---

① James R. Acker, Robert M. Bohm and Charles S. Lanier, Beyond Human Ability? The Rise and Fall of Death Penalty Legislation, from American's Experiment with Captital Punishment, Carolina Academic Press, 1998, p. 104.
② Blackmun 法官在 Callins v. Collins 案附录 D 中所发表的不同意见，510 U. S. 1141.

别化判断的要求视为满足了金字塔不同阶段的要求。① 金字塔的基础是所有的杀人案件。这些案件在定罪阶段通过证明存在谋杀而缩小了范围。这些谋杀案件又通过被发现至少存在一项使陪审团认为符合适用死刑条件的加重情节而进一步缩小了范围。最后，在所有具有死刑适格性的谋杀案件中，在陪审团或法官考虑加重和从轻情节之后认为应当判处死刑的那些被告人才适用死刑。弗曼案要求的禁止专断适用死刑的要求在第一阶段法律规定的严格限制程序中得到了满足。当最终作出无期徒刑或死刑判决时，个别化考虑的要求则在金字塔的顶端得到了满足。按照斯蒂文森大法官的观点，对死刑量刑自由裁量权的严格限制与量刑个别化之间的冲突在此可以得到和谐解决，双方并无必然矛盾。

（三）死刑禁止的种类

死刑本身对于某些类型的被告人和某些类型的犯罪而言一直被认为是违宪的。诸如青少年、智力迟钝者、非谋杀犯罪。这些类型的禁止规定主要是基于比例原则的考虑。对于上述身份和犯罪类型，死刑一直被认为是过度的刑罚。联邦最高法院的比例性观点建立于刑罚是否与社会观念和演变中的道德标准相一致，以及死刑是否为促进刑罚的立法目的这两点基础上。刑罚的主要目的是基于被告人的刑事责任报应犯罪人以及对被告人本人和其他潜在犯罪人的阻吓。在评估死刑的社会观念和道德标准的演进方面，法院一般依赖于各州的立法活动和陪审团的裁决。例如，在判断强奸罪的死刑是否为过度的刑罚方面，联邦最高法院注意到只有一个州授权对于强奸罪可以判处死刑。②

1. 青少年

2005年3月，联邦最高法院在罗珀诉西蒙斯（Roper v. Sim-

---

① Liada E. Carter and Ellen Kreitzberg: Understanding Capital Punishment Law, Lexis Nexis, 2004, pp. 179—180.
② Coker v. Georgia, 433U. S. 5841 (1977).

mons)一案中认为,对实施犯罪时不满 18 岁者执行死刑是违宪的,违反了宪法关于禁止酷刑和异常刑罚的规定。联邦最高法院将其理由建立于"演化中的、标志成熟社会进步的道德标准"之上。它通过考察各州的法律是否允许对青少年适用死刑来确定现代美国社会的标准。在考虑到大多数州对此加以拒绝,在允许死刑的州也很少适用,以及废除青少年死刑的一致趋势后,法院断定国家是反对对青少年犯罪人执行死刑的。联邦最高法院在其判决中也引用了国际观念,注意到若干国际公约,包括联合国《儿童权利公约》和《公民权利和政治权利国际公约》都禁止对未成年人执行死刑。联邦最高法院这个判决是对 1989 年斯坦福特诉肯塔基州案(Standford)判决的突破。① 在斯坦福特案中,联邦最高法院支持对 16 到 17 岁青少年犯罪者执行死刑。随着罗珀诉西蒙斯案的出台,判处死刑的最小年龄为 18 岁。该判决影响了 12 个州 72 名青少年的命运。②

2. 智力迟钝者

从历史看,法律已经认可一个人在智力方面的迟钝可以影响其犯罪的刑事责任。③ 不过,在 2002 年以前,联邦最高法院已经拒绝将智力迟钝作为免除死刑的一种类型。④ 被告人的智力迟钝只能作为一项减轻因素加以考虑。此后在 2002 年阿特金斯诉弗吉尼亚州(Atkins)一案中,联邦最高法院推翻了这一规定,认为社会道德准则已经发生了变化,现在并不赞同对智力迟钝者执行死刑。⑤

就智障者死刑的废除而言,联邦最高法院阿特金斯案的判决基础建立于各州关于禁止对智力迟钝者执行死刑的大量法律规定之上。

---

① Standford v. Kentucky, 492U. S. 361 (1989).
② http://www.deathpenaltyinfo.org/article.php?scid=38&did==885,访问日期:2016 年 10 月 4 日。
③ Liada E. Carter and Ellen Kreitzberg: Understanding Capital Punishment Law, Lexis Nexis, 2004, p. 80.
④ Penry v. Lynaugh, 492U. S. 302 (1989).
⑤ Atkins v. Virginia, 536U. S. 304 (1989).

联邦最高法院也考虑了宗教团体、行业组织以及国际上的观点,所有这些都强烈反对对智力迟钝者执行死刑。① 对智力迟钝者执行死刑导致了对死刑定罪与量刑方面误判的关注。这是因为智力迟钝者常常会受到更多易导致误判因素的影响,例如,容易为建议所左右,缺乏为律师提供有意义协助的能力,以及因行为上的不同表现而造成缺乏悔悟的印象。②

3. 非谋杀犯罪

宪法禁止对犯罪适用过度的刑罚,刑罚必须与所犯之罪成比例。因而,死刑保留在最坏情况中的最为恶劣者——剥夺他人生命之中。对于几乎所有的非谋杀犯罪,包括对强奸成年人的犯罪判处死刑,这被认为是过度的刑罚。不过,有些州和联邦政府仍然在其法律规定中允许对诸如叛国罪、绑架罪等非杀人犯罪判处死刑。联邦刑法同时对运输毒品罪也适用死刑。

尽管存在着这些法律规定,自 1977 年以来,只有一个人因非谋杀犯罪而被判处死刑。在现代,各级法院并没有就非杀人犯罪的合宪性问题作出判决。就青少年死刑和智力迟钝者死刑的执行而言,任何对于非杀人犯罪死刑的合宪性判断很可能取决于国内是否一致反对。③ 或者,如果在一个非谋杀罪的犯罪中判处死刑,各级法院将就其合宪性作出判决,并对在没有剥夺生命的犯罪中适用死刑方面是否存在全国性的一致意见而作出判断。

二、死刑案件的一审程序

美国死刑案件的审前程序与其他案件大体相同,主要包括审前程序和初审程序。

---

① Liada E. Carter and Ellen Kreitzberg: Understanding Capital Punishment Law, Lexis Nexis, 2004, p. 82.
② Ibid.
③ Ibid., p. 86.

(一) 审前程序

1. 调查与逮捕 (investigation and custody)

警察局在接到被害人或他人的报案后,要派警察进行调查。警察通过调查,如果确定案件已经发生,接下来便要确定嫌疑犯。警察通过一系列的调查确定嫌疑犯后,如果认为有合理的根据,也就是"有合理的理由确信嫌疑犯实施了犯罪"[①],就可以逮捕嫌疑犯。在逮捕嫌疑犯时,警察必须对被逮捕的人发出警告:(1)被逮捕的人有保持沉默的权利;(2)其所说的任何话可能用做对其不利的证据;(3)其有权同律师商谈;(4)如果无钱请律师,法庭有义务为其免费提供律师。[②]

2. 登记程序 (booking proceducre)

嫌疑犯被逮捕后,警察局要对其进行讯问。讯问的主要内容是被逮捕者的姓名、地址、职业。警察会把这些记录下来,并要求被捕者按手印。然后警察会给被捕者摄像,相片用来登记建档。

3. 逮捕后的调查 (post-arrest investigation)

为了查明案件,在嫌疑犯被逮捕后,警察仍要进行调查。

4. 起诉 (filling of complaint)

警察局在逮捕嫌疑犯后会向检察院提交一份逮捕报告。检察官审查这份报告后,做出是否起诉的决定。就死刑案件而言,检察官提出应适用死刑之罪的指控,并将该指控提交大陪审团审核 (Grand jury Review)。如果大陪审团不同意起诉,则不能起诉。但一般情况下,大陪审团都会同意检察官的指控意见。在大陪审团不同意的个别情况下,检察官可以补充新的证据后,再次向同一大陪审团提交同样的指控,或者向法官申请另行组成大陪审团以使其指控意见获得接受。但在实践中,另行组成大陪审团的情况极少发生,任何提

[①] 参见白岫云、王秀梅:《美国死刑程序规则及对我国的启示》,载周国均、陈卫东:《死刑复核程序专题研究》,中国方正出版社2006年版,第570页。

[②] 参见李义冠:《美国刑事审判制度》,法律出版社1999年版,第22页。

交给法庭的指控意见均应为检察官与大陪审团达成一致的意见。

5. 第一次出庭（the first appearance）

在检察院送交起诉书后，法院会传唤被逮捕人到庭，法院传唤被逮捕人出庭主要是为了告知被逮捕人将会被以什么罪名起诉和享有哪些权利。

6. 初次听证（preliminary hearing）

初次听证发生于第一次出庭之后，主要是为了进一步审查对被告人逮捕和起诉的合理根据（Probable cause）。

7. 寻求死刑通知（Notice of intent to seek death）

如果检察官决定请求法院对被告人处以死刑，那么检察官还必须在庭审之前或者法庭接受被告人有罪答辩之前的合理时间内通知被告人。①

8. 认罪程序（arraigement）

收到起诉书的法庭传唤被告人到庭，正式告知其被起诉的罪行及享有的权利，并讯问被告人对起诉书的诉状如何答辩。如果被告人认罪，接下来就是量刑程序；如果被告人不认罪，接下来就进入审判程序。当然这一程序与另外的辩诉交易程序一样，在大多数州并不适用。绝大多数保留死刑适用的州，有关死刑案件的诉讼程序均不设置辩诉交易和认罪程序。如纽约州，如果案件有可能被判处死刑，则不允许被告人进行辩诉交易和认罪，从而强迫被告人进入审判程序。个别允许适用辩诉交易和认罪的州，其适用方式亦有所不同。例如，在得克萨斯州，在适用辩诉交易和认罪过程中，被告人不仅可以在初审阶段进行辩诉交易和认罪，而且在每次发回重审时，均有机会进行辩诉交易和认罪。一般情况下，被告人很有可能因此而被免于判处死刑。相反，在加利福尼亚州，虽然对死刑案件也允许适用辩诉交易和认罪，但对被告人不会因辩诉交易和认罪而

---

① 参见张栋：《美国死刑程序研究》，中国人民公安大学出版社2007年版，第28页。

免受死刑的判决，即辩诉交易和认罪不影响量刑。此外，法官还可以根据犯罪的性质和危害程度决定接受或拒绝被告人的认罪。

9. 陪审团的组成

死刑案件的陪审团由 12 人组成，陪审员的选择分为两个阶段。第一个阶段是陪审员的初选。初选是通过任意选择（random selection）来进行的。一般是从选民登记单中挑选，也有的从报税单或电话簿中挑选。第二个阶段是陪审员的庭选（voir dire）。陪审员的庭选程序是在开庭第一天的上午，由检察官和被告人的律师通过有因回避（challenges for cause）和无因回避（Peremptory challenges）从初选的陪审员中选出正式的陪审员。就死刑案件的陪审员选择而言，初选的陪审员会被询问他们对死刑的态度。如果一个律师或检察官认为初选的陪审员的观念、信仰和当事人的关系或由于他的经历而不能做到公平而不偏袒，那么可以运用有因回避而不选其为正式的陪审员。在律师和检察官双方使用完有因回避以后，每一方都还可以运用无因回避来剔除一定数目的初选陪审员。所谓的无因回避就是可以不陈述任何理由，随时剔除法定数目的初选陪审员。各州无因回避剔除初选陪审员数目不尽相同，大多数州规定为 3 个。在律师和检察官双方运用完无因回避之后，法院便按剩下的初选陪审员就座的顺序，取前面 12 人为正式陪审员，另外取 2 人或数人为候补陪审员。候补陪审员也要和正式陪审员一起参与陪审团应参与的程序，但不能参加定罪讨论。候补陪审员主要是为了应对在审判过程中正式陪审员因正当理由而不能继续参加审判的情况。此时，候补陪审员将按就座的顺序替代不能继续参加审判的陪审员。对于死刑案件来说，候补陪审员是极为必要的。因为美国的死刑案件的审理时间往往很长，中间会有陪审员退出。由于同样的原因，死刑案件中的候补陪审员可以多达十几个人。

此外，在审前程序中还有证据开示程序（discovery）和审前动议程序（pretrial motions）。所谓证据开示就是控辩双方履行出示证据的义务，以便了解对方所掌握的证据。所谓审前动议就是控辩双方认为对方的做法不符合法律的规定而向法院提出的异议请求。再有，美国各司法区关于死刑案件中被告人获得律师帮助的规定存在区别。但各个司法区都要求被告人至少有2名律师。

（二）初审程序

美国各个司法区的死刑案件的一审程序不尽相同，但初审程序都分为定罪与量刑两个不同的程序。第一个阶段是定罪阶段（guilt phase）。第二个阶段是量刑阶段（penalty phase）。这种定罪和量刑相分离的审判被称为双层分离审判程序（bifurcated proceeding）。在定罪程序中主要包括法官询问、开场陈述、控方举证、辩方举证、总结辩论、法官指示陪审团、陪审团评议、陪审团裁决8个步骤。

1. 定罪程序

定罪程序要求陪审团（该陪审团不同于审前程序中的大陪审团）、法官、检察官、律师及被告人同时出庭，控辩双方展示证据，向陪审团及法官就犯罪事实和证据进行控、辩阐述，控辩双方进行抗辩。死刑案件适用的证据规则和证据标准基本上与其他刑事案件一样，采用证据开示规则、非法证据排除规则以及"超出合理怀疑"的标准。但在死刑案件中，这些规则和标准得到更加严格的适用。定罪过程包括事实审和证据审两大部分，最终由陪审团决定被告人是否确实实施了某项应当被判处死刑的犯罪。

定罪以后如果适用死刑，还要通过两道关卡：即对被告人是否适用死刑的适格性（eligibility）判断和是否最终适用死刑（selection process）的决定。在"适格性判断"中，陪审团必须判断被认定有罪的被告人是否属于这类可能被判处死刑的被告人，即死刑只是保留给谋杀罪中最为恶劣的情况。如果被告人不具有"加重情节"，则不能被判处死刑；如果有"加重情节"，陪审团将会进入适用死刑阶段。在适用死刑阶段，陪审团决定在具体的案件中是否应当适用死刑。

在定罪程序中主要包括以下 8 个步骤：

(1) 法官询问

一般在检察官、被告的律师、陪审团都到庭后，审判法官会询问控辩双方还有什么问题要和法官交涉。如有一方有问题要和法官交涉，该方向审判法官提出请求后，法官就会召集检察官或者律师协商，在协商时陪审团不参加。

(2) 开场陈述

开场陈述就是控辩双方向法庭做的关于案件的说明。开场陈述的主要目的是让陪审员了解案件的情况，如案件是怎样发生的、所掌握的证据等。双方的开场陈述都会强调，陪审团根据陈述的证据、证词应判自己一方获胜。开场陈述在各个司法区的顺序都是一样的，首先是检察官陈述，接下来是辩护律师陈述。出于策略考虑，辩护方有时会放弃开场陈述。在开场陈述中各方不发表意见，不得涉及被告人的性格、特征，不进行辩论。并且开场陈述中的证据要在接下来的审理中兑现。

(3) 控方举证

控方举证的方式包括传唤证人出庭作证、出示物证、书证。证人出庭作证是通过检察官提问、证人回答来进行的。检察官询问完毕后，辩护律师要进行质证。

(4) 辩方举证

在通常情况下，控方举证结束，就要进入辩方举证阶段。① 控方举证和辩方举证的方式相同，被告人也可以作为证人为自己作证，被告人也有权保持沉默。

(5) 总结辩论

总结辩论是控辩双方在证据调查完毕后对证据进行的总结和评

---

① 例外的情况是：如果控方没有尽到举证责任，法官可以依职权或依申请直接作出无罪判决。

论，目的是说服陪审团相信自己。总结辩论的顺序各司法区相同，首先是检察官发言，接下来是辩护律师答辩，最后检察官再作反驳。在总结辩论中，检察官有两次发言的机会，而辩护律师只有一次。为了公平，检察官两次的发言时间与辩护律师一次发言的时间大体相同。

（6）法官指示陪审团

陪审员毕竟不是法律专业人士，因而有必要在陪审团做出裁决前给予指示。一般情况下，法庭会要求控辩双方提交一份给陪审团的指示。而法官会和控辩双方协商最后给陪审团的指示。给陪审团的指示内容主要包括：陪审团职责、与案件有关的法律、由证据引起的争议、有关法律术语的解释。

（7）陪审团评议

在法官给陪审团的指示结束后，法官会指定陪审团团长或告知陪审团选出一名陪审团团长。然后由团长主持评议活动。陪审团评议秘密进行，任何人不得进入评议室。评议结果也不受法律调查。

（8）陪审团裁决

陪审团对死刑案件的定罪必须经全体一致通过才行。陪审团作出裁决后，团长会通知法官。法官会召集控辩双方到庭。在控辩双方都到齐后，法官会询问团长是否已经作出裁决。团长作出肯定回答后，法官会要求陪审团公开宣告裁决结果。如果是有罪判决，就要进入量刑程序；如果是无罪判决，应当当庭释放被告人。

2. 量刑程序

量刑程序与定罪程序在许多方面相似，量刑程序中同样有开场陈述、传唤证人、展示证据和总结性辩论。如果是陪审团量刑的话，法院也要引导陪审员在量刑中得出结论。陪审员随后商讨符合比例原则的判决。① 但死刑案件的量刑有许多特别之处，下面主要探讨这些特别之处。

在美国的死刑案件中，绝大部分州规定死刑的裁量权由陪审团享有，少数几个州规定由法官享有。在美国 36 个保留死刑的司法区中，30 个州规定由陪审团作出死刑判决，5 个州要求法官在陪审团建议的基础上作出判决，3 个州允许法官推翻陪审团的建议作出判决。

如前所述，许多州规定了适用死刑的加重情节和减轻情节，那么如何权衡这些量刑情节，这取决于各司法区的制定法是"权衡型"（weighing）还是"非权衡型"（non-weighing）模式。在"权衡型"模式司法区法官会指示陪审团去权衡加重情节与减轻情节。但在这种模式内各司法区也有不同的规定。在各个司法区内，如果减轻情节大于加重情节，陪审团也可以作出死刑判决。在大多数州的法律中，即使加重情节大于减轻情节，通常也不要求作出死刑判决。然而，联邦最高法院已经承认这样一个规则：如果加重情节大于减轻情节，那么裁决者必须作出死刑判决。② "非权衡型"模式司法区则把加重情节作为对被告人适用死刑的最基本要求。一旦确定一个加重情节，那么该加重情节所起的作用不是进一步推动案件的进展，而是和其他情节一样被用来确定是否适用死刑。

在"权衡型"模式司法区中，裁决者必须考虑所有的加重情节和减轻情节，裁决者的裁量权受到限制。在"非权衡型"模式司法区中，裁决者在终身监禁和死刑之间有完全的自由裁量权。与前两种模式不同的是，俄勒冈州、得克萨斯州和弗吉尼亚州采用了独特的模式。这种模式可称"高度结构模式"（highly structured format）。如在得克萨斯州，对陪审团的指示是非常具体和系统的，法

---

① See Linda E. Carter and Ellen Kritzberg, Understanding Capital Punishment Law, Lexis Nexis, 2004, p. 52.
② Ibid., p. 53.

官给出3个问题,而陪审员通过"是"或"不是"的方式来回答。这3个问题是:(1)被告人是否是故意实施死刑犯罪,(2)被告人将来对社会是否有危险性,(3)如果相关的话,被告人对被害人激起他犯罪是否是不理智的反应。① 如果陪审团全体一致肯定回答了这3个问题,那么自然要判处死刑。如果12个陪审员中有1个陪审员对3个问题中的任何一个作了否定回答,那么就要判处终身监禁。

一旦被定罪且死刑适用程序确定适用死刑,被告人将会被判处死刑。决定案件中的被告人是否应当被判处死刑的是量刑者。目前,大多数州规定由陪审团决定适用死刑,也有少数州规定陪审团向法官提出建议然后由法官做出最终的死刑量刑选择。另外一些州则规定,法官可以否决陪审团的死刑判决,将之改成终身监禁且不得保释。② 对于应判处死刑的被告人,量刑的结果只有两种:一是死刑;二是不得假释的终身监禁,且该量刑结果在美国死刑改革过程中逐渐起到替代死刑适用的作用。在选择上述两种量刑结果时,主要是对被告人及其实施的犯罪事实进行"详细的考量",即详尽分析案件中存在的加重情节和减轻情节。

美国保留死刑适用的各州在考虑加重或减轻量刑情节时虽略有不同,但基本精神是一致的。一般的州都把以下情形视为应判处死刑的加重情节:杀害多人;杀害司法人员、证人或者鉴定人;以残酷的手段杀人。在减轻情节中,各州的做法大致相同,很多州把被告人是否第一次犯罪、被告人的成长经历和精神状态作为重要的参考因素:如被告人是否是唯一的一次严重犯罪;被告人成长过程中是否遭受过虐待,大脑是否遭受过外力打击。如果一个律师能够证明他的当事人从小经常受到母亲或其他人的虐待,如母亲经常殴打

---

① See Linda E. Carter and Ellen Kritzberg, Understanding Capital Punishment Law, Lexis Nexis, 2004, p. 159.
② http://www.deathpenaltyinfo.org/article.php?did=1686&scid=64, 另见 Liada E. Carter and Ellen Kreitzberg: Understanding Capital Punishment Law, Lexis Nexis, 2004, p. 98.

孩子的头部，造成其脑力下降，从而不能很好地控制自己的情绪，等等，则会对免除死刑适用很有影响。陪审团在考虑减轻情节时没有任何限制，即任何因素都有可能成为不适用死刑的减轻情节。

关于加重情节，如纽约州死刑法规定，法庭适用死刑时应考虑是否具有以下13种加重情节之一：（1）被害人是警察，且被告人在实施犯罪行为时知道或者应该知道被害人是正在履行职责的警察；（2）被害人是治安官员，且被告人在实施犯罪行为时知道或者应该知道被害人是正在履行职责的法庭执法官员、假释官、缓刑监督官，或者青少年分支机构的雇员[①]；（3）被害人是国家矫正机构或者地方矫正设施中的雇员，且被告人实施犯罪行为时知道或者应该知道被害人是正在履行职责的国家矫正机构或者地方矫正设施中的雇员；（4）被告人在实施杀人行为时，正在矫正机构进行改造，处于终身监禁服刑羁押期间，死刑替代为终身监禁服刑期间，或者至少15年有期徒刑、最高到自然死亡前的监禁刑服刑期间，或者被告人实施杀人行为时，已经逃离其改造的机构或者应服刑的羁押场所，且在该机构或者羁押场所外实施的杀人行为；（5）被害人是证人，被告人为防止被害人在可能进行的诉讼程序中作证而先行予以杀害，或者被告人为报复证人的先前作证行为而实施的杀害；或者被害人是证人的直系家庭成员，被告人为了防止或者影响证人作证而杀害该家庭成员，或者被害人是证人的直系家庭成员，被告人为了报复其已经作证的行为而对其实施杀害，这里所指的"直系家庭成员"包括丈夫、妻子、父亲、母亲、女儿、儿子、兄弟、姐妹、继父母、祖父母、继子女或者孙子女；（6）被告人依照与他人而非被害人之间的收益协议，或者希望从某方获得任何金钱价值的收益的协议，或者从他人而非被害人在某方指示下采取行动的协议，而实施杀人或者完成杀人行为；（7）被告人实施或者企图实施以及为了帮助实

---

① 法庭执法官员、假释官、缓刑监督官，或者青少年分支机构的雇员统称为治安官员。

施抢劫、一级或者二级入室盗窃、一级绑架、一级或者二级放火、一级强奸、一级鸡奸、一级性虐待、一级加重性虐待或者一级逃跑过程中杀害被害人,或者在实施上述犯罪过程中以及有助于实施或者企图实施二级杀人后立即逃跑,但是,只要被害人不是上述犯罪的参加人之一,只要被告人实施了命令他人实施杀害被害人或者特定的被害人的行为,被告人就应根据规定承担刑事责任,否则被告人不因他人实施的杀人行为承担刑事责任;(8)作为同一犯罪行为相互作用的一部分,被告人有意导致其他人或者多人重伤或者死亡,只要被害人不是该犯罪行为相互作用的参加人;(9)在实施杀人行为前,根据本州法律的规定,已经判决被告人实施了杀人罪,或者另一个司法辖区已经判决被告人实施了犯罪,如果在本州实施行为也构成了违反本州法律规定的犯罪;(10)被告人以极其残忍、冷酷的方式,在实施行为过程中,在被害人死亡之前意图对其施加酷刑,"酷刑"是指故意和恶意施加身体的极大痛苦;"恶意"是指被告人喜欢对被害人身体施加痛苦,以显示贬低或者歪曲被害人,或者被告人在对他人施加身体痛苦时显示出的快感;(11)被告人在本州内,在各个独立的犯罪行为中,在以同样方式或者根据同样的设计或者计划开始实施犯罪行为的 24 个月期间,故意导致两人或者两人以上死亡;(12)被害人是《刑事诉讼法》第 23 章第 1.20 条规定的法官,而被告人正是因为被害人是法官,而对其实施杀害行为;(13)被害人在帮助恐怖主义行为过程中被杀害。

  在死刑适用阶段,量刑者考虑的加重情节范围要比适格性判断阶段广。这是因为考虑这些因素的目的不再是筛选最为恶劣的犯罪。相反,考虑这些因素是为了决定是否对特定的被告人判处死刑。某些形式加重情节证据的采用可能是有争议的。这些证据包括意在显示未来危险性的证据以及犯罪使被害人及被害人家庭受到损害的证据。在被告进行了心理咨询之后,心理医生的证言是否能够成为证据?允许所谓的被害人损害证据的范围有多大?加重情节证据的采纳,特别是非法律规定的证据,会存在从情感上影响量刑者并造成其因为情感或冲动而被非理性标准所左右的危险吗?这种危险反过来又暗示着在可靠的、非专断的量刑裁判要求和个别化量刑要求之间存在的冲突。一般而言,法院认为加重情节证据不应过度宽泛,不允许重复或者模糊不清,以至违反宪法,并且它必须与终身监禁和死刑判决有关。法官在就加重情节证据进行取舍时必须根据这些宽泛的指导规则进行决定。

关于减轻情节,和加重情节一样,减轻情节允许对被告人及其犯罪进行个别化的考虑。它的功能同被害人损害证据和被告未来危险性证据一样,但是它提供的是另外一面的证据,强调不应当对被告人判处死刑的理由。联邦最高法院认为,几乎所有对被告人有利的、作为从轻情节而提出的证据都必须进入量刑考量。这种证据包括被告人的品格、犯罪记录和犯罪情况的证据,例如,被告人年轻、能力发育不全、虐待史以及监狱中的良好表现等都将会被加以考虑。美国各州不允许对从轻情节的提出进行任何限制[①],但是,它们允许量刑者在考量和运用从轻情节时拥有一定的弹性。只要从轻情节对量刑有意义,每一个陪审员能够对该证据在减轻方面的效果作出判断,各州均可以在证据采信和考量方面制定其所认为妥当的程序。

三、死刑案件的上诉程序

(一) 直接上诉

在普通法中,上诉法院复核判决并不是正当程序所要求的。在麦凯恩诉德斯顿(Mckane v. Durston)[②] 一案中,联邦最高法院认为,宪法没有要求国家建立上诉法院复核刑事案件的定罪和量刑的制度。然而,联邦最高法院在麦凯恩诉德斯顿(Mckane v. Durst-

---

① Lockett v. Ohioy 一案确认了该规则。See Liada E. Carter and Ellen Kreitzberg, Understanding Capital Punishment Law, Lexis Nexis, 2004, p. 138.
② 153u. s. 684 (1894).

on) 一案中的宣告没有实际意义。因为所有的司法区都已经建立了上诉法院复核刑事案件定罪和量刑的制度。在美国联邦最高法院通过弗曼诉佐治亚州（Furman v. Georgia）① 案否决死刑之前，所有保留死刑的司法区都允许死刑犯对定罪和量刑提起上诉复核程序。当联邦最高法院在格雷格诉佐治亚州（Gregg v. Georgia）② 一案中肯定死刑时，佐治亚州新的死刑案件程序有一个特点，即所有的死刑案件复核都要自动复核。联邦最高法院在肯定佐治亚州的新的复核程序时，认为宪法没有要求对死刑的量刑要自动复核。但美国联邦最高法院一直认为上诉审是提高死刑案件可靠性与统一性的一种重要方式。③ 联邦最高法院仅表明佐治亚州新的复核程序是宪法所接受的。但是，这种程序很快被其他保留死刑的司法区所采用，只有犹他州作为例外没有采用。死刑量刑自动复核是有关量刑阶段的问题，那么，死刑定罪是否也要自动复核？定罪阶段的问题并不自动复核，但是在实践中定罪上诉问题和量刑自动复核是结合在一起的。

在美国的死刑案件中，所有保留死刑的州和联邦都对死刑判决规定了上诉程序。在大多数州，死刑案件直接上诉到州最高法院审查④，只有阿拉巴马州和俄亥俄州要求中级法院和州最高法院两级强制审查。⑤ 在联邦，死刑案件可以上诉到联邦巡回上诉法院。在美国死刑案件的上诉中，被告人既可以对定罪部分提起上诉，也可以对量刑部分提起上诉。就定罪部分而言，被告人可以以定罪证据不充

---

① 408 u. s. 238 (1972).
② 428 u. s. 153 (1976).
③ See Linda E. Carter and Ellen Kritzberg, Understanding Capital Punishment Law, Lexis Nexis, 2004, pp. 54—55.
④ 美国大多数州法院分三级：具有一般辖权的初审法院（Trial Courts of General Jurisdiction）、中间上诉法院（Intermediate Appeallate Courts）、最高法院（Supreme Court）。分为四级的州还有具有有限管辖权的初审法院（Trial Courts of Limited Jurisdiction）。但美国各州法院的名称也不尽相同，如纽约州的最高法院是上诉法院（Court of Appeals），而"最高法院"（Supreme Court）实际上是初审法院。参见薛波：《元照英美法词典》，法律出版社2003年版，第1285—1286页。
⑤ 参见张栋：《美国死刑程序研究》，中国人民公安大学出版社2007年版，第43页。

分、诉讼程序错误以至于侵犯了被告人的法定权利、初审法院对本案没有管辖权等为由向有管辖权的上诉法院提出。就量刑部分而言，被告人可以以在量刑程序中侵犯了被告人的法定权利、法官对陪审团关于加重情节的指示违反法律、法官或量刑陪审团对死刑或被告人存有偏见、法官违反陪审团的意见判处死刑而侵犯了被告人接受陪审团审判的权利等为理由，向有管辖权的上诉法院上诉。①

死刑量刑的上诉复核实际包括两个方面：(1)审查加重情节和减轻情节的裁定；(2)裁定死刑是不是适当的量刑。上诉法院要对两类加重情节进行复核：一是裁定加重情节是否由于模糊而无效；二是裁定加重情节是否真正地被证明存在。根据上诉复核的目的，相关的减轻证据可以分为两种：一是作为证明非法定减轻情节存在的证据；二是作为证明法定减轻情节存在的证据。因此，上诉复核审查证据是否支持减轻证据的存在。之后，上诉法院要裁定死刑是不是适当的量刑。一旦上诉法院裁定至少一个法定加重情节被初审法院有效地裁定了，并对法定减轻情节和非法定减轻情节进行了分析，就要进入上诉复核的下一阶段。在这个阶段，上诉法院必须裁定死刑判决是否适当，这个裁定包含3个不同的问题：(1)情感、偏见或其他武断的因素是否导致了死刑的适用；(2)与其他案件相比，量刑是否过度或不合比例；(3)是否对加重情节和减轻情节进行了独立的权衡或充分的裁定。

死刑案件的定罪上诉复核包括传统的错误陈述（assignments of error）。所谓错误陈述就是指上诉人在下级法院审讯时所作的陈述，当上诉人认为存在错误时据此，要求上诉法院推翻、撤销、修改下级法院的判决或命令其重新审判。② 因而，被告人必须向上诉法院指出定罪阶段对其错误定罪的具体问题。这可能包括对审前问题的错

---

① 参见张栋：《美国死刑程序研究》，中国人民公安大学出版社2007年版，第45页。
② 参见薛波：《元照英美法词典》，法律出版社2003年版，第108页。

误陈述,如隐匿证据(suppression of evidence)① 和驳回起诉(dismissal of a charge)。

直接上诉是对包含死刑定罪在内的所有刑事定罪和量刑进行救济的主要途径。在直接上诉程序结束之后,在定罪和量刑方面推定存在法定性和确定性。最后的人身保护令程序仅仅只是提供从属性的救济途径。尽管联邦最高法院从未确定上诉的宪法权利,但所有的司法区域都提供了对刑事定罪的上诉审查,几乎所有的司法区域也都对死刑量刑规定了自动上诉程序。在各州法院,直接上诉是向州上诉法院提起。在联邦法院,则是向巡回上诉法院提起。尽管上诉权并不是宪法所要求的权利,通过法律赋予刑事上诉权则触发了对被告人的某种宪法保护。② 各州不能够对上诉的法律权利规定不必要的阻碍。如果被告人在一个并未被判处死刑的案件中对其定罪成功提起上诉,除非存在加重量刑的书面合理解释,再审时的定罪不能导致比初审时更重的刑罚。③ 该规则是为了阻止在再审时的报复性指控以及预防被告人在上诉时存在担心。

对刑事上诉权的平等保护:如果各州赋予被告人上诉权,那么各州不能让贫穷的被告人因无经济能力而无法行使其上诉权利。④ 基于类似同等保护和正当程序的原因,宪法还规定了贫穷的被告人有

---

① 隐匿证据(suppression of evidence)是指在刑事诉讼中拒绝提供证据或拒绝作证的行为。如果公诉方故意隐匿对被告人有利且不为被告人所知晓的重要证据,则构成违反正当程序(Due process)。但在认定公诉方的行为是否构成隐匿证据时,则须依案件的具体情况来判断;如果该证据无证明价值(probative value)或仅是补充证据(cumulative evidence),或被告方与公诉方有同样的机会可取得该证据,则公诉方无义务向被告方披露证据。参见薛波:《元照英美法词典》,法律出版社2003年版,第1315页。
② Randall Coyne, Lyn Entzeroth, Capital Punishment and the Judicial Process (second edition), Carolina Academic Press, 2001, pp. 607—608.
③ North Carolina v. Pearce, 395U. S. 711 (1969).
④ 例如,Griffin v. Illinois, 351U. S. 12 (1956)认为,拒绝为贫穷的被告提供免费的审判文件的复印件的行为限制了在被告提交审判记录方面上诉审查,违反了正当程序和同等保护原则。引自Coyne、Entzeroth: Capital Punishment and the Judicial Process (second edition), Carolina Academic Press, 2001, pp. 607—608.

权在直接上诉中获得法院指定的律师的帮助。一般而言，和死刑上诉有关的问题与任何其他刑事审判问题相类似。例如，在定罪阶段产生的上诉问题通常情况下可能包括排除非法证据的动议，对陪审团指示有误以及其他证据方面的错误。而在死刑案件中有些问题则是独特的，包括审判中量刑阶段的错误，诸如证据方面的异议，对加重情节缺乏考量，忽略从轻情节等庭审错误，在量刑决定方面对陪审团进行的指导错误等问题。一般而言，死刑上诉与其他普通刑事案件的上诉基本相同。例如，在定罪阶段产生的上诉理由通常情况下包括排除非法证据的动议，对陪审团指示有误以及其他证据方面的错误。当然，死刑案件中有些问题是独特的，包括审判中量刑阶段的错误，以及诸如证据方面的异议，上诉审理中主要审查以下两个重要问题：

1. 无害错误的审核（Harmless Error Test）

在刑事案件中，上诉审查通常建立于"对无害错误分析"（Harmless Error Analysis）的基础之上。这意味着即使上诉法院认为初审有错误，也只有在该错误"有害"（harmful）的情况下才会引发重审。一个错误是否无害通常是上诉法院考虑的法律问题，上诉法院将评估该错误对于初审陪审团的影响。如果错误无害，那么将会维持有罪的认定和量刑。如果该错误对判决的结果没有什么损害，那么有关的定罪和量刑将会被维持；如果法院认定有关错误对判决的结果有影响的，也就是说"有害"的话，那么，该案的定罪将会被推翻，案件一般会发回重审。

在直接上诉中，最重要的问题就是上诉法院如何审查被告人提出的上诉理由。在刑事案件中，上诉法院通常审查构成被告人上诉撤销判决的理由的错误是否无害。上诉法院不仅要确信初审有错误，而且只有在该错误"有害"，即对陪审团产生影响情形下才会撤销判决发回重审。错误可以分自动有害的错误（automatically harmful errors）和非自动有害的错误。自动有害的错误就是被认为对审判的公平性如此重要，以至于它们从来不是无害的，它们自动地导致了撤销案件。自动有害的错误包括：裁决具有偏见、被告人获得律师帮助的权利被完全剥夺、没有就超越合理怀疑标准对陪审员进行指示。[1] 非自动有害的错误的判断标准在沙曼诉加利福尼亚州（Shaman V. California）一案中被界定为，错误是否"超越合理怀疑的无害"（harmless beyond a reasonable doubt）。这就意味着上诉法院必须超越合理怀疑判断错误是否对判决产生影响。而超越合理怀疑证明错误的无害责任在于政府。在死刑案件中，无害错误标准既可适用于定罪阶段也可适用于量刑阶段。联邦最高法院也认可了在量刑阶段进行无害错误分析。但有一些人认为，量刑阶段的裁定与定罪阶段的裁定差别太大了，以至于不允许同等运用无害错误标准。他们认为判处终身监禁还是死刑是一种道德判断或者说是主观价值判断，它与裁定犯罪要素是否存在这样的事实裁定不同。因此，确定错误给量刑阶段的裁决者带来的影响几乎是不可能的。[2]

有些情况被称作"当然的有害错误"。它包括：上诉法院确定初审法官本身有偏见，被告人的法律帮助权被彻底剥夺，以及没有对陪审团就排除合理怀疑标准问题作适当的指导。在这些情况下无需证明这些因素实际上是否造成有危害的结果，均被认为"有害错误"。对其他错误的判断则要根据最高法院在查普曼（Champman）诉加利福尼亚州一案中所确定的刑事案件无害错误一般标准。[3] 该标准要求法院以"超出合理怀疑"的标准认定该错误是"无害的"。这意味着法院必须排除合理怀疑认定所存在的错误对判决没有影响。根据最高法院的观点，政府一方负有证明责任，超出合理怀疑证明

---

[1] See Linda E. Carter and Ellen Kritzberg, Understanding Capital Punishment Law, Lexis Nexis, p. 184.
[2] Ibid., p. 188.
[3] Chapman v. California, 386U. S. 18, 24 (1967).

现存错误对判决结果没有影响而且是无害的。① 无害错误标准对死刑和非死刑案件同样适用，甚至在量刑阶段中发生的错误也进行同样处理。有些学者提出批评：无害错误标准适用在量刑阶段产生的错误上是不对的。他们认为量刑决定是最终的道德上的主观判断，这和定罪阶段完全不同。因为每个陪审员在权衡加重情节和减轻情节都不一样，因此，该阶段所发生的错误对每个人决策方面的影响无法确定。② 但是，最高法院还是坚持将无害错误标准适用于对量刑阶段产生的错误分析之上。

2. 加重情节的排除

如果上诉庭发现初审法院的决定确有错误，可决定将案件发回或者退回 Remand 重审。重新审理"发回"的案件是真正意义上的重新开始，即在新组建的陪审团参与的情况下，所有诉讼参与人将重新出庭参与诉讼，既对事实也对量刑重新进行审理。但是，如果初审法院的错误仅仅是量刑方面的错误，初审法院则只就量刑部分重新进行审理。如果陪审团在加重情节方面的认定是无效的，那么法院必须推翻死刑量刑，因为被告人不再符合死刑的适用条件。不过，如果只要至少一项加重情节仍然在上诉中成立，那么被告人在死刑上就是适格的。在这种情况下是否维持死刑的量刑，取决于各司法区域的具体规定。

在适用非权衡模式的各州中，由于陪审团的死刑决定并不基于对加重和减轻情节的权衡考量，上诉法院甚至可以在不进行无害错误分析的情况下就维持死刑量刑。相反，在采用权衡模式的各州中，每一个加重情节都是陪审团考虑的重点。因而联邦最高法院认定，在有一个加重情节（但并不是全部）被认定为无效的情况下，采用权衡模式的司法区域有两个选择：（1）法院在排除有关无效加重情

---

① 在罪后人身保护令程序中提出的违宪性错误和非违宪性错误要受另一条要求较低的标准制约，因此对于各州来说证明无害错误是容易的。
② Statterwhite v. Texas, 486U. S. 249, (1988).

节的情况下，重新衡量加重和减轻情节。（2）进行无害错误的分析。也就是说，法院要对被认定为无效的加重情节对判决后果是否构成影响作出分析。如果有影响，则判决将会被推翻，发回重审；反之，则维持原判。这实际上没有要求法院对加重和减轻情节作"量"的分析，而是仅仅进行"质"的判断。第一种选择受到了强烈的批评，因为上诉法院并不是传统意义上的事实认定者。上诉法官不在审理的现场，并没有看见证人或者听见他们的证言，他们对于事实的感受永远不会像初审法官和陪审员那样准确，因而并不适合作出真正的衡量后的选择判决。正是因为这个原因，无害错误的分析更为常见。

3. 上诉程序步骤

死刑案件的上诉复核程序与其他上诉复核程序并没有什么不同。① 每个死刑司法区的上诉复核都有自己的特色，但都大同小异。通常来说，上诉复核程序分为以下步骤：

（1）提交上诉通知（filing the notice of appeal）

死刑判决作出以后，上诉就开始了。被告人在一定时期内有权提交上诉通知。上诉通知的提交是上诉程序开始的标志。上诉通知应向原审法院提交。

（2）准备诉讼记录（preparation of the record）

在提起上诉后，被告人要准备诉讼记录。诉讼记录就是初审法院对各诉讼程序的记录，包括诉状、书证、物证、询问证人记录、法庭裁定等。② 准备庭审记录的费用相当高，如果被告人向法院证明他没有能支付准备庭审记录的费用，法院会支付这笔费用。③

---

① 参见程乐其：《美国联邦体系中的上诉复核制度》，载周国均、陈卫东：《死刑复核程序专题研究》，中国方正出版社 2006 年版，第 562 页。
② 参见薛波：《元照英美法词典》，法律出版社 2003 年版，第 1159 页。
③ 参见程乐其：《美国联邦体系中的上诉复核制度》，载周国均、陈卫东：《死刑复核程序专题研究》，中国方正出版社 2006 年版，第 562 页。

(3) 提交开审状 (opening brief)

如果诉讼记录是完整的,被告人就要提交开审状,开审状就是上诉人向上诉法院提出的需要上诉复核的问题,既包括事实问题,也包括法律问题。此外,上诉人还要提交诉讼记录。

(4) 提交答辩状 (answering brief)

检察官在上诉人提交上诉状后要向法院提交答辩状。答辩陈述要与开审状的结构相一致,除非检察官不满意上诉人的下列陈述:① 司法管辖权的陈述;② 问题的陈述;③ 案件的陈述;④ 复核标准的陈述。①

(5) 提交陈述状 (reply brief)

在检察官提交答辩状后,上诉人要提交陈述状。上诉人提交陈述状是为了反驳检察官的答辩状。

(6) 审查庭 (screening panel) 审理

死刑案件既可能由审查庭 (screening panel) 完成,也可能由实体法庭 (merits panel) 完成。如果案件简单,就会由3名随机选择的法官组成审查庭。法院的书记官会向审查庭提供判决建议。审查庭的法官有权决定是否采纳上述建议。如果审查庭采纳上述建议,那么就可以直接判决;如果审查庭不同意采纳上述建议,案件就要进入实体法庭。②

(7) 实体法庭 (merits panel) 审理

如上文所述,当审查庭不能解决案件时,案件就要进入实体法庭。实体法庭也由3名随机选择的法官组成。这3名法官可以决定是否听取双方的辩论。如果他们决定不听取双方的辩论,则根据诉状进行裁定;如果他们决定听取双方的辩论,则要开庭审理。开庭

---

① See Lovis J. Palmer, JR, Encypedia of Capital Punishment in the United States, McFarland & Company, Inc, Publishers. 2001. p. 29.
② 参见程乐其:《美国联邦体系中的上诉复核制度》,载周国均、陈卫东:《死刑复核程序专题研究》,中国方正出版社2006年版,第263页。

审理是公开的。

(8) 上诉法院的裁决（disposition by appellate court）

上诉法院复核一个案件后，就死刑案件而言，会作出以下 6 种裁决：① 肯定定罪和量刑；② 肯定定罪，但否定量刑部分并将量刑部分发回重审；③ 肯定定罪部分，但否定量刑部分并发回重审，且要求重审只能判处终身监禁；④ 肯定定罪部分，但否定量刑部分，并直接判处终身监禁；⑤ 否定定罪和量刑部分，并发回重新审判；⑥ 否定定罪和量刑部分，并将案件发回且要求宣告无罪。①

(二) 州与联邦的定罪后程序

1. 州定罪后程序

在直接上诉中，上诉法院做出维持死刑判决后，被告人还可以向联邦最高法院申请调卷令。② 如果调卷令被驳回，那么被告人还可以寻求州定罪后救济。州定罪后的救济是被告人以案件违宪为由提出的申诉。州定罪后的救济首先应该向州初审法院提出，一般情形下应直接在上诉结束后提出，但个别州也允许直接在上诉过程中，同时提起定罪后申诉。③ 初审法院接受申请后会要求控辩双方提交书面材料，并会举行一个提出证据和事实的听证会。这些都是围绕着定罪和量刑是否有错误来进行的。如果被告人的州定罪后复核申请被驳回，他可以向州上诉法院提起上诉；如果在州上诉法院的上诉申请被驳回，还可向联邦最高法院申请调卷令。

2. 联邦定罪后程序

联邦定罪后程序又称为人身保护令程序。就州死刑案件而言，

---

① See Lovis J. Palmer, JR, Encypedia of Capital Punishment in the United States, McFarland & Company, Inc, Publishers. 2001. p. 27.
② 所谓调卷令在美国是指上诉法院签发给下级法院要求其将某一案件的诉讼记录移交给其审查的一种特别令状。联邦最高法院将调卷令用做其选择复审案件的工具。在各州的司法实践中倾向于废除这一令状。参见薛波：《元照英美法词典》，法律出版社 2003 年版，第 208 页。
③ 参见张栋：《美国死刑程序研究》，中国人民公安大学出版社 2007 年版，第 43 页。

在州裁定后救济程序用完后,被告人还可以寻求联邦定罪后复核。在州法院被判决的被告人必须向州法院系统申请人身保护令。如果州法院拒绝签发人身保护令,就可以向联邦法院系统申请人身保护令,并可以逐级上诉到联邦最高法院。

"人身保护令"(Habeas Corpus)是一个拉丁词语,意思是"你享有你的身体权利"(You have the body)。人身保护令为一系列令状的总称,其最初目的在于将当事人带至法庭或法官面前。① 人身保护令起源于英国的普通法。英国法官布莱克斯通(Blackstone)称人身保护令为英国法律中最著名的令状。人身保护令被称为伟大的自由令②,美国法官也把人身保护令称为"伟大的令状"。③ 这足以说明人身保护令的重要性。它建立在政府不能在没有正当理由的情况下拘押任何人的原则之上。在美国建国时人身保护令就已经在美国联邦宪法中规定了。《美国联邦宪法》第1条第9款第2项规定:"人身保护令状权利不应被终止,除非叛国案件和侵害国家安全的案件要中止它。"在美国历史上,人身保护令仅在美国内战期间曾被中止,而那次中止也被美国联邦最高法院在一个判例中废止了。在1867年,为了解决各州羁押的罪犯而在内战结束后制定了《联邦人身保护令法》。与此同时,宪法第十三、十四、十五修正案废除了奴隶制度,并赋予前奴隶们基本民权。在面临预料中来自各州方面的抵制时,国会通过《人身保护令法》的动机是确保被监禁人员有一次在联邦法院中充分行使他们权利的机会。④ 一旦使用直接上诉未能达到目的,被确认有罪的被告人还可以通过申请人身保护令来寻求

---

① 参见薛波:《元照英美法词典》,法律出版社 2003 年版,第 208 页。
② Eric Freedman:《死刑案件中的联邦人身保护令》,载 James R. Acker, Robert M. Bohm and Charles S. Lanier 主编:《美国关于死刑的试验:对最终刑罚制裁过去和现在的思考》1998 年版,第 417 页。
③ See Lovis J. Palmer, JR, Encypedia of Capital Punishment in the United States, McFarland & Company, Inc, Publishers. 2001, p. 235.
④ Ibid., p. 422.

推翻对其有罪的认定的途径。今天，无论是联邦还是各州的人身保护令程序都可以用于要求审查在押等候执行死刑犯人的刑事诉讼程序，并确保该定罪和量刑合法。被认定有罪的被告人在申请联邦人身保护令之前必须首先提交一份州人身保护令申请。尽管从形式上看人身保护令只是从属性地、间接地对定罪和量刑进行抗辩，但它对于在押死刑犯而言已经成为一个关键的救济途径，也是对刑事司法程序的重要监督。[①] 尽管人身保护令程序作为一种核查途径是重要的，但是，联邦和各州的人身保护令程序也并非没有任何争议。根据《美国联邦宪法》，被告人在各州的人身保护令程序中并不享有律师帮助的权利。有些州则规定在其人身保护令程序中需为贫穷的被告人指定律师，但并不是所有的州都这样做。在一些州的诉讼程序中，缺少法律帮助可能会对被告人的案件造成严重影响，同时也限制了他在申请联邦人身保护令中的主张和提出理由的种类。这是因为大多数联邦人身保护令程序的记录一般只限于在各州阶段所形成的记录。而在联邦人身保护令的申请中，如果只是提出新的主张和新的证据，这是相当困难的。并且，近些年来，国会也使得这些在押死刑犯提出联邦人身保护令的申请，以及按照该令状获得救济越来越困难。对于效率的确定性以及与各州一致性的关注，与处理被告人个人的不公正之间存在着紧张的关系。在过去的10年里，联邦法律通过对人身保护令状诉讼程序设置了时效和理由上的限制，并基本排除了反复申请人身保护令的情形。

即使被告满足了所有申请联邦人身保护令的程序条件，他的主张也必须建立在违反宪法、联邦法律或者条约的基础之上。一般而言，被告人会声称审判错误，而且对其定罪和量刑带有偏见，如果不审查其所提出的理由会导致根本性的司法执法不当。最常见的理

[①] Liada E. Carter and Ellen Kreitzberg: Understanding Capital Punishment Law, Lexis Nexis, 2004, p.199.

由是根据《宪法第六修正案》没有获得有效的律师协助。其他常见的理由包括主张无罪、主张不应判处死刑以及在初审阶段未能获得机会提出新的法律抗辩，等等。

人身保护令程序是对刑事司法程序的检验。通过这种检测，联邦最高法院能审查州的刑事司法程序。① 人身保护令程序的申请有着非常严格的要件，主要有四个条件：（1）除非有新的证据或根据溯及既往的新法律认为原死刑判决确有错误；（2）向联邦法院申请的理由只能是原死刑判决违反了联邦宪法、法律或条约，但不得以联邦《宪法第四修正案》为由提出申请；（3）州罪犯必须在穷尽州救济途径后；（4）申请人不再享有获得律师帮助的权利。② 联邦地区法院对人身保护令申请的标准是违反联邦宪法的"宪法性错误"是否产生了实质性损害后果或影响到了陪审团做出裁决，如果存在实质性损害或影响到了陪审团的裁决，审查法院就会签发人身保护令。否则，审查法院不会签发人身保护令。在批准人身保护令申请时，法院可以做出如下判决：（1）命令撤销有罪判决，并释放在押犯；（2）命令减轻对该罪犯的刑罚；（3）撤销判决，并发回州法院重审或重新判决。③

四、联邦起诉指南

1995年，司法部为联邦检察官判断在死刑适用案件中是否应该寻求死刑判决方面制定了新的程序指南。④ 总结如下⑤：

---

① 参见孙长永：《通过正当程序控制死刑的适用——美国死刑案件的司法程序及其借鉴意义》，载赵秉志、邱兴隆：《死刑正当程序之探讨——死刑正当程序学术研讨会文集》，中国人民公安大学出版社2004年版，第59页。
② 同上书，第57—58页。
③ See Lovis J. Palmer, JR, Encypedia of Capital Punishment in the United States, McFarland & Company, Inc, Publishers, 2001, p.197.
④ 参见 U. S. Attorneys' Mnaual，第9—10章，第120页。
⑤ See http://www.capdefnet.org/fdprc/contents/shared-files/doc/1-overview-of-fed-death-process.asp. and www.deathpenaltyinfo.org/article.php?scid=29&did=196，访问日期：2016年4月10日。

对于每一个死刑适合案件，无论他是否希望寻求死刑判决，检察官都必须写出死刑评估备忘录并且送往总部。

在寻求死刑判决之前，联邦检察官必须从总检察长处获得授权。在要求总检察长授权之前，联邦检察官必须通知被告人的律师，并为其提供向检察官办公室陈述包含减轻因素在内的事实的机会。

在每一个检察官可能寻求死刑判决的联邦案件中，总检察长就检察官是否寻求死刑判决做出最终的决定。

司法部组成一个由总检察长任命的委员会，审查每一个死刑适合案件并就是否应当寻求死刑判决向总检察长做出建议。

被告人的辩护律师应当有机会向审查委员会陈述为什么不应寻求死刑判决的理由。

如果情况发生了变化，例如，新发现的证据表明，同样有责的共犯被判处无期徒刑，那么，司法部将重新考虑是否授权寻求死刑判决。

尽管在全国范围内在寻求死刑判决方面为联邦检察官们引入了这种正式的集中管理程序，但是，司法部于2000年的一份研究发现，与各州在各州体系中对于死刑判决的差异性一样，在联邦死刑判决上也存在着明显的种族和地区差异。

由检察官提交的死刑案件，在某个5年期间，超过80%以上的案件涉及将少数民族作为被告人。[①] 当被告人是少数民族或者少数群体成员时，较少适用联邦死刑。该报告也发现，被送往司法部要求批准寻求死刑判决的682个案件中，有40%是由5个司法区域提出来的。[②] 需要强调的是，与很多州和地方检察官不同的是，联邦检察官并不是选举产生的，他们也不是由行政机关任命的。

---

① See http://www.capdefnet.org/fdprc/contents/shared-files/doc/1-overview-of-fed-death-process.asp and www.deathpenaltyinfo.org/article.php?scid=29&did=196，访问日期：2016年4月10日。
② 同上。

联邦死刑案件启动于联邦地区法院。对被告人而言，上诉是一种权利。被告人的上诉须向初审所在地联邦巡回上诉法院提起。所有其他的审查，例如联邦最高法院的审查，都是自由裁量的。

联邦检察官在联邦起诉中可能寻求死刑判决，甚至当联邦地区法院所在的州没有死刑时也是如此。例如，美国托管领土波多黎各，其州宪法中禁止死刑。不过，被告人可能根据联邦死刑法律而在波多黎各的联邦法院受到审判。①

五、赦免（Clemency）

在穷尽了所有的州和联邦救济途径后，死刑犯只能寄希望于州长的赦免（州的死刑犯）和总统的赦免（联邦和军队的死囚犯），死囚犯没有取得赦免的权利，赦免是一个恩典（a matter of grace）。一般而言，在押死刑犯人提出赦免申请是避免执行的最后机会。赦免是刑事司法体系的一个部分，但是它不属于司法机关管理的范围。相反，赦免、暂缓执行、减免被告人死刑量刑的赦免权被赋予给了司法执行机构。赦免既免除了对被告的定罪也免除了对其的量刑。暂缓执行是在判决的执行上的临时推迟。减刑是对量刑的减轻，在死刑情况下，这意味着从死刑减为无期徒刑。② 在一些州，赦免权由行政首脑行使。而其他一些州，行政委员会将对申请进行听证。等待执行的联邦死刑犯则必须向总统提出诉请。

赦免申请通常要求宣布死刑判决无效或者推迟执行，以显示刑法的体恤、怜悯和宽恕。正因为如此，赦免在刑事司法体系中扮演

---

① See Dick Burr, David Brick, Kevin McNally: "An Overview of the Federal Death Penalty Process" http://www.capdefnet.org/fdprc/contents/shared-files/doc/1-overview-of-fed-death-pr-ocess.asp "The Federal Death Penalty System: A Statistical Survey" and, www.deathpenaltyinfo.org/article.php? scid=29&did=196, 访问日期: 2016年10月4日。

② Liada E. Carter and Ellen Kreitzberg: Understanding Capital Punishment Law, Lexis Nexis, 2004, p.253.

着重要的救济角色，它可以在无需重启法律程序的情况下，纠正不正确的或者非正义的结果。① 不同于其他的法律程序，对于赦免的决定，各州很少有相关标准和程序。通常执行机构会因为某种原因而给予或者拒绝采用赦免。② 不过，一般而言，当在押死刑犯的定罪上存在显而易见的疑问，或者当共同犯罪人被判处无期徒刑，而被告人的死刑显然不适当的情况下，或者当被告人的情况和品质格外令人关注，例如年轻和智力迟钝，行政当局也会做出某种形式的赦免。因为赦免在本质上属于司法体系的安全阀，赦免决定都具有政治性，那些担心对犯罪示弱的行政首脑就很难使用赦免。由于赦免决定缺乏特定的标准和程序，也引起外界对其任意性的批评，有些人呼吁更多的州指定无党派选举的委员会对赦免申请进行听证，以避免歧视和过度政治化。

（一）美国死刑赦免的方式

在美国，死刑的赦免有三种方式：（1）暂缓执行（executive reprieve）；（2）减刑（commutation）；（3）特赦（pardon）。③ 每一种赦免都会对死囚犯产生不同的结果。暂缓执行仅暂时推迟执行死刑。在美国，死刑犯通常在下列两种情况下可能获得暂缓执行。第一，如果死囚犯已经提交了人身保护令申请或其他类型的申请，但法院拒绝签发中止执行令，那么当法院审查死囚犯的申请时，死囚犯可能获得暂缓执行。第二，如果死囚犯请求特赦或减刑，当法院正在审查死囚犯的申请时，死囚犯也许可以获得暂缓执行。俄亥俄最高法院在莫勒诉斯图尔德（Maurer v. Steward）④ 一案中把减刑定义为"已被判刑的刑罚变为更轻的刑罚"。大部分保留死刑的司法区把

---

① Liada E. Carter and Ellen Kreitzberg: Understanding Capital Punishment Law, Lexis Nexis, 2004, p. 255.
② Ibid., p. 257.
③ See Lovis J. Palmer, JR, Encypedia of Capital Punishment in the United States, McFarland & Company, Inc, Publishers, 2001, p. 109.
④ 644N. E. 2d369 (ohi1994).

死刑减刑限定为终身监禁。通常死刑减刑的条件有：（1）死刑犯不寻求特赦；（2）减刑是符合比例的；（3）减刑符合一般法律规定。在理论上，不符合减刑的条件则要重新恢复死刑。在埃克斯帕蒂·梅（Exparte may）① 一案中，得克萨斯最高法院指出，不像减刑和假释，"特赦可以在任何时候由合适的机关作出"。死刑的特赦很少。因为特赦的本质是立即释放死刑犯。

赦免权到底由谁享有，对此美国保留死刑的司法区有着不同的规定。但就各州来说，大体上美国目前的死刑案件赦免模式有五种：（1）州长一人行使赦免权，没有赦免委员会，这种情形有 14 个州。②（2）由赦免委员会（Board Group）完全享有赦免权，这种情形有 3 个州。③（3）赦免委员会享有完全的赦免权，但州长是赦免委员会的一员。④（4）有赦免委员会，但赦免委员会员的建议对州长没有约束力，实际上州长享有完全的赦免权，这种情形有 10 个州。⑤（5）有赦免委员会，且州长必须接受赦免委员会的建议，这种情形有 8 个州。⑥

这五种赦免模式源于赦免的功能和美国的赦免制度。美国宪法的缔造者将赦免权授予行政长官，是为了达到三个目的：（1）让行政长官阻止对持不同政见者或反抗者适用严厉的惩罚，从而缓和和转移社会冲突；（2）纠正刑事审判不公；（3）纠正法官、检察官、辩护律师和法律执行官的不法行为或滥用职权行为。⑦ 这几个目的决

---

① Tex. Cr. App. 1986.
② 阿拉巴马、加利福尼亚、科罗拉多、堪萨斯、肯塔基、新泽西、新墨西哥、纽约、北卡罗来纳、俄勒冈、南卡罗来纳、弗吉尼亚、华盛顿、怀俄明。
③ 康涅狄格、佐治亚、爱达荷。
④ 内布拉斯加、内华达、犹他。
⑤ 阿肯色、伊利诺伊、印第安纳、马里兰、密西西比、密苏里、新罕布什尔、俄亥俄、南达科他、田纳西。
⑥ 亚利桑那、特拉华、佛罗里达、路易斯安那、蒙大拿、俄克拉荷马、宾夕法尼亚、得克萨斯。
⑦ 参见赖早兴：《中美死刑赦免制度及其比较——兼论我国死刑赦免制之完善》，载赵秉志、邱兴隆：《死刑正当程序之探讨——死刑正当程序学术研讨会文集》，中国人民公安大学出版社 2004 年版，第 221 页。

定了有必要授予行政长官赦免权。但是行政长官不受拘束的行政赦免权又受到是否适当的质疑。在美国建国之初，有这样一种观念，即将赦免权赋予行政长官违反"民有、民治、民享"（of the people, by the people, for the people）的政府观念。因而，在首批十三个州中，大多州将赦免权赋予立法机关，或州长与立法机关分享。①

美国大多数州没有成文法来规定死刑的赦免条件。有学者将死刑的赦免条件概括为：（1）对死囚犯罪存在疑问；（2）同案之间科刑不一致或相似罪行之间科刑不一致；（3）在关押过程中死囚犯主观和行为有变化；（4）陪审团对于是否有罪或科刑不能形成一致意见；（5）在警察调查或审判中缺乏公正；（6）存在减轻情节。②

（二）美国死刑赦免情况

从 1976 年到 2006 年 11 月 14 日，美国一共赦免 228 人。从被赦免人种族特征来看，在这 228 人中，有 131 人是黑人，有 85 人是白人，有 10 人是拉丁美洲人，有 1 人是西班牙血统人，有 1 人是印第安人。③

从各州赦免的人数来看，伊利诺伊 192 人、俄亥俄 9 人、弗吉尼亚 7 人、佐治亚 6 人、佛罗里达 6 人、新墨西哥 5 人、北卡罗来纳 5 人、印第安纳 3 人、马里兰 2 人、密苏里 2 人、路易斯安那 2 人、俄克拉荷马 2 人、阿拉巴马 1 人、阿肯色 1 人、爱达荷 1 人、肯塔基 1 人、蒙大拿 1 人、内华达 1 人、得克萨斯 1 人、联邦 1 人。伊利诺伊州赦免的死囚犯最多，这主要是由于 2003 年 1 月 11 日伊利诺伊州州长乔治·瑞以伊利诺伊州的死刑系统存在严重缺陷为由，决定将所有的死刑判决改为无期徒刑或有期徒刑，直接使得 167 名

---

① 参见赖早兴：《中美死刑赦免制度及其比较——兼论我国死刑赦免制之完善》，载赵秉志、邱兴隆：《死刑正当程序之探讨——死刑正当程序学术研讨会文集》，中国人民公安大学出版社 2004 年版，第 221 页。
② 同上。
③ Source：http：//www.deathpenaltyinfo.org/article.php?did=126&scid=13#process，访问日期：2016 年 4 月 10 日。

死刑犯逃脱了死刑的执行。①

从各年死刑赦免的情况来看，2003 年赦免的人数最多（174人），这同样是由于 2003 年 1 月 11 日伊利诺伊州州长乔治·瑞以伊利诺伊州的死刑系统存在严重缺陷为由，决定将所有的死刑判决改为无期徒刑或有期徒刑，直接使得 167 名死刑犯逃脱了死刑的执行。其他年份大都是赦免 1—3 人，除 1999 年赦免了 10 人，再没有赦免 10 人以上的情形。②

六、死刑案件的上诉期限

在美国，死刑案件作为重罪案件，在审判时间上没有严格的限制性规定，通常自被告人被逮捕到审判开始之间的时间平均超过 1 年。但是，由于陪审团的遴选和法官审判等方面的因素，初审时间可能会更长一些。而死刑案件复核的期限同样也没有严格的时间限制，通常复核期限为 12 年，但实践中，最长的复核期限有长达 20 年的。如死刑犯肯尼斯·李·博伊德（Kenneth Lee Boyd）57 岁时，因在 1988 年当着儿子的面将妻子和岳父射杀而被判处死刑，在其通过所有的复核程序和司法救济程序之后，时间已过去 17 年之久。肯尼斯（Kenneth）成为美国自 1976 年适用现行死刑制度以来的第 1000 个被执行的死囚犯，于 2005 年 12 月 2 日被执行死刑。

第四节 美国死刑的执行

一、美国死刑的执行方法

根据美国死刑信息中心③的资料，美国现在有五种死刑执行方

---

① See http：//www.deathpenaltyinfo.org/article.php? did＝126&scid＝13 ♯ process，访问日期：2016 年 4 月 10 日。
② Ibid.
③ dealth penalty inforination center, See http：//www.deathpenaltyinfo.org，访问日期：2016 年 4 月 10 日。

法。这五种方法分别是绞刑、枪决、毒气刑、注射刑和电椅刑。

(一) 绞刑 (Hanging)

在美国现存的五种死刑执行方法中,绞刑是最古老的一种。绞刑在 1900 年以前是一种使用非常广泛的死刑执行方法。华盛顿州在 1993 年 5 月 5 日使用绞刑处死了一名犯人。在 1994 年 5 月 27 日,坎贝尔 (Campbell) 被处绞刑。在那之前,堪萨斯州在 1965 年用绞刑执行过死刑,在这之后,绞刑在特拉华、蒙大拿和华盛顿特区被作为死刑执行的一种选择方法。现在仅华盛顿和新罕布什州仍把绞刑作为死刑执行的一种选择方法。[1]

早期的绞刑是在户外的树上执行,现在的绞刑则在监狱内执行。在保留绞刑的州的监狱里会有一个为执行绞刑而设计的房间。在这个房间里安装有陷阱门 (trapdoor),并且天花板上挂有一根绞绳。墙上有一个控制陷阱门的按钮。执行绞刑的情形是这样的:被执行人站在陷阱门上,腿和手都被捆起来,被戴上头套。如果被执行人已经晕过去了,就会有一个金属架 (a metal frame) 来支承被执行人的身体。当被执行人的颈上缠上了绞绳,执行官按一下陷阱门上的按钮,被执行人就被绞死了 (正常情形下)。

美国联邦最高法院早在 1977 年在威尔克森诉犹他州 (Wilkerson v. Utah) 一案中就间接说明了绞刑的合宪性问题。[2] 在威尔克森 (Wilkerson) 一案中,联邦最高法院直接裁决的是枪决的合宪性。然而,联邦最高法院通过类比肯定了绞刑的合宪性,认为绞刑是一种可接受的死刑执行方法。在 1994 年,绞刑的合宪性在坎贝尔诉伍德 (Campbell v. Wood) 一案中受到质疑。[3] 在 1994 年,被告人坎贝尔向联邦第九巡回上诉法院提起上诉,声称绞刑违反了《宪

---

[1] See Randall Coyne and Lyn Entzeroth, Capital Punishment and the Judicial Process, Carolina Academic Press, Durban North Canlina, p. 82.
[2] 99u. s 130. (1878).
[3] 18F. 3d 662 (1994).

法第八修正案》有关禁止残酷和异常刑罚的规定。① 坎贝尔认为，根据判例，如果有越来越少的州使用某种方法执行刑罚，那么该种刑罚方法是不合宪的。联邦第九巡回上诉法院进行了比例审查。联邦最高法院审查的标准是当代的道德标准（Contemporary standards of decency）。联邦最高法院发现判断死刑是否符合当代道德标准是一件困难的事情。联邦最高法院集中考察了绞刑给被执行人带来的痛苦。通过审查，联邦最高法院认为，不能只是由于绞刑导致了被执行人死亡或给被执行人带来某些痛苦，就断定绞刑是残酷和异常的刑罚。

反对绞刑作为死刑的一种执行方法主要有两个理由：（1）绞刑会给被执行人带来痛苦，特别是在绞刑使用不当的情形下。（2）绞刑有使被执行人断头的危险。斩首，在很久以前是一种可接受的死刑执行方法，但现在是不可接受的。所以反对绞刑的人把绞刑有使被执行人断头的危险作为反对绞刑的一个重要理由。在美国，对绞刑的合宪性提出质疑也不是毫无道理的，因为美国以前对死刑犯执行绞刑时发生过失误。这种情形被称为"糟糕的绞刑"（Bungled hangings）。下面是有人描述糟糕的绞刑的例子：

"昨天执行的绞刑是所有执行绞刑中最恐怖的事情之一。当绞绳往下展开时，绞绳断开了，被执行人掉在了地上。被执行人的脖子没有断，但撞地的震动使这位可怜人的耳朵喷出了血柱。被执行人被带回到绞刑架上。当绞绳正在被修理时，被执行人恢复了意识，并请求取掉头套以便发表又一次演说。这个请求被拒绝了。当绞绳再次向下展开时，绞绳再一次断开了。但被执行人快要掉到地上前，被执行官抓住了。当绞绳被调整时，被执行人被执行官抬着。绞绳再次展开，被执行人慢慢地被绞死。被执行人挣扎了12分钟。观看

---

① Campbell v. Wood, 18F, 3d662 (pthcir. 1994).

的人都吓呆了。"①

对绞刑的合宪性提出质疑也与另一个问题有关。这个问题就是绞刑到底怎样引起了被执行人死亡。通常认为绞刑是这样被执行的：死囚会被戴头套，站在陷阱门上，脖子上缠着绞绳，绞绳的结在死囚犯的左耳下边，只要死囚犯带着绞刑套，我们就不可能知道站在陷阱门上后死囚犯要承受多久的痛苦，也不知道在哪一个时间点死囚犯失去了知觉。但根据已经研究过死刑执行的英国生理学家哈罗德·希尔曼（Harold Hillaman）的说法，被吊着的人会感到颈部疼痛，并且会感到激烈的头痛，这是绞绳掐住了颈部静脉管的结果。②

而根据华盛顿大学医学院解剖的主任的说法，在绞刑执行过程中被执行人的脊索断裂引起即时死亡的观点几乎是错误的，只有一小部分案件是那种情形。被执行人真正死亡的原因是绞死（strangulation）或窒息（suffocation）。从医学角度来讲，被执行人的身体引起他的颈部的肌肉、皮肤和血管撕裂。上部的颈椎骨脱位，并且脊索与大脑脱开，这导致了死亡。③

实际上，采用绞刑的州都对绞刑的执行方法有着严格的规定。例如，华盛顿州采用了三个措施来保证绞刑执行的人道。首先，华盛顿州使用比较粗的绞绳。其次，也是最重要的，是华盛顿州规定蒸煮（boiling）和拉伸（stretching）绞绳以便去除绞绳的弹性，并且规定在绞绳涂上蜡或油以便使绞绳容易滑动。最后，华盛顿规定绞绳结应放在被执行人的左耳下方。前两个措施可以保障由绞绳引起的动能快速地传递到颈部，以免动能全部被绳子吸收。在绞绳涂上蜡或油可以减少绞绳与被执行人颈部的摩擦，这是使被执行人快速失去知觉的一个重要因素。第三个措施确保来自于绞绳的动能传

---

① See Randall Coyne and Lyn Entzeroth, Capital Punishment and the Judicial Process, Carolina Academic Press, Durban North Canlina, p. 100.
② Ibid., p. 82.
③ Ibid., pp. 82-83.

递到脊骨，并确保脊椎骨不脱位。

此外还有其他措施。如被执行人在处绞刑前会被测量体重。然后用与被执行人同样体重的沙袋演示一番。这可以测验所需绞绳的长度。绞绳太长了，可能会导致被执行人断头。绞绳太短了会花很长时间才绞死被执行人，有时可达 45 分钟。一般情形下，绞绳的半径应在 0.25 英寸至 0.75 英寸之间。这一措施是非常重要的。联邦最高法院曾经就由于被执行人的体重否决过绞刑。联邦最高法院在库佩诉伍德（Kupe v. Wood）[1] 一案中认为，死囚犯的体重可能导致他被执行绞刑时断头，因而对他执行绞刑是违宪的。

（二）枪决（firing squad）

枪决源于军队的传统，普通法没有接受枪决作为死刑的一种执行方法。在美国，从何时开始采用枪决作为对普通人的死刑的执行方法是不清楚的。但根据文字的记载，到1850年代美国已经采用了枪决作为对普通人执行死刑的一种方法。目前，只有犹他州、俄克拉荷马和爱达何州把枪决作为死刑的一种执行方法。而且这三个州都允许注射刑作为一种替代方法。犹他州还允许死囚犯选择枪决或注射。

在 1977 年 1 月 17 日，犹他州对加里·吉尔摩（Gary Gilmore）执行枪决。吉尔摩被执行枪决是因为杀害了两个人。有两个问题使得吉尔摩的枪决最为著名。（1）吉尔摩拒绝上诉。然而，他的辩护律师未经其允许向州上诉法院提起了上诉。吉尔摩要求收回上诉，但没有成功。后来以吉尔摩母亲的名义上诉到联邦最高法院。吉尔摩母亲请求对吉尔摩停止执行死刑。联邦最高法院否决了上诉，并拒绝对吉尔摩停止执行死刑。（2）当时犹他州死刑法律的合宪性还没被联邦最高法院认可。在吉尔摩被枪决之后，联邦巡回上诉法院

---

[1] 863F. supp. 1307.

在安德维诉舒尔森（Andew v. Shulson）①一案中，裁定犹他州死刑法律合宪。最近的枪决是在 1996 年 1 月 26 日，犹他州处决约翰·阿尔伯·特泰勒（John Albert Taylor），而且是泰勒自己选择被枪决。枪决的合宪性也遭到质疑，理由是枪决必然会导致被执行人流血，枪决不会使被执行人瞬间死去。联邦最高法院在威尔克森诉犹他州（Wilkerson v. Utah）②一案中回答了枪决的合宪性问题。在威尔克森一案中，联邦最高法院认为，宪法禁止残酷和异常刑罚，但枪决作为死刑的一种执行方法是合宪的。120 多年以来这一判例没有被推翻过。

枪决的执行情形是：被执行人的腰和头通常被皮带缚在椅子上。在椅子的后面是椭圆形帆布墙壁。椅子被沙袋包围着，沙袋是用来吸收被执行人流出来的血的。被执行人的头上会带一个黑色头套。医生会用听诊器（stethoscope）在被执行人心脏的位置测量，并在测出的位置画一圈。5 个射手站在距离被执行人大约 30—40 英尺③的围栏里，每人手里都有一把 30 毫米口径的步枪。但 5 把步枪里仅有一把装有子弹。这样做是为了使射击手们不知道谁是真正射死被执行人的人，从而减轻心理负担。当执行官发出执行信号时，5 位射击手便向被执行人心脏部位开枪。如果顺利的话，枪决会使被执人瞬间就死去。被执行人通常是由于心脏破裂（rupture of the heart）或大出血管破裂（rupture of a large blood vessel）或肺脏破裂（rearing of lungs）而死亡。被执行人失去意识是由于子弹的撞击导致了大脑血液输送的下降。如果射击手出现失误，被执行人会慢慢流血而死。如对吉尔摩（Gilmore）执行枪决，吉尔摩被击中后持续了两分钟才死去。④

---

① 802F. zd1256 (loth cor. 1986).
② 99u. s. 130 (1878).
③ 1 英尺等于 0.3048 米。
④ See Randall Coyne and Lyn Entzeroth, Capital Punishrent and the Judicial Process, Carolina Academic Press, Durban Notrh Carolina, p. 83.

(三)毒气刑 (gas chamber)

作为死刑执行方法的毒气刑是第一次世界大战后由一位军医发明的。亚利桑那州是最早建立毒气刑的司法区。内华达州是第一个使用毒气刑的司法区。1924年1月8日,内华达州对一名犯人适用毒气刑,这是全美国适用毒气刑的首例。目前,在美国有5个州仍然采用毒气刑作为死刑的一种执行方法,但这个5个州都把毒气刑作为注射刑的一种替代方法。这5个州是亚利桑那、加利福尼亚、马里兰、密苏里和怀俄明。

毒气刑的执行情况:执行前被执行人的胸前会装有一个心脏测试器。然后,被执行人会被带进毒气室。之后,被执行人会被绑在一个大椅子上。椅子上有个洞,这个洞是用来使毒气向上流动的。毒气室的空气是密闭的。毒气室上有让见证人观察的窗户。被执行人胸前的心脏测试器与外面的心脏测试装置相连。这样医生在外面就可以观测出被执行人是否死亡。执行官会在椅子下面放一个大碗,碗里装有硫酸 (sulfruicaicid)。接着执行官会在大碗上方放一个装有氰化锂的容器。毒气室外装有一个按钮,扭一下该按钮,氰化钾就会流入装有硫酸的大碗中。氰气会阻止被执行人吸氧,被执行人实际上是窒息而死。执行完毕后,执行官会把氨气 (ammonia) 注入毒气室,用来中和氰气。大约半小时以后,执行官会戴上防毒气面具进入毒气室搬走尸体。

毒气刑的合宪性也受到过质疑。在1983年以前,几个州上诉法院已经说明过毒气刑是否是一种残酷和异常的刑罚。内华达州最高法院在美国诉吉乔恩 (State v. Geejon)[①] 一案中首先说明了这个问题。吉乔恩案涉及两个被告人,这两个被告人因谋杀而被判处死刑。当时内华达州刚刚把死刑的执行方法改为毒气刑,两个被告人对毒气刑提出了质疑,认为它是残酷和异常的刑罚。内华达州最高法院

---

① 211p. 676 (Nev. 1923).

对此予以否决。自从 1983 年以来,三个联邦上诉法院已就毒气刑是否是一种残酷和异常的刑罚作过说明。这三个联邦上诉法院就此问题存在分歧。两个联邦上诉法院分别在格雷诉卢卡斯(Gray v. Laucas)①案和亨特诉努斯(Hunt v. Nuth)②案中得出结论,认为毒气刑不是残酷和不寻常的刑罚,而另外一个法院在菲耶罗诉戈麦斯(Fierro v. Gomez)③一案中得出结论,认为毒气刑是残酷和不寻常的刑罚。联邦最高法院在菲耶罗一案中最终撤销了联邦上诉法院的裁定。然而,联邦最高法院的这一判决并没有指导意义。反对毒气刑作为死刑的一种执行方法有两个理由:一是氰气引起被执行人激烈的痛苦。当承受毒气刑时,被执人会小便失禁、大便失禁、呕吐和流口水。二是运用毒气刑处死被执行人要花费 10 分钟以上的时间,这样长的时间"纯粹是折磨"。

(四)电椅刑(electric chair)

电椅刑最初被采用为死刑的执行方法可以追溯到 19 世纪晚期。在 1885 年 1 月 6 日,纽约州长给纽约州立法机关做了每年一次的演讲。在那次演讲中,纽约州长做出如下评论和建议:当前用绞刑处死罪犯的方法是从未开化年代所传的,也许可以质问当前的科学能否提供一种更人道的处死罪犯的方法。他建议立法机关考虑这个建议。④ 由于纽约州州长的推动,纽约州立法机关召集了一个委员会来裁决对于执行死刑的现代科学来说哪一种是公认的"最人道和最有效的执行方法"。纽约州委员会审查了几种可能的执行方法,其中包括注射刑。最终纽约州委员会被爱迪生的建议所说服,采用直流电(DC current)作为死刑的最有效执行方法。该委员会向纽约州立法机关做了一个报告,报告认为电椅刑是执行死刑最人道的方法。纽

---

① 710F. 2C11048 (5thcir. 1983).
② 57F. 3d1327 (4th cir 1995).
③ 77F, 3d 301 (9thcir 1996).
④ Lovis J. Palmer, JR, Encypedia of Capital Punishment in the United States, McFarland & Company, Inc, Publishers. 2001. p.161.

约州立法机关审查了该报告，并于1888年通过了采用电椅执行死刑的法案，该法案在1889年1月1日生效。一年以后，即在1890年8月6日，纽约州第一次采用电椅刑对一位死囚犯执行了死刑。目前，全美国共有10个州采用电椅作为死刑的执行方法。其中内布拉斯加把电椅刑作为死刑的唯一执行方法，其他9个州都把电椅刑作为死刑可选择的执行方法之一。

电椅刑的执行情形：电椅设备由一把制椅、两个附在椅子上的电极、带电极的海绵头盔、滴水锅状物、玻璃垫子和一个非递增的限制系统组成。被执行人会被绑在椅子上。一个电极绑在被执行人刮掉毛的腿上。刮掉腿上的毛是为了减少电阻，也是为了防止烧着腿上的毛。被执行人头上会被载上头盔，一根皮带缠绕在被执行人的脸上，用来固定头盔。被执行人头上还会载上一个头套。实际中运用的开关可以是控制杆、开关或三个按钮。在三个按钮中只有一个是真正的控制电的按钮。执行时三个执行官同时按下按钮就接通了电源，这样设计同样是为了减轻执行官的心理负担。通常情形下，被执行人会接受两次电流冲击。第一次电流不超过2200伏，持续时间大约10秒。中间间隔5秒后，开始第二次电流冲击。第二次具体用多大的电压是由被执行人的体重决定的。被执行人越重，电压就越大。如果第一次电击没有发生意外，医生会检察被执人以确定其心脏是否停止跳动。如果被执行人还没有死，就会实施第二次电击。

电椅刑的合宪性也受到过质疑，质疑的理由主要有两个：(1) 电椅刑使被告人缓慢地死去；(2) 电椅刑丑化了被执行人。两个理由均根源于没有合适地使用电椅刑。如果电椅刑被正确地使用的话，死亡则相对较快，丑化也相对较小。然而，当超额的电流或不足额的电流等问题出现时，被执行人将会承受不必要的痛苦。联邦最高法院在伊勒·凯默（Inre Kemmer）案中答复了电椅刑的合宪性问题。在伊勒·凯默①案中,联邦最高法院认为电椅刑没有违反联邦宪法。联邦最高法院在伊勒·凯默一案中的裁决在近一百多年中已经抵制了无数次的质疑。

(五)注射刑(lethal inflection)

在美国的普通法里没有注射刑,注射刑是美国现有五种执行方法中最新的一种。注射刑产生于20世纪70年代。俄克拉荷马州是第一个用法律规定注射刑的司法区,该州在1977年1月10日通过了规定注射刑的法律。田纳西州在1982年12月7日用注射刑处死了一名死囚犯。这使得田纳西州成为了第一个运用注射刑的州。目前,全美国共有39个司法区把注射刑作为死刑的执行方法。仅内布拉斯加州没有把注射刑作为死刑的执行方法。这39个司法区包括37个州、联邦和军方。在这39个司法区中有12个司法区把注射刑规定为死刑犯可选择的一种方法。其余27个司法区把注射刑作为唯一死刑执行的方法。

注射刑执行的情形通常是:在指定的执行时间到来前几分钟,被执行人会被带进执行室(execution chamber)。被执行人被安排在执行床上,其腰部和踝部被绑在执行床上。被执行人身上还会戴上心脏测试器(cardiac monitor)和听诊器(stethoscope)。然后,被执行人的两个手臂上都会插入一个静脉管(intravenous tubes)。注射刑中通常使用的三种药物是:喷妥撒钠(Sodium Pentathal),一种用来使被执行人入睡的药物;巴夫龙,溴化双哌雄双酯(Pavulon),一种使被执行人停止呼吸,并且使被执行人肌肉松弛的药物;氯化钾(Potassium Chloride),一种使被执行人停止心跳的药物。②第一针注射的就是喷妥撒钠,目的是使被执行人进入深度的睡眠状态。当被执行人处于平静状态时,执行人员会把另外两种药物注射

---

① 136 U. S. 436 (1890).
② 有些司法区仅用两种药物。

进被执行人的体内。如果注射顺利的话,不会给被执行人带来痛苦。因为在巴夫龙和氯化钾发生作用前,被执行人已经处于休止状态。如果执行不顺利的话,注射刑会给被执行人带来很大的痛苦。如有新闻曾报道被执行人"至少在10分钟后才死去,在那段时间里被执行人仍有意识,他挣扎着,抱怨着"。[1] 导致执行不顺利的一个重要原因是执行人员对注射刑的操作不熟练。注射刑中涉及不少医学专业知识,而医学伦理是禁止医生参与执行死刑的。出于减少被执行人痛苦和使注射刑更人道的动机,许多措施已经被采用来保障执行顺利。如密苏里州就有注射刑手册(Lethal Infection Manual for the State of Missouri)。该手册对注射器的构造和使用作了非常详细的说明。该手册对执行的步骤也做了细致的规定,死刑执行的步骤如下:(1)执行开始前半个小时,先注射 10 立方厘米的抗组胺剂(AntiHistamines);(2)被执人进入执行室前五分钟,注射 8 立方厘米含 2% 喷妥撒钠(Sodium Pentathal)的溶液;(3)在 10 秒内注射 15 立方厘米含 2% 喷妥撒钠的溶液;(4)等待 1 分钟;(5)在 10 秒内注射 15 立方厘米巴夫龙(Pancuronium Bromide(pavulon));(6)等 1 分钟;(7)注射 15 立方厘米氯化钾(Potassium Chloride);(8)等 2 分钟;(9)执行完毕。[2]

　　注射刑被认为是最人道的死刑执行方法。注射刑的合宪性没有遭到质疑。但注射刑同样受到各种各样的批评。有人批评说用注射器突然插入引起的死亡是痛苦的。据报道,在 1985 年田纳西州对一个死囚犯总共注射了 23 次,花费了 40 分钟,才使死囚犯死亡。还有人批评说注射的药物并不总是引起迅速的和无痛的死亡。如果死亡不是迅速的,那么死囚犯会受到心理伤害,在某些情况下身体也会受到伤害。

---

[1] See Randall Coyne and Lyn Entzeroth, Capital Punishent and the Judicial Process, Carolina Academic Press, Durban Notrh Carolina, p. 87.

[2] See Fred A. Leucher Associates, Lethal Injection Manual for the State of Missouri.

二、美国死刑的执行程序

在美国没有统一的死刑执行程序，但保留死刑的各个司法区在死刑执行的程序方面很相似。下面以俄勒冈州注射刑为例介绍美国死刑执行的程序。

（一）执行令的签发

在美国，各州的死刑执行令由州长签发，联邦和军队的死刑执行令由总统签发。

（二）死刑执行令的接收

典狱长在接到死刑执行令后要做如下工作：

1. 通知（notifications）

典狱长通知死刑执行官死刑的执行时间。死刑执行官接到通知后给典狱长发回执，同时通知州长即将执行的时间。典狱长在通知完毕以后和一个负责安全的副典狱长一同会见死囚犯，他们会给死刑犯死刑执行令副本，并记录此次会见。接下来，典狱长会给医学检查人员送一封信，要求他或者他的代表参加死刑执行。最后，典狱长通知州警察局局长执行死刑的时间。

2. 必需品和设备的收集（assembly of supplies and equipment）

这项工作由死刑执行指导人和监狱主管人员共同完成。

3. 选择执行人（selection of executioners）

选择执行人是典狱长的任务，执行人的身份是保密的。

4. 确保电话专用线（ensuring two dedicated telephone）

典狱长要检查电话公司是否已经安装了两根电话专用线，通过这两根电话专用线可以直接打电话到死刑执行室。死刑执行官会告知州长和检察长打电话的程序。

5. 特别安全队的筹备（special security team preparations）

特别安全队由6名管教人员和6名候补管教队员组成。特别安全队协助完成死刑执行。

（三）签订见证人进入协议（witness access agreements）

要进入监狱见证死刑执行的人必须签订协议，并要严格遵守该协议。协议的内容包含进入监狱见证死刑执行的条件和时间。

（四）预定的执行期的前 4 天（four days prior to scheduled execution date）

在预定的执行期的前 4 天，有以下 7 项工作要做：

1. 住的安排（Housing Assignment）

在预定执行期的前 4 天死囚犯会被送到州监狱集中管理机构，并会被囚禁在死刑执行室里。在这 4 天里有专门的管教官 24 小时监视死囚犯，并记录（且必须用钢笔）死囚犯的所有活动。记录本的副本每天都要交由典狱长审查。

2. 死囚室里的权利（institutional privileges）

死囚犯在这 4 天里享有的法定权利主要有：通信、会见、电话、运动、着装。死囚犯在这 4 天里可以接收信件，但只能接收副本。副本由拍照制成，这样是为了防止死囚犯接触到渗入药的纸（Drug-infiltrated paper）。信的原件将作为死囚犯的财产保留。在这 4 天死囚犯可以会见家人、宗教人士以及其他人员。会见这些人要经过监狱主管许可。经典狱长许可死囚犯在这 4 天里可以打电话和接电话，死囚犯可以在死囚室里做体育运动。死囚犯在这 4 天里可以换洗衣服。

3. 个人财产的处理（personal property disposition）

副典狱长或其指派人要确保死囚犯在其财产记录上签字。

4. 食物准备（food preparations）

所有死囚犯享用同样的食物。经典狱长同意，死囚犯可以选择最后一餐的食物。

5. 确认最终筹备

副典狱长或其指派人员确认特别安全队的最终筹备。

6. 确认和贮存用品、设备

死囚室的副指导或其他指派人和执行项目的副指导或其指派人，共同确认注射所需用品和设备是否齐备，并把它们安全地贮存在监狱集中管理机构内。

7. 通知警察局安保工作

副典狱长通知州警察局，以便在执行死刑当天晚上确保监狱周边安全。

（五）执行前的 48 小时（forty-eight hours prior to execution）

执行前的 48 小时有如下 5 项工作要做：

(1) 典狱长或其指派人确保所有的准备工作已经完成。

(2) 副典狱长或其指派人训练特别安全队，以便确保队员熟悉其职责。

(3) 副典狱长或其指派人确认所有见证人和参观者的身份。

(4) 典狱长或其指派人确保已经安排足够的人员来执行死刑。

(5) 典狱长或其指派人确保已经准备好必要的文件。

（六）执行前的最后 24 小时（final twenty-four hours prior to execution）

在执行前的最后 24 小时有如下 10 项工作要做：

(1) 记录发生在最后 24 小时内的所有与死刑执行有关的事情。

(2) 死刑执行项目指导人或其指派人确保经过医学训练的人已准备好注射刑所需的药品。

(3) 死刑执行项目指导人或其指派人确保经过训练的人能在死囚犯的正确部位注射。

(4) 典狱长下达书面命令：所有参与执行的人员在指定时间内向监狱报告。

(5) 副典狱长确保：所有死囚室被检查；所有的塔楼已布置了人员；书记员提交被许可的参观者和见证人的证明；护卫官确认见证人和参观者到达参观区域。

(6) 连接到执行室的紧急电话线在下午 6 点完成检测，在晚上 9 点再度检测一次。从晚上 9 点半开始，直到晚上 11 点半，紧急电话线每隔半小时检测一次。

(7) 被许可的见证人和媒体代表进入监狱，并在工作人员的引导下进入指定地点。在合适的时间，见证人和媒体代表接受检查。

(8) 死刑执行项目的副主管人进入指挥楼，确保没有未经授权的人进入监狱。

(9) 死刑执行项目的副主管人或其指定人和负责集中管理机构的官员建立广播联系，以便确保在监狱电话线或紧急电话线不可用的情形下能够传递信息。

(10) 晚上 11 点半，副典狱长或其他指定人确认用来指导死刑执行时钟的时间准确。

（七）执行前的 30 分钟（thirty minutes prior to execution）

在执行前的 30 分钟有如下 3 项工作要做：

(1) 死囚犯被送到执行室后不再会见任何人。

(2) 特别安全队队长通知监狱官打开死囚室。特别安全队的 6 位队员护卫死囚犯从死囚室到执行室，并把死囚犯绑在执行桌上。接下来由经过医学训练的人把心脏测试器连在死囚犯身上，并为其插上静脉导管。

(3) 典狱长陪伴执行人进入死刑执行室，并确保执行人的秘密没有受到伤害。

（八）执行前的 20 分钟（twenty minutes prior to execution）

在执行前的 20 分钟，副典狱长或其指定人员会护送见证人和其他经过许可的参观者进入参观区。两个管教队也会被安排在参观区站岗。

（九）执行（execution）

以上步骤都完成后，就开始执行了。在执行中也有一些具体的步骤。这些步骤主要如下：

（1）副典狱长或其指定人最后检查所有的皮带，并在受过医学训练者的协助下最后检查静脉和注射设备，当所有事项都确认之后，向典狱长报告。

（2）在接到典狱长信号后，副典狱长或其指定人打开窗帘，以便看到在执行床上的死囚犯。

（3）在晚上 12：01 或稍晚时候，典狱长向执行人发出开始执行的信号，执行人接到信号后开始执行。执行的情形如前文所述。

（4）当完成注射后，执行人会向典狱长发信号，典狱长确定死囚犯已死亡后，请求医务人员证明死囚犯已经死亡。

（5）一旦死囚犯被宣布死亡，见证人被护送离开见证区。

（6）接下来通信管理人会被告知死囚犯死亡的时间。之后通信管理人把死囚犯死亡的时间告知聚集在州监狱媒体中心的媒体。媒体见证人被护送进入媒体中心，在这里他和其他媒体会一起获知有关死刑执行的信息。

（7）最后，副典狱长或其指定人在死刑执行室里监督搬运尸体。

（十）执行的中止（stay of execution）

经过以上所有程序之后，死刑宣告执行完毕。但如果在注射药物以前的任何阶段典狱长接到停止执行死刑的命令，须停止死刑执行程序，并且见证人要退出。①

作为一个通常的规则，法庭在判处被告人死刑时会设定一个执行日期（execution date）。然而，根据现代死刑法，在用尽所有直接上诉复核以前，死囚犯可以不被执行死刑。因此，直到上诉复核用尽以前，第一次确定的执行日期自动中止；一旦上诉复核用尽，并且死囚犯寻求了人身保护令，便要确定新的执行日期。然而，联邦最高法院中止执行死刑是被动的。联邦最高法院的死刑中止执行条

---

① See Lovis J. Palmer, JR, Encyclopedia of Capital Punishment in the United States, Mc-Farland and Company, Inc, Publishers, 2001, p. 427.

件是:(1)必须有联邦最高法院的四位大法官将会考虑动用人身保护令的基本问题的合理可能性;(2)必须有推翻下级法院判决的重大可能性;(3)必须有如果不中止执行就会造成不可弥补伤害的可能性。在死刑执行中止中还有一个著名的第 11 小时中止规则(Eleventh Hour Stay)。① 这一规则是指,死刑犯没有成功耗尽所有上诉途径不意味着他就会在预定的执行日期被执行死刑。第 11 小时规则是普通规则,各种理由都可以引起适用这一规则。例如,在 2000 年 1 月阿拉巴马州的一名死囚犯罗伯特李·塔弗(Robertlee Tarver)已经吃完最后一餐,距死刑执行时间大约还有 2 小时,此时美国联邦最高法院考虑到塔弗对阿拉巴马州的电椅刑提出质疑,而签发了中止执行令。②

三、死刑执行方式与暂停或废除死刑

美国是高科技发达的国家,其高科技适用领域延伸至死刑的执行方式。美国人张扬的个性在一定程度上与死刑不公开执行的方式相悖。特别是死刑的注射执行方式,通常是在州法院隐蔽的地方实施,虽然有证人、记者在场,但不允许照相、录像和采访,且严格管理各种通讯。从而引发这种高科技执行方式对死刑预防犯罪功能的争议。有观点认为如果惩罚是秘密的,则惩罚的目的就无以达到;如果适用死刑的目的是预防或者报应,那么这种秘密的高科技执行方式从本质上说就不是一种惩罚,而是更加宽容、仁慈的"死亡"治疗。近年来,死刑注射执行方式也受到严重挑战,在保留死刑的一些州中,已经考虑从立法角度废除死刑或者延缓死刑的执行。③

2006 年 6 月 12 日,美国联邦最高法院在审理佛罗里达州死囚犯

---

① See Lovis J. palmer, JR, Encyclopedia of Capital Punishment in the United States, McFarland and Company, Inc, Publishers, 2001, p.504.
② Ibid.
③ http://www.deathpenaltyinfo.org/article.php?did=2289,访问日期:2016 年 10 月 4 日。

克拉伦斯·希尔（Clarence Hill）提出注射执行死刑侵犯其公民权利的诉讼中，一致通过推翻了佛罗里达州上诉法院对克拉伦斯·希尔上诉的驳回，并允许希尔继续其上诉。因而原定于6月24日执行的死刑，因上诉程序最终推迟到9月20日执行。

无论那些已经被执行死刑者的家属，还是仍在等待被执行死刑者，都对注射执行死刑方式提出质疑，认为执行死刑所使用的药品引起极大和不必要的痛苦，该行为违反《宪法第八修正案》关于禁止残忍和异常刑罚的规定。加利福尼亚州和密苏里州联邦地区法院最早裁定注射执行死刑的程序违宪，因为它们缺乏足够的保障，不能确保注射方式的正常适用。

由于注射执行方式的合理性尚未得出结论，以下各州在执行死刑方面分别处于不同的阶段：

（1）伊利诺伊州和新泽西州宣布推迟死刑的执行；

（2）纽约州已宣布死刑违宪，因而不再适用死刑（2004年6月仍有一名在押死刑犯）；

（3）新罕布什尔州现无在押死囚犯；

（4）马里兰州、特拉华州、阿肯色州和密苏里州都在等待联邦最高法院最后确认注射执行死刑法案，马里兰州的一个法院还裁定在恰当审议注射执行死刑程序前停止执行死刑；

（5）北卡罗来纳州的法官停止了3个死刑执行案件，因为关于注射执行死刑的法律尚未通过，该州很有可能在法律确定前停止所有死刑案件的执行；

（6）加利福尼亚州当前的司法实践认为注射执行死刑违宪；

（7）佛罗里达州州长下令在注射执行死刑问题解决前，推迟所有死刑的执行；

（8）南达科他州规定，死刑的执行必须等待新的关于注射执行死刑的立法出台；

（9）田纳西州州长于2007年2月1日下令，所有的死刑执行均需等待 3 个月。

注射执行死刑方式之所以如此影响各州死刑的执行状况，是因为在美国 38 个保留死刑的州中，有 37 个州使用注射方式执行死刑。在已执行死刑的人中，有 906 人是注射执行死刑；153 人是使用电椅执行死刑；11 人是使用毒气执行死刑；3 人是绞刑；2 人是用枪执行死刑。① 而且几乎所有使用注射执行死刑的州均使用相同的 3 种药品的混合物来执行死刑，即麻醉药品、使人瘫痪剂和停止心脏跳动最终导致死亡的药品。② 科学家和医学专家亦证明，事实上这三种药品中有的药品已经被美国法律明确宣布禁止适用于动物，而注射执行死刑则将禁止适用于动物的药品仍在人身上使用，严重违反了法律规定。

四、美国死刑的基本情况

（一）美国死刑量刑与执行的总体情况

美国殖民地时代，以及现代监狱制度产生之前，死刑适用十分泛滥。据统计，自殖民地时期以来，美国正式有文字记载的死刑已经执行大约 14000 余起。涉及罪名从最为恶劣的一级谋杀罪到普通盗窃罪均有。③ 近现代，美国在坚持"坚决而彻底地废除自动适用死刑的实践"和"宪法规则追求量刑个别化与避免死刑专断、恣意适用之间经常出现冲突"两个基本点的前提下，其死刑制度经历了深刻的历史变革，执行死刑的数字也经历了由低到高再由高到低的发展趋势。1976 年至 2007 年，美国 38 个保留死刑的州（参见图表 1.2）不仅在判决上适用死刑的数量大量降低（参见图表 1.3），而且也从 1999 年最高峰的 98 人逐年降低为 2000 年的 85 人，2001 年的

---

① 只有那布拉斯加州仍使用电椅执行死刑。
② http://www.deathpenaltyinfo.org/article.php?did=1686&scid=64，访问日期：2016 年 10 月 4 日。
③ Stuart Banner, The Death Penalty: An American History, Harvard University Press, 2002, p. 5.

66人，2002年的71人，2003年的65人，2004年的59人，2005年的60人，2006年的53人，截至2007年5月的18人。1976年至2007年5月，美国死刑执行的总数为1075件（参见图表1.4）。

图表1.2　美国死刑各州分布图

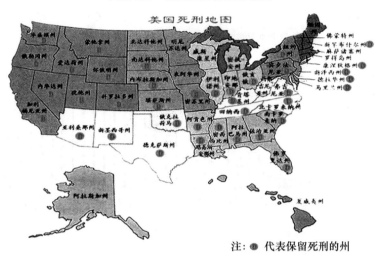

注：● 代表保留死刑的州

图表1.3　节选美国1992年至2005年判处死刑的统计[①]

年代	1992	1993	1994	1995	1996	1997	1998	1999	2000	2001	2002	2003	2004	2005
人数	287	287	315	315	317	275	298	277	232	162	167	153	138	128

由上表可见，1999年是美国判处死刑逐年减少的一个转折点。

截至2007年前5个月，美国当年执行死刑的人数应是21人，因为2007年5月间又增加执行3名。因此，1976年至2007年5月，美国执行死刑的总人数是1078人。对于美国执行死刑人数的降低，尤其是近五年来的逐渐减少，立法上的变革虽然起到一定的作用，但是引起这一变化的最显著因素在于各州对死刑案件程序规则的规定及其严格执行，以及为被判处死刑的人提供了充足的司法救济途径，如多次上诉的机会、人身保护令、特赦等等，使被判处死刑的人有充裕的时间和多种渠道为免于执行死刑而努力。在美国，由于

---

① 资料来源：美国司法统计局，"2005年死刑统计数据"。

有充裕的司法救济途径，死刑案件从判决到执行要经历很长的时间，一般死刑案件从判决到执行平均时间是 12 年，有些死刑案件从判决到执行的时间可能长达 20 多年。

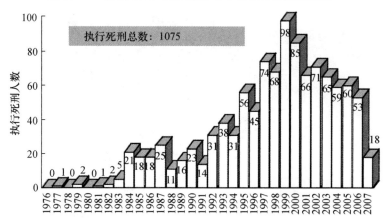

图表 1.4　美国 1976 年至 2007 年 5 月执行死刑的统计①

（二）美国各州执行死刑的基本情况

目前，美国有 50 个州，加上联邦、华盛顿特区以及军事系统，总共有 53 个法律体系。其中有 38 个州②、联邦刑法和军事法律至今仍然保留有死刑。在这些保留死刑的法律体系中，堪萨斯州、新罕布什尔州、新泽西州、纽约州、南卡罗来纳州和军事法庭自 1976 年以来未执行过一例死刑；2004 年 6 月 24 日，虽然纽约州的监狱中仍有一名死囚犯，但纽约州的死刑法律已经被宣布为违宪；堪萨斯州的死刑法律最近也被该州最高法院宣布为违宪；伊利诺伊州因在押的死刑犯中最终被认定为无辜者的数量很大，所以该州宣布从 2000 年起，死刑一律暂缓执行。事实上，自 1976 年以来，仅仅是一小部

---

① See http：//www.deathpenaltyinfo.org，访问日期：2016 年 10 月 4 日。
② 38 个保留死刑的州分别为：阿拉巴马、亚利桑那、阿肯色、加利福尼亚、科罗拉多、康涅狄格、特拉华、佛罗里达、佐治亚、爱达荷、伊利诺伊、印地安纳、堪萨斯、肯塔基、路易斯安那、马里兰、密西西比、密苏里、蒙大拿、内布拉斯加、内华达、新罕布什尔、新泽西、新墨西哥、纽约、北卡罗来纳、俄亥俄、俄克拉荷马、俄勒冈、宾夕法尼亚、南卡罗来纳、南达科他、田纳西、得克萨斯、犹他、弗吉尼亚、华盛顿州、怀俄明。

分州(得克萨斯州、弗吉尼亚州、俄克拉荷马州、密西西比州和佛罗里达州)执行的死刑占了美国死刑执行的绝大多数(参见图表五)。

图表 1.5　1976 年以来美国联邦政府和各州执行死刑的情况[①]

州	总执行数	2007 年执行数	2006 年执行数	2005 年执行数
得克萨斯	392	14	24	19
弗吉尼亚	98	0	4	0
俄克拉荷马	84	1	4	4
密西西比	66	0	0	5
佛罗里达	64	0	4	1
北卡罗来纳	43	0	4	5
佐治亚	39	0	0	3
南卡罗来纳	36	0	1	3
阿拉巴马	36	1	1	4
路易斯安那	27	0	0	0
阿肯色	27	0	0	1
亚利桑那	22	1	0	0
俄亥俄	25	2	5	4
印第安纳	18	1	1	5
特拉华	14	0	0	1
加利福尼亚	13	0	1	2
伊利诺伊州	12	0	0	0
内华达	12	0	1	0
密西西比	8	0	1	1
犹他	6	0	0	0
马里兰	5	0	0	1
华盛顿	4	0	0	0
内布拉斯加	3	0	0	0
宾夕法尼亚	3	0	0	0

---

① See http://www.deathpenaltyinfo.org,访问日期:2016 年 10 月 4 日。

（续表）

州	总执行数	2007年执行数	2006年执行数	2005年执行数
肯塔基	2	0	0	0
蒙大拿	3	0	1	0
俄勒冈	2	0	0	0
科罗拉多	1	0	0	0
康涅狄格	1	0	0	1
爱达荷	1	0	0	0
新墨西哥	1	0	0	0
田纳西	3	1	1	0
怀俄明	1	0	0	0
美国联邦政府	3	0	0	0
总计	1078	21	53	60

从以上统计数字可见，美国死刑地域性的特点比较明显。美国北部各州彻底废除了死刑。中部各州法律上规定有死刑，但司法上从未适用或者从未执行过死刑，如新泽西州；其中有些州虽然判处死刑的人数较多，但执行人数很少，如加利福尼亚州。美国南部地区不仅法律上规定有死刑，而且实践中大量判处和执行死刑，如得克萨斯、佛罗里达和弗吉尼亚等州。从区域来看，美国南部各州执行死刑的数字遥遥领先，30年来共执行882人；其次是中西部，执行125人；再次是西部，执行67人；而东南部仅执行4人。位于南部的得克萨斯州执行死刑的总数是392人次，占全美执行死刑总数的1/3以上；而得克萨斯州和弗吉尼亚州两个州执行死刑数共491人次，占全美执行死刑总数的近1/2。

（三）美国死囚犯情况

美国2007年尚有在押死囚犯3350人，其中白人1517人，占45.28%；黑人1397人，占41.70%；拉丁裔359人，占10.72%；美国土著37人，占1.10%；亚裔39人，占1.16%；情况不明的1人，占0.03%。在性别方面的比例是：男性3291人，占98.24%；

女性59人，占1.76%。未成年人只有1名男性，占0.03%。①

五、影响美国死刑量刑和执行观念变化的主导因素

在美国公众支持死刑的声音仍占主导地位的情况下，无论是死刑的量刑，还是死刑的实际执行数字都呈下降的趋势，其中起主导作用的因素大体有以下几个方面：

（一）整个社会死刑观念的变化

近年来，在全美律师协会和其他一些非政府组织的努力宣传与教育下，美国社会舆论对死刑的支持率有了重要的转变，从传统上的70%下降到最近的55%。公众对立法者死刑观念的改变也起到了一定的推动作用。而媒体在美国死刑观念变化中所发挥的作用是双向的：一方面，媒体通过残忍案件的报道，引发公众倡议适用死刑的热情；另一方面，媒体对死刑错案的报道，又使公众呼吁避免无辜者受到死刑的威胁，进而参加到废除死刑的行列。尽管媒体报道具有明显的选择性，仅对个别典型案件进行广泛报道，如辛普森案件。但这种个别化的报道本质上不会影响死刑的适用。

（二）死刑替代措施——终身监禁不得假释制度的广泛运用

美国整个社会关于死刑观念转变的另一个重要因素，是死刑替代措施——终身监禁不得假释制度的广泛运用，且民众对这种替代措施的支持率也在逐渐增长（参见图表1.6和图表1.7）。(1) 在不适用死刑的12个州中，除了阿拉斯加州没有规定终身监禁不得假释制度外，有11个州和哥伦比亚特区均规定了终身监禁不得假释的制度。(2) 在适用死刑的38个州中，除了堪萨斯州、新墨西哥州和得克萨斯州没有采用终身监禁不得假释的制度外，其他35个州和联邦政府法、军事法庭法均规定了终身监禁不得假释的制度。

---

① 2005年3月1日，美国最高法院在Roper v. Simmons案中判决决定，对不满18周岁的未成年人执行死刑违反宪法，2007年1月1日起，美国各州法律均删除了对未成年人判处死刑的规定。

图表 1.6 美国支持死刑与支持死刑替代措施比例图①

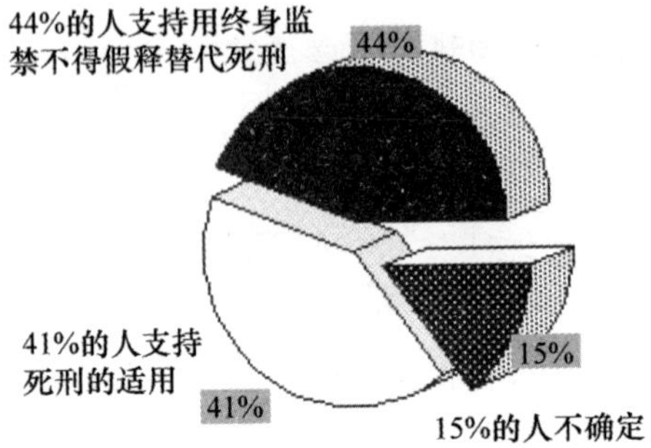

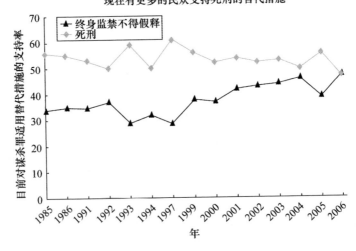

上述美国 1993 年的民意测验图表显示，44%的民众支持用终身监禁不得假释替代死刑，41%仍支持适用死刑，15%不确定适用哪种刑罚。

图表 1.7 美国死刑替代措施的民意测验

现在有更多的民众支持死刑的替代措施

上述图表显示，这些年来，在关于死刑存废的美国民意测验中，支持适用终身监禁不得假释的刑罚方法替代死刑的比例稳步增长，1994 年只有 32%支持终身监禁不得假释，50%支持死刑；而到了

---

① Greenberg/Lake and Tarrance Group National Poll（April 1993）.

2006年，支持终身监禁不得假释的比例增加到48%。

(三) 美国近年来死刑立法方面的变化

从美国联邦和州的法律变化来看：美国联邦死刑立法和州死刑立法均发生较大的变化，以纽约死刑立法与司法发展的脉络为例：

1600至1963年，纽约州地区执行死刑1130人；

1890年，纽约州成为第一个使用电椅的州；

1963年8月15日，纽约州最后被执行死刑的是埃迪·利·梅斯[①]；

1965年，纽约州废除了大多数犯罪的死刑；

1972年7月，美国最高法院宣布死刑法无效；

1974至1978年，纽约州试图重新启用死刑又被法院否决；

1978至1994年，纽约州例行公事地通过死刑立法，但却被州长休·凯里和马里奥·库莫否决，导致重新选举州长；

1994年11月8日，乔治·帕塔迪当选州长，并承诺恢复死刑；

1995年9月，纽约州重新启用死刑，同时创建了终身监禁不得假释的替代措施；

2002年6月，纽约市议会呼吁延期执行死刑；

2003年3月，纽约昆尼皮亚克（Quinnipiac）大学民意测验显示，53%的纽约人倾向适用终身监禁不得假释，而只有38%的人仍然支持死刑；

2004年6月，纽约州最高法院裁定纽约死刑法违宪，当时有7人被判处死刑；

2004年9月14日，纽约州议会发言人谢尔登·斯沃提出停止死刑法案，举行了一系列关于死刑的公共听证会；

2004年12月至2005年2月，在纽约市和奥尔巴尼举行了5场

---

① 从1930年到1967年，纽约州在全美执行死刑的数字继佐治亚州和得克萨斯州之后，排名第三，共执行329人次。1963年8月15日，当埃迪·利·梅斯在纽约州新新监狱坐上电椅的那刻，他便成为当时美国历史上最后一个由州判处死刑的人。

公共听证会，绝大多数发言人反对重新适用死刑；

2005年4月4日，纽约州出版了听证会报告，其中引用了死刑适用中的大量错误；

2005年4月12日，纽约议会法典委员会废除死刑法案，几乎结束了有关该方面的所有立法。①

(四) 美国政治家、执法者死刑观的变化

美国的死刑制度与政治有着非常紧密的关系，政治家以及法官和检察官都是民选的结果，为了赢得选举和连任，他们的观念在很大程度上必须反映民众的观念。特别是在美国民众对死刑适用的支持率仍相对较高的情况下，政治家对死刑观念的变化常常受到民众的影响；反过来他们的观念又影响了民众的死刑观念，影响了立法和司法者的理念。

美国司法部长珍尼特·雷诺（Janet Reno）曾指出："我认为，就我所知，适用死刑的唯一目的是复仇——纯粹而简单的复仇。但是我认为复仇是一个真正个人的感觉，我认为这不应该是一个文明政府应该从事的事情。"费城有组织杀人罪工作组前组长弗兰克·菲尔（Frank Friel）曾指出："死刑几乎没有起到任何预防犯罪的作用，它是对忧虑的恐惧，相反，对迅速和确定刑的明确期待才能最大的强度威慑犯罪。"加利福尼亚州洛杉矶市警察局局长威利·威廉姆斯（Willie L. Williams）曾指出："我确信死刑的适用及其规定本身对犯罪没有任何威慑作用，因为大多数公民在他们实施暴力犯罪或者死刑犯罪之前，从不会考虑死刑问题。"②

---

① 2005年4月13日，纽约州议员Joseph R. Lentol在《华盛顿邮报》上表示，"这是我有生以来第一次为死刑投票，我一向把法律看成是庄严的，而且几乎不会出现任何错误的。然而，当你逐渐成熟，再看看DNA证据……你会认识到，人们会犯很可怕的错误……时代变了，我从来不会认为我会投票反对死刑，但是，我逐渐认识到，世上本无完人，包括我们的法官和陪审团。"http：//www.deathpenaltyinfo.org/article.php? did＝1415＆scid＝64，访问日期：2016年10月4日。

② Richard C. Dieter, Esq. "On the Front Line: Law Enforcement Views on the Death Penalty", February 1995.

关于是否废除死刑，纽约议会法典委员会的成员们在2004年的投票结果是11票赞成废除死刑，7票仍坚持保留死刑；而在2005年的投票结果是13票赞成废除，5票坚持保留死刑。一些议会成员表示，他们不再支持死刑的适用，因为逐渐增多的证据显示，无辜者的生命因死刑制度而面临危险。①

（五）死刑错案中的无辜者——废除死刑的主导因素之一

自1973年美国恢复死刑适用以来，在全美25个州中已经有124名被判处死刑的无辜者。在充分证据的前提下，这些无辜的死囚被释放（参见图表1.8）。关于错判的原因（参见图表1.9），美国"无辜者计划"组织对美国当前的死刑错案进行了分析，结果显示：造成错案的原因主要是：(1)目击证人指认错误；(2)缺乏科学技术检验证据或者检验错误；(3)警察、检察官的违法行为；(4)律师的无效辩护；(5)犯罪嫌疑人错误认罪，其中包括误导精神不健全者认罪，逼供、诱供等。

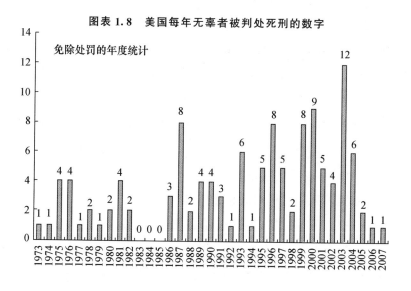

图表1.8　美国每年无辜者被判处死刑的数字

---

① http：//www.deathpenaltyinfo.org/article.php? did＝2214，访问日期：2016年10月4日。

上述图表显示，自 1973 年至 2006 年以来，平均每年都有 1.43 人被错判死刑，自 2000 年以来，每年被错判死刑的人数增长到平均 6.5 人。截至考察团完成考察报告之时（2007 年 5 月），全美被错判死刑人数是 127 人。

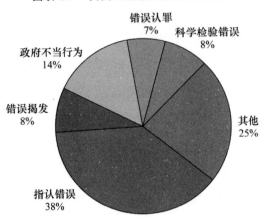

图表 1.9　美国死刑错判案件的原因[①]

上述图表显示，在错判案件中，38％是证人指认错误，主要是由于证人记忆的不完全或者混乱而发生错误指认；14％是政府错误执法所致，其中既有警察的错误，也有检察官的错误；8％是无价值的科学方法，其中包括错误处理证据和使用不称职的"专家"证人；8％是由于告发者的证词，作为交换条件，告密者通常获得减轻的处罚；7％是由于错误认罪，由于嫌疑人患有精神病、智力障碍或者警察酷刑导致嫌疑人错误认罪；25％是由于其他原因，其中包括道听途说的证据、可疑的间接证据、律师的不称职行为等。

（六）美国死刑适用中的种族问题

对死刑与种族关系问题的看法各有不同，以下是有色人种促进会法律辩护与教育基金会刑事司法项目办公室提供的 2007 年"美国死刑报告"。该报告关于死刑与种族方面的数据是以 1976 年至 2007

---

① http：//www.deathpenaltyinfo.org/article.php？&did=2304，访问日期：2016 年 10 月 4 日。

年 5 月已经执行死刑的 1075 人为基数计算比例：(1) 在被执行死刑案件中，被告人种族比例分别为：白人 604 人，占 57.14%；黑人 362 人，占 34.25%；拉丁裔人 69 人，占 6.53%；美国土著人 15 人，占 1.42%；亚裔人 7 人，占 0.66%。(2) 死刑案件被害人的种族比例分别为：白人 1254 人，占 79.47%；黑人 221 人，占 14.01%；拉丁裔人 72 人，占 4.56%；美国土著人 5 人，占 0.32%；亚裔人 26 人，占 1.65%。[1] (3) 在 124 件错判死刑案件中，黑人 62 人，白人 49 人，拉丁裔 12 人，其他人种 1 人。[2]

美国事实上是一个多种族、多族裔汇聚的熔炉。虽然现代法律禁止种族歧视，但是，美国死刑适用的实践表明，种族歧视仍是美国死刑适用中难以遮掩的棘手问题。死刑的适用很大程度上取决于被害人的人种，如果被害人是白人，那么被告人被判处死刑的概率就相对较高。相对而言，如果被害人是黑人，则被告人被判处死刑的几率较低，其适用死刑概率由高到低的排列顺序大体为：黑人杀白人、黑人杀黑人、白人杀黑人、白人杀白人。如此排序的另一个原因是大多数检察官是白人。

---

[1] http://www.naacpldf.org/content/pdf/pubs/drusa/DRUSA_Winter_2007.pdf, 访问日期：2016 年 10 月 4 日。
[2] http://www.deathpenaltyinfo.org, 访问日期：2016 年 10 月 4 日。

第二章　美国未成年人死刑适用制度

　　美国独特的司法体制和死刑文化，决定了它与其他西方发达国家的处理方式有所不同。联邦体制下的美国，除少数侵犯到联邦权利的全国性犯罪如走私、非法移民、伪造货币等之外，各州均有权自行决定刑罚制度，保留死刑的州中每年有数十名罪犯被执行死刑。死刑是不可逆转的刑罚，在美国没有任何一种刑罚能够像死刑一样，影响着包括政治人物在内的价值判断，对于竞选上任的政府官员包括州法院法官，反对或支持死刑对其仕途有着致命的影响。社会民众对死刑的复杂情感更是在很大程度上左右着死刑的发展方向。随着现代人权观念的深入人心和人类文明的不断发展，已经有不少国家走上了废除死刑之路，尤其是在20世纪80年代，发展速度更快。纵观世界死刑适用史，虽然社会不断发展进步，但直到20世纪末期，美国、刚果、伊朗、沙特阿拉伯、也门、巴基斯坦、尼日利亚等少数几个国家仍然对未成年人适用死刑。进入21世纪后，联合国《公民权利和政治权利公约》《儿童权利公约》确定了一项基本原则——禁止对未成年人适用死刑，大多数国家开始废除未成年人死刑或者实际上不再执行。如今，全面限制直至废除死刑已经基本达成国际共识，而对死刑持保留态度的美国，在国际化的大趋势下却背道而驰，一直保留并不断适用死刑，并且成为了21世纪后唯一一个对未满18周岁未成年人适用死刑的国家，其死刑政策受到了国际舆论的强烈谴责。面对着国内外的舆论压力，美国联邦法院在上诉案件中审析了青少年死刑制度的合宪性和合理性，才使得人们进一步看到了美国废除死刑的希望和努力。但死刑废除之路并不是一帆风顺的，联邦最高法院进行了长达二十余年的探索。

直到2005年，美国联邦最高法院对罗珀诉西蒙斯案（Roper v. Simmons）所作的判决（此前已废除对16岁以下未成年人死刑），推翻了早在1989年斯坦福案（Stanford）中对16、17岁未成年人适用死刑的决定，此后，通过西蒙斯案对未满18岁的未成年人也禁止适用死刑。通过法律明确规定，对未满18岁的未成年人适用死刑是残酷和异常的刑罚，因而是违宪的。通过一系列的判例，最终确立了未成年人不得适用死刑这一法律规则。这使得人们进一步看到了美国废除死刑的努力和希望。美国废除未成年人死刑之路之所以迂回反复、历时长久，与美国的政治体制和判例法制度不无关系。美国是一个联邦制国家，各州有权决定自己辖区内的刑事司法制度，联邦最高法院对各州立法的约束力是有限的，但是在死刑问题上，联邦宪法相对于各州立法仍然具有至高无上的权威。联邦最高法院裁决的不同结果，与美国独特的死刑文化和司法体制有关，宪法对死刑的限制、民意对法官审判的影响，法官对裁决的作用，都影响着未成年人死刑的决策。通过1988年汤普森诉俄克拉荷马州（Thompson v. Okalahoma）案确认对16岁以下未成年人适用死刑违宪，到1989年斯坦福诉肯塔基州（Stanford v. Kentucky）案判决对16岁和17岁未成年人适用死刑不违反《宪法第八修正案》，再到最终的2005年罗珀诉西蒙斯（Roper v. Simmons）案确定对18岁以下未成年人适用死刑是残酷和异常的刑罚。联邦最高法院法官对不满16岁的人适用死刑作了合宪性和均衡性审查，并依据"不断演进的道德标准"重新解释了"残酷和异常刑罚"这一宪法依据，即联邦最高法院拥有对死刑适用的违宪审查权。从一系列递进发展的案例，可以看出美国联邦最高法院处理未成年人案件时的方法和思路，也可分析出美国少年司法政策今后的发展趋势。在审判中，联邦法院的法官依据"不断发展的道德标准"来解释"残酷和异常刑罚"条款,并通过对未成年人适用死刑的客观证据审查,结合法官独立判断标准,裁定对不满 18 岁未成年人适用死刑不能满足均衡性原则,是任意的,因而也是违宪的。此外,美国是普通法系的代表国家,法官断案的重要原则之一是遵循先例,这些标志性案例说明了美国死刑制度的发展轨迹,同时也体现了美国独特的司法控制模式。

第一节 美国未成年人死刑适用制度发展概况

一、美国史上的未成年人死刑

在美国历史上,死刑的合宪性之前从未受到过质疑,直到 1910 年威姆斯(Weems)案中开启了美国联邦及各州对美国残酷刑罚的司法反思:威姆斯因伪造政府文件的行为被判处 12 年监禁并罚苦役的刑罚是否构成《宪法第八修正案》规定的"残酷和异常刑罚"? 1963 年,联邦最高法院对于相关宪法条文的司法解读才将死刑明确纳入了宪法考量的范围之内,死刑开始谨慎适用。[①] 1972 年弗曼(Furman)案轰动了全世界,联邦最高法院的判决认为佐治利亚州的死刑法违反宪法,恣意适用死刑的做法是残酷和异常的刑罚。因此暂停了美国所有死刑的适用,使已经被联邦及各州法院判处死刑的人免于一死,死刑虽停止适用,但判决并没有讨论适用死刑是否违宪。1976 年死刑恢复适用,美国迎来了死刑法学理论的新阶段,格雷格(Gregg)案肯定了死刑本身的正当性,也明确了死刑的适用范围与适用程序。自 1976 年美国恢复死刑以来,被判处死刑的案件不断增加,国际社会的舆论压力以及国内公众再一次对死刑的合宪

---

① See Robert A. Burt, Disorder in the Court: The Death Penalty and the Constitution, 85 Mich. L. Rev. 1741, (1987).

性以及适用效果产生怀疑，死刑存废问题日渐白热化，实际执行数目在20世纪90年代达到最高峰，直到2001年才逐步减少。死刑的适用与停止，不仅反映了社会的发展进步，更意味着法律的进程与完善。纵观法院的裁决可以看出，近几十年来，美国联邦最高法院将死刑纳入宪法考量范围，通过对《宪法第八修正案》和《宪法第十四修正案》条款的解释，根据不断发展变化的社会标准赋予"正当程序"和"残酷和异常刑罚"新的含义，使得死刑制度的适用更加人道化。

美国司法实行"双轨制"，它有53个独立的法院系统，包括联邦司法系统和50个州法院、哥伦比亚特区法院、军队系统。在53个司法辖区中，有37个司法辖区保留死刑，其中对犯罪时不满18岁的未成年人适用死刑的州有25个。自1642年以来，至少有366名不满18周岁的未成年人罪犯遭到处决，占死刑处决总数的2.3%，几乎每年1名。宪法和法律对死刑的最低年龄线没有作出明确规定，联邦最高法院也没有相关判例。在执行的死刑案件中，最年轻的是詹姆斯·阿希恩（James Arc-ene），犯罪时10岁，实际执行时22岁。有数据统计，在1624年至1986年间，共有281名未成年人被执行死刑，这281名中有69名是黑人，被执行死刑的少年犯所犯的罪行中，80%是谋杀罪，强奸罪占15%，其中犯罪时17岁的有50%，犯罪时16岁的有26%。①

在美国适用死刑历史中，未成年人适用死刑的执行数目总体趋势是上升之后达至高峰又减少，直至废除。19世纪90年代到20世纪80年代初期，平均每年执行数为25名，在20世纪30年代后，10年间共执行41名，40年代达到高峰，总数达到53名，50年代减少为16名，60年代只有3名未成年人执行了死刑，70年代暂停死

---

① 参见杨根编译：《美国对未成年人判处死刑概况》，载《美国刑事审判》2001年第5期。

刑执行，80年代被处决的有33名，直到2005年被执行有19名。[①]

美国死刑执行数量的变化主要源于美国不同时期对未成年人的刑事政策，其中影响着国内刑事政策的是保守主义和自由主义，这两种理论在不同时期地位也不同。20世纪30、40年代，保守主义占主导地位，根据美国社会犯罪状况，未成年人的犯罪率是西方国家中最高的，民众渴望社会安全，极力反对废除死刑，因此，少年司法政策主张严惩罪犯，对未成年人的刑罚制度也趋于严厉化；到了70年代，自由主义占主导地位，国际社会和民意的变化致使美国对死刑的正当性争论愈发激烈，联邦法院既要受司法理念的约束，又要考虑民众的意见，对死刑适用愈加谨慎，因而出现的死刑执行数目较少。

二、 美国未成年人死刑制度的演变

美国属于以判例法为主的英美法系，主要的法律规则体现在具体个案中。一个个标志性的判例反映着美国法律的进步和完善。1972年的弗曼诉佐治亚州案促使了死刑的重大变革，将美国的死刑问题推上了风口浪尖，虽然佐治亚和得克萨斯州的死刑法律被宣告无效，但实际上美国所有州的死刑法律几乎都已失效，各州纷纷修改自己的死刑法，死刑罪名也缩小了范围。该案法庭认为裁决死刑本身是否违宪并不重要，重要的是谁应该被判处死刑和谁不应该判处死刑的裁决是否可以恣意作出。1976年的格雷格诉佐治亚州案被联邦最高法院以2∶7的投票结果维持死刑判决，又戏剧性地恢复了死刑的执行。[②] 同一个州，相似的案情，投票结果却大不相同，法官们认为现有法律不会造成死刑的恣意，因此，格雷格（Gregg）并不能获得免死金牌，死刑恢复了执行。在此之后，美国死刑制度的总

---

① Death penalty Information Center, at https: //deathpenaltyinfo. org, 访问日期：2016年10月4日。
② See Fur-man, 408 U. S. pp. 294—295.

体方向没有大的变化，实际上可以说，"格雷格案为美国各州规划了一个蓝图，告诉这些州如何来保留死刑。"① 这两个具有里程碑意义的判决所具有的共同特点是不去探究死刑本身是不是违宪的刑罚，实际上是默认了死刑本身合宪，而是从审查死刑的适用是否因缺乏限制而反复无常的角度判断死刑是否构成了残酷刑罚。美国联邦最高法院一直以来的立场是逐步减少死刑，而不是直接宣告死刑违宪。在埃丁斯诉俄克拉荷马州案中，州最高法院同意审查对犯罪时不满16岁的人判处死刑违宪，但裁决时却避开了这一问题。此后，尽管联邦最高法院被多次要求重新考虑未成年人死刑合宪性问题，但都拒绝了请求，而是让各个司法区自行决定。在1976年1月1日至2005年2月28日期间，共有22名未成年人被实际执行了死刑。②

（一）汤普森诉俄克拉荷马州（Thompson v. Okalahoma）案的转折意义

美国联邦最高法院在整个20世纪都没有对未成年人适用死刑问题作出明确规定，更没有关于未成年人执行死刑最低年龄的限制规定。直至2002年阿特金斯诉弗吉尼亚州（Atkins v. Virginia）③一案，美国联邦最高法院裁决对智障者适用死刑违宪，由此，关于对未成年人适用死刑是否违宪的问题争论进一步白热化，死刑问题专家斯蒂芬·布莱特（Stephen Bright）指出，对于智障者不适用死刑的理由同样适用于未成年人。④

关于废除未成年人死刑，直至1988年汤普森诉俄克拉荷马州（Thompson v. Okalahoma）⑤案才出现转机。威廉·汤普森（Wili-

---

① 参见郑延谱：《美国死刑制度的发展及启示》，载《北京师范大学学报（社会科学版）》2009年第2期。
② 其中得克萨斯州13名、南卡罗来纳州1名、弗吉尼亚州1名、佛罗里达州1名、格鲁吉亚州1名、俄克拉荷马州2名、密苏里州1名。
③ 536 U. S. 304 (2002).
④ 参见[美]琳达·E. 卡特等：《美国死刑法精解》，王秀梅等译，北京大学出版社2009年版，第83—84页。
⑤ 487 U. S. 815 (1988).

am Thompson）于 1983 年因涉嫌谋杀而被俄克拉荷马州法院判处死刑，由于他在犯罪时只有 15 岁，认为他的死刑判决违反了《宪法第八修正案》，而上诉到联邦最高法院。最终，联邦最高法院法官以 5∶3 票最终裁决认为：对犯罪时不满 16 岁的未成年人判处死刑，显然违反了《宪法第八修正案》有关"残酷和异常刑罚"条款的规定。史蒂芬（Steven）大法官代表联邦最高法院多数意见作了以下论述：对犯罪时不满 16 岁的人执行死刑要进行均衡性审查，即先审查是否有客观证据表明对不满 16 岁的人执行死刑符合民意。根据现有各州对于死刑规定的统计，有 37 个州都禁止对 16 岁以下的未成年人判处死刑。① 随后联邦最高法院考察了之前对未满 16 岁的人作出的陪审团裁决，发现在 1982 年至 1986 年中，最后一次对 16 岁以下的人执行死刑是在 1948 年。综合各州的立法和陪审团的裁决，大法官们认为，对不满 16 岁的人执行死刑是"残酷和异常刑罚"。接下来大多数法官认为，对未成年人执行死刑无益于实现刑罚的目的，因为未成年人心智尚不成熟，需要社会对其予以监管，且未成年人的改造空间还很大，相对成年人的可责性较低，所以死刑无法实现对未成年人的威慑目的。②

对此持反对意见的大法官斯卡利亚（Scalia）指出，19 个"未作规定"的州主张对未成年人执行死刑的最低年龄不需要设定，并且要严格按照各州的立法和陪审团裁决来决定该行为是否符合"不断发展的道德标准"，而不应该掺杂法官的主观独立判断。巧合的是，斯卡利亚大法官的反对意见在一年之后成为斯坦福诉肯塔基州（Stanford v. Kentucky）一案的多数意见。③

---

① 参见赵秉志、郑延谱：《美国刑法中的死刑限制措施探析——兼及其对我国的借鉴意义》，载《江海学刊》2008 年第 1 期。
② 参见 [美] 琳达·E. 卡特等：《美国死刑法精解》，王秀梅等译，北京大学出版社 2009 年版，第 85—87 页。
③ 参见王玉叶：《美国死刑制度的演进：Roper v. Simmons 案废除少年犯死刑之意义》，载《欧美研究》1993 年第 6 期。

(二) 斯坦福诉肯塔基州 (Stanford v. Kentucky) 案的重大影响

未成年人死刑废除之路并不平坦,联邦最高法院对死刑的态度反复多变。1989 年斯坦福诉肯塔基州案中,联邦最高法院允许对 16、17 岁的未成年人适用死刑,以 5∶4 的判决结果认为:根据肯塔基州法律规定,执行死刑的最低年龄为 16 岁,对 17 岁的人禁止执行死刑并没有形成全国一致性意见[1],因而,对 16、17 岁的人适用死刑并不违反《宪法第八修正案》的规定。联邦最高法院的这一结论所依据的不是主观标准,而是反映美国当时社会观念的客观标准,相关死刑法并没有规定明确的最低年龄线,而普通法对不满 14 岁的人在犯重罪的情形下可以免于刑罚。因此,对犯罪时已满 16 周岁未满 18 周岁的未成年人适用死刑,并不违反宪法的原意。本案的判决采取了个案分析的审查模式,恰当地规避了死刑适用的最低年龄线问题。但是,各州执行结果不统一,使得对未成年人能否适用死刑的问题无所适从,促使国际组织、社会舆论和民众将矛头对向了联邦最高法院。直至 20 世纪末,美国仍逆世界潮流保留本国死刑政策,到 1988 年才废除 15 岁未成年人的死刑。但却在一年之后的斯坦福诉肯塔基州案中作出了相反的判决,允许对 16 岁及 17 岁的人执行死刑。凯文·斯坦福 (Kevin Stanford) 于 1981 年因涉嫌抢劫罪、谋杀罪、强奸罪被判处死刑,犯罪时他的年龄是 17 岁 4 个月,后其以不满 18 岁为由上诉到联邦最高法院。最终,联邦最高法院以 5∶4 的票数通过裁决:禁止对不满 16 或 17 岁的未成年人执行死刑并没有形成广泛的民意,所以本案原判并不违反《宪法第八修正案》的规定。

斯卡利亚大法官在一年前汤普森案件中代表了少数派的意见,

---

[1] 在 37 个有死刑的州中,只有 12 个州要求被告人必须年满 18 岁,3 个州要求年满 17 岁,这些数字无法说明禁止对 18 岁以下的被告人执行死刑形成了全国共识。

但该案中正是这种意见代表了多数派的意见。他们认为，在 37 个有死刑的州中，只有 12 个州要求被告人必须年满 18 岁，3 个州要求年满 17 岁，这些数字远远不能证明禁止对 18 岁以下的执行死刑已形成了民意；而大法官在审判时除了考虑民意外，还要综合国际组织的意见、陪审团的裁决以及各州的立法等客观证据，但法官的主观意见不能作为定案的依据。奥康纳大法官对本案再次投出了决定性的一票，她认为全国有对禁止 15 岁的人执行死刑的共识，但本案肯塔基州法律明确规定执行死刑的最低年龄为 16 岁，对 17 岁的人禁止执行死刑并没有形成全国一致性意见，故同意对 16 岁和 17 岁的人执行死刑。但她认为，联邦法院还应按照《宪法第八修正案》对未成年人可责性与所受刑罚进行均衡性的审查，这一点上其与斯卡利亚大法官持不同的观点。

（三）罗珀诉西蒙斯（Roper v. Simmons）案开启美国废除未成年人死刑之路

在国际组织、社会舆论以及民众等各方面的压力下，美国终于通过 2005 年罗珀诉西蒙斯一案废除了未成年人的死刑。在该案之前，美国的 38 个州、美国联邦和军队共计 40 个司法系统保留死刑，各司法系统确定执行死刑的最低年龄也不尽相同，其中确定为 18 岁的有 21 个司法区，17 岁的有 5 个司法区，16 岁的有 14 个司法区。[①]美国一直标榜自由、民主、人权，但是在废除死刑之路上却与其他发达国家的进程渐行渐远，罗珀诉西蒙斯案虽然只是将执行死刑的最低年龄提高了两岁，但是对美国来讲却是迈出了很大的一步。

美国长期对未成年人适用死刑是有着根深蒂固的历史政治原因的，美国暴力犯罪率明显高于其他西方国家，未成年人的犯罪更是猖狂，如果不采用死刑这种极刑，不足以惩治罪大恶极的罪犯，所

---

① http://www.deathpenaltyinfo.org/article.php?did=204&scid=27，访问日期：2016 年 10 月 4 日。

以民众对于重刑的呼声也是一度高涨。但是对于美国这样一个联邦制的国家，要想三十几个州的议员一致通过立法废除死刑，并不是一朝一夕的事情；而且要想使大多数州废除死刑，以达到全国废除死刑的共识，也不是短时期内可以做到的；再有美国各地区的政治精英都是由选民选举产生，挑战保守的民意来废除死刑，需要法官们具有很大的勇气。这些都决定了美国废除死刑之路的坎坷和反复，使之不可能与其他西方发达国家保持同步。

在罗珀一案中，联邦最高法院明确了自己的态度，根据"不断发展的道德标准"作出与时俱进的解释，对不满18岁的未成年人能否适用死刑进行合宪性和均衡性审析。肯尼迪大法官援引了社会学和心理学的相关数据，强调了未成年人与成年人在心智和生理上的巨大差异，提出了"青少年特殊论"，不满18岁的未成年人可责性低于成年罪犯，因此将死刑的最低适用年龄设为18岁，从而与国际社会接轨。从肯尼迪大法官起草的裁决来看，联邦最高法院裁决的重要原因可以归结为国内社会舆论不支持对未成年人适用死刑，对未成年人适用死刑不符合国际发展潮流，以及未成年人可责性较低，对其处以死刑是违宪的。通过上述推断可以看出，影响美国刑事政策的不是高犯罪率，人道义主义以及政治历史原因起了很大的作用。[①] 而且美国少年的司法政策可以较为敏锐地反映出美国政治、经济的状况，民众对于未成年人犯罪仍然持有一种特殊的宽容，所以美国少年司法政策的发展还将受到社会舆论的影响。[②] 罗珀案的判决已经为美国废止死刑的道路开辟了一条曙光，这小小的一步都将可能成为美国死刑之路转型的重大契机，所以罗珀案在美国刑事政策领域，尤其是未成年人司法领域有着重要而深远的意义。

[①] 参见 [美] 琳达·E. 卡特等：《美国死刑法精解》，王秀梅等译，北京大学出版社2009年版，第49页。
[②] 参见姚建龙：《未成年犯死刑的废除与美国少年司法的走势》，载《域外借鉴》2007年第4期。

2005 年的罗珀诉西蒙斯（Roper v. Simmons）案中美国联邦最高法院判决得出，对犯罪时不满 18 岁的未成年人不得适用死刑，这一结论的作出不是一蹴而就的，而是经过了漫长的司法演进和论证，并改变了美国的少年司法政策和死刑制度。20 世纪 80 年代末，联邦最高法院在汤普森诉俄克拉荷马州（Thompson v. Oklahoma）案中，认定死刑不得适用于犯罪时不满 16 岁的未成年人。被告人汤普森犯罪时只有 15 岁，联邦最高法院以 5∶4 最终裁决：对犯罪时不满 16 岁的未成年人判处死刑，违反了《宪法第八修正案》有关条款。大法官们依据客观证据对 15 岁以下的未成年人能否适用死刑进行了均衡性审查，得出了"对未满 15 岁的未成年人适用死刑违宪"的结论，成为了废除未成年人死刑的开端。

（四）对未成年人适用死刑面临的挑战

20 世纪 70 年代末，美国对未成年人死刑的适用质疑呼声愈发高涨，在某些州法院陪审团拒绝对这类人适用死刑，最终上诉至联邦最高法院，引起了联邦最高法院的关注，导致态度转变的原因存在于以下几个方面：

1. 来自于国际社会的压力

死刑的出发点在于保护被害人以及潜在的被害人不受威胁，美国长期坚持对未成年人适用死刑，反映了其注重保护被害人的利益的一贯立场，但这与人性观念以及刑罚人道主义相悖已得到国际共识，更违背了联合国经济与社会理事会 1984 年通过的《关于保护面对死刑的人的权利的保障措施》第 3 条的规定："对犯罪时不满 18 岁的人不得判处死刑……"[①]。虽然美国在《公民权利和政治权利国际公约》、《美洲人权公约》中对死刑条款提出了保留，但近年来，随着国际人权组织和儿童保护组织对人权的呼吁，大赦国际等非政府组织对美国展开了猛烈批判，使自我标榜"人权卫士"的美国名

[①] 参见郑延谱：《中美死刑制度比较研究》，中国人民公安大学出版社 2010 年版，第 93 页。

誉扫地。

2. 源于国内民意的变化

美国律师协会曾对律师和法律专业的学生做了一项民意测验，结论是超过 60% 的人赞成死刑，对未满 18 岁的人适用死刑的支持者仅有 10%。民意的变化对于有着独特的选举和法官任命制度的美国来说具有十分重要的影响，司法机关开始对死刑进行一系列改革乃至逐步废除未成年人死刑的适用。美国所有州的成年年龄是 18 岁，对未成年人死刑问题，美国宪法没有作出具体规定，各个州的观点和做法也不一致，大部分州没有年龄限制。根据美国的少年司法制度，未满 18 岁的人犯罪适用少年法庭，只有在犯严重罪行的情形下转为成人法庭审判，少年法庭的法官需要考虑是否有足够的证据证明被告犯了重罪，更应考虑移交成年人法庭后对社区利益有无影响。将少年犯移交成年人法庭审判，这意味着某些暴力犯罪的儿童会像成年人一样被起诉并与成人一同关押，接受死刑的审判和执行。对于心智尚未成熟的未成年人，给予最严苛、最极端的刑罚，使得儿童权利保护者对这一做法开始产生怀疑，死刑作为最后的一道防线，是为了惩罚极其严重恶劣的犯罪行为，而将尚未成熟的儿童处死是残忍且不人道的。

3. 基于新的科学技术的出现

最新的未成年人心理、生理特点的现代神经科学和行为学研究表明，未成年人和成年人在神智发育上是不同的，阻止人们作出轻率、冲动决定的前额叶是大脑最后一块发育的区域，发育一直要持续到 25 岁左右才成熟，从这个层面上讲应当降低未成年人在死刑案件中的应受责难性[1]，这一研究成果直接影响着联邦最高法院大法官对案件的判断，在 2005 年的罗珀（Roper）案中，肯尼迪大法官援引此研究结果，对废除未成年死刑的原因作了重要阐述。

---

[1] 参见刘志伟：《美国近年死刑的适用与改革》，载《江海学刊》2006 年第 3 期。

第二节　美国废除未成年人死刑的典型案例

一、汤普森诉俄克拉荷马州案　(Thompson v. Oklahoma)

（一）基本案情

1983年9月23日凌晨，威廉·汤普森（William Way Thompson）与其他3名共犯共同残杀了他的姐夫，4名被告人被分开审判。根据俄克拉荷马州法律规定，汤普森因犯一级谋杀罪应判处死刑，法院作出了死刑判决。证据表明，受害者被射杀两枪，其喉咙、胸部以及腹部被切断，腿部骨折，身体有多处瘀伤，身体被拴在一个混凝土块上沉入河里，发现时已经死亡4周。当地检察官提交了法定请愿书，他们认为汤普森具备犯罪相应的能力和智力，意识到其行为的不法性，且作案手段极其残忍，案发后也没有悔罪等量刑情节，对其适用少年法庭程序不具备成功矫正的合理依据，于是将汤普森移交成年人法庭，通过适用普通刑事司法程序进行审理，作出了死刑判决。汤普森不服，向联邦最高法院提出上诉，联邦最高法院以5：4的多数意见裁决，《宪法第八修正案》禁止对行为时不满16周岁的犯罪人执行死刑，汤普森行为时年龄为15岁，不应适用死刑，因此将此案发回重审。

（二）审理情况

汤普森犯一级谋杀罪且作案手段残忍、罪大恶极，这足以使汤普森面临死刑，但是陪审团在量刑时考虑加重或减轻情节时产生了争议。本案围绕的争议焦点是：对行为时仅15岁的被告人适用死刑刑罚是否构成了宪法中的"残酷和异常刑罚"；死刑适用是否需要划分最低年龄线。需要注意的是，因本案罪犯犯罪时不满15岁，作案手段却极其残暴，根据俄克拉荷马州的刑事法律规定，一级谋杀罪应当被判处死刑，量刑者考虑到该案被告身份的特殊性，对本案作出了审慎考虑。联邦最高法院大法官针对本案的焦点问题，从宪法条款释义、判决路径选择、未成年人特殊性以及死刑的适当性出发进行了论证。对于第一个问题，也即讨论不满16岁的未成年人适用死刑是否违宪，多数派对"残酷和异常刑罚"条款赋予新的解释，首先考虑其文本之义，死刑是不是残忍不人道、过度且不必要的刑罚，立法者的原意应是什么。为了回答这一问题，多数派法官试图从"不断发展的道德标准"这一相对稳定的标准予以解释。全国有30个州禁止处决未满16岁的未成年人，而对未成年人适用死刑的州，陪审团的判决也很少实际适用死刑。不满16岁的未成年人和智障者一样缺乏独立意识、自控能力，都不应受到死刑待遇。死刑的适用对这类人不具有威慑作用，这已经构成了全国共识、民意所向，废除少年犯的死刑也反映了美国死刑改革的方向，符合不断发展的道德标准。但是，对于第二个问题，多数派认为，15岁这类人本质上不具有在犯重罪时承担死刑的责任能力。但奥康纳法官持有异议并认为，并不是所有15岁的人都不具有可以实施死刑的道德责任，在相同年龄的不同个体之间差异很大，不能用主观判断代替立法机构划出一个适用死刑的最佳年龄线。联邦最高法院9名大法官以5∶4的意见促成对不满16岁的未成年人适用死刑违宪的结论，最终确立了这一宪法规则。

　　本案多数意见由史蒂芬大法官撰写，本案的关键在于犯罪时15岁的未成年人适用死刑是否违反《宪法第八修正案》的规定，这一条款应如何理解。大法官指出，大多数州禁止对不满16岁的未成年人适用死刑，因为保留死刑的37个州中有18个州规定死刑适用最低年龄为16岁，实际上死刑执行的数目更是寥寥无几。自1948年以来，没有执行16岁以下未成年人死刑的记录。1982年至1986年间，因犯谋杀罪被判死刑的有1393人，其中未满16岁的仅有5人，可以得出结论：判处15岁未成年人死刑是不能被社会道德所接受的。① 死刑作为极刑，只适用于惩罚罪行极其严重的犯罪行为，16岁以下的人和弱智者应区别于成年人罪犯。根据"青少年特殊论"，这类人容易受到攻击，自我约束力差，可责性小，对不满 16 岁的未成年人适用死刑不能够实现死刑所预设达到的社会目的，从成本效益分析，死刑成本很高。从青少年的自身特点、死刑的执行数、社会可接受度以及成本分析来看，对这类人适用死刑并不能实现刑罚的目的，因此，对未成年人适用死刑构成了"残酷且异常的刑罚"，应当禁止。

反对派斯卡利亚法官也审查了相同的客观证据，以其对各州死刑法的统计方法，反驳了多数派对审析客观证据后得出的结论。那些未作规定、无动于衷的州属于不需要设定死刑最低年龄线的州。在他看来，不能根据法官的主观判断来决定民意的方向，他对《宪法第八修正案》"残酷和异常刑罚"的解释——15 岁甚至 14 岁的人犯了重罪也可以判处死刑，同时，死刑的实践经验也表明在 1642 年至 1989 年间有 22 名未满 16 岁的人被执行了死刑，15 岁绝对不是可以免除死刑的条件。联邦政府以及 40% 的州都允许死刑，对未成年人也可以像成年人一样审判，这必然包括犯罪时不满 16 岁的人，若依赖于立法中不断变化的社会共识，这显然是不可能的。在审查陪审团的行为时，反对派认为可以有很多理由去解释死刑执行数目下降的原因，比如执行豁免等，这只能说明民众对死刑的支持率下降，但并不能说明对 15 岁的谋杀者不能执行死刑，更不能说明这一行为违宪，这种认识缺乏法律依据，将罕见的社会现象转化为宪法禁令是不合理的，为此他提供了对妇女适用死刑数目减少的数据。② 反对派指出，15 岁的执行犯数量也按一定比率下降：25 年间的 30 例到

---

① 参见郑延谱：《中美死刑制度比较研究》，中国人民公安大学出版社 2010 年版，第 96 页。
② 在 1930 年到 1955 年，30 名妇女被执行，在 1962 至 1984 年的 22 年间一例都没有，在 1986 年后仅仅有 3 名被执行。

随后 31 年的 3 例,从 50 年的 18 名到近 40 年的 1 名,但该结论并不能说明对妇女抑或对未成年人适用死刑违宪,法官应该在个案中具体考虑。但其反对意见所得出的结论在斯坦福诉肯塔基州案的死刑判决中成为了法院的多数意见。

奥康纳法官的一票对本案有着关键性作用且成为多数意见,她否定了多数派和反对派对于客观证据的不同解释,反对派的数据可能也存在错误,虽然存在对 15 岁的人适用死刑的情形,但不能说明对这类人执行死刑具有合理性。美国的少年司法系统可能会将 16 岁以下的人视为成年人对待,接受审判或者是执行死刑,立法应该阐明 15 岁以下的被告人是否可以和成年人一样接受审判,一旦接受审判便同成年人一样适用死刑。但是法律并没有指明,更没有迹象表明一国之内的立法机构对行为时不满 16 岁的未成年人批准适用死刑已经提供一个合理的判决依据,在没有证据的情况下,根据那些执行数据并不能推断出陪审团是否在同样情形下不愿对 15 岁的被告适用死刑。奥康纳法官同意比例分析,刑罚应与刑事责任相适应,但不同意多数派认定所有 15 岁的人都不具有可以实施死刑的能力,多数派引用的证据只是表明 15 岁这类人本质上不具有承担在犯重罪时适用死刑的责任能力,但是根据中央密苏里州的计划生育组织诉丹佛斯 (Planned Parenthood of Central Missouri v. Danforth) 案以及贝洛蒂诉贝尔德 (Bellotti v. Baird) 案,未成年人的特殊特征虽然表明了立法机构在对待他们和成年人之间的不同,但是相同年龄的不同个体之间差异很大,在划出一个适用死刑的最佳年龄线问题上不能用主观判断来代替立法。①

二、罗珀诉西蒙斯案 (Roper v. Simmons)

(一) 基本案情

西蒙斯 (Christopher Simmons) 于 1993 年因涉嫌入室盗窃未遂

---

① See Thompson v. Oklahoma: No. 86-6169. 19-20 (1988).

并绑架杀害了一名妇女，而被密苏里州法院判处死刑。虽然他在作案时年龄为 17 岁 5 个月，但州法院根据其在作案时手段残忍恶劣、案发后没有悔罪态度等情节，按照密苏里州法律，将其移送成人法庭进行审判并判处死刑。后西蒙斯不服，向密苏里州最高法院上诉，该院根据联邦最高法院审判先例的推理框架，首先审查了对未满 18 岁的未成年人适用死刑是否形成了全国共识，然后审查了对未成年人适用死刑是否违反了《宪法第八修正案》和《宪法第十四修正案》中"残酷和异常刑罚"条款。密苏里州最高法院发现，自 1989 年以来的 14 年间，各州对 18 岁以下的未成年人实施死刑实属罕见，加之未成年人不属于"穷凶极恶"的罪犯，对其适用死刑不符合"不断发展的道德标准"。因此，密苏里州最高法院认为，对西蒙斯判处死刑有违《宪法第八修正案》，并以 4∶3 的裁决撤销对他的死刑决定。但原审控方不服，遂于 2004 年上诉到联邦最高法院。

于是，自 1988 年汤普森诉俄克拉荷马[①]（Thompson v. Oklahoma）案以来，西蒙斯死刑案再次给联邦最高法院带来一个重要的未成年人死刑适用问题，对 18 岁以下的未成年人适用死刑是否违宪？就宪法而言，本案的争议焦点是：《宪法第八修正案》所禁止的"残酷和异常刑罚"条款是否容许对不满 18 岁的未成年人适用死刑？对不满 18 岁的未成年人适用死刑是否符合"不断发展的道德标准"？换言之，一方面，死刑作为极刑，只适用于惩罚那些罪行极其严重恶劣的犯罪，必须慎用；另一方面，西蒙斯作案手段极其残忍，利用年幼可以逃避刑事责任的心理去犯罪更是恐怖，并且没有悔罪等减轻处罚情节，故对于此行为应该严惩不贷。而《宪法第八修正案》"残酷和异常刑罚"条款和《宪法第十四修正案》"不断发展的道德标准"规定过于宽泛，如何对这两方面作出精确衡量？结果，联邦最高法院在 2005 年 3 月由肯尼迪大法官执笔以 5∶4 的比例作出裁

[①] 487U. S. 815 (1988).

决，宣布对不满18岁的未成年人适用死刑违宪。肯尼迪法官提出，联邦最高法院在判决时适用《宪法第八修正案》和《宪法第十四修正案》规定的标准：鉴于未成年人的减低刑事责任能力，当他们实施重罪之后，无论出于威慑目的还是报应目的都不足以对他们处以死刑[①]；考虑到大多数州禁止对未满18岁的未成人适用死刑，以及判决后很少执行死刑的事实，认定对未成年人实施死刑不符合"不断发展的道德标准"，并且社会趋势是逐步废止对未满18岁的未成年人适用死刑。

通过这一判决，美国联邦最高法院再次明确了限制未成年人对适用死刑的标准和年龄：对未满18岁的未成年人适用死刑属于"残忍和异常的刑罚"，不符合"不断演进的道德标准"之规定。自此，美国对未成人适用死刑画上了句号，也使美国彻底摆脱了"唯一一个对未成人适用死刑的西方国家"的罪名。

(二) 审理情况

如前所述，罗珀诉西蒙斯（Roper v. Simmons）一案的争议焦点是，联邦《宪法第八修正案》禁止"残酷和异常刑罚"条款是否容许对未满18岁的未成年人适用死刑？对未满18岁的未成年人废除死刑是否形成了全国共识？为此，支持废除未成年人死刑的肯尼迪大法官首先论述这样一个问题：对于《宪法第八修正案》"残酷和异常刑罚"条款的含义如何界定。他指出，"残酷和异常刑罚"条款的核心是罪刑均衡，即如果一种较为轻缓的刑罚就可实现刑罚的目的，那么所适用的刑罚就是不必要的。[②]

确定刑罚是否残酷，必须要遵循与时俱进的标志成熟社会发展程度的标准。由此引出了肯尼迪大法官论述的第二个问题，即依据当今社会文明程度的道德标准，是否有客观证据表明对未满18岁的

[①] 参见[美] 琳达·E. 卡特等：《美国死刑法精解》，王秀梅等译，北京大学出版社2009年版，第89页。

[②] 同上书，第29页。

未成年人废除死刑已形成全国共识。在肯尼迪大法官的论述中，确认"与时俱进道德标准"的依据主要是各州的相关法规，全国已有 30 个州废除了或者不再对未成年人适用死刑，与阿特金斯诉弗吉尼亚案（Atkins v. Virginia）[①] 判决时全国已有 30 个州禁止对智障犯实施死刑的数目相同，依据阿特金斯（Atkins）案的推理模式，对未满 18 岁的未成年人废除死刑已经形成了全国共识。[②] 但是，仅仅凭借各州相关法规，还不足以说明形成了全国共识，还需要考虑审判先例、民意、国际社会的舆论等因素。在这一部分，肯尼迪大法官还依据刑罚的目的来作为废除未成年人死刑的理由，他指出，未成年人的可责性低于成年人，并且改造的空间还比较大，死刑作为极刑只适用于最严重的犯罪，未成年人不属于"穷凶极恶"的罪犯，所以如果对未成年人适用死刑，既无法造成威慑的效果，也不能达到报应的目的。最后，肯尼迪大法官强调 18 岁是人身心健康发育成熟的年龄，也是社会划分成年人与未成年人的分界线，所以也是确定判处死刑最合适的年龄。

以上就是罗珀诉西蒙斯（Roper v. Simmons）案多数意见的要点。就该案的分析框架而言，争议的焦点与之前的未成年人死刑存废之争并无特殊之处，这次案件辩论真正的突破是确立了美国死刑执行的最低年龄。但是斯卡利亚、伦奎斯特等法官对此却提出了反对意见。认为达成共识的计数方法不科学，应该将已经废除死刑的 14 个州也纳入到规定最低死刑执行年龄设为 18 岁以上的 12 个州中，这样得出的意见是大多数州不对未成年人执行死刑。而且，未成年虽然是定罪量刑最重要的抗辩事由，但是有些有预谋杀人的未成年人可责性与成年人相当。比如本案犯罪人的犯罪意图极其恶劣，具

[①] 536 U. S. 304 (2002).
[②] 参见王玉叶：《美国死刑制度的演进：Roper v. Simmons 案废除少年犯死刑之意义》，载《欧美研究》1993 年第 6 期。

有严重的社会危害性,并且可矫正的机会很小,足以判处死刑。① 基于以上的论述,4 位保守派的大法官认为原判决正确,拒绝废除未满 18 岁的未成年人死刑制度。

第三节 联邦最高法院裁决评析

汤普森一案得出行为时不满 16 岁的人适用死刑违宪这一宪法性结论。而西蒙斯一案的结论则确立了美国死刑执行的最低年龄标准。通过这两例判决,美国联邦最高法院开启了废除未成年人死刑之路,开始探索对未成年人限制适用死刑的标准和年龄界定,在很大程度上决定了美国对少年司法态度的未来走向。

一、对未成年人适用死刑的合宪性审查

美国 1787 年的联邦宪法主要是从建立有限政府的角度对权力分立与制衡作出规定,而对公民基本权利的保障大多存于各州宪法,随着时代的发展和人权意识的增强,美国公民迫切需要宪法保障公民的基本权利。在麦迪逊等人的建议下,人权保障条款增入宪法修正案中,《宪法第八修正案》经过国会的激烈讨论和各州利益博弈的妥协,方于 1791 年确立下来。美国《宪法第八修正案》规定:不得过度索取保释金,不得科以过重的罚金,不得施加残酷且异常的刑罚②。这一条款源自英国的《权利法案》,几乎一字不差,只是将英国《权利法案》的应该(ought)改为要(shall),这样的差异并没有任何实质意义。立法者的用意有两个:(1)对法院确立过多的刑罚进行约束,作为刑罚的限制性条款;(2)应当罚当其罪,避免对被告人施加不必要的痛苦。该条立法用语模糊,措辞不明确,但是

---

① 参见王战军:《美国未成年人死刑制度——对伦奎斯特法院刑罚观的法律思考》,载《湖南公安高等专科学校学报》2009 年第 10 期。
② See U. S. CONST. amend. 8.

对该条款的解读应遵循制宪者的意图，也要立足于美国的实际情况，作出符合时代发展的解释，即根据"不断发展的道德标准"来诠释宪法条款。这一解释理念，可以追溯到威姆斯诉美国案中麦克纳大法官的意见：第八修正案是不断发展的，它禁止的不只是1609年和1787年人们所知晓的残酷和异常的刑罚，而应随公众观念变得文明而根据人类正义的观念吸纳更为广泛的含义。① 美国联邦宪法是一部实际可行的文件，往往用来满足某些迫切的需要，可以被人修改或解释以适应社会中不断变化着的新情况。

（一）"残酷和异常刑罚"的解读

对于《宪法第八修正案》的解读首先应遵从文本主义，即从文本字面解读入手，"残酷和异常刑罚"需要同时满足"残酷"与"异常"两大特征。"残酷的刑罚"，是指残酷性、不必要痛苦的刑事处罚，主要是基于刑罚的人道主义关怀和对罪犯尊严的保护。采取的刑罚措施对被告人施加的痛苦是必要的，能够罚当其罪，又不损人的尊严，可以说目的和手段相一致，这种刑罚则不属于"残酷"。即使死刑，只要这种痛苦与罪责相适应也可以适用，否则就是残酷、不必要的。"异常刑罚"，是指刑罚措施或者执行手段异常、过度，从功利主义角度看，过度的刑罚不能实现报应目的。在美国，因其历史和文化背景的差异，各州对刑罚的相关规定均不同。其中5个州的宪法规定禁止适用残酷以及异常的刑罚，仅2个州禁止残忍的刑罚，这一规定意味着死刑或者终身监禁或许是严厉的刑罚，但可能并不是异常的，要想符合联邦宪法条款，必须同时满足"残酷"和"异常"。而死刑措施是否具有内在、固有的残忍性，美国联邦最高法院并没有明确的判断，在不同文明发展时期，对于个案的判决也大不相同。

---

① 参见高伟：《美国宪法第八修正案"残酷和异常的刑罚"之含义》，载《法制与社会》2009年第7期。

根据《宪法第八修正案》"残酷和异寻常刑罚"条款，联邦最高法院在 1972 年的弗里曼诉佐治亚州（Furman v. Georgia）[①] 案中确立了死刑适用的标准：死刑只适用于那些真正值得处以极刑的人，所以要谨慎地选择死刑适用的对象。这一判决对美国未废除死刑的州产生了巨大的影响，各州纷纷对死刑的适用作出了限制，进一步推动了美国废除死刑运动的发展。但是这一判决并非说明死刑本身是残酷和异常的惩罚，只是因为未充分保障人权的死刑判决有失公正而违宪。但是，在 1976 年的格雷格诉佐治亚州（Gregg v. Georgia）一案中，联邦最高法院却作出了相反的判决，依据仍然是《宪法第八修正案》的"残酷和异常刑罚"条款。同样是依据《宪法第八修正案》的"残酷和异常刑罚"条款，联邦最高法院在死刑适用是否违宪问题上作出了相反的判决，但是从联邦最高法院的判决理由来看，大多数法官都认为，适用死刑不能违反罪刑均衡原则，即刑罚手段必须根据与时俱进的文明标准的变化而与犯罪行为相称。事实上，死刑是否构成残酷和异常刑罚是一个非常模糊的概念，正如美国首席大法官沃伦所言，联邦最高法院很少对《宪法第八修正案》的规定作出精确的解释，而是随着与时俱进不断发展的道德标准来充实和解释该条款的意义。[②]

美国宪法是美国法律的基础，对《宪法第八修正案》反酷刑条款的理解也体现了不同时代人们的价值取向，随着社会的发展，联邦法院对该条款做出了合乎时代发展的合理解释。残酷的刑罚，是指给犯罪人带来的惩罚是不必要的，即是说刑罚的目的和手段不一致，如果说惩罚的方式既能够达到刑罚的目的，又不会毁损犯罪人的尊严，那么这种刑罚不被认为是残酷的。不寻常的刑罚，是指惩罚的手段要与行为人的行为方式相均衡，即达到刑罚的报应目的；

[①] 408 U. S. 238 (1972).
[②] 参见陈立、黄冬生：《死刑的宪法依据与限制——美国宪法第八修正案死刑限制功能及其借鉴意义》，载《中国刑法年会合集》2008 年第 4 期。

并且犯罪人所受到的刑罚要与其他犯同类罪的犯罪人接受的刑罚相当,即法律面前人人平等。①

由此可见,通过对美国20世纪70年代以来的诸多对《宪法第八修正案》反酷刑条款的解释和司法判例进行考察,可以将该条款的含义归纳为以下几个方面:(1)未经法律授权的刑罚,刑罚的适用可能具有任意性的倾向。裁判者对死刑的适用标准应严格依照法律规定,减少自由裁量权的运用,而且对于死刑的适用程序应该公平公正,加强各环节必要的审查。这样不仅限制了立法机关对犯罪所规定的处罚,也规定了司法机关只有在法律非常明确的情况下才能对犯罪人定罪处罚。(2)不均衡和残酷的刑罚,主要体现在罪行和适用两个方面,即实施的刑罚应该与罪行相适应,如果有其他更轻缓的刑罚可以实现刑罚的目的,那么较重的刑罚将不被适用,避免无益于实现刑罚目的、有辱人尊严的不必要的痛苦;在特定对象上,比如未成年人不应该适用死刑,对其适用死刑就构成残酷和异常的惩罚。这样可以充分遵循罪刑均衡原则,实现法律面前人人平等。除此之外,法官应当提醒陪审团不被不必要的因素所干扰,比如个人情绪、公众意见、公众感情等,这些均不能作为判处死刑的理由。②

综上所述,美国宪法中残酷和异常刑罚条款所包括的含义是非常广泛的,不仅涉及实体问题,也涉及程序问题。实体方面,主张刑罚的均衡化,即符合罪刑均衡、罪行相适应的原则;刑罚的个别化,即死刑的适用要综合考虑犯罪人的个体情况和悔罪表现等;刑罚的人道化,即对特殊主体不适用死刑。程序方面,要以实质正当程序为原则,要求各州对死刑立法自由裁量范围作出明确的规定,

---

① 参见高伟:《美国宪法第八修正案"残酷和异常的刑罚"之含义》,载《法制与社会》2009年第8期。
② 参见陈立、黄冬生:《死刑的宪法依据与限制——美国宪法第八修正案死刑限制功能及其借鉴意义》,载《中国刑法年会合集》2008年第4期。

实质符合罪刑法定原则；在实践中还应考虑死刑的威慑和报应目的，以及该条款在宪法中的整体解释。① 在汤普森诉俄克拉荷马州（Thompson v. Oklahoma）案中，对死刑合宪性提出质疑的审理思路是：（1）寻找当代社会对死刑刑罚的可接受程度是否达到了"举国共识"，即当今美国社会是否视死刑为"异常"的刑罚；（2）从未成年人特殊身份判断死刑和罪行是否均衡；（3）对不满 16 岁的人适用死刑能否达到死刑的威慑目的。死刑作为一种极刑，其不可逆转性要求陪审团作出裁决时要谨慎斟酌，这关乎公民生命权的实现，也关乎各种利益的制衡，公众的可接受程度一定程度上决定了死刑是否属于"异常的"。对死刑的合宪性审查，需要找到一个相对稳定的审查标准，社会在进步，公民的认识程度也随着道德标准的演进而变化，因此，"不断发展的道德标准"应贯穿始终。

（二）"不断发展的道德标准"的解读

认定不断发展的道德标准，即当代社会对死刑的可接受程度时，联邦最高法院将州立法作为最有力的客观证据。美国适用死刑的州有 37 个，有 18 个州明确禁止行为时不满 16 岁的人适用死刑，19 个州没有明确规定。实际上陪审团执行死刑的裁决很少，多数派认为这 19 个州是"不愿意适用死刑"的州，因而得出有 37 个州不同意对未满 15 岁的人判处死刑的结论。但是，这一标准本身并非一成不变，联邦最高法院循环往复的判例同样适用该标准。本案以 5∶4 裁决 15 岁未成年人适用死刑违宪之后，斯坦福诉肯塔基州（Stanford v. Kentucky）案以同样标准审查却得出了相反的结论，直至 Roper v. Simmons 案的判决才最终确定未满 18 岁的未成年人适用死刑均属违宪。联邦最高法院的法官们试图在适用中既能符合民意又不失公平，并逐步探索"不断发展的道德标准"，但在不同案件的裁决上

---

① 参见赵秉志、姚建龙：《废除死刑之门——未成年人不判死刑原则及其在中国的确立与延伸》，载《河北法学》2008 年第 26 期。

却意见相左,这使得联邦最高法院扮演了价值判断的决定者,某种程度上破坏了宪法的权威以及各州本身固有的权限。在未成年人死刑案件的裁决上,联邦最高法院是明智的,死刑虽然未被承认违宪,但可以通过"不断发展的道德标准"来阐释《宪法第八修正案》,限制死刑的适用范围,恰当处理未成年被告人的死刑处遇。

美国《宪法第八修正案》禁止施加残酷和异常的刑罚。[①] 在 20 世纪 60、70 年代,美国掀起了一场废除死刑的运动,《宪法第八修正案》作为原则性的条款,成为联邦最高法院审查各州死刑立法和司法的重要依据。通过联邦最高法院对该条款的解释以及一系列判例,《宪法第八修正案》禁止施加残酷和异常刑罚条款的含义得到了充分的阐释,从而确立了美国对死刑限制适用的一些重要原则。美国联邦法院依据《宪法第八修正案》审查死刑的合宪性也经历了波折的历程。在 20 世纪 60 年代以前,联邦最高法院一直拒绝对死刑进行司法审查。但是随着 20 世纪 60 年代美国人权运动的发展,关注和保障人权、废除死刑的呼声一度高涨。在这种形势下,美国联邦最高法院开始同意使用该条款对死刑进行合宪性审查。联邦最高法院提出,不应该将"残酷和异常刑罚"的理解局限于某些过时的理念之上,对宪法的解释不仅应遵循司法谦抑原则,尽可能地尊重立法者的意愿,也要符合法律的解释原则。在 1791 年《宪法第八修正案》通过时,死刑曾得到普遍接受,随着当代社会观念的变化和进步,现今社会对死刑的接受程度是分析《宪法第八修正案》的一个重要因素,有必要在"不断发展的道德标准"下重新评价死刑,并将其作为厘定某项立法是否合宪的标准。

《宪法第八修正案》中"残酷和异常刑罚"条款作为联邦最高法院审查各州死刑立法和司法的重要依据,存在着界定标准不明晰、用语措辞不精准的缺点。早在 1957 年特罗普诉杜勒斯案中,联邦最

---

① See U. S. CONST. amend. 8.

高法院就称"残酷和异常刑罚"条款用语模糊，必须根据与时俱进的"不断发展的道德标准"来对其含义作广泛的解释。① 美国首席大法官沃伦也指出，《宪法第八修正案》是随着社会的发展而变化的，它禁止的不只是 1609 年和 1787 年人们所认为的残忍和不人道的刑罚，这个标准应该根据民众的观念而变得更加文明，以符合不断发展的社会道德需要。② 所以遵循"不断发展的道德标准"来界定《宪法第八修正案》"残酷和异常刑罚"条款已经应用于美国先例审判中。

1879 年，在威尔克森诉犹他州（Wilkerson v. Utah）一案中，联邦最高法院判决认为，残酷和异常刑罚仅限于历史所承认的那些酷刑，拒绝根据不断发展的社会道德标准对其进行解释。随后，在 1910 年威姆斯诉美国（Weems v. United States）一案中，联邦最高法院主张，由于社会环境的改变，应采取一种更为灵活的解释方法对该条款进行解释。1958 年特罗普斯诉杜勒斯（Trops v. Dulles）一案中，多数法官指出，像"残酷和异常刑罚"这样宽泛的条款，必须由联邦最高法院作出具体的解释，并且国家依据该条款作出刑罚时，要符合当代社会不断发展的道德标准，但是并未对"不断发展的道德"标准作出具体的解释。随后在 1977 年库克诉佐治亚（Coker v. Georgia）一案中，联邦最高法院法官根据各州立法和陪审团态度等客观证据表示，死刑作为一种不可逆转的极刑，只适用于谋杀罪，根据与时俱进的道德标准，法院除非迫不得已，不得随意扩大死刑的适用范围。直至 2002 年阿特金斯诉弗吉尼亚州（Atkins v. Virginia）对智障者判处死刑案和 2005 年罗珀诉西蒙斯（Roper v. Simmons）对未成年人判处死刑案中，联邦最高法院大法官都强调对特殊主体适用死刑依据的是立法机关的法律，而非法官

---

① 参见柳建龙：《死刑合宪性审查的法理：演化中的合宜行为基准》，载《南阳师范学院学报（社会科学版）》2007 年第 5 期。
② 参见郭自力：《论美国刑法中的罪刑法定原则》，载《法学家》1998 年第 5 期。

的主观观念，根据"不断发展的道德"标准，对特殊主体适用死刑并不符合比例原则。①

通过联邦最高法院依据"不断发展的道德标准"对《宪法第八修正案》进行解释的审判先例可以看出，并没有对不断发展的道德标准作出明确的规定，但通过先例判决可推理出"不断发展的道德标准"的内涵，即为公众所接受，能够适应社会发展进程的社会观念，其内涵是随着社会发展而不断变化的，所以无法对其作出一成不变的定义。一方面，"残酷和异常惩罚"需要由"不断发展的道德标准"予以界定，防止法官的自由裁量权；另一方面，"不断发展的道德标准"也随着民众对文明程度的认知而发生变化。这一法理在具体运用时就产生了这样的难题：美国一直遵循先例，即相似的案件要做到相似的处理，以实现法律的公平性。但是像死刑这样的极刑，一旦执行就无法挽回，就要求陪审团在执行前要仔细甄别，不可草率决定，这种"统一性"和"个别化"难题也反映在联邦最高法院大法官在审查死刑合宪性问题时的分歧。联邦最高法院对内受到美国民主制度的约束，对外又受到来自国际组织、社会舆论等各方面的压力，所以联邦最高法院在判决中反复强调要注重对客观证据的审查，防止法官主观断案，对于客观证据的审查主要是考察联邦和各州的立法情况、陪审团的裁决以及公众的态度。

来自立法机关的客观证据，是指联邦最高法院如果认为大多数州或者立法机关都有禁止执行死刑的立法，那么就认为执行死刑是残忍和异常的惩罚，从而违反了《宪法第八修正案》的反酷刑条款；另外，联邦最高法院还会将死刑与其他的刑罚方式进行比较，如果能用较轻的刑罚达到刑罚的目的，那么死刑就不符合不断发展的道德标准，就是禁止适用的。来自陪审团的客观证据，是指陪审团在

---

① 参见柳建龙：《死刑合宪性审查的法理：演化中的合宜行为基准》，载《南阳师范学院学报（社会科学版）》2007 年第 5 期。

以往类似案件中对于是否适用死刑的态度,通过计算比率来决定类似案件是否适用死刑,是否符合与时俱进的社会道德标准。来自社会公众的客观证据,是指除此之外,联邦法院在必要时还要考虑社会公众对于死刑的态度,联邦最高法院的大法官虽然不是选民选举产生,但美国的民主制度对于司法审判起到了重要的作用,所以在适用死刑时必须聆听选民在议会时发出的声音。①

"不断发展的道德标准"作为联邦最高法院审查某类死刑案件合宪性的标准,无论在理论上还是实践中,都存在一定的问题,比如,"不断发展的道德标准"本身就没有一个确切的定义,是随着文明社会民众观念发展而变化的,用这样一个不确定的标准来衡量一条不确定的宪法条款——"禁止残酷和异常刑罚",就会增加法官的自由裁量权,使得对于宪法的解释具有任意性,缺乏权威性。②但是,对于死刑合宪性的审查,不仅关系到公民生命权的实现,同时也关乎各种利益团体的权力制衡,所以必须找到一个相对稳定的标准来审查《宪法第八修正案》的反酷刑条款,即以"不断发展的道德标准"作为联邦最高法院判断死刑合宪性之基准。

二、对未成年人适用死刑的均衡性审查

均衡性原则作为美国宪法的基本原则之一,是通过对犯罪行为与所受的刑罚进行分析,衡量此项刑罚是否违宪,从而废止违宪者。判断死刑合乎均衡性主要体现在两个方面:(1)根据"不断发展的道德标准"所依据的客观证据分析和衡量当代社会对某种刑罚的接受程度,即综合考虑联邦和各州立法、陪审团的裁决意见、民众的意见以及国际社会的舆论等。(2)法官在某类案件中的独立判断以

---

① 参见韩大元、郑贤君:《违宪审查基准专题研究》,载《南阳师范学院学报(社会科学版)》2007年第5期。
② 参见柳建龙:《死刑合宪性审查的法理:演化中的合宜行为基准》,载《南阳师范学院学报(社会科学版)》2007年第5期。

及分析。陪审团和立法机关是公认的民意表现形式，决定了司法的发展方向，更是衡量"不断发展的道德标准"的有力证据，判断某种刑罚是否属于"残酷和异常"，需要考虑这两个重要指标。

（一）州立法的审查

联邦最高法院对各州立法的审查，目的在于判断对大多数州的某一行为或者某类人的死刑立法规律，若意见一致或存在普遍可能性，各州认为死刑不适当，那么对该类行为处以死刑则构成残酷和异常的失衡。审查各州的立法，美国的独立司法区域内，37个保留死刑的州中，近30个州对未成年人不再适用死刑，其中12个州已经禁止死刑，有21个司法区规定死刑最低年龄为18岁，5个司法区的最低年龄线是17岁，14个司法区规定为16岁[①]，15个州实际被执行的被告人中，不满18岁的未成年人是极个别数，自1976年至2005年，共判处22名。本案中，法官审查了各州对青少年和成年人的区别待遇，根据不同地区和不同罪名，除了谋杀及其他严重的罪行，大多数罪是不承担刑事责任的，并援引了各州对赌博、购买色情物品、驾驶等方面的立法规定，50个州都普遍认为立法规定少年法庭刑事管辖权的年龄在16岁以下，这已达成了全国共识。而俄克拉荷马州的法律中不论是民法还是刑事法律，都不将16岁以下的人视为孩子，这与全国的共识相悖。

（二）陪审团的裁决意见

陪审团在判例案件中对死刑的态度，不仅反映了大多民众的接受程度，而且表明了死刑实际执行的比率，联邦最高法院的大法官可以在以往的陪审团意见中推断出类似案件所适用的刑罚。在综合考察所有相关加重与减轻情节之后，陪审团能够排除合理怀疑相信加重情节压倒减轻情节，就可以对被告人认定死刑。尽管在美国刑

---

① 参见赵秉志：《中美死刑制度现状与改革比较研究》，中国人民公安大学出版社2007年版，第56页。

事司法中陪审团的作用式微,但死刑案件大多数是由陪审团定罪量刑的,在某种意义上,陪审团对于美国死刑案件的具体审理结果所产生的作用具有决定性,因此考察陪审团的意见有助于理解美国死刑适用的重要方面。① 经过遴选的陪审团在裁决时要考虑这一判决是否超过了民众的期待和接受程度。在过去发展的 40 年里,陪审团审理了数千件谋杀案件,得到了一个明确的结论:对 15 岁罪犯执行死刑不为社会所接受。据美国司法部的统计,1000 多个死刑罪犯中只有 5 名未成年人被裁决执行了死刑,因为陪审团认为死刑就像雷电一样残酷和异常。这个证据促使多数派认定,对 15 岁的被告人执行死刑违宪,很少对不满 15 岁的被告人处以死刑,也很少出现这种"异常"的刑罚。可见,陪审团对未成年人保持了特殊的宽容态度,在对不满 16 岁的人适用死刑这一问题上持否定态度。

(三) 对未成年人适用死刑是否符合刑罚目的的审查

社会稳定和个人自由之间能否达成平衡决定了一个社会的进步与和谐,这需要控制机制来实现。青少年犯罪是一个社会问题,只有通过刑罚发挥其特有的威慑和教育功能,才能维护社会秩序并避免更严重的犯罪发生。死刑作为刑罚的一种,对于未成年人这类特殊群体能否实现死刑的目的亦值得讨论。

死刑的功能主要是威慑和报应。威慑是从实用主义出发,以预防为主,考察死刑能否带来纯粹的利益,主要是通过执行死刑产生威慑来预防潜在的犯罪行为,还可形成一种恐惧心理以起到预防目的。死刑支持者认为,死刑是一种最为严厉的刑罚,对潜在的谋杀犯会产生一种威慑效力,并且作用明显。Ernest van den Haag 教授曾写道:通过死刑威慑谋杀犯来保护一些潜在被害人的生命,比仅仅因为存在处死谋杀犯不会对他人造成威慑的可能性,甚至比保留

---

① 参见李立丰:《民意与司法:多元维度下的美国死刑及其适用程序》,中国政法大学出版社 2013 年版,第 230—240 页。

那些被认定有罪的谋杀犯的生命更重要。① 反对死刑者认为,死刑不可能形成威慑,大多数杀人犯在犯罪时不会分析自己的行为带来的严重后果,威慑作用自然不会有效。死刑的另一个功能报应论,主要立足于被告人本人,不考虑对其他人的作用,刑罚的适用取决于罪犯的该当性,而不是未来社会的有效性,只要罚当其罪、罪责相当,死刑目的就得以实现。被告人因剥夺了他人生命而受到死刑刑罚,满足了报复的要求,实现了社会与被告人以及被害人之间的道德均衡。与威慑目的相比,报应论更多的是强调罪犯的主观恶性和社会危害性,罪罚应相适当。

汤普森案中,被告人犯罪时 15 岁,对其适用死刑能否实现刑罚的目的是影响法官考量的重要因素。根据上述论证,对行为时未满 16 岁的人适用死刑违反美国宪法。这类人具有年龄小、缺乏经历、主见、判断等不成熟因素的特性,更容易受到情绪或同伴的影响,不具有成年人的相关权利,也可以认为他们不应该像成年人一样受到道德谴责。对于这一类青少年罪犯,在大法官鲍威尔(Powell)看来,威慑理论很难被接受,十几岁的未成年人比成年人自我约束力差,考虑问题不够长远,少年犯罪和成年犯罪一样仅仅是只伤害受害者,但是刑罚应该轻,因为少年犯罪不仅仅是罪犯本身的错,可能是一个家庭、学校甚至社会体制的过错。这类人有其独有的成长以及改变的潜能,基于少年犯可责性小以及社会承担责任的原因,对于青少年罪犯,难以体现威慑理论。司法部的数据表明,在被逮捕的故意杀人犯中 98% 的人行为时超过了 16 岁,因此对其适用死刑不能实现对大多数潜在罪犯所要达到的威慑价值。史蒂芬大法官认为,如果设定执行死刑的年龄是 15 岁,在 20 世纪这种年纪被判处死刑则难以想象。

---

① Ernest van den Haag: The Ultimate Punishment: A Defense, 99 Harv. L. Rev. 1662, 1665—1666 (1986).

（四）对其他因素的审查

1. 民意的考量

美国是判例法国家，法官们判案时要考虑遵循上级法院的判决或本院曾经的判决，如果推翻先例，联邦最高法院要有充足的理由加以论证。如2005年罗珀诉西蒙斯案，联邦最高法院的判决推翻了斯坦福诉肯塔基州案对16、17岁的未成年人适用死刑的判决，法官论证的依据是社会民意发生明显改变，来自国内外的舆论以及法庭之友都反对未成年人执行死刑。联邦最高法院发现，国际组织、国内的宗教团体与相关社会组织大多都明确表示反对对未成人适用死刑，崇尚法律的同时应更尊重民意，才能避免法律的滞后性。法院认为只有司法与民意保持一种和谐，社会才能稳定。可见，民意是案件判决中不可或缺的考量因素。据上述美国律师协会对律师和法律专业学生的一项民意测验，虽大多数人支持死刑，但对未满18岁的人适用死刑的支持者只有10%多一点。根据2002年盖洛普民意调查的结果显示，虽然有72%的人支持死刑，但只有31%的人支持死刑适用于未成年人。[①] 对行为时不满16周岁的人适用死刑已违反文明发展这一标准，这一结论得到其他国家专业组织的一致认可，如欧洲共同体的主要成员国以及有着英美文化的其他民族。美国律师协会以及美国法学研究会也正式表示反对未成年人适用死刑。在一些涉及某些技术领域或者敏感宗教问题的案件中，关系到国家的国际形象，反对未成年人适用死刑的国家或民族反应激烈，这促使联邦最高法院不得不考虑他们的意见。

2. 司法成本的考量

美国独特的政治体制，导致联邦与州司法活动都要严格按照相关政府预算。地方政府有时因承担死刑的成本过于高昂而导致司法

---

① 参见姚建龙：《未成年犯死刑的废除与美国少年司法的走势》，载《域外借鉴》2007年第4期。

体系几近崩溃,因为死刑案件可能会耗尽各州的所有司法资源,如雇佣更多的警察,对专家证人、陪审员的遴选,定罪和量刑阶段审理的要求以及死刑的执行等等,都需要高成本。然而,从检察官到总统,所有政治人物都在死刑问题上采取形式重于实质的支持态度,为了满足竞选需求而提出强有力的立法政策,但这种立法政策并没有分析过高的成本是否可以给人民带来任何的福祉。① 有人认为死刑是最省钱的,这明显是违背事实的错误认识。据统计,在加州,死刑案件的审理比其他非死刑谋杀案件的成本高出 6 倍,在得克萨斯州,死刑审判的研究就比审理成本高出上百万美金。随着废除死刑呼声的高涨,死刑适用程序逐渐严苛,如为死刑案件的被告人提供各种救济手段,要求检方提供包括 DNA 在内的物证鉴定,为病人进行精神状况鉴定等等,都使死刑诉讼的成本十分高昂。据1988年佛罗里达州统计,该州死刑案件的诉讼与执行成本合计约为 320 万美金,加州平均花费达到 900 万美金。② 死刑的错案可能性使无辜者被执行后才发现,虽然通过再审案件可以得到矫正,但民众对死刑案件审理是否正当却丧失了信心,更是浪费了司法资源。对于未成年人适用死刑不仅要估算死刑的诉讼费用,更要考虑死刑带来的社会效果。

三、 禁止对未成年人适用死刑的作用

(一) 开启了对未成年人死刑适用的违宪审查

有着独特政治体制、文化传统、司法模式的美国,对于行为恶劣、手段残忍、罪行极其严重的行为,只有采用极刑才能平民心,死刑已经成为了大多数州的传统,尤其是美国南部地区。联邦无权干涉各州的死刑判决,只有在具体案件上诉至联邦最高法院时才能

---

① 参见李立丰:《民意与司法:多元维度下的美国死刑及其适用程序》,中国政法大学出版社 2013 年版,第 230—240 页。
② 同上书,第 230—240 页。

被动审查，联邦宪法对死刑具有至高无上的权威，联邦最高法院以此审查各州的死刑法以及死刑判决是否合宪。联邦最高法院对于未成年人死刑问题历来不作具体规定，死刑能否适用以及未成年人执行死刑最低年龄线由各州自己的法律规定。但随着社会文明的不断进步，废止死刑呼声高涨和未成年人保护意识增强，未成年人适用死刑是否适当的争论也更加激烈。1988 年的汤普森案的被告人是未成年人，作案时 15 岁，因其犯罪行为残忍、恶劣，俄克拉荷马州法院认为，根据州法律规定移送成年法庭受审并判处死刑。被告人不服，上诉至联邦最高法院，请求撤销裁决并审查这一行为违反了宪法"不得施以残酷和异常刑罚"的规定。联邦最高法院正视了这一问题，对合宪性问题进行了讨论。以判例法为主的美国，正是因这一案件的裁决，才使大多数州修改了法律，为美国废除未成年人死刑乃至死刑废止开辟了一条向文明前进的道路。但是宪法解释中所依据的"不断发展的道德标准"，作为合宪性审查的基准，这一标准将由谁来判断？是法官还是立法者？大法官的决议是否会侵犯立法权？各州的立法作为一个证据，是否会侵害联邦主义？不确定的标准是否会扩大法官的自由裁量权并产生恣意性解释？这些问题的回答不能一概而论，确立宪法规则也不是一蹴而就的，不仅要考虑美国独特的政治背景和文化背景，还要从现实角度出发。不可否认的是，本案的决议为未成年人死刑废除道路上著名的斯坦福诉肯塔基州、罗珀诉西蒙斯案提供了法理依据，虽然未成年人死刑废止道路曲折，甚至具有不连续性，但也正是因为它的曲折和反复，才使这一结论更有说服意义。

（二）对死刑适用最低年龄线的思考

未成年是世界各国普遍承认的一种辩护理由，低于一定年龄的人没有认识自己行为性质的能力，实施的行为也不是基于自由意志，主观上不具有可责性。未成年人是特殊群体，需要特殊保护和对待，在法律层面上适用特殊的法律规则，尤其是立法、司法上的例外规定。绝大多数国家都规定刑事责任年龄，通过界定年龄的范围来确定刑事责任的大小。普通法将刑事责任年龄划分为三个层次：不满 7 岁的人为绝对无责任能力人，14 岁及以上年龄的人具有与成年人相同的责任能力，已满 7 岁不满 14 岁的人为推定无责任能力人；已满 7 岁不满 14 岁的人犯罪，如果有反证证明具有辨别是非的能力，仍然要对危害行为承担刑事责任。[①] 刑事责任年龄实际上只是一个立法推定，不完全意味着未成年人的智力发展状况，因而刑法中的人更多地是以具有平均能力的标准人的面貌出现[②]，推定的年龄一般要考虑经济发展、历史传统、生活习惯，还要注重惩治范围和社会保护之间的平衡，以求司法的稳定和社会的和谐。

为了保护未成年人的利益，美国设立少年法庭体系，目的是将青少年从成年人犯罪的司法制度中分离出来，针对其年龄特征进行教育、处罚，从而达到矫正并改造的目的。美国大多数州的少年法庭没有明确规定青少年犯罪进入少年法庭的最低年龄线，但是最高年龄限制通常为 18 岁，年满 18 岁已达到刑法规定的完全负刑事责任年龄，直接进入成年人的司法程序。死刑是一种不可恢复的极刑，关乎一国的政治、经济、道德和人性，适用时不仅要在犯罪构成上进行准确判断，还应符合程序正义，才能实现死刑的功能和社会的正义。未满 16 岁的未成年人适用死刑时，法官和陪审团要依据法律和判例以及社会舆论等相关因素综合考量，所以十分慎重，因而在死刑案件中实际执行人数极少。本案汤普森犯罪时 15 岁，在美国大多数州的法律中基本达成共识：认为 16 岁以下的人可责性低、适用死刑不适当。尽管奥康纳大法官认为不应划分最低年龄线，但是也认为这类人适用死刑并不妥当。2002 年以前，5 个州将死刑的适用年龄规定为 17 岁，分别是佛罗里达、佐治亚、北卡罗来纳、新罕布

---

① 参见刘士心：《美国刑法中的犯罪论原理》，人民出版社 2010 年版，第 204 页。
② 参见林维：《未成年人刑事责任年龄及其制裁的新理念——〈国内法和国际法下的未成年人刑事责任决定〉解读》，载《中国青年政治学院学报》2005 年第 2 期。

什尔、得克萨斯，18个州规定为犯罪时16岁，显然大多数州并没有对16、17岁的人能否适用死刑达成基本共识。直到2005年，从罗珀案的裁决看，不论是国内民意所向还是国际舆论谴责，基于国际上对儿童权利保护的标准，对未满18岁的未成年人适用死刑已不符合国际发展潮流。

第四节　美国宪法在废除未成年人死刑决策中的作用

一、未成年人死刑的法律渊源

1. 各州立法和州宪法

在保留死刑的州立法和联邦立法中，都有关于死刑审判和量刑程序的规定，同时，各州宪法在有些州中也有规定，各州以此作为实体或程序性根据审判死刑案件，除少数州规定了叛国罪外，大多数州死刑罪名都包括谋杀罪，联邦刑法典规定的死刑罪名相对宽泛，除谋杀罪和某些杀人行为的犯罪之外，还包括间谍罪、叛国罪和贩卖大宗毒品罪等不包含致人死亡的罪。[①] 在汤普森案中，俄克拉荷马州法律规定的死刑罪名：至少具有8种法定加重情节之一，一级谋杀以及被害人是14岁以下的性犯罪。

2. 联邦宪法

联邦宪法正文规定的是国家结构，宪法修正案中多是有关公民权利的规定，前10个修正案作为权利法案，仅适用于联邦政府。《宪法第十四修正案》规定的正当法律程序条款——无论何州未经正当程序不得剥夺任何人的生命、自由或财产，使得《宪法第八修正案》的反酷刑条款既适用于各州也适用于联邦的死刑审判。规定犯罪和诉讼程序主要是各州和国会的责任，各州有权自由规定死刑罪

---

① 参见赵秉志：《美国刑法中的死刑限制措施探析——兼及其对我国的借鉴意义》，载《江海学刊》2008第1期。

名和诉讼程序，但联邦宪法对各州的立法机关和国会的立法活动作出限制性规定。联邦最高法院对于死刑的裁决依据对《宪法第八修正案》和《宪法第十四修正案》的解释，宣布州法律违宪。也就是说，各州和联邦在制定死刑法时不仅要符合宪法的要求，而且联邦最高法院的判决依据宪法性条款也可以对各州的死刑适用作出强制性限制。

3. 判例法

在联邦制的美国，判例法是主要的法律渊源。联邦最高法院在死刑问题上创立了重要的判例法体系，其他法院也存在联邦巡回法院范围内或州辖区内具有约束力的判例。美国国内对于死刑的适用存有分歧，根据各州的经济文化水平，有些州适用，有些州则不然，保留死刑的州对死刑适用也各不相同。因此，联邦判例法是解读联邦宪法和制定法的渊源，州判例法也是解读州宪法和制定法的重要渊源。

4. 国际法

国际法的存在形式主要是国际习惯法和国际条约。美国签订的条约只有在获得参议院2/3以上议员的投票支持下，才能对国内具有约束力，但在司法实践中，联邦与州法院很少将国际条约作为审理案件的依据，即使参议院同意，也往往无法得到具体的落实，随着时代的发展，美国很难只扮演国际法的裁判员，不充当运动员。美国联邦最高法院通过判例（克里斯罗姆诉佐治亚州案）承认了国际法的适用效力，在司法活动中更将国际法作为解读宪法文本的参照。在对《宪法第八修正案》的解读过程中联邦，最高法院多次援引国际法，如《世界人权宣言》《公民权利和政治权利国际公约》以及联合国《儿童权利公约》等关于未成年人死刑问题的规定，虽然美国对此作了保留，但在2005年罗珀案中，以肯尼迪为代表的多数派提出，"我们认定对于未满18岁的人适用死刑的做法揭示的残酷现实就是美国是世界上唯一一个继续对于未成年人适用这样一种刑罚的国家……联合国《儿童权利公约》第 37 条明确禁止对未满 18 岁的未成年人适用死刑，而只有美国和索马里对此表示反对"。① 联邦最高法院对《宪法第八修正案》的反酷刑条款的解读援引了国际法，在某种程度上确认了国际法的法律地位。

二、美国《宪法第八修正案》对未成年人死刑的限制功能

美国宪法实行至今已经 200 年，如此长久在世界各国的宪法发展史上并不多见，在世界资本主义各国中更是一部比较稳定的宪法。200 年来，美国宪法所确立的基本原则和基本结构并未根本改变，只是随着国内政治经济的发展做了补充和修改，呈现形式为宪法修正案。在 20 世纪 60、70 年代美国废除死刑的浪潮中，"残忍和异常刑罚"条款成为联邦最高法院审查各州死刑法的主要依据。该条款体现了宪法对公民权利的保护，它包含了四种意思：禁止适用未立法规定的刑罚；禁止将特定形式的刑罚入法；禁止显失公平的刑罚；禁止对某种特定犯罪适用刑罚。死刑作为一种刑罚措施，在死刑存废的改革历程中争议不断，为何同是依据反酷刑条款，联邦最高法院会时而认定死刑违宪，时而认定死刑合宪？根据联邦最高法院历来的判例可以确定的是，美国否认死刑违反宪法，而是通过设定死刑犯罪的类型及犯罪对象的标准来限制死刑的适用。

在处理未成年人这类特殊的犯罪主体时，总结不同案件中宪法对死刑乃至未成年人死刑案件的限制，尽管观点有差别，但分析模式大体相似——坚持宪法至上和与时俱进。美国对死刑的控制模式是以宪法为法理依据来控制死刑的适用，法院从国家和社会的角度来解释和运用刑事法律，用宪法的精神和内涵来贯彻法律。在具体案件的处理中，美国联邦最高法院对宪法条款进行广泛的解释，依

---

① 参见李立丰：《民意与司法：多元维度下的美国死刑及其适用程序》，中国政法大学出版社 2013 年版，第 230—240 页。

据客观依据审析案件,通过一系列的论证,将宪法原则转化为具体的法律规则,适用于类似案件。联邦最高法院从通过汤普森案确立了 16 岁以下的未成年人禁止适用死刑,到斯坦福案判决 16、17 岁未成年人适用死刑,再到对所有未满 18 岁未成年人适用死刑违宪的罗珀案,经过漫长的演变,最终确定了未成年人死刑违宪和死刑最低适用年龄为 18 岁这一法律规则。宪法强调未满 16 岁的未成年人可责性低,适用死刑过于严厉,联邦最高法院确立宪法至高无上的地位。同时,依据不断演变的文明标准废除了未成年人死刑制度,与世界未成年人保护接轨的同时,体现司法进程的进步。

三、 司法能动主义对美国废除未成年人死刑的作用

(一)大法官对未成年人死刑废除的作用

美国联邦系统的法官经由总统提名,提交参议院投票通过,确定为终身法官,大约有 600 多名法官。联邦最高法院设置 9 名大法官,实行终身制,其中 1 名是首席大法官,在担任联邦最高法院法官期间,如果言行端正,则可终身任职,法官也可自动退休或遭受弹劾而提前退休。法官终身制的存在,使法官自由裁量权失去了外部约束,内部的决策方式成为考察美国联邦最高法院司法审查运作机制的关键。实际上,法官影响联邦最高法院判决走向的因素主要表现为:同一法官对同一问题的态度是否发生了改变;同一法官针对同一问题的态度若始终保持一致,不同法官的合纵连横成为影响最高法院态度的决定性机制,也即 5∶4 原则。[①] 美国宪法判例中,因为法官本身对宪法理解不一致,也可能出于尽快解决问题的功利主义考虑,出现的多是 5∶4 的表决结果。最为典型的是 1972 年弗曼案,联邦最高法院的 9 名大法官分别提出自己的看法,并以

---

① 参见李立丰:《民意与司法:多元维度下的美国死刑及其适用程序》,中国政法大学出版社 2013 年版,第 230—240 页。

5∶4多数票决认定佐治亚州死刑法违反了《宪法第八修正案》中"禁止残忍和异常刑罚"的规定，使得全国600多名死刑候刑者因此免死。5∶4的票决预示着法官对于死刑的态度。一般而言，有些法官就特定问题的态度轻易不会发生改变，某些法官可以在观点较为固定的法官之间灵活地表达意见，这些法官实际决定了很多问题的最终方向。法官不仅需要从个案中抽象出法律规则作为判决理由，还需要考虑该规则的普遍适用性。法官是个集大成者，就像是一个很聪明的药剂师，只要有一个看似普通得不能再普通的药方放在那里，法官就可以根据它配出良药来，法官必须将自己所有的全部原料，如他的哲学、逻辑、类比、历史、习惯、权力感及其他所有的东西放在一起进行平衡。① 但是法官也受制于人性的局限，卡罗佐说，法官做的工作与翻译者的工作相提并论，法官获取的信息也是外部给予的。在美国，法官可以造法，但法官在创设法律规则时应当将所处时代的社会风俗考虑进来，要受到立法者所确立的价值标准的约束。

1988年汤普森案的判决是个多数意见判决，5名大法官斯蒂文斯（Stevens）、布伦南（Brennan）、马歇尔（Marshall）、布莱克门（Blackmun）、奥康纳（O'Connor）投票赞成推翻汤普森的死刑判决，其中愿意划出明确的年龄界限的只有4名法官。奥康纳大法官使该案形成了多数意见，介于多数派和反对派之间，不同意汤普森的死刑判决，也反对划出明确的年龄界限。奥康纳一向是保守派，在联邦最高法院当中以意见左右摇摆而著称，在她看来，虽然存在不得对15周岁的罪犯施加死刑的全民共识，但法院不应将其作为宪法结论适用，她拒绝以各州通过立法规定来设定死刑执行的年龄限制来代替她本人的主观判断。反对派的斯卡利亚法官审查同样的客

---

① 参见［美］卡多佐：《司法过程的性质及法律的成长》，张维译，北京出版集团公司北京出版社2012年版，第80页。

观证据,却得出相反的结论,他计算州制定法的方式与多数派不同,他认为那些"未作规定"的州属于不需要对死刑设定最低年龄的,但是这一反对意见的结论在下个案件中成为法院的多数意见。在关乎美国社会重大发展方向或价值取向的敏感问题时,都会出现法官内部的分野,不管是保守派还是民主派,基于对法的共同信仰,每个法官可以根据自己的经验对案件作出裁决,法官的自由意志决定了司法的走向,多数表决制在一定程度上控制了法官的恣意,这是美国独有的司法体制。

(二)民意在废除美国未成年人死刑的作用

在美国,民意的态度影响着死刑的存废。在推动死刑废除过程中民众的作用不可小觑,可以是刑事立法过程中的参与,也可以是对某一案件的直接参与,如请愿、法庭之友、媒体舆论等,无论何种形式,民众的死刑观念与司法的走向紧密相关。在政治选举中能否获得更多的选票,取决于候选人对民意死刑态度的掌控,并且大多数州检察官和法官的连任也需要民众的支持,因而他们对死刑的判决不得不考虑民众的意见。虽然最高法院的法官是由总统任命,但"为了维护社会秩序,法官必须考虑民意,以一种能够为大众所认可的措辞进行判决,达到大众所能接受的最低限度"。① 在美国,有学者认为,强烈支持死刑的民意在多个方面导致了死刑的继续适用:(1)强烈的民意使得立法者无法废除死刑;(2)影响检察官的判断,促使他们更频繁地请求死刑量刑;(3)增加审判法官适用死刑的压力,上诉法院也会因此更多地维持下级法院的死刑判决;(4)州长将会更多地支持死刑立法、签署死刑执行令,而更少考虑赦免死刑;(5)州高等法院和联邦最高法院的法官将据此认定死刑不违反宪法的"禁止残酷且不正当的刑罚"条款。② 美国死刑史上,

---

① James G. Wilson: The Role of Public Opinion in Constitutional Interpretation, 1993 BYU L. Rev. 1037, 1083 (1993).
② 参见袁彬:《死刑民意引导的体系性解释》,载《中国刑事法杂志》2009年第3期。

民众支持死刑态度居高不下的原因很多，（1）美国高的犯罪率促使用最严厉的刑罚来对付穷凶极恶的罪犯，发挥死刑的威慑作用；（2）美国南北文化差异大，南方的死刑罪名和执行数目比北方多，原因在于南方各州执行死刑诉之于法律的同时，很多地区为解决种族歧视和社会矛盾依靠私刑处置，并且在短时间内私刑文化无法根本消除。在弗曼案中，联邦法院的法官根据民意调查发现民众总体上不支持死刑，因而得出当今社会对死刑持怀疑态度的结论。在格雷格案中，同样因为民意支持死刑宣告了死刑判决，致使死刑制度死灰复燃。随着国际人权保护的呼声高涨以及其他国家死刑的废除，大法官在作出死刑判决时，尤其是在决定对某些特殊群体适用死刑构成"残酷和异常刑罚"时更要尊重民意。斯坦福案对16、17岁未成年人适用死刑的判决被联邦最高法院在罗珀案中推翻，法官在审理中发现法庭之友、社会组织以及国内外的舆论都不再支持对未满18岁的未成年人适用死刑，民意所向，使法官最终废除了未满18岁未成年人的死刑适用。

第三章　美国智障人死刑适用制度

美国对智障者死刑制度的社会背景，是受《〈美洲人权公约〉旨在废除死刑的议定书》《〈欧洲人权公约〉关于废除死刑的第六议定书》的通过的影响。在欧洲体系通过废除死刑的议定书后，直到1991年，美洲废除死刑的议定书才生效。然而，历史证明，由于南美洲地区政治形势不稳定的时期，军事政府可能对若干种违反国家公共秩序的犯罪行为恢复适用死刑。另一方面，美洲国家组织的成员国中也存在着一些保留死刑主义的激进者，包括牙买加、特立尼达和多巴哥以及美国。美国人权法借鉴了联合国和欧洲的人权理念传统。像联合国体制一样，它始于1948年的《美洲人权利和义务宣言》，并在20世纪60年代末以一个公约——《美洲人权公约》（以下简称《公约》）来完成这一使命。美洲人权文件中的生命权条款与联合国人权文件中相关的部分十分相似，而在死刑的适用上，《公约》比《公民权利和政治权利国际公约》（以下简称《权利公约》）更为严格。《公约》第6条的规定将对生命权的保护摆在醒目的位置，突出了对生命权的特殊保护，并暗示应该废除各种死刑，特别是对"最严重罪行"以外的案例废除死刑。[①] 尽管《公约》中增加了已经废除死刑的国家不得恢复死刑、对政治犯罪或一般犯罪不得处以死刑、对犯罪时年龄在18岁以下或超过70岁的人不得处以死刑、

---

① 参见张爱宁：《国际人权法专论》，法律出版社2006年版，第278页。

对孕妇不得处以死刑等内容①，扩大了不适用死刑的罪犯的范围，但是在对智障罪犯的适用上却没有明确规定。直到 1984 年 5 月 25 日，联合国经济及社会理事会批准了《关于保护面对死刑的人的权利的保障措施》（Safeguard Guaranteeing the Protection of the Rights of Those Facing the Death Penalty）。② 这个文件进一步明确了可被处以死刑的范围：只有最严重的罪行可以判处死刑，但应理解为死刑的范围只限于对蓄意而且结果危害生命或其他极端严重的罪行。③ 扩大了不得执行死刑的对象的范围：犯罪时不满 18 岁的人不得判处死刑，对孕妇或新生婴儿的母亲，或精神病患者不得执行死刑。④ 此时对智障罪犯在死刑上的适用才有正式文件作出了相关的规定。作为国际人权法上限制死刑态势的必然结果，20 世纪 80 年代，废除死刑成为了一种不可阻挡的潮流。《〈欧洲人权公约〉关于废除死刑的第六议定书》《旨在废除死刑的〈公民权利和政治权利国际公约〉第二任择议定书》以及《美洲人权公约关于废除死刑的附加议定书》的出台，使国际法上废除死刑的运动达到了高潮。

  从美国历史上看，由于智障犯罪的特殊性，法律已经承认人的智力障碍可能影响其应对刑事指控或者被认定刑事责任的能力。尽管智力障碍在法院关于刑事责任能力的裁定中具有一定的影响，但大部分现代成文法并不以此免除被告人的刑事责任。在过去的 30 多年里，美国的死刑法发生了巨大的变化。对智障犯罪者是否判处死刑的问题，也出现了很大的改变。在 1989 年的潘瑞诉莱诺案（Penry v. Lynaugh）中，联邦最高法院以极为接近的 5∶4 票否决了辩方的主张，使得智力障碍仅被视为刑事审判中的一个减轻要素。而在 2002 年 6 月的阿特金斯诉弗吉尼亚州案（Atkins v. Virginia）

---

① 1969 年《美洲人权公约》，第 3 条。
② 参见张爱宁：《国际人权法专论》，法律出版社 2006 年版，第 279 页。
③ 1984 年《关于保护面对死刑的人的权利的保障措施》第 1 条。
④ 1984 年《关于保护面对死刑的人的权利的保障措施》第 3 条。

中，联邦最高法院却以6：3的投票认定，死刑不适用于有智力障碍的被告人。联邦最高法院作出不同判决的原因是什么，什么改变了联邦最高法院的看法？通过对美国智障人案件的分析，可以探究美国对智障人适用死刑制度的发展历程。

第一节 潘瑞诉莱诺案（Penry v. Lynaugh）概况

一、潘瑞诉莱诺案基本案情

在1979年10月25日上午，帕米拉·卡朋特（Pamela Carpenter）在自己家里被人残忍地强奸、殴打，并最终被用剪刀刺伤致死。而犯罪嫌疑人则是一名由于另一宗强奸案而刚被假释的智障者——潘瑞（Penry）。潘瑞针对此案进行了供述，承认了罪行，法庭指控其犯一级谋杀罪。在审讯前举行的听证上，临床心理学家杰罗姆·布朗博士（Dr. Jerome Brown）对罪犯进行了检查，认为潘瑞智力迟钝，脑部器官有损伤，其智商只有54，犯罪时年龄22岁的潘瑞的智力年龄其实只有6岁半。潘瑞的社会成熟度或者说在社会的作用能力只相当于一个9岁或者10岁的孩童。这也就意味着尽管实际年龄早就超出了无行为能力人的范围，但拥有潘瑞这样智商的人在法律上是无行为能力的。

在审判的定罪阶段，申诉人提出精神错乱辩护，并且提出了精神病学家何塞·加西亚博士（Dr. Jose Garcia）的证词，该精神病学家从有机的脑损伤和中度迟缓的结合证明其心理承受能力有限，属于中度弱智，这也就导致了被告人冲动控制不佳以及从经验中学习的不能，犯罪人不知道是非，无法控制自己的行为以服从法律。而得克萨斯州的两个精神科医生在自己的证词中却说潘瑞心理能力有限，但是他在犯罪时并没有患精神病，他能区分对错，有能力履行法律。

二、潘瑞诉莱诺案的审理情况

(一)得克萨斯州法律的应用及其死刑的合宪性

潘瑞案也是对得克萨斯州(以下简称得州)死刑合宪性的质疑。潘瑞声称,陪审团"有效地排除了"从他的精神发育迟滞方面来考虑减刑的因素。潘瑞辩称,陪审团在刑罚的减缓因素方面没有被给予足够的告知,如精神发育迟滞等说明,而这些因素又是"适当且必要的"。潘瑞案的上诉要得到解决,只有重新审视德州法律的有效性或者宣布对陪审团的指示不足,那么就需要将对潘瑞的判决发回重审。

得州死刑法规规定,如果陪审团肯定地回答三个"特殊问题",那么法院必须判处被告人死刑。在审判的量刑阶段,量刑陪审团根据指示,考虑所有在审判中引入的证据来回答下面的"特殊问题":(1)申请人的行为是不是故意犯罪,并且被害人的死亡是否在合理的预期内;(2)是否有可能被告人会继续威胁到社会;(3)是否存在被害人的任何挑衅,杀害行为是不是不合理的回应。陪审团给出的回答都是"是",如果其中有一个特殊问题给出的答案是"否",那么潘瑞都会被判处无期徒刑。在潘瑞案中,两个问题与判决相关:潘瑞是否为故意犯罪以及他对社会未来的威胁的可能性。联邦最高法院已要求将缓解因素纳入量刑,以确保不会随意判处死刑。一个随意判处的死刑将违反《宪法第八修正案》"残酷和异常"刑罚的原则。基于证据陪审团对特殊问题作出的反应将会确定最终适用死刑的强制性。为了能够从死刑中幸免,潘瑞认为他唯一的选择是让陪审团相信侵犯其权利的行为违反法律。美国第五巡回上诉法院认为,德州法规的相关规定比较狭窄,可能会导致陪审团不能完全考虑潘瑞被捕后的心理和情绪上的发展。法院指出,"在德州潘瑞的定罪是很好的减轻处罚情节的例子"。尽管大量证据表明,潘瑞比普通的罪犯的应处罚性要轻,但他仍被判处了死刑。按理说,在陪审团确定是否为蓄意犯罪和对社会存有潜在威胁的时候,潘瑞的精神发育迟滞应当被考虑进去。然而,即使潘瑞的精神发育迟滞和不正常的童年曾被考虑过,这些因素仍可能会促使陪审团在回答特殊问题时给予肯定答案。因此,德州的法律并没有提供一个框架让陪审团从特殊角度出发给予潘瑞较轻的刑罚。相反,德州法规提高了像潘瑞这种智障人士被判处死刑的可能性。虽然第五巡回法院表达了一种意见,认为德州法律可能确实违宪,但是它不认为自己有权宣布其无效。

(二)陪审团指示是否充足

在解决特殊问题时,陪审团要根据指示全面考虑到审讯期间案件所提交的所有证据。申请人声称,对于陪审团的指示是不足的,因为并没有告诉陪审团在哪里以及如何减轻处罚情节可能会影响其对于两个特殊问题所作出的答复。申诉人的律师声称陪审团应被告知,不仅应会考虑所有的证据决定是否减轻或加重,同时他们也应该被指示如何对这方面的证据作出回应。如果最高法院同意潘瑞的说法,那么潘瑞案仍有可能在被判处死刑后发回重审。虽然这种说法并不是最有利于潘瑞的,但这是最没有争议的解决潘瑞上诉的手段。如果在这一点上得到解决,这会是法院第一次扭转在程序上的不足,而不是在一般死刑判决中解决更广泛的宪法问题。

第二节　智障者死刑案件的审理问题

一、有关智障被告人的刑事责任能力和罪责的问题

智障人士被指控犯罪行时,两个重要的问题被提出。首先,法院必须确定智障被告人是否能够出庭受审。如果是的话,在法院确定被告人是否有必要承担刑事责任时,被告人的智障仍然有可能作为审判中的辩护因素被提出。而对智障者适用死刑的风险可能会被

不能胜任出庭的理由所排除，或者通过对精神错乱的广泛解释作为智障被告人的抗辩理由。这些问题需要根据其对刑事司法系统的影响来加以分析。虽然刑事司法系统可能使智障被告人处于劣势，根据现有标准这两个备选方案也未能评估个别罪犯。确定能力和罪责都需要对被告人的心理状态进行分析。根据司法调查的不同，被告人的精神状态和标准问题将被用来证明法律责任的不足。有关刑事能力的听证会决定被告人当前的理解能力，对司法审判有所帮助。①该问题解决在诉讼开始时，甚至在对被告人定罪的问题之前被解决。智障被告人往往不符合能力测试，虽然被告人的行为举止不应该被考虑进待处理的问题，但它往往会影响法庭的决定。② 其次，刑事责任能力的确定对智障被告人有着不利的影响，因为它有效地排除了被告人以其精神残疾作为辩护理由。对被告人罪责的检查应在其实施犯罪之时。有罪的问题得到解决，但通常被告人声称，在该罪行发生时，他们缺乏必要的能力而不知道他们行为的不法性或不能控制自己的行为，因此应当减轻他们的罪责。精神发育迟滞，作为一种精神状态，当然应当是在确定有罪的问题时被考虑的。然而，陪审团没有将反应迟缓作为量刑减轻的因素考虑。一旦法院认定被告人有能力接受审判，也就意味着法院认为被告人的智障并非实质性的足以保证减轻刑罚的因素。③

二、 智障被告人刑事能力的标准

确定智障被告人是否能够受审有三个决定因素。（1）被告人应具备在诉讼中充分合作的心理能力。④ 由此保证被告人可以作为审讯中的积极参与者，所有相关事实能够被披露以保证审判的公正性。

---

① 《美洲人权公约关于废除死刑的议定书》，OASTS73，291ILM1477.
② 参见张爱宁：《国际人权法专论》，法律出版社 2006 年版，第 278 页。
③ 1969 年《美洲人权公约》第 3 条。
④ 参见张爱宁：《国际人权法专论》，法律出版社 2006 年版，第 279 页。

(2) 被告人应该有必要的心理能力，以行使其基本权利。被告人有免除自证其罪的权利能力，这项最重要的权利必须得到保护。(3) 被告人应该有理解惩罚及其原因的能力。因此，被告人智障这一简单事实并不必然使其没有能力受审。① 智障者必须证明除了心理障碍以外的东西的存在，从而说服法庭他们没有胜任能力。有关被告人能力问题可能会在起诉或者辩护中提出。法官的决定通常将取决于被告人参与审判是否合理这样一个理念。然而，法规中没有定义哪类证据足以提出一个合理的信念。尽管联邦最高法院认为，对于被告人刑事责任能力的确定不应仅仅基于时间和地点，但这一因素势必会影响法官的判决。智力障碍并不能增加承担刑事责任能力的合理怀疑，尤其是轻度或中度精神残疾。(1) 陪审团给法庭带来了其俗称的"温和"定义，因此可以相信，带有这个"标签"的智障者属于较轻的残疾。(2) 陪审团可能会发现难以将被告人的心理能力与其智商相统一。证明比平均智商较低的形式，有时是被告人唯一的证据。但对于弱智文盲来说，这通常也是不充足的证据。第五巡回法院发现潘瑞自愿放弃自己的权利。一些评论家声称，弱智者在回答警方的问题时有讨好审讯者的意图。因此，智障者是否真正了解放弃权利这个概念颇值得商榷。弱智被告人无法防止控方使用预审陈述案件的一部分。因此，在潘瑞案中，陪审团允许听取潘瑞的陈述。这同时也表明，法院认为，被告人是理性的并且对诉讼事实有认识。

有两个备选方案可以解决智障罪犯的刑事能力的问题。(1) 由法院或立法机关制定智障的标准。至少保证有合适的专家来进行能力评估。(2) 法院会发现所有弱智被告人都没有能力受审。对智障被告人的一刀切会导致所有智障被告人都从刑事诉讼中得以排除，从而消除像潘瑞这样的被告人会被判处死刑的风险。这种形式上的

---

① 1984 年《关于保护面对死刑的人的权利的保障措施》第 1 条。

排除并不适当。虽然所有弱智者都可能具有一定的认知功能障碍，但这并不能表明所有智障被告人都无能力承担刑事责任。他们的精神残疾可能已经通过教育或康复过程的正常化而得到了改善。在需要测定智障罪犯能力的情况下，这种类型的康复较为成功并且可用。

三、减轻智障被告人罪行的因素

在审讯中如果发现智障者有承担刑事责任的能力，对那些希望以其精神状态在量刑程序中作为辩护的智障被告人则有不利影响。这一结果发生在潘瑞案中。陪审团最终酌情考虑了被告人的智障因素来作为其减刑的因素。然而，如果发现像潘瑞这样的智障被告人针对严厉惩罚而利用智力障碍作为其减轻罪责的证据，那么陪审团仍然会同意判处死刑。[①] 从潘瑞案陪审团的行为可以看出，如果一个智障被告人"在精神上足以胜任犯以死罪，……他也有能力接受对犯罪的处罚"[②]。在量刑阶段，陪审团有法定权力对被判处死刑的被告人给予怜悯，可酌情处以终身监禁。法规给予陪审团考虑任何它认为可以减轻判刑的证据的机会。一些立法机关制定了应当考虑的减轻因素。在这些法规中，有三个因素与智障被告人有关。（1）陪审团可能决定被告人是否犯有重罪，并且是在极端的精神或情绪困扰下。（2）陪审团会考虑被告人是否有能力意识到其行为的违法性或者符合法律的要求。（3）影响智障者刑罚的因素是陪审团对被告人年龄和精神状态的考虑。然而，即使法规专门列出减轻刑罚的因素，陪审团仍然可以根据诉讼中已提交的各种证据自由考虑衡量，以确定适当的刑罚。潘瑞的辩护人认为，潘瑞的判决没有考虑证据的缓解因素。潘瑞被判处死刑的事实表明，陪审团认为潘瑞的犯罪原因是其精神发育迟钝以及受虐的童年经历。尽管辩护人的说法可

[①] 1984 年《关于保护面对死刑的人的权利的保障措施》第 3 条。
[②] Brogdon, 824 F. 2d at 341.

能就是陪审团特殊问题的答案，但是这有可能导致陪审团没有被合理的引导。陪审团听取并且根据证据所作出的决定是公平判决必不可少的环节，这个机会需要给予陪审团适宜的指示——"认定纯然客观事实的功能"。需要提醒陪审员，他们有权酌情考虑所听到的全部证据。一些州要求陪审团将所决定的相关加重和减轻情况的意见以书面形式表达。按照潘瑞的提议，事实上，所有能够证明一个或多个法定减轻因素的被告人都不应该接受死刑。但是，没有法院在量刑法规上以潘瑞建议的方式来进行解释。这种解释相当于陪审团在"定量或统计过程中"进行，当被告人减轻因素的总数量超过加重因素的数量时，将会免除死刑。① 对于加重和减轻因素的衡量是个自由裁量的过程，并不完全是对生命的绝对加减法。

第三节　潘瑞诉莱诺案具体问题

一、潘瑞案的合宪性审查

"为了确定死刑适用于一切被告人这一做法是否违宪，法院必须采取均衡审查来确定在对反对向某一特定群体适用死刑上是否达成全民共识。"法院为了忠于《宪法第八修正案》的原意而采用"过重"刑罚一词来审查刑罚的均衡性。②

多年来，联邦最高法院有关均衡性审查的判决表现出法官之间的分歧，在均衡性审查中提出的最有争议的问题是，对于一个只有6岁半推理能力的人执行死刑是否属于残忍和异常的刑罚。《宪法第八修正案》禁止对刑事被告人施以残忍和异常的惩罚。而什么是残忍和异常的惩罚这个问题则是由法院来界定。联邦最高法院认为，对于被定罪的被告人判处死刑本身不是残忍和异常的刑罚。然而，法

---

① Wilkins, 736 S. W. 2d, pp.415-16.
② People v. Reynolds, 65 A. D. 2d 952, 953, 410 N. Y. S. 2d 484, 485 (1978).

院施加一定的限制,该罪行便可处以死刑判决。在作出这个决定时,联邦最高法院认定死刑正当性的考虑因素可能会关注三个方面,即社会共识、报应和威慑。其中,关于执行智障被告人所存在的社会共识对法院最有说服力。尽管多年来,关于死刑的民意已有不同记载,最客观反映社会态度的证据是立法和法院裁决。这些征象反映了社会对智障者的承认,智障者应被视为正常的成年人来对待。如果他们要接受给予智力正常者的利益和权利,也应该遵守社会规则,并接受他们的违规行为引起的后果。

在确定哪些处罚的社会共识看似可以接受时,法院综合考虑了历史和现实的惯例、立法裁决以及陪审团的反应。这些因素的审查是衡量"标志着一个成熟的社会进步的演变的礼仪标准"唯一可靠的手段。有关智障者能力的公众舆论并不表明存在反对对智力障碍者执行死刑的社会共识。社会对智障者的态度从将智障人与正常人区分,向将其纳入正常的生命活动而演变。虽然法律的反应与这种社会态度的变化并不一致,但大致上仍可以反映出这种态度的转变。在立法上,没有完全将智障者排除在残疾之外,并承认一些弱智者可以正常行为。有些州已经通过法规,在一定条件下,允许智障者有投票权。有些州允许智障者有驾驶机动车的特权。司法上对于智障者的特殊性的反应也在以类似的方式发展。法院认为,并非所有的智障者都不能订立有效的合同或输送财产。一些法院甚至要求在进行任何形式的医疗保健前都要征询智障病人的意见。社会意识的提高,与其说是在刑事方面帮助智障者,倒不如说是伤害。在交付定罪之后,审判团可以以被告人智力低下或精神上有残疾来作为减轻特定被告人判决的理由。对于那些希望以智力在平均水平以下作为辩护的智障者,陪审团考虑这些减刑因素才是至关重要的。然而,在实践中,陪审团们并没有把智力障碍作为一个重要的减刑因素。

二、对智力障碍概念的界定

对智力障碍的定义在其领域内有着广泛的共识,这种共识不仅体现在国家立法上，也体现在法院意见的本身。虽然关于智力障碍有很多的定义，但以下三个机构给出的定义最为常用：美国智力障碍协会（AAMR）——也是最早和最广的跨学科有关精神障碍及相关残疾的组织，精神障碍诊断与统计手册（DSM），美国精神病学会（APA）——一家科学的、职业性的、代表美国心理学的组织。① 虽然这些机构给出的定义略有不同，但实质上定义的是同一种类型的人。

较早的分类主要是根据智商（IQ）测验进行划分，这种分类为公众所熟知。具体地说，包括 4 种类型：IQ 在 50/55—70 之间为轻度智能障碍；IQ 在 35/40—50/55 之间为中度智能障碍；IQ 在 20/25—35/40 之间为重度智能障碍；IQ 在 20—25 以下的为极重度智能障碍。② 一般来说，智力低下是指包含 IQ 得分在 70 或以下。尽管智商仍是智力障碍的主要指标，但它只是一系列复杂标准的一个要素，不能排除考虑其他因素对个人进行测试，例如，由经验丰富的临床判断进行测试等。

现代智力障碍，是指对个人有效地进行日常生活的实质性影响。在此要将精神方面有障碍与精神上的疾病相区分。精神上的疾病，是指医学上或者心理上的错乱，通常是以一时或者时不时地思维错乱为特征，而精神障碍则是一种长期发展性的、功能性的状况。根据美国智力障碍协会（AAMR）在 2002 年对智力障碍重新给出的定义，智力障碍"指表现机能上及实体能力上的缺陷。其特征是显著低于常人的智力水平，同时存在着在以下实用适应性技巧领域中两方面或者更多方面的相关缺陷，这些领域包括：与人交流、自理、居家、社交能力、利用社区、自我方向、健康和安全"。可以概括得

---

① People v. Reynolds, 65 A. D. 2d 952, 953, 410 N. Y. S. 2d 484, 485 (1978).
② Mickenberg, Competency to Stand Trial, 17 CAL. W. L. REV. 365, 390 (1981). See also McCune v. Estelle, 534 F. 2d 611, 612 (5th Cir. 1976) (low intelligence cannot be equated with incompetency).

出智力障碍通常有三个要素：(1) 实质性的智力缺陷（即 IQ 值）；(2) 这种缺陷对于日常的生活和实际操作技能有显著的局限性；(3) 出生时或者幼年期明显存在智力残疾。除非个体同时满足这三个方面的要求，否则不属于智力障碍的范围。

第四节　美国对智障者适用死刑制度的演变

一、阿特金斯诉弗吉尼亚州案（Atkins v. Virginia）改判的重大意义

2002 年，美国最高法院作出了一项堪称为里程碑式的司法判决——智障死刑犯不应被判处死刑。这一判决是自美国 1976 年恢复死刑以来最为重要的判决，这一判决对美国各州在判决智障罪犯的量刑时具有了重大的现实意义和深远的历史影响。从 1976 年以来，已经有 35 名智障者被处决。就现实的影响来说，这项裁决至少可以拯救大约 300 个智障死刑犯的生命，他们都是智商低于 70 的犯有杀人罪的智障者。而从深远的意义上来讲，这项判决还会影响到未来几年相似案件的判决，并将推动有关州禁止处决智障者。目前，美国智力健康专业人士通常将智商低于 70 的人视为弱智者，但医学专业人员与法官依据的定义并非完全相吻合，特别是在决定被告人判别是非能力和帮助自我辩护方面存有不同。不过，一些对联邦最高法院裁决持异议的法官则认为，这项判决有可能带来许多副作用。例如，有人会利用这一判决打擦边球，为头脑正常的罪犯向智障者靠拢提供辩护借口。长期以来，美国社会一直对弱智者罪犯的界定以及量刑与判决争论不休。而联邦最高法院这一具有历史意义的判决将给美国各州法院在判决弱智罪犯时提供重要的借鉴依据。赞同这一判决的美国法官认为，联邦最高法院这一判决充分反映美国公众对这一问题看法的变化，许多人对这一裁决表示欢迎。事实上，美国反对对弱智者执行死刑的州的数目已经从 1989 年的 2 个增加到

了今天的 18 个。这个变化强有力地证明，在这个国家"进化了的体面标准"下，越来越多的人认同，用死刑对付弱智者属于《宪法第八修正案》"残酷和异常的刑罚"，因此，这种做法应予禁止。这就是大多数法官表示赞同的原因，但也有持反对意见的法官认为，赞同停止使用死刑的大多数人在作出裁决时过于倚重民意测验了。

二、潘瑞案与阿特金斯案比较

在潘瑞案中，大多数法官认为，虽然有证据（特别是民意调查和专业组织的决议形式）表明一个国家对于智障者执行死刑的共识，但是这个证据形式并不足以表明是被宪法所禁止的。"这些民意调查和其他调查决议最终可能在立法中有所体现，那么就是我们依靠的当代价值的客观指示。但是在目前，并没有充足的证据得出结论，对智障者执行死刑是违反国家共识，是被《宪法第八修正案》所禁止的。"而在接下来的十几年中，陆续有 16 个州颁布了这样的法规。正是根据这些成文法，法院才同意重新考虑在阿特金斯案件中与潘瑞案出现的相同的问题。

在阿特金斯案中，联邦最高法院同意审查能否对智力障碍者执行死刑的问题，包括自潘瑞案以来的成文法，在这个问题上尚未完成的国家立法活动以及州长关于死刑的报告等，而此时的法律环境与 13 年前相比大不相同。1989 年联邦最高法院判决潘瑞案时，只有佐治亚州、马里兰州以及联邦政府法律明确禁止对具有智力障碍的被告人执行死刑。

潘瑞案判决之后，各州立法通过了对智力障碍者免予适用死刑的法案来作为回应。5 年间，田纳西州、肯塔基州、阿肯色州、科罗拉多州、新墨西哥州和华盛顿特区都通过了禁止对具有智力障碍的被告人适用死刑的死刑法，当堪萨斯州和纽约州分别于 1994 年和

1995年恢复死刑时，其制定法也免除了对智力障碍者适用死刑。①2001年9月，当美国联邦最高法院同意听审阿特金斯案时，亚利桑那、康涅狄格、佛罗里达、密苏里、内布拉斯加、北卡罗来纳和南达科塔7个州也已经通过了禁止对智力障碍者适用死刑的制定法。②与此相反，德州立法机关一致批准禁止智力障碍者适用死刑的法案时，州长却否定了该法案。

在阿特金斯案中，为确定对智力障碍者适用死刑是否合宪，联邦最高法院对此进行了四步分析。首先，他们考察反对和支持对于智力障碍者适用死刑的立法；其次，究竟有多少例患有智力障碍的被告人被真正处以死刑；再次，美国国内以及国际社会对这一问题的看法；最后，联邦最高法院得出了自己关于对于智力障碍者适用死刑是否符合不断发展道德标准以及是否违反《宪法第八修正案》和《宪法第十四修正案》的结论。③ 最终，联邦最高法院认为，美国国内一致反对处死智力障碍者，对这类人群适用死刑不符合宪法精神。在衡量客观的证据时，联邦最高法院统计到19个州的死刑法将对智力障碍者适用死刑排除在外。尤其是这些州的立法机关在通过这些规定时，获得了绝对多数的支持。在没有免除对智障被告人适用死刑的州中，如新罕布什尔和新泽西也从来没有对智障者执行过死刑。那么，联邦最高法院认为立法的变化趋势大体相一致，即排除对于智力障碍者的死刑的适用。与此同时，联邦最高法院还对宗教团体、专业机构以及国际社会进行了考察，得出的结论是上述团体都反对对智力障碍者适用死刑。由此，联邦最高法院认为，无论是在美国国内还是国际上，都反对对智力障碍者适用死刑。

---

① State v. Brogdon, 426 So. 2d IS8, 167—68 (La. 1983).
② See Weiner, Mental Disability and the Criminal Law, in THE MENTALLY DISABLED, p.693.
③ United States v. Masthers, 539 F. 2d 721, 728 (D. C. Cir. 1976).

三、 美国对智障者适用死刑制度的变革

在 19 世纪美国，除新罕布什尔州外，其他各州都采用麦纳顿规则（M'Naghten Rule）。麦纳顿规则的前身是"正确——错误检验规则"，在 18 世纪前 25 年，如果被告人不能够区分正确与错误，那么便可以免除其刑事责任。因为如果他不知道自己在做什么，那么他无异于野人。到 18 世纪晚期，该检验被"善恶"所替代。1843 年，英国上议院在著名的麦纳顿（M'Naghten）案中重申了什么是可以被接受的"正确——错误检验规则"。① 麦纳顿规则可以概括为：（1）如果在实施犯罪行为时犯罪人对其行为违法这一点具有认识，那么他在精神错觉影响下所实施的犯罪行为是可罚的；（2）如果没有证据证明犯罪人精神错乱，就可以推定其神志清醒，具有充分的理由为其犯罪行为承担责任；（3）如果关于某种错觉存在的事实是真实的，那么该部分错觉会被考虑；（4）如果给予精神错乱的辩护被接受，那么应证明以下每个要素：① 在犯罪行为时，② 被告人在以下动机缺陷时实施行为：因精神疾病，③ 不了解自己行为的性质和特征，④ 即使他知道这一点，而⑤ 他不知道自己所做的行为是错误的，但如果：a. 被告人对不应当实施该行为具有意识和 b. 如果同时违反本国法律，则被告人可罚。② 根据麦纳顿规则，以精神错乱为辩护理由时，举证责任由被告人承担。被告人要提出证据使得陪审团确信或者在很大程度上相信。按照麦纳顿规则，实施犯罪行为时精神错乱的，就可以反驳神志清醒的推定，从而减轻或者免除刑事责任。但许多州在适用麦纳顿规则时，先后对该规则进行补充，附加了不可抗拒冲动规则。不可抗拒冲动规则建立在将人的心理能力分为认识能力和意志能力的基础上。认识能力是指人理解行为性质、

---

① 参见〔美〕琳达·E. 卡特等：《美国死刑法精解》，王秀梅等译，北京大学出版社 2009 年版，第 65 页。
② 同上书，第 77 页。

知道行为的对错，也即认知能力。意志能力是人控制自己行为的能力，也即控制力。没有认识能力必然没有控制能力，但是有认识能力却未必有控制能力。所以，有部分智力障碍者知道自己行为的性质和行为对错，但没有控制自己行为的能力。麦纳顿规则仅仅考虑了认识能力丧失的情况，所以在麦纳顿规则的基础上，许多州将其扩展，将"意志失去控制"补充进来，作为精神错乱辩护的一种理由，形成了"不可抗拒冲动规则"。根据不可抗拒冲动规则，被告人可以从以下三种途径作精神错乱辩护：(1) 证明被告人由于精神疾病而不了解自己行为的性质，因而应当被宣告无罪；(2) 被告人虽然了解自己行为的性质，但由于精神疾病而不知道自己行为的对错，因而应当被宣告无罪；(3) 尽管被告人了解自己行为的性质，也知道自己行为的对错，但由于精神疾病，在行为时，不能控制自己的行为，失去了在正确行为和错误行为之间选择的能力，因而应当被宣告无罪。① 显然，根据不可抗拒冲动规则，行为人在了解自己行为的性质并知道自己行为对错的情况下，如果由于精神疾病而不能控制自己的行为，同样也应被宣告无罪。而根据麦纳顿规则不能得出这一结论，因此，与麦纳顿规则相比，不可抗拒冲动规则的适用范围较宽，该规则也在美国得到了普遍的承认。根据美国最有影响力的司法精神医学和精神医学专家艾萨克·雷的观点，现实中存在着"许多在完全意识到行为的性质和后果时，人们不可抗拒地被迫进行犯罪行为的情况"。② 他的观点被许多法院所采纳。而新罕布什尔州另外采用一种简单的规则：如果犯罪行为是精神疾病的结果，则被告人不承担刑事责任。该规则被称为"结果检验"规则。

1954年，华盛顿地区联邦上诉法院在审理蒙特·德赫姆案件时认为，"如果被告人的非法行为是精神疾病或者精神缺陷的产物，则

---

① 参见［美］琳达·E. 卡特等：《美国死刑法精解》，王秀梅等译，北京大学出版社2009年版，第77页。
② 同上书，第78页。

被告人不负刑事责任。"这个规则被称为德赫姆规则（Durham Rule）。根据德赫姆规则，只要被告人能够证明其非法行为是精神错乱所致，就能够适用精神错乱这一辩护规则。也就是说，德赫姆规则注重智力障碍认定中的医学标准，只要医学专家能够证明被告人的行为是精神疾病所致，则认为辩护理由充足，而不重视行为人在行为时的认识能力和控制能力的具体的认定。德赫姆规则在刚出台时反映还不错，但很快就引起很大的争议。拥护者认为，该规则扩大了医学专家在鉴别精神病问题上的作用，有助于增加判断的科学性；而反对者则认为，由于陪审团根据德赫姆规则掌握不了鉴别的标准，只能依赖于精神病专家的鉴定，这就造成了由精神病专家决定审判的局面，并且这个规则把精神病无罪辩护的范围扩大了太多。[1] 精神学家指出，这个规则会使所有犯罪的精神病人免于刑罚，因为精神病人的犯罪行为总是其病情的产物。律师们认为，这个规则忽视了一个明显的事实，即许多非犯罪人也同样受着精神病的困扰，但是他们却过着守法的生活。法官们认为，德赫姆规则是一种"非规则"，由于过于依赖医学证据而给予了精神病医生过大的权限，不了解精神医学的陪审团们却无所作为。根据1967年的一项调查，在华盛顿地区，自从采用德赫姆规则以来，因精神病辩护而被宣告无罪的被告人人数比例增加了15倍。在其他地方，很少有法院采用该规则。由于该规则强调"精神疾病或者精神缺陷"以及精神病专家的证词，因其不确定性而受到批评。20世纪70年代以后，美国司法已经倾向于不承认该规则。华盛顿联邦上诉法院也在1972年放弃了这一规则，而转向采用《模范刑法典》确定的实际能力规则。实际能力规则是1962年美国法律学会（The American Law Institute, ALI）在《模范刑法典》中制定的一个与麦纳顿规则和德赫姆规则

---

[1] Kan. Stat. Ann. § 21-4623 (1994); N. Y. Crim. Proc. Law § 400. 27 (12) (c) (McKinney1995).

有很大不同的规则。其具体内容规定在《模范刑法典》第 4.01 条："(1) 如果一个人行为时因精神疾病或精神缺陷而缺乏评价其行为是否犯罪或者缺乏使其行为符合法律要求的实际能力,则不负刑事责任。(2) 在适用本条时,精神疾病或者精神缺陷这一概念不包括仅仅表现为反复进行犯罪或者其他反社会行为的心理变态。"① 根据《模范刑法典》确定的实际能力规则,适用精神错乱辩护的一般规则是,一个人在行为时,因精神疾病或者精神缺陷,而明显缺乏认识其行为犯罪性的能力或者缺乏使其行为符合法律要求的实际能力,则不负刑事责任。② 实际能力规则有三个显著的特点:(1) 它主张双向标准,即认知标准(辨认能力标准)和意志标准(控制能力标准);(2) 它强调"实质性能力"的缺乏;(3) 它既包括精神病,又包括精神缺陷即精神发育迟滞,但同时明确地把人格障碍、性变态、心理变态而实施犯罪这种表面上似乎符合精神错乱辩护的情形排除在无罪辩护理由之外。③ 这实际上是在麦纳顿规则和不可抗拒冲动规则的基础上做了必要的限制。因此,有人称实际能力规则为"传统的麦纳顿规则和不可抗拒冲动规则的现代化版本"。实际能力规则比较受欢迎,在 60—70 年代有取代麦纳顿规则的趋势。该规则也受到了一些批评,而批评主要来自于那些不愿意接受不可抗拒冲动规则的人。

1982 年,刺杀里根总统的辛克力被以精神错乱的辩护理由宣告无罪,而该判决的依据就是实际能力原则,使得本就对精神错乱无罪辩护不满的美国公众产生很大的反应,对精神错乱辩护的谴责异常激烈。这导致了全国范围内对精神错乱无罪辩护规则的修正,总的趋势是对精神错乱辩护加以严格限制。1983 年,美国医学会主张

---

① RIZ. REV. STAT § 13-703. 02 (g) (2001); CONN. GEN. STAT. § 53a-46a (h) (2001); FLA. STAT. ANN. § 921. 137 (WEST2001).
② 参见 [美] 琳达·E. 卡特等:《美国死刑法精解》,王秀梅等译,北京大学出版社 2009 年版,第 78 页。
③ 参见王秀梅等:《美国刑法规则与实证解析》,中国法制出版社 2007 年版,第 161 页。

废除精神错乱无罪辩护,而用犯意辩护取而代之,美国心理学会也认为不应当放弃意志标准。在 1984 年,美国律师协会在制定的刑法精神健康标准中提出了它对精神错乱无罪辩护的态度:如果一个人在犯罪时,由于精神疾病或者精神错乱而没有能力辨认其行为是错误的,不应负刑事责任;所谓"精神疾病或者精神缺陷",不论是长期的还是一时的,或者是精神发育迟滞,它们都在实质上影响了被告人的心理和情感活动。[1] 同年,美国国会在修改联邦刑法典时提出了一个精神错乱辩护改革条例,该条例以麦纳顿规则为基础,并采纳了美国精神病学会、美国律师协会的部分意见,它指出:如果一个人在犯罪时,因一种严重的精神疾病或者精神缺陷而没有能力辨认其行为的性质和特性或者是错误,则不应负刑事责任。[2]

国内学者在 1996 年发表的一份考察报告指出,在美国有 23 个州采用麦纳顿规则,23 个州采用实际能力规则,1 个州采用德赫姆规则,有 3 个州废除了精神错乱无罪辩护而采取犯意辩护,还有一些州允许在谋杀案中采用减轻责任辩护。[3] 另外,在 1981 年前,绝大多数州对精神错乱无罪辩护的成功案件,均采取"因精神错乱而无罪"的判决,仅有密歇根州和印第安纳州采取"有罪但精神错乱"的裁决。而在 1981 年后,又有 11 个州采取"有罪但精神错乱"的裁决。[4]

在美国,进行精神错乱辩护的情况也不多见,并且大多数情况都以辩护失败而告终。而怀疑被告人有精神障碍,经精神病学家检查,最后经法院裁决为无刑事责任能力而被宣布无罪者的比例小于 5%。

在英美法系国家,根据麦纳顿规则,精神错乱的举证责任在于

---

[1] 参见王秀梅等:《美国刑法规则与实证解析》,中国法制出版社 2007 年版,第 161 页。
[2] 参见崔磊:《美国刑法中精神病鉴别规则的研究》,载《兰州学刊》2010 年第 7 期。
[3] 参见吴宗宪:《西方犯罪学史》,警官教育出版社 1997 年版,第 179 页。
[4] 参见王政勋:《刑事责任能力比较研究》,载《宁夏社会科学》2004 年第 6 期。

被告人，也就是说被告人提出精神错乱证据使陪审团相信之前都会被推定为精神健全者。在法庭审理阶段，公诉人和被告人、辩护人经审判长准许，可以提请审判长传唤鉴定人出庭作证，或者出示、宣读未出庭的鉴定人的鉴定结论。鉴定人在说明鉴定结论前应当在如实证明鉴定结论的保证书上签字。在鉴定人宣读、说明鉴定结论后，控辩双方均可向其发问。严格地说，对于精神医学鉴定结论的审查只是在审查鉴定结论本身，而不是对于被告人刑事责任能力的审查。在法庭辩论阶段，控辩双方可以继续就精神医学鉴定结论的合法性和科学性进行辩论。一般来说，如果辩方没有提出被告人的刑事责任能力问题，法院是不会主动考虑这个问题的。

通过对潘瑞案的分析和研究以及潘瑞案与阿特金斯案的对比，我们可以看出，美国对于智力障碍者的刑事责任的认定经历了从严到宽，再由宽到严的发展轨迹，虽然法条的规定呈多样化，但大体上法律理念是一致的，加强对公共安全保护是总的发展趋势。在我国智力障碍者数量呈上升的趋势下，要减少智力障碍犯罪就要从防、治两方面着手，采取必要的措施预防犯罪，对犯罪给予有效的惩治和管制，才能有效地减少智力障碍犯罪。

第四章　美国共同犯罪案件中的死刑适用制度

随着人类社会的进步和文明的发展，废止或者限制适用死刑已经成为不可阻挡的世界性潮流。从各国的刑法来看，现今世界上绝大多数的国家和地区在法律上明确废除了死刑，或在实践中事实上废除了死刑。可以说，全面废止死刑或者说最大限度地限制死刑的适用，已经成为世界上大多数国家的选择。欧洲大部分国家已经废除了死刑，而美国、中东和亚洲的一些国家仍然保留死刑。

本章主要以分别发生在1982年和1987年的两个案例为切入点，对共同犯罪在美国死刑法上的适用进行研究和分析。众所周知，共同犯罪以其共谋性、协作性等特征在社会危害程度上要远远大于单独犯罪，特别是随着共同犯罪组织形式的升级，各国对打击有组织的共同犯罪的态度尤其严厉，但在此情况下，各国对于共同犯罪的死刑适用仍然保持了审慎的态度。可以说，在严格限制死刑的大环境下，对于共同犯罪限制死刑的适用是共同关注的焦点，也是控制死刑数量的重要环节。

在进一步探讨美国共同犯罪规则之前，首先应该了解两个共同犯罪的基本理论。（1）如果一个人帮助他人犯罪，那么这个人可能要对他人的行为负责。具有这种特点的责任，被称为"帮凶"或"共犯"责任。（2）在大多数司法管辖区，一个人可能要为他的共同共谋人承担刑事责任，而这个共同共谋人为了促进他们之间的共谋协议而实施犯罪。只要有犯罪阴谋的存在,足以证明为他人行为负责的责任,并不需要必须以执行的行为帮助罪犯。在本小节中我们使用两个主要术语:一个是"主犯"(简称 P),另一个是"从犯"(简称 S)。"主犯"就是指亲自实施犯罪行为的人。任何其他不是主犯,但是却帮助 P 实施该犯罪的人就是"从犯"。这里的"帮助"术语是一个概括术语,其中包括很多的行为方式,例如帮助、教唆、鼓励、唆使、建议或者促成犯罪实施的行为等。[①]

"一级主犯"是指具有以下必要犯罪心态的行为人:(1)具体实施了构成犯罪的行为;(2)通过使用"无罪工具"或者"无罪代理人"实施犯罪。一级主犯是"犯罪行为人"或者"实际实施犯罪的人"。其他从犯当事人的责任都来自于他的行为。

"二级主犯"是指因在一级主犯实施犯罪的现场(实际在场或者推定在场都可以)故意提供帮助从而构成犯罪的行为人。如果一个人处于帮助一级主犯实施犯罪的情形下,则该行为人将被推定在场。例如,当 P 抢劫银行时,S 是为 P "放风"的人或者"为方便逃跑"而等待的司机。[②] 共犯的帮助对于主犯造成的危害是不可或缺的因素,则共犯人受到的处罚应该符合与他和主犯造成的实际危害成比例原则。法院经常指出行为人将构成犯罪的共犯,如果他蓄意帮助主犯实施了其所被指控的犯罪,其中包含帮助主犯实施犯罪的意图和主犯有实施被指控犯罪的意图。普通法认为同谋犯的刑事责任从属于一级主犯,只有主犯实际实施了犯罪行为并且承认有罪,同谋犯才对其帮助行为或者教唆行为承担刑事责任。英美刑法中共同犯罪成立的条件是:(1)主体是两个人以上。(2)两人以上的主体必须是具有刑事责任能力的人。(3)两个以上的人必须具有共同犯罪

[①] 参见胡泽卿:《刑事责任能力鉴定中的陷阱》,载《国外医学·精神病学分册》1996 年第 1 期。
[②] Randall Coyne and Lyn Entzeroth, Capital Punishment and the Judicial Process, Carolina Academic Press, Durban North Canlina, p. 82.

行为。(4) 主观方面,无论是故意犯罪还是过失犯罪,甚至是严格责任的犯罪,都可以构成共同犯罪。①

1976 年联邦最高法院在格雷格诉佐治亚州案以及相关判例中,通过认定《宪法第八修正案》本身并不禁止死刑,从而肯定了佐治亚州、佛罗里达州和得克萨斯州的死刑制定法。该判决明确了死刑并非天生就是过于苛刻的刑罚。联邦最高法院只是在上述案件中解决了死刑本身是否违宪的问题。此后,联邦最高法院还解决了死刑是否适用于某些特定被告人或者某些特定犯罪的问题。特别是美国死刑对重罪谋杀罪的非杀人行为的共犯的适用。本章讨论的恩芒德诉佛罗里达州案(Enmund v. Florida)和蒂森诉亚利桑那州案(Tison v. Arizona)两个案件的审理过程中,联邦最高法院确立了免除非谋杀共犯死刑的标准。在恩芒德诉佛罗里达州案中,联邦最高法院确立了一个界限分明、不使任何既未夺人性命、也未杀人未遂或没有意图杀人的被告人承担死刑的规则。② 此后不到 5 年,在蒂森诉亚利桑那州案中,联邦最高法院修改了这个标准,并且缩小了被排除在死刑之外的被告人的范围。在蒂森案中,联邦最高法院认定,如果重罪谋杀罪共犯在犯罪中起主要作用,并且有证据表明被告人具备无视他人生命的轻率,就可以判处其死刑。③

第一节 恩芒德诉佛罗里达州案(Enmund v. Florida)

一、恩芒德诉佛罗里达州案基本案情

案件发生在 1975 年 4 月 1 日,86 岁的托马斯(Thomas)和 74 岁的尤尼斯·柯西(Eunice Kersey)住在佛罗里达州中部地区的农

---

① 参见郑延谱:《美国死刑制度的发展及启示》,载《北京师范大学学报》2009 年第 6 期。
② 参见美国死刑信息中心最新数据统计。at http://www.deathpenaltyinfo.org.
③ 参见赵秉志:《现代世界死刑概况》,中国人民大学出版社 1999 年版,第 94—95 页。

舍。大约在早上7：45时，萨姆森·阿姆斯特朗和珍妮特·阿姆斯特朗（Sampson and Jeanette Armstrong）借口为过热的汽车加水，走近柯西（Kersey）家的后门。当柯西拿着水壶走出家门帮助他们时，萨姆森·阿姆斯特朗抓住他并且用枪指着他，同时让珍妮特·阿姆斯特朗抢走柯西的钱包。柯西大声呼救，尤尼斯·柯西（Eunice Kersey）听到呼救声，拿着枪走到房子一侧射击珍妮特·阿姆斯特朗。接着萨姆森·阿姆斯特朗，或许还有珍妮特·阿姆斯特朗开枪回击，杀死柯西夫妇。随后将他们的尸体拖至厨房，并拿走他们的钱。① 然后逃至停靠在距离事发地点200码的路边一辆大型汽车上（米黄或黄色的），申诉人埃尔·恩芒德（Earl Enmund）正在那里等着帮助阿姆斯特朗二人逃跑，等他们上车后立即逃离。

二、佛罗里达州法院对恩芒德案件的审理情况

法官则指示陪审团，"正在实施的杀人行为或者在企图实施抢劫时的杀人行为都可定罪为一级谋杀，即使没有预谋和杀人的目的。"……"为了支持当正在进行或者企图实施的抢劫罪的一级谋杀的定罪，证据必须建立在高度怀疑被告人事实参与并且积极地实施帮助与教唆抢劫或者试图抢劫，且非法杀人发生于正在实施的犯罪或企图犯下的抢劫中。"陪审团裁定恩芒德和萨姆森·阿姆斯特朗对两项一级谋杀罪名和一项抢劫罪名成立。陪审团随后听取了有关两名被告人适当刑罚的证据，建议应在佛州司法程序之下根据每项谋杀罪名判处两名被告人死刑。初审法院在判决结果中认定恩芒德参与谋杀的4个法定加重情节：（1）曾因1957年一起持械抢劫案涉及使用暴力而被定罪；（2）在抢劫过程中犯有谋杀罪；（3）以金钱收益为目的实施谋杀；（4）以极其残忍的手段谋杀柯西夫妇。初审法

---

① 参见［意］贝卡里亚：《论犯罪与刑罚》，黄风译，中国大百科全书出版社1993年版，第67页。

院查明"没有一项法定减轻处罚情节"适用于恩芒德,并且认为这些证据清楚表明,被告人是可以判处死刑重罪的共犯,由于恩芒德"策划了此次犯罪,且积极参与处理谋杀武器,试图逃避侦查",所以其参与并非相对次要,而是主要参与者。考虑到以上因素,初审法院认为,这些可以判处死刑的重罪加重情节要大于减轻情节,所以因每一项谋杀指控而判处恩芒德死刑。

恩芒德提出上诉,佛州最高法院维持并确认了申诉人的定罪与判刑。尽管申诉人辩称,没有证据证明他犯有蓄意杀人,或者说柯西夫妇被枪杀时,他已帮助实施抢劫。既然陪审团能准确断定,即当实施谋杀罪时,只有他坐在靠高速公路边的车里,因此,根据佛州重罪谋杀的规则,最多被指控为二级谋杀罪。佛州最高法院驳回了这一论点,同时援引先前的案例裁定:"一个人在实施或企图实施所列举的重罪之一时,实施杀人就是一级谋杀……此外,重犯的一级谋杀罪责可适用于在犯罪现场的其他同案犯。佛州与大多数司法辖区一样,重罪谋杀规则与法律本体相结合,一个重罪犯通常要为其他共同重罪犯的杀人行为负责。只有当重罪犯是事前从犯,且本人未在犯罪现场出现,才可根据法律规定的二级谋杀罪条款追究法律责任。"因此,有关责任的关键问题在于行为人的行为是否将使其成为主犯,或者仅仅成为抢劫罪的事前从犯。根据佛州的法律,"如果被告人在场协助实施或企图实施一级谋杀罪所列的暴力重罪之一,那么,他与一级谋杀相关重罪的实行犯同罪。"再者"帮助和教唆所要求的在场不是实际在场,如果是积极在场提供帮助,就足以构成在场。结合前面的理解,位于足够近的地方,以便为实行犯实施重罪行或者在犯罪后逃逸时提供支持、鼓励或帮助。"佛州最高法院指出:"在审判中没有直接证据表明,当抢劫柯西夫妇的计划致使他们被杀时,恩芒德出现在柯西家的后门。"① 相反,"恩芒德参与程度的唯一证据是陪审团的可能推论,即他是犯罪现场附近路边停靠在一辆汽车上之人。"陪审团就此得出推论,恩芒德在犯罪现场,而且在几百英尺之处等着帮助劫匪并带着柯西夫妇的钱逃跑。因此,法院作出结论,根据佛州法律,这些证据足以认定恩芒德为主犯,"积极在场协助实施抢劫罪",犯有一级谋杀罪。佛州最高法院驳回了初审法院4个加重情节中的两个。初审法院认为谋杀既在抢劫中发生,又为了金钱利益,应都指被告人犯罪的同一方面。因此,这个事实仅支持一个加重情节。初审法院援引阿姆斯特朗诉佛罗里达州案中所陈述的情况,即谋杀是令人发指、残酷和残暴的,不能予以认同。但确认了初审法院没有减轻情节适用的判定。至于被告人声称,在他缺乏杀人意图证据的情况下判处其死刑,违反《宪法的第八修正案》残酷和异常刑罚的规定。但法院对此只作了简单的陈述,被告人"向我们提供了直接支持这一主张的法律依据不具有约束力,因此驳回其主张"。

三、 联邦最高法院对本案的审理情况

初审法院认定恩芒德犯有两项一级谋杀罪和一项抢劫罪,并判处死刑。恩芒德上诉到佛州最高法院,然而,佛州最高法院维持了初审法院的判决。佛罗里达州最高法院认为,因为当谋杀发生时恩芒德是武装抢劫的共犯,且在此前曾犯有涉及暴力威胁的重罪,所以死刑判决适宜其罪。除此之外,争论的焦点是恩芒德是否有杀害柯西夫妇或者当必要时为完成抢劫而可能实施致命武力或安全逃亡的意图。因此,基于以上情节而判处恩芒德死刑是否与《宪法第八修正案》和《宪法第十四修正案》不相符。② 恩芒德上诉到联邦最高

---

① 参见 [美] 杰西卡·S. 亨利:《新泽西州废止死刑治理》,载《"中美刑罚制度比较研究:刑罚的运用"座谈会论文集》2008年。
② 参见美国死刑信息中心统计数据。See http://www.deathpenaltyinfo.org.

法院，在庭上辩称，由佛罗里达州初审法院判处死刑并被最高法院维持确认违反宪法，与其在抢劫和杀害柯西夫妇案件中所起的作用不相称。因为他没有杀死受害者的实际意图，其行为和意图并不比其他任何抢劫犯具有更多的可责性，死刑是过于极端的处罚。1983年3月23日，联邦最高法院开始审理此案并考虑各州在不违反《宪法第八修正案》和《宪法第十四修正案》的情况下，是否可以对"既没有夺取他人生命的意图，也无杀人故意"的罪犯判处死刑。

联邦最高法院法官以5:4的比例作出判决：对申诉人（恩芒德）加诸死刑违反了《宪法第八修正案》和《宪法第十四修正案》。[①] (1) 立法机构、陪审团和检察官目前的判断非常倾向于拒绝对本案所涉之罪判处死刑。在被告人参与抢劫的过程中发生一起杀人案，但被告人没有实施，或企图、准备实施谋杀行为，或是意图使用致命武器的情况下，只有少数州（8个）允许判处死刑。而压倒性的证据表明陪审团不同意对申诉人适用死刑。统计数字表明，陪审团或检察官均认为，对与申诉人相似情形者判处死刑属于不成比例的刑罚。[②] (2) 虽然抢劫罪是一种应该严厉处罚的犯罪，但此罪"对人性的侮辱程度尚未严重到应以适用死刑作为唯一恰当的处罚"。[③] "基于死刑本身独特的严厉性和不可撤销性"，对抢劫罪中并不谋害他人生命的罪犯而言属于过度惩罚。有鉴于此，重点必须放在申诉人的主观过失上，而不是实施抢劫和杀人的罪犯。申诉人没有杀人或意图杀人，因此其罪责不同于实施杀人的抢劫犯，故不能允许在归责上等同于杀人者。(3) 无论是基于死刑的威慑目的还是报应目的均非对申诉人处以死刑的充足理由。死刑对谋杀罪的威慑力不可能对既没有杀人也无杀人意图者具备同样功效。而报应惩罚则取决于对申

---

① 参见[美]琳达·E. 卡特等：《美国死刑法精解》，王秀梅等译，北京大学出版社2009年版，第451—657页。
② 同上书，第111—145页。
③ 参见[美]约书亚·德雷斯勒：《美国刑法精解》，王秀梅等译，北京大学出版社2009年版，第123—189页。

诉人的归责程度,这必须限于他参与的抢劫的部分。判处死刑不利于确保罪犯得到应有的适当处罚。① 故撤销原判并发回重审。

《宪法第八修正案》禁止残酷和异常的刑罚,此案不应判以极刑,因为之前联邦最高法院有过类似的决定。例如,1910年威姆斯诉美国政府(Weems v. United States)案,威姆斯因伪造公文被判15年苦役。再如,1977年库克诉佐治亚州(Coker v. Georgia)案中,库克因强奸妇女被判处死刑。在联邦最高法院这些判决背景之下,多数人将恩芒德的判决与其他司法管辖区的判决进行对比发现,在36个司法辖区中只有8个在类似案件中允许适用死刑。此外,联邦最高法院认为,陪审团裁定死刑判决和死刑人数,并且发现共犯没有参与谋杀,在犯罪中的参与份额很小,这表明民众不同意对恩芒德这样既不打算也不试图杀人的帮助犯判处死刑。② 在此基础上,联邦最高法院认为,虽然恩芒德所犯抢劫罪确实是一个极其严重的罪行,对此施以严厉处罚并不需要判处死刑。虽然对在抢劫过程中杀人的抢劫犯可以适用死刑并不违宪,也可以适用于诸如恩芒德一类的案件,但法院必须证明恩芒德的行为直接导致谋杀才可以判处死刑。通过研究美国抢劫案的数据,法院得出结论,在抢劫中发生的谋杀案只有不到百分之一的案件,这表明作为一个单独的抢劫犯,恩芒德不可能预期谋杀是一个可能发生的结果。因此,联邦最高法院推翻了州最高法院的判决,死刑判处在此案中违反了《宪法第八修正案》和《宪法第十四修正案》。

社会对重罪谋杀中共犯责任判处死刑的反对也表明了陪审团作出的量刑决定。"陪审团是当代价值中一个重要且可靠的客观指标,因为它是如此直接地参与其中。"这一证据在很大程度上表明美国陪审团和检察官一样否定因犯罪而判处死刑。首先,控方根据一项报

---

① Tison v. Arizona, 481U. S. 158 (1987).
② Ibid.

告研究显示，自 1954 年以来，上诉法院判处被告人犯有谋杀罪的，在 362 个死刑案件中，其中的 339 个被告人亲自参与了杀人攻击。有两起案件的被告人因他人的杀害行为被判死刑。其中有 16 个案件，没有足够的事实认定被告人是否犯有杀人罪。调查显示，在 362 个案例中只有 6 例无犯意人因重罪杀人罪被处决。这 6 个死刑都发生在 1955 年。① 截至 1981 年 10 月 1 日，有 796 人因杀人罪被判死刑，其中 739 人的数据有效，只有 41 人未参与对受害者的致命攻击，其中只有 16 人当致命攻击发生时不在场。在这 16 人中仅有 3 人在缺少证据证明他们雇佣或请求他人杀害被害人，抑或参与杀害被害人计划的情况下被判处死刑。事实上我们不知道在过去的 1/4 个世纪里在犯重罪谋杀罪中的哪一个人没有实施杀害或意图杀害，并且没有谋害被害人的意图，但这类中目前也只有 3 人被判死刑。这些数字也不能因起诉者称"缺少了杀人意图而被判处的死刑违宪"而减少，并且据观察，有犯罪意图的数据也是不完整的。起诉方的论据是，因为被告人没有杀人，没有杀人的企图且不打算实施杀人行为，所以被判死刑并不相称，诉方引用的统计数字充分表明陪审团——也许以及检察官——认为在此类别下的死刑是非均衡的。② 判决的立法机关、陪审团、检察官对均衡性非常重视，这是最终判断《宪法第八修正案》是否允许对像恩芒德这样的在他人犯下的谋杀案中起帮助和教唆作用但自己并未杀人或意图杀人的个人判处死刑。法院的结论是，根据大多数立法机构和陪审团的意见，不可以判处死刑。

宣布判决指出："死刑的两个主要社会目的是：惩罚和对预谋性罪犯进行威慑。"除非当死刑适用于那些如恩芒德般的情况，可以视为有助于达到一个或两个目标，"不过是漫无目的的和不必要的承担

---

① Tison v. Arizona, 481U. S. 158 (1987).
② 法院还指出，萨姆森·阿姆斯特朗向 J. B. 尼尔承认的事实中没有提到恩芒德，而恩芒德向艾达珍·肖承认的事实只说明"他的共谋"。See. 399 So. 2d p.1370.

痛苦",因此是违宪的惩罚。这种可能会对谋杀判处死刑的威胁在一定程度上会阻止没有杀人且无意图杀人的个人。相反,则可能是"只有当谋杀是预谋和熟思的结果时,死刑才具有威慑力"。因为如果一个人没有夺取生命或雇佣他人实施致命攻击的打算,对替代重罪谋杀罪判处死刑的可能性将不会是决定行为。对恩芒德的惩罚,这在很大程度上取决于恩芒德的罪责——什么是恩芒德的意图、期望和实际的行为。美国刑法长久以来一直重视被告的意图,认为心理要件是"刑事罪责程度"的关键,法院在缺少故意不正当行为的情况下判处刑事处罚属于过度违宪。以适用死刑为宗旨,恩芒德的刑事罪责必须限于他在抢劫中的实际参与行为,惩罚必须是针对他个人的责任和道德犯罪。为了报复两项恩芒德并没有实际参与也没有犯罪意图的杀人事件而将恩芒德处以死刑,以确保罪犯得到应有的惩罚,这是大多数立法的判断,我们没有理由否定以解释和应用为目的的《宪法第八修正案》的判决。因为佛罗里达州最高法院肯定了在缺少证据证明恩芒德有杀人行为或意图杀人情况下的死刑判决,不管恩芒德是否打算或设想夺取他人生命,联邦最高法院推翻了原判,发回重审且不得违反本意见。

奥康纳大法官认为,"现在法院根据《宪法第八修正案》的判决,禁止一州处决被定罪的重罪谋杀犯。我不赞同这份判决意见,不仅是因为它不为先例的法理分析所支持,还因为该判决根据联邦宪法性法律重塑了犯罪意图,干涉了州对法定罪责的评估标准的确定。"在格雷格诉佐治亚州(Gregg v. Georgia)一案中,大多数法官认为,死刑并不总是违反《宪法第八修正案》残酷和异常刑罚的条款。① 自

---

① 在阿姆斯特朗的判决中,佛罗里达州最高法院明确否决了初审法院的结论,即杀害柯西夫妇是为了防止他们作证。"根本就不能说有证据表明抢劫杀人是为了确保不会有针对他们的证人。"相反,"唯一直接证据是从阿姆斯特朗向 J. B. 尼尔所作陈述证词中得知。"在得出这一结论时,佛州最高法院也否决了初审法院由病理专家证词得来的结论。而病理专家证词"有关模棱两可的枪击情形,以及开火的方向和受害者的位置",至多表明被害者受枪击后处于俯卧姿势。See. 399 So. 2d p. 963.

格雷格案以来,在所有案件及其相类似案件中①,法院已从这一立场上退出。② 然而,认识到死刑的合宪性,只是标志着对恩芒德是否定罪为谋杀的开始,因为谋杀通常被设想为故意或有预谋的非法杀害。相反,通过从犯责任原则,在没有明确犯罪意图的情况下,申诉人已被认定犯有两起谋杀。因此,有必要审查在此法院案件中所阐述的比例概念,以决定对恩芒德判处的刑罚是否违宪,是否与其罪行相称。早在威姆斯诉美国案(Weems v. United States)中,《宪法第八修正案》的"比例"概念已得到充分表达。威姆斯因伪造公文被判处15年苦役。"依照司法公正的定律,对犯罪的惩罚应该划分等级,并与其过错成比例。"通过威姆斯一案,法院得出结论,该案科刑属于残酷和异常的刑罚。直到60多年后,在科克尔诉佐治亚州案(Coker v. Georgia)中,法院才宣布对另一类似罪行的惩罚不相称而且违宪。怀特法官认为,对强奸成年妇女罪而论,死刑是不相称的刑罚。③ 在得出这一结论时,多数法官所作的判断均以最大程度的客观因素为标准,即通过公众对某一特定判决的态度、历史和先例、立法态度以及陪审团的判定。多数人诉诸客观因素无疑是一种努力,而且在一个成熟的社会标志着不断发展的道德标准,以及《宪法第八修正案》所包含的"比例"含义。④

奥康纳大法官在为4位大法官撰写反对意见时总结指出,不存在将非杀人共犯排除在死刑之外的民意。恩芒德声称在本法庭中佛罗里达州法院判处的死刑和佛州最高法院的死刑确认,与他在抢劫和谋杀柯西夫妇案中所扮演的角色并不相称。奥康纳大法官认为,因为恩芒德并没有杀害受害者的实际意图——事实上,其行为和意

---

① Enmund v. Florida, 458 U. S. 782 (1982).
② Evan J. Mandery, JD, Criminal Justice illuminated Capital Punishment A balanced examination, 2004.
③ Enmund v. Florida, 458 U. S. 782 (1982).
④ Randall Coyne, Capital Punishment and the Judicial Process, Carolina Academic Press, 2000.

图比任何抢劫犯都更无害——判处死刑对于他而言是过于极端的惩罚。① 考虑到上诉者的怀疑,法院决定不应仅仅考虑上诉者被判死刑是否触犯立法机构和陪审团所作回应的时代标准,也应考虑给上诉者带来的实际损害以及与他所参与的犯罪是否不成比例,申诉人被判决的程序是否满足宪法要求的个性化考虑。因此,在近一半的州内,有 2/3 的州允许对谋杀罪判处死刑,一个既没有杀害受害者也没有打算将受害者置于死地的被告人可能会因其参与其中的抢劫谋杀而获死刑。与"反对死刑作为重罪谋杀罪的合适刑罚"相距甚远的是,这些立法机关的判决表明,"不断发展的道德标准"仍然支持对重罪谋杀罪适用死刑。基于以上原因,奥康纳大法官得出这样的结论:申诉人未能满足在科克尔案和伍德森(Woodson)案中的两项重要指标,陪审团裁定和立法法令这两点都决定性地否决了对重罪谋杀罪适用死刑。简言之,对重罪谋杀罪判处死刑并不低于国家的"道德标准"。②

总之,控方和法院未能表明当代的准则,而在陪审团决定和立法裁定中,对共犯重罪谋杀罪排除死刑适用却有所反映。此外,对定性因素优先于比例原则概念的检查并不能显示对恩芒德判处死刑的不相称。将科克尔(Coker)案中的犯罪与之相比,法院认为,对控方涉及的伤害犯罪类型判处死刑是合法的。在一个抢劫、杀人案件中,对于一个不在现场、没有参与也没有预料杀人的从犯判处死刑则有违宪法。通过审查客观证据,奥康纳大法官认为,美国保留死刑的州有 2/3(占美国全部州的近一半)允许死刑适用于既没有杀人也没有意图杀人的被告人。但是,这并不足以得出反对将死刑适用于重罪谋杀罪被告人的民意结果。

虽然联邦最高法院试图在恩芒德案中制定一个界限分明的规则,

---

① Enmund v. Florida, 458 U. S. 782 (1982).
② 458 U. S. pp. 788—801.

但许多困惑随之而来。有学者注意到恩芒德案中产生的明确界限，该规则的适用似乎随着法官的不同而改变，至少没有出现在杀人现场的次要共犯不能判处死刑的内容。除此之外，各地法院以各种不同方式在运用这一标准。某些法律体系采用严格的杀人意图要件，与此同时，其他法律体系则只要求证明被告人意识到在犯罪中使用暴力会致人死亡。①

五年之后，联邦最高法院在蒂森诉亚利桑那州案中重新审查了这一问题。联邦最高法院再次审视非杀人共犯如何使用死刑的判决。联邦最高法院没有选择去澄清恩芒德案中的"意图"规则，与此相反，把适用死刑的重罪谋杀罪主体扩大到那些意图杀人者或者无视他人生命的主要共犯。

第二节 蒂森诉亚利桑那州案（Tison v. Arizona）

一、蒂森诉亚利桑那州案的基本案情

加里·蒂森（Gary Tison）因在一次越狱过程中杀害一名警卫而被判终身监禁，在亚利桑那州立监狱服刑。在监狱中度过数年后，蒂森家族策划并帮助加里·蒂森越狱，参与者为加里·蒂森的妻子和其3个孩子唐纳德·蒂森、里基·蒂森和雷蒙德·蒂森（Donald, Ricky, and Raymond），另外还有加里·蒂森的兄弟约瑟夫。1978年7月30日，这伙人荷枪实弹进入亚利桑那州立监狱，并成功帮助加里·蒂森及其同监舍狱友兰迪·格里瓦尔特（Randy Greenawalt）逃离监狱。越狱之后，加里·蒂森与3个儿子及兰迪·格里瓦尔特5人开始逃亡。路上他们的汽车爆胎，这伙人决定抢一辆车，先是由雷蒙德假装在路边拦车求助，其他人则持枪埋伏在路边。然后，受

---

① 458 U. S. pp. 788—796.

害人约翰·里昂（John Lyons）一家停下来打算为他们提供帮助时被劫持，受害人车上有他妻子唐娜达（Donnelda）、两岁大的儿子克里斯托弗（Christopher）和约翰 15 岁的侄女特丽萨·泰森（Theresa Tyson）。约翰等人苦苦哀求，希望能够放他们回家。加里·蒂森曾有些许犹豫，但悲剧最终还是发生。约翰一家惨遭加里·蒂森和兰迪·格里瓦尔特射杀，其中特丽萨·泰森在严重受伤后于血泊中挣扎爬行，在蒂森一伙离开后死在沙漠。蒂森一伙开着受害人的车继续逃亡。① 几天之后，蒂森一家和格里瓦尔特在一警戒路障处被警方发现。双方交火后，唐纳德·蒂森被当场击毙，加里·蒂森逃跑死于沙漠，雷蒙德、里基和兰迪·格里瓦尔特 3 人被捕。

二、审理情况

根据亚利桑那州法律关于重罪谋杀的规定，共犯亦应对其参与的行为承担责任。尽管被告人没有亲手杀死任何人，但还是因武装抢劫、绑架和偷窃汽车而被判处死刑。在实施抢劫或绑架过程中有杀人行为则为谋杀，并且要为共同参与的绑架或抢劫负法律责任。被起诉者均因这 4 起谋杀而被判处死刑。② 同时，亚利桑那州还有一项法律规定，在需要判处死刑的案件中，法院可以不经过陪审团而决定该行为是否严重到应该判处死刑的程度。法官认为有三项法定加重情节③：(1) 蒂森兄弟对他人生命构成了极大的威胁（不针对受害者）。(2) 谋杀均以追求金钱利益为目的。(3) 谋杀行为极为恶劣。法官发现本案中没有法定减轻因素，特别是每一个被告人的参与都没有使犯罪减轻。相反，"在犯罪中每一个被告人的参与都提高了重罪谋杀罪规则的适用"。然而，也存在三个非法定减轻因素：(1) 被告人 Ricky 当时 20 岁，Raymond 19 岁，都尚年轻。(2) 被告

---

① Gregg v. Georgia, 428 U. S. p. 153, 184.
② Gregg v. Georgia, 428 U. S. p. 187.
③ Enmund v. Florida, 458 U. S. 782 (1982).

人都没有重罪前科。(3) 每一位被告人都在重罪谋杀罪的规则下被判谋杀。因此，一审法院判处被告人死刑。在直接上诉中，亚利桑那州最高法院维持了原判，并拒绝了蒂森兄弟的复审请求。

蒂森兄弟不服死刑判决，此后试图在本州的定罪后程序中改变其死刑判决。此案最终上诉到联邦最高法院。其上诉理由是：在恩芒德诉佛罗里达州一案中，对恩芒德的判决是否违背《宪法第八修正案》的比例原则在重罪谋杀罪中的两个不同因素已明确作出评估。其中之一在于恩芒德自身不是武装抢劫中的主犯，且不在现场，也没有任何打算杀人的犯罪心理。只有少数几个州在这种情况下依然认可死刑，即使在这些司法管辖区内对判处的死刑几乎从来没有执行过。法院认为，在这些案件中适用死刑不成比例。恩芒德案也明确了其他共犯情形的处理，即有杀人事实的重罪谋杀犯，有杀人企图，或打算实施杀人。法院明确认为，在此情形下限制死刑的少数司法管辖区可以继续要求保证地方法律的一致性。然而，蒂森兄弟一案则不在这些分类之内。[①] 被告人坚称没有"杀人的故意"，尽管普通法的概念可以接受这种事实，但传统意义上，"个人追求一定结果时并希望这种结果发生或者明知这种结果会由其行为造成"。正如被告人所言，没有明确的证据证明 Ricky 或 Raymond 中的任何一人实施了追求或希望死亡事件发生的行为。亚利桑那州最高法院并没有试图争论本案事实支持了传统观念上"故意"的推论。相反，却明确表示将"杀人故意"作为一种预见性。亚利桑那州最高法院写道："故意杀人包括被告有意图、打算或预期有可能采取致命攻击或有可能在实施重罪中夺取他人生命。"[②] 这一关于"故意"的定义比在恩芒德案中描述的更为宽泛。如武装抢劫暴力重罪的参与者通常可以"预期可能会行使致命武力以此来完成重罪"。恩芒德可能也有

---

① Enmund v. Florida, 458 U. S. 782 (1982).
② Enmund v. Florida, 458 U. S. 782 (1982).

这样的预期。事实上，对于任何重罪来说流血事件是固有的，并且这种可能性通常可预见；这是罪犯武装自己的一个重要原因。亚利桑那州最高法院试图重新定义故意杀人，无异于重述重罪谋杀罪规则本身。被告人不属于恩芒德案认定的在《宪法第八修正案》下的死刑重罪杀人条款中的"故意杀人"。① 另一方面，同样可以清楚认定的是，被告人也不属于恩芒德案明确的死刑非均衡性的重罪杀人犯范畴：他们在犯罪中参与的程度是大而不是小，而且记录表明其犯罪心理有对他人生命不计后果的漠视。我们以此视为亚利桑那州最高法院给出的事实。案发事实不仅表明蒂森兄弟在犯罪中所起的作用绝对不能小视，也表明他们意识到自己的行为可能会导致无辜生命死亡的结果。本案中出现的问题是，他们是否在参与的案件中起主要作用，且心理状态是轻率或漠视他人的生命价值，判处被告人死刑是否为《宪法第八修正案》所禁止。恩芒德案并不专门针对这一点。那么，依照《宪法第八修正案》在此情形下要求禁止死刑是否是均衡的。

例如，大多数州对恩芒德一案所涉问题的处理方式有两种。有4个州对不计后果或对他人生命极度漠视的犯罪心理下实施的重罪谋杀案批准适用死刑。两个司法管辖区要求被告人是主要参与者，包括亚利桑那州，将次要参与者考虑为重罪谋杀的减轻情节。这些要求显然部分重叠了特例和共性，被告人参与重罪越多，就越可能是不计后果地漠视他人的生命。在这6个司法管辖区内连同佛罗里达州允许对重罪谋杀判处死刑更为简化，有3个州仅要求在重罪杀人犯被判死刑前有法定加重情节，明确这种重罪谋杀案的死刑判处，尽管被告人的心理上没有杀人的故意，也在明知死亡是极有可能发

---

① 斯图尔特、鲍威尔和斯蒂文斯三位大法官的意见："当罪犯蓄意夺取他人生命时，我们不能说这一惩罚总是与罪行不相称。这是一个极端的制裁，适用于最极端的罪行。"怀特大法官反对这种观点："然而因无论何种罪行施加死刑，是残酷和异常的刑法。"布莱克门大法官的同意意见，《宪法第八修正案》：不得规定过高的保释金或过重的罚金，不得施加残酷和异常的刑罚。

生的重罪中起主要作用。另一方面，在恩芒德案之后只有 11 个州禁止判处死刑，即使被告人在重罪谋杀中起主要参与作用并且不计后果的谋杀极有可能发生。关于重罪谋杀罪是否因缺少杀人故意而判处死刑的重要立法授权，有力地证明了社会并不将此情形下的死刑作为过分极刑而反对。此外，一些州立法院解释恩芒德案，允许对此种加重的重罪谋杀犯判处死刑。法官们对均衡性原则是否满足此案的特殊情况既不表示支持也不表示反对，但大量参与可能会导致丧失无辜生命的暴力活动，即使缺少"杀人故意"也可能会被判死刑。

定罪个性化裁量的一个主要要求是在死刑案件中被告人必须具有犯罪故意。犯罪行为越有目的性则其攻击性越严重，所以，应该接受更严厉的惩罚。在恩芒德诉佛罗里达州一案中，法院重新认识到心理要件的重要性，明确批准至少在重罪杀人犯故意杀人的案件中才适用死刑，并且禁止对没有任何犯罪心理的次要参与者判处死刑。①

关于被告人是否有"杀人故意"的问题是一个聚焦点，然而，这并不能明确区分大多数犯罪和危险杀人犯。许多有杀人故意且有犯罪事实的罪犯却不用负刑事责任——针对那些自卫或类似排除妨害行为。其他的故意杀人犯，尽管实施了犯罪，却往往觉得不应判处死刑——针对那些挑衅案件。另一方面，一些无犯罪故意的凶手可能是最危险和最不人道的罪犯——那些折磨他人不管受害者死活的人，或者是在抢劫过程中杀害无辜者的抢劫犯，对于抢劫事实的漠不关心可能会导致意想不到的后果，例如，杀害被害人并掠夺其

---

① 鲍威尔大法官在针对多数意见的判决时发表不同观点，通常死刑对此类案件而言显然不成比例，但是，如果规则本身存有不足，死刑便不再是不相称的刑罚。布伦南和马歇尔大法官的赞同意见是，坚持他们先前发表的观点，即死刑在任何情形下都是《宪法第八修正案》所禁止的残酷和异常的刑罚。See Coker v. Georgia, 433 U. S. pp. 600-601.

财产。① 这种对他人生命价值不计后果的漠视会像"故意杀人"一样冲击着道德意识。实际上出于这一原因，普通法和现代刑法以同样的方式将此类案件中的蓄意谋杀行为进行分类。当"故意杀人"导致其逻辑上不是不可避免的后果——夺取他人生命，《宪法第八修正案》允许法院在慎重权衡加重和减轻情节之后执行死刑。同样，不计后果的漠视他人生命隐含于明知参与犯罪将会带来极高死亡风险，代表了一种高度有罪的心理状态，这一心理状态可能在作出死刑判决时会予以考虑。②

每一名被告人都实际参与了绑架抢劫，并且贯穿整个杀害里昂一家犯罪活动的始终。蒂森兄弟在这些犯罪中的高度参与进一步造成了他们的死亡。因此，他们非常符合被告人在重罪中的参与程度。只有少数司法管辖区对缺少犯罪的故意可行性的重罪谋杀罪判处死刑。因此，主要参与的重罪犯，结合对他人生命不计后果的漠视，已经足以满足恩芒德一案所确立的罪责标准。亚利桑那州最高法院已经清楚地证实前者的判例；联邦最高法院取消判例并明确此后法律程序作出判决不得违反该意见。③

多数派支持对蒂森兄弟的死刑判决。一个由 5 位法官组成的多数派支持对蒂森兄弟的死刑判决，并对恩芒德案中确立的规则进行了修正。奥康纳大法官代表多数派撰写意见并宣称恩芒德规则不适用于蒂森案的事实。她解释道："恩芒德规则明确适用于重罪谋杀罪的两种截然不同的情形……一是恩芒德自己：武装抢劫的次要行为人、不在现场、既没有意图杀人也不具备任何可责的犯罪心态……法庭在恩芒德案中认为，死刑在此情况下是不均衡的。恩芒德规则也明确适用于另一情形：实际杀人、杀人未遂或者意图杀人的重罪

---

① 沃伦大法官的意见。See Trop v. Dulles, 356 U. S. 86, 101 (1958).
② Barry Latzer, Leading U. S. Supreme Court Cases on Capital Punishment, Buttercoorth-Heinemann, 2002, p. 61..
③ Enmund v. Florida, 458 U. S. 782 (1982).

谋杀犯。法庭在恩芒德案中明确认定……将死刑限定于上述情节的死刑制度可以由当地法律进一步加以明确。蒂森兄弟不属于这两种情形中的任何一种。"① 杀人犯 Gary Tison 和 Randy Greenawalt 所犯下的罪行让我们从中学到许多。里昂一家和特丽萨的死亡消息一经传出后，亚利桑那州爆发出了许多对惩罚和正义的"高声的呐喊"。Gary Tison 是导致这场悲剧发生的主要人物，他的家人组织安排了他和格里瓦尔特的越狱，然而 Gary 选择当他儿子们站在一边时与格林诺瓦特一起杀害被害人一家，Gary 在社会大众逮捕并审判他之前暴尸于沙漠中。该案件中提出的问题是亚利桑那州应对 Gary 的两个儿子在其参与该事件中所扮演的角色施以何种处罚才是合适的。因为之前的判例和宪法要求得到一个与法院判决不同的答案，所以奥康纳大法官持反对意见。② 使这一案件变得困难的是对刑事责任概念给予实质性内容。宪法要求量刑决定刑事责任，而不仅仅是通过程序确定。但是对这些起诉者的判决像其他决议一样执行死刑，合理要求的原因比其他判决更少。当杀戮激起公众强烈的反对情绪且杀人凶手的行为超越人们的理解时，将罪犯判处重罪谋杀罪而不是共同犯罪的意愿无疑是强大的。并且有时认为子女需为其父母犯下的罪行受到惩罚，这一想法深深根植于我们的意识中。但这样一来惩罚就更符合报复性的本能而不是《宪法第八修正案》，对于宪法来说在当下社会这是过时的。奥康纳大法官认为，"恣意持续的话将会影响死刑判决的程序和实质，任何判处死刑处罚的决定都是残酷和异常的。出于这一原因，以及如上所述的诸多原因，我坚持我的观点：在所有情况下判处死刑都是残酷和不寻常的惩罚，且被第八和第十四修正案所禁止，对此我提出反对意见。"③

---

① 目前保留死刑的 35 个州中，有 31 个州授予法官对犯重罪谋杀者判处死刑的权利。其中有 20 个州允许法官对杀人未遂且非蓄意杀人的被告人处以死刑。
② Evan J. Mandery, Capital Punishment in America: A Balanced Examination, Jones and Bart lett Publishers, 2004, p. 57.
③ Enmund v. Florida, 458 U. S. 782 (1982).

在蒂森诉亚利桑那州案中,联邦最高法院创设了一个介于恩芒德案所处理的两种极端情形中间的重罪谋杀罪共犯类型。随后,联邦最高法院又为这类犯人建立了新的标准。法庭认为,即使被告人没有实际杀人,如果他的参与在重罪中起主要作用且带有无视他人生命的轻率行为,也可以判处其死刑。

接着联邦最高法院在判决前,再次引用了均衡性的审查。作为均衡性分析的一部分,联邦最高法院审查了各州的死刑制定法,以确定它们在重罪谋杀罪共犯适用死刑问题上的立场。为联邦最高法院书写意见书的奥康纳大法官援用了"强有力的"支持,即社会并不反对基于蒂森案所反映的事实而适用死刑。联邦最高法院总结认为,当被告人是重罪的主要行为人,并且具有了解死亡发生的高度可能性,大多数法律体系允许适用死刑。此外,奥康纳大法官引用了这样的事实,即使在恩芒德案件作出裁决后,在被告人参与重罪中起主要作用并且杀人的可能性如此之高,以至于可以推断出极度轻率的情况下,保留死刑的州中只有 11 个州禁止对此适用死刑。①蒂森规则扩大了可能适用死刑的被告人的范围。根据恩芒德规则,法院仍要逐一确定被告人是否具有符合死刑判断的必要犯罪心态和参与程度。毫无疑问,各级法院在适用过程中仍然存在各种混乱。蒂森规则的两部分要件包括:(1)重罪的主要共犯;(2)有关无视他人生命的轻率的心理状态证据。然而,联邦最高法院没有进一步界定,哪些具体行为和心理状态符合这种宪法要求。自蒂森案以来,协调恩芒德案和蒂森案确定的标准,并以法院认为适当的方式适用这些标准是州法院和联邦最高法院的责任。②

---

① Tison v. Arizona, 481 U. S. 137 (1987).
② Tison v. Arizona, 481 U. S. 140 (1987).

第三节　美国对共犯适用死刑问题的剖析

由于共犯理论深邃庞杂，所以结合上述两个典型案例论述重罪谋杀罪共犯和"非杀人"共犯的死刑适用问题。

一、重罪谋杀罪共犯适用死刑问题

重罪谋杀罪的典型表述为"在实施或者企图实施任何重罪过程中致人死亡的，构成重罪谋杀罪"。① 美国大多数州关于谋杀罪的成文法中，在陪审团认定被告人参与重罪并且有人在重罪中死亡的情况下，允许定重罪谋杀罪。根据这些成文法，陪审团无需认定被告人有杀人的意图或者企图杀人。被告人必须具备的只是有实施所谓重罪的意图。根据重罪谋杀罪的理论，被告人无论是扣动扳机的实际杀人凶手还是只是等在街角的汽车里，都构成同等重罪谋杀罪。一位学者把这种规则描述为："重罪谋杀罪规则不考虑通常的刑事责任原则，并对被害人死于心脏病的蓄意强奸、蓄意谋杀和抢劫以及没有出现在犯罪现场的抢劫共犯，规定了同等的杀人责任……依据重罪杀人规则，警察或受害人误杀第三人……甚至被告人在逃离现场时卷入致人死亡的交通事故，被告人均可构成重罪谋杀罪。"② 大多数死刑制定法允许对构成重罪谋杀罪的被告人判处死刑。死刑和重罪谋杀罪规则的交叉引起了宪法性问题的质疑。一方面，联邦最高法院已经认定，死刑制定法必须缩减符合判处死刑资格的被告人的范围。在联邦最高法院看来，这些制定法应该确立界定那些罪大恶极的犯罪人的标准。与之相反，另一方面依据重罪谋杀罪的规则，所有致人死亡的重罪谋杀罪的共犯应负同等责任，并且可以判处死

---

① Tison v. Arizona, 481 U. S. 163 (1987).
② Tison v. Arizona, 481 U. S. 161 (1987).

刑。① 把死刑适用于重罪谋杀罪的共犯，尽管他们的刑事责任程度在事实上有很大的差异，但一罪的所有共犯都可以被判处死刑。正如一位学者所说："杀人行为依据重罪谋杀规则属于谋杀，被告人根据共犯责任原则要对这种杀人行为负责，于是该被告人因某人被杀而面临死刑。这样的被告人或许不具备自身有责性，却仍要面临死刑。"② 既然重罪谋杀罪规则不要求任何被告人有杀人意图的证据，那么对于死刑适格裁定就不需要有主观要件。联邦最高法院在蒂森诉亚利桑那州案中回答了死刑对非杀人共犯的适用问题。联邦最高法院认定，如果要判处重罪谋杀罪共犯死刑，法院必须证明被告人有杀人的意图，或者在犯罪中是主犯并能证明被告人具有无视他人生命的轻率。③ 如果证明不了这些，就不能判处重罪谋杀罪共犯死刑。下文我们将进一步阐明分析这个问题。

二、对没有犯意的非杀人共犯适用死刑问题

在上述两个案件的审理过程中，联邦最高法院确立了免除非谋杀共犯死刑的标准。在恩芒德诉佛罗里达州案中，联邦最高法院确立了一个分明的界限，不使任何既未有夺取他人性命、也未杀人未遂或没有意图杀人的被告人承担死刑的处罚。④ 此后不到5年，在蒂森诉亚利桑那州案中，联邦最高法院修改了这个标准，并且缩小了被排除在死刑之外的被告人的范围。在蒂森案中，联邦最高法院认定，如果重罪谋杀罪共犯在犯罪中起到主要作用，并且有证据证明被告人具有无视他人生命的轻率和漠不关心，就可以判处其死刑。在恩芒德案件中联邦最高法院分析道，对像恩芒德这样既没有杀人也没有意图杀人的被告人判处死刑，能否实现刑罚的立法目的。法

---

① Tison v. Arizona, 481 U. S. 163 (1987).
② Evan J Mandery, JD: Criminal Justice illuminated Capital Punishment A balanced examination, Jones and Bartlett Publishers, 2004, Inc, p.167.
③ Tison v. Arizona, 481 U. S. 170 (1987).
④ Tison v. Arizona, 481 U. S. 173 (1987).

庭的多数意见认为不能实现刑罚的目的，法庭认为，死刑的威慑不能促使一个无意夺取他人生命的帮助犯远离犯罪现场。审视恩芒德的犯罪行为和刑事责任，法庭认为鉴于恩芒德在犯罪中所起到的作用，死刑并不符合报应均衡性。联邦最高法院总结认为，只有死刑适用于那些预谋和故意行事的人才能实现威慑和报应的刑罚目的。① 虽然联邦最高法院试图在恩芒德案中制定一个界限分明的规则，但许多困惑也随之而来。有学者注意到恩芒德案中产生的明确界限，似乎随着适用该规则的法官的不同而改变。至少没有出现在杀人现场的次要共犯是不能判处死刑的内容。除此之外，各地法院以各种不同方式在运用这一标准。某些法律体系采用严格的杀人意图要件，与此同时，其他法律体系则只要求证明被告人意识到在犯罪中会使用暴力从而导致被害人死亡。②

5年之后，联邦最高法院在蒂森诉亚利桑那州案中③重新审查这一问题。联邦最高法院再次审视非杀人共犯适用死刑的判决。联邦最高法院没有选择去澄清恩芒德案中的"意图"规则，相反，把适用死刑的重罪谋杀罪主体扩大到那些意图杀人的人或者具有无视他人生命的轻率的主要共犯。在蒂森案中，联邦最高法院修改了恩芒德案确立的标准，使得更多的非杀人共犯可以被判处死刑。蒂森兄弟确实在杀人现场，但他们没有扣动扳机也没有参与杀人行为，一个由5位法官组成的多数派支持对蒂森兄弟的死刑判决，并对恩芒德案中确立的规则进行了修正。在蒂森诉亚利桑那州案中，联邦最高法院创设了一个介于恩芒德案所处理的两种情形中的重罪谋杀罪共犯类型。随后联邦最高法院又为这类犯人建立了新的标准。法庭

---

① 参见［美］欧内斯特·范·登·哈格、约翰·P.康拉德：《死刑论辩》，方鹏、吕亚萍译，中国政法大学出版社2005年版，第178—189页。
② 参见［美］杰罗姆·柯恩：《死刑司法控制论及其替代措施》，赵秉志、王秀梅等译，法律出版社2008年版，第221—234页。
③ 参见王秀梅等译：《美国刑法规则与实证解析》，中国法制出版社2006年版，第89—91页。

认为，即使被告人没有实际杀人，如果他的参与在重罪中起到了主要作用，并且带有无视他人生命的轻率和漠不关心，在这种情况下也可以判处死刑。联邦最高法院在判决前，再次引用了均衡性的审查。联邦最高法院总结认为，当被告人是重罪的主要行为人，并且具有了解死亡发生的高度可能性，大多数法律体系允许适用死刑。①此外，奥康纳大法官引用了这样的事实，即使在恩芒德案件作出裁决后，在被告人参与重罪中起主要作用并且杀人的可能性如此之高，以至于可以推断出极度轻率的情况下，保留死刑的州中只有11个州禁止对此适用死刑。

三、如何应用死刑对共犯适用的种类限制

（一）法院如何检验主要共犯是否具备无视他人生命的轻率

蒂森规则的两部分要件包括：（1）重罪的主要共犯；（2）有无视他人生命的轻率的心理状态。然而，联邦最高法院没有进一步界定哪些具体行为和心理状态符合这种宪法要求。自蒂森案以来，协调恩芒德案和蒂森案确立的标准，并以法院认为适当的方式适用这些标准，是州法院和联邦最高法院的责任。大多数的批评者认为，"无视他人生命的轻率"这一标准过于模糊，在蒂森案中确立的逐一审查模式将使得更多人依据重罪谋杀罪规则受到死刑判决。然而正如某位学者所说，重罪谋杀罪案件中的死刑判决数量有所下降。② 州法院的判决，在作为蒂森案回应的衡量非杀人共犯的案子中，已经发生了很大的改变，一些州法院专门否决了蒂森案提出的对恩芒德规则附加的严格意图进行检验的规则。③ 其他州采用了蒂森规则确立的标准，并且通过逐一审查认定证据不足，以此支持蒂森案认定的

---

① Tison v. Arizona, 481 U. S. 137 (1987).
② Tison v. Arizona, 481 U. S. 154 (1987).
③ Randall Coyne, Capital Punishment and the Judicial Process, Carolina Academic Press, 2000.

事实。

(二) 由谁认定主要共犯具有无视他人生命的轻率

自蒂森案判决以来,联邦最高法院又判决了艾普伦蒂诉新泽西州案和林诉亚利桑那州案。① 这些判例创立了"要素规则",该规则提供了由陪审团来衡量任何能够加重最终裁决事实的《宪法第六修正案》的权利。就死刑审判而言,包括把终身监禁升为死刑的必要事实。② 在决定哪些"要素"属于艾普伦蒂规则规定要考察的要素时,联邦最高法院已经申明这种问讯不是形式意义上的,而是功能性的。即有关事实的认定与经过陪审团认定的事实相比,是否使被告人得到更重的刑罚。蒂森案认定的是个别被告人的有责性,这一点可以由法院来认定。

---

① Tison v. Arizona, 481 U. S. 98 (1987).
② Evan J. Mandery, JD, Criminal Justice illuminated Capital Punishment A balanced Examination, Carolina Press, 2004, p. 60.

第五章 死刑制度中的种族歧视

尽管美国长期以来一直致力于依法实现司法公平，然而，美国的刑事司法制度通常在种族问题上令人产生有关公平性的质疑和担心，尤其是死刑制度。美国在早期有很多州采取奴隶制，甚至曾以法律形式规定种族歧视的合法性。例如，通过制定"黑人法典"来区别对待非裔美国人和白人。这些法律根据被害人和被告人种族不同而对犯罪规定了不同的刑罚。

随着南北战争的胜利，奴隶制被废除，专门为禁止这种区别对待而制定的联邦《宪法第十四修正案》也被通过，该修正案确保有色人种享有白人依法享有的所有公民权，并且在各州剥夺这些权利时给有色人种以普遍的政府保护。虽然在立法方面已经清除了明显的种族歧视因素，但在司法过程中是否能达到种族中立却一直受到质疑。麦克莱斯基诉坎普案（McCleskey v. Kemp）就涉及基于种族歧视原因适用死刑是否违宪的问题。

第一节 麦克莱斯基诉坎普案案情介绍

一、基本案情

麦克莱斯基（McCleskey）是一名非裔美国人，在弗吉尼亚州富尔顿县高等法院以涉嫌1978年10月12日发生武装抢劫和谋杀被起诉。他在抢劫一家家具店过程中杀死了一名白人警察。通过审理，法院认定其为持枪抢劫和一级谋杀，并在由 11 名白人和 1 名非裔美国人组成的陪审团面前接受审判。通过陪审团定罪之后，该陪审团还就其惩处举行了单独的听证会。根据佐治亚州的法律，只有当陪审团发现谋杀伴随的"恶劣情况"已经超出合理的怀疑，才能适用死刑。麦克莱斯基的陪审团发现了两种情况：（1）谋杀是在武装抢劫过程中发生的；（2）受害者是一位正在执行勤务的治安警官。因此，陪审团认为被告人的犯罪行为属于法律规定的"恶劣情况"，并判处麦克莱斯基死刑。①

麦克莱斯基提出上诉，上诉状中有 18 项主张，其中一项就认为佐治亚州的死刑判处程序包含种族歧视的因素，该死刑判决违反了联邦《宪法第八修正案》禁止残酷和异常刑罚条款和《宪法第十四修正案》平等保护条款。他声称，如果被杀害的警察是非裔美国人，那么他可能会被判处终身监禁。麦克莱斯基提出该项主张的证据来源于一项综合统计研究。该证据被称为巴尔杜斯研究。

该研究从统计学的角度确定："种族或者其他非法定或可疑的案件特征影响了从起诉到量刑裁决案件的整个进程"。主要的研究人员巴尔杜斯教授总结认为，统计证据倾向于表明种族歧视歪曲了佐治亚州的死刑选择程序。巴尔杜斯教授试图为死刑案件中明显的种族歧视找出别的解释。但是尽管有可靠的研究技术和分析，却仍没有其他因素能完全解释种族歧视。他最后得出结论认为，在全州范围内，死刑量刑结果与被害人的种族有着重要联系。② 经过审理，联邦最高法院否决了麦克莱斯基的观点，并认定无论证明死刑适用中制度性歧视的统计证据多么有力，都不能证明麦克莱斯基本身是歧视的受害者。在否决麦克莱斯基主张的过程中，联邦最高法院建议，

---

① 参见[美]保罗·布莱斯特、桑福·列文森等：《宪法决策的过程：案例与材料》，张千帆等译，中国政法大学出版社 2002 年版，第 861 页。
② 参见[美]琳达·E. 卡特等：《美国死刑法精解》，王秀梅等译，北京大学出版社 2009 年版，第 297 页。

有关制度性歧视的统计证据要成为推翻死刑法律的根据，必须要有立法授权。① 因此，虽然有人支持巴尔杜斯的研究，但法院没有接受由该研究结果作为死刑违宪和体现种族歧视的论据。最终联邦最高法院驳回了麦克莱斯基的上诉请求，维持了死刑的判决。

二、审理情况

本案通过审理，争议焦点定在被告麦克莱斯基所提供的上诉证据上，该证据是否具有法律上的证据力是判断该案是否涉及种族歧视和是否违反《宪法第八修正案》的关键。鲍威尔大法官以及其他多数法官认为，没有足够的证据能证明对被告人的死刑判决违反平等保护条款或违背《宪法第八修正案》的主张。（1）歧视性影响不足以支持对平等保护的质疑。联邦最高法院认为，尽管巴尔杜斯研究表明差别对待似乎与种族有关，但大法官们"拒绝假定这种无法解释的现象是不公平的"。② 麦克莱斯基要想使自己的主张成立，就要证明检察官或者陪审团故意或者蓄意进行歧视。辩方必须证明检察官具有种族歧视的故意。由于麦克莱斯基没能以"毫无例外的明确证据证明在本案的量刑者中有任何人依歧视性目的行事"，因此，违反平等保护条款的主张不能成立。③（2）麦克莱斯基关于《宪法第八修正案》的质疑也被否决。统计数据没有证明种族因素已经影响佐治亚州的量刑程序。尽管种族歧视可以影响陪审团在某一案件中的裁决，但这种危险在宪法上并非是不可接受的。事实上，联邦最高法院认为，鉴于陪审团在作出量刑裁决时必须被赋予裁量权，统

---

① 参见［美］琳达·E. 卡特等：《美国死刑法精解》，王秀梅等译，北京大学出版社 2009 年版，第 298 页。
② McCleskey, 481 U. S. pp. 312-313, 转引自［美］琳达·E. 卡特等：《美国死刑法精解》，王秀梅等译，北京大学出版社 2009 年版，第 298 页。
③ McCleskey, 481 U. S. pp. 297, 转引自参见［美］琳达·E. 卡特等：《美国死刑法精解》，王秀梅等译，北京大学出版社 2009 年版，第 299 页。

计数据的差别不可避免。① 联邦最高法院同时还提出，只要程序符合宪法，统计数据就永远不可能成为质疑《宪法第八修正案》的根据。

以上是麦克莱斯基诉坎普案多数派的意见，而持反对意见的一方则认为：（1）该证据具有其合理性，能够证明存在种族歧视的危险。布伦南大法官指出，自福尔曼案以来，联邦最高法院担心出现任意裁决的危险，而不是当事人提出的已证事实。他认为，如若在这个案子中准许对麦克莱斯基减刑，则将导致进一步围绕宪法的纷争，也会导致整个刑事司法制度对种族因素影响的密切关注，那么我们的制度，乃至整个社会都有可能因此受益。（2）人们不可能在短短的几十年内就完全摆脱延续几个世纪的陈规陋习，如果完全否认种族歧视的存在就意味着人们还在受到这些陈旧思想的禁锢。反对派认为，同意法院判决的多数派是因为害怕太多的公正才会去否决种族歧视。因此，他们反对法院的最终判决。基于联邦最高法院的最终判决，麦克莱斯基仍被执行了死刑。

第二节 麦克莱斯基案的争议焦点

麦克莱斯基案的争议焦点：（1）被告人的上诉证据能否证明该案的审判过程和结果存在种族歧视；（2）对被告人适用死刑是否违宪。

一、证据的证明力问题

麦克莱斯基向联邦最高法院提交了以巴尔杜斯研究结果作为证据的上诉材料。被告人认为，该研究结果可以说明种族歧视在死刑判决中所起到的危险作用，因此，要求法院认定该死刑判决违背

---

① 参见［美］琳达·E. 卡特等：《美国死刑法精解》，王秀梅等译，北京大学出版社2009年版，第298页。

《宪法第十四修正案》的平等保护条款。但法院不认为该证据具有法律上的证明力，双方产生争议。

（一）巴尔杜斯（Baldus）研究

在20世纪80年代早期，"促进有色人种全国联合会法律辩护基金会"（NAACP）开展了至今最大的实证主义研究以考察死刑适用中的种族影响。该基金会授命巴尔杜斯团队进行细致的数据分析，项目名称是"佐治亚州起诉和判决研究"（GCSS），此项研究的目的在于测试该州修正过的死刑判决系统是否公平，同时为地区法庭提供数据分析奠定基础。大卫·巴尔杜斯（David Baldus）、乔治·伍德沃思（George Woodworth）和查尔斯·普莱斯基（Charles Pulaski. Jr.）共同从事这项研究，分析1973年至1979年间发生在佐治亚州的2484起杀人案的量刑结果与种族特征之间的关系。[①] 巴尔杜斯教授收集的原始数据表明，在受害者是白人的案件中，有11%被告人被判处死刑；而在受害者是黑人的案例中，被告人被判处死刑的只有1%。原始数据还表明，依据被告人的种族，存在着一种截然相反的差异，即4%的黑人被告人被判处死刑，而对白人被告人来说，这个百分比高达7%。[②]

同时，巴尔杜斯教授还根据被告人和受害者的种族组合对案例进行分类。他发现运用死刑判决的案例中：（1）22%的案例涉及黑人被告人和白人受害者；（2）8%的案例涉及白人被告人和白人受害者；（3）1%的案例涉及黑人被告人和黑人受害者；（4）3%的案例涉及白人被告人和黑人受害者。在公诉人寻求死刑判决的案例中发现了类似情况：（1）70%的案例涉及黑人被告人和白人受害者；（2）32%的案例涉及白人被告人和白人受害者；（3）15%的案例涉

[①] 参见［美］琳达·E.卡特等：《美国死刑法精解》，王秀梅等译，北京大学出版社2009年版，第296页。
[②] 参见［美］保罗·布莱斯特、桑福·列文森等：《宪法决策的过程：案例与材料》，张千帆等译，中国政法大学出版社2002年版，第861页。

及黑人被告人和黑人受害者；(4) 19%的案例涉及白人被告人和黑人受害者。

巴尔杜斯对这些数据做了广泛的分析，考虑了230个可以在非种族基础上解释变异的变量。他的模型之一得出这样的结论：即便在考虑39个非种族的变量之后，因杀害白人致罪的被告人被判处死刑的可能性是那些杀害黑人被告人的4.3倍。根据这个模型，黑人被告人被判处死刑的可能性1.1倍于其他种族的被告人。① 此外，根据估算的犯罪程度将案例分为8个不同的等级。巴尔杜斯教授指出，中间系列的案例种族偏见的影响最为明显。"如果案件所涉及的罪行相当严重，以至于任何人都会同意，若我们还承认死刑的必要性，那么这些案件被判处死刑就适得其所，种族影响也就因此不复存在了。只有在这些处于中间系列的案件中，决策人真正有权利选择何去何从时，那么种族因素就会有了用武之地。"巴尔杜斯教授发现，在中间系列的案件中，如若黑人为受害者，则14.4%的被告人会被判处死刑，如若白人为受害者，则34.4%的被告人会被判处死刑。在巴尔杜斯看来，麦克莱斯基的犯罪事实表明其案件应属于中间系列，因此，像麦克莱斯基这样谋杀了白人的被告人最有可能被判处死刑。

(二) 证据的证明力

在英美法系中通行的证据定义是，"为了证明争议事实或争议观点而在法定调查过程中提出的信息"。由事实构成，或者"允许在法庭上作为证据使用的陈述和证明"。② "粗略地说，证据由事实构成，但不是所有的事实都是证据，只有那些庭审可采纳的事实才是证

---

① 参见［美］保罗·布莱斯特、桑福·列文森等：《宪法决策的过程：案例与材料》，张千帆等译，中国政法大学出版社2002年版，第885—886页。
② 参见卞建林、刘玫主编：《外国刑事诉讼法》，人民法院出版社、中国社会科学出版社2002年版，第218页。

据。① 而证据的证明力则是指，对可采证据相对于争议事实证明价值的量化估计。如果说一项证据是相关的、可采的，实际上就等于解决了法律问题，当事人就有权向法庭提交该证据。该证据就具有说服法庭相信它所要证明那种可能性的潜力。但是它对于那些事实的实际证明价值则取决于审判法庭对事实真实性、证据可靠性和说服力所持的态度。证据可能没有任何证明力，或者如此具有证明力以至于能够证明案件本身，或者在这两者之间的某个确定位置。② 证据的关联性与其所具有的证明力紧密联系在一起，若证据的关联性不足以被法官采纳，那么将会影响对该证据证明力的判断。

在本案中，主要的争议焦点为被告人所提出的上诉证据是否具有法律上的证明力。

1. 证据的真实性

NAACP法律辩护基金会授命巴尔杜斯团队进行细致的数据分析，项目名称为"佐治亚州起诉和判决研究"（GCSS），该研究尝试收集超过500件犯罪案件中的有关因素信息，包括在1973年至1978年间佐治亚州1082名被起诉故意杀人或谋杀的被告人。通过从佐治亚州赦免和假释部门收集文件信息，让每位被测试人填写长达42页的问卷。此时的大部分犯罪数据来源于一到两页的警署报告或犯罪报告。因此，巴尔杜斯教授所搜集的原始数据是真实的，该研究结果具有真实性。

2. 证据的可采性

联邦最高法院在某些有限的场合下接受统计数据作为歧视性意图的证据。（1）联邦最高法院认可在某个特定地区挑选陪审团过程中产生的统计差异作为违反平等保护的证据。（2）联邦最高法院承认多重回归分析的统计结果可以证明对《民权法案》第七篇的违背。

---

① 参见［美］爱伦·豪切斯泰勒·斯黛丽、南希·弗兰克：《美国刑事法院诉讼程序》，陈卫东、徐美君译，中国人民大学出版社2002年版，第380页。
② 参见郭志媛：《刑事证据可采性研究》，中国政法大学2003年博士论文。

因此，不论赞成派还是反对派都可以接受统计数据在某种情况下作为证据的情况。但是，联邦最高法院认为，死刑判决的性质和统计资料同判决的关系从根本上不同于挑选陪审团或《民权法案》第七篇中的相应部分。最重要的是，每一个特别的死刑判决都是由小陪审团作出的，其成员是从适当的陪审团组成成员中挑选而来。每一个陪审团的构成都具有独一无二性，宪法要求陪审团的决定必须依据个别被告人特征变化的众多因素加以考虑，以及对具体犯罪事实的斟酌。因此，将从一般统计分析中得出的推论运用于某个案件的审理和判刑，或者特定陪审团的挑选或涉及《民权法案》第七篇的案例根本不可能同日而语。① 因此，联邦最高法院认定，被告人所提出的数据资料不具有可采纳性。

而支持被告人麦克莱斯基上诉意见的一方认为，该统计数据具有可采性。在这个案例中，该项统计数据真实证明了对被告人的判决受到种族考虑影响的危险。统计数据表明，在佐治亚州，种族因素对死刑判决的影响大于50%，若受害者是黑人，那么大部分刑事犯罪的被告人可能会被免于死刑。

3. 证据的关联性

一项真实、具有可采性的证据若与案件无关，则不会具有法律上的证明力。在本案中，巴尔杜斯研究结果是否与本案所涉及的种族歧视因素有关成了最大的争议焦点。

联邦最高院指出："巴尔杜斯教授自己也不认为他所得出的研究结果可以证明种族歧视绝对地影响死刑判决，也没有确定的证据证明种族是麦克莱斯基案中的重要因素，他的研究数据只能说明种族因素可能会在判决中起到作用。另外，巴尔杜斯的研究数据至多显示了似乎与种族相关的差异，由于涉及陪审团判案和自由酌处权，

---

① 参见[美]保罗·布莱斯特、桑福·列文森等：《宪法决策的过程：案例与材料》，张千帆等译，中国政法大学出版社2002年版，第861页。

判决中体现出来的差异往往不可避免。"最后，联邦最高院认为，如若接受了被告人的上诉，承认种族歧视已经影响了死刑判决的决定，那么，很快整个司法审判系统将面临其他形式惩处的类似指控。因此，联邦最高法院否认了巴尔杜斯的研究，认为该证据无法与案件之间建立关联，从而该证据不具有法律上的证明力。

反对派在证据的关联性问题上持有不同的意见。（1）仅将考察数据作为证据本身可能是不够的，但必须要深入探讨数据背后所隐含的价值。如佐治亚州长期具有种族意识的刑事审判制度，与之前联邦最高法院已经承认的可能影响刑事审判程序的种族因素。（2）被告人麦克莱斯基所提出的证据可以证明种族因素对其死刑判决造成影响的可能性严重程度。通过巴尔杜斯的研究数据得出："因其被指控杀害的是白人，他被判处死刑的几率是被控杀害黑人的 4.3 倍。巴尔杜斯同样也证实，如果不是因为被指控杀害了白人，被判处死刑的可能性会小很多。在与麦克莱斯基严重程度相当的案件中，若被害者是黑人，则每 34 个被告人中会有 20 个不被判处死刑。而在谋杀案中，如果被告人是谋杀案中的挑衅者，则被判处死刑的几率比被挑衅者高 2.3 倍。"由此可见，在死刑案件中，被指控者的种族因素比是否为挑衅者更重要。（3）巴尔杜斯还证实了种族因素在审判过程中所起到的作用，数据表明，在涉及黑人被告人和白人受害者的案例中，被检察官诉诸判处死刑的请求 5 倍于涉及黑人被告人和黑人受害者的案例，3 倍于涉及白人被告人和黑人受害者的案例。因此，反对派认定，被告人麦克莱斯基所提交的证据与案件具有紧密的关联性，从而具有法律上的证据力。

二、适用死刑的合宪性问题

本案涉及死刑判决，因而死刑是否违宪再次成为案件的焦点之一，被告人认为其被判处死刑违反了《宪法第八修正案》禁止残酷和异常刑罚的条款。美国联邦《宪法第八修正案》规定：不得索取过多的保释金，不得处以过重的罚金，或施加残酷和异常的刑罚。①该条款是美国《权利法案》保护刑事案件被告人权利的重要部分，也是限制刑罚滥用的重要规则。这项条款源于英国，当时为了应对英国国王詹姆士二世采取凶暴的方式镇压叛乱，国会通过立法禁止各项残酷、野蛮的刑罚。

现阶段没有任何准确的定义或原则准确界定何种刑罚属于残酷和异常的刑罚。大多数法官认为，死刑判决违宪不是死刑本身违宪，而是死刑的适用不能违反罪刑均衡原则，即刑罚方式必须根据与时俱进的文明标准变化而与犯罪行为相称。正如沃伦大法官所言，联邦最高法院很少对《宪法第八修正案》的规定作出精确的解释，而是随着与时俱进不断发展的道德标准来充实其含义。但也有少数法官如马歇尔、布伦南等认为，死刑本身就是残酷与非人道的，是违反宪法的。

在本案中，被告人麦克莱斯基没有提出适用死刑本身是否违宪，而是认为《宪法第八修正案》所指的"禁止残酷与异常刑罚"应当包括受种族歧视影响的不公正的刑罚。而他在本案被判处了这种不公正的刑罚，所以死刑判决违宪。联邦最高法院以同样的理由驳回了被告人的意见。联邦最高法院认为，统计数据没有证明种族因素已经影响了佐治亚州的量刑程序。尽管种族歧视可以影响陪审团在某一案件中的裁决，但这种危险在宪法上不可能被接受。事实上，联邦最高法院认为，鉴于陪审团在作出量刑裁决时必须被赋予裁量权，统计数据的差别不可避免。② 因此，联邦最高法院不承认对麦克莱斯基的死刑判决违反宪法。

---

① 转引自 U. S. CONST. amend. 8.
② 参见 [美] 琳达·E. 卡特等：《美国死刑法精解》，王秀梅等译，北京大学出版社 2009 年版，第 299 页。

第三节　种族歧视与美国死刑

一、种族歧视与美国死刑制度的历史变革

（一）种族歧视的历史变革

美国是一个多民族的国家，它的历史在某种程度上可以称为种族关系史。种族问题是美国历史和现实中的顽疾，在当今美国可以称得上是一个碰不得的"红线"。作为早期被强制移居美国的非裔美国人一直在美国种族问题上扮演着重要的角色，是种族歧视的重点对象。

伴随着第一批非洲黑奴被贩卖到美国，种族歧视也随之产生。1619年，当第一批非洲黑奴被带到詹姆士镇后，来自英国的定居者们把他们当作合约仆人且几年后就释放了他们。这些黑人被释放后成为有限的资源，同时，也需要有人来代替这些黑人从事劳动。另外，考虑到这些黑人模糊的社会地位，且白人感到强迫其他种族的人做奴隶有困难，于是，就出现了奴隶制的合法化。1641年，马萨诸塞州把奴隶制合法化，成为奴隶制合法化的第一个殖民地，其他殖民地纷纷仿效，通过法律将奴隶的身份代代相传，同时规定被带到美国的非基督徒仆人终身为奴。黑奴贸易使黑人的社会地位降到最低，加深了人们对黑人的歧视。①

1789年的《美国宪法》中黑奴被称为"五分之三"，只是奴隶主的私有财产，杀害或者伤害一个黑奴只意味着侵犯了奴隶主的财产权，而奴隶主对其奴隶的侵害则无须承担任何法律责任。如在著名的德雷德·斯科特诉桑福德（Dred Scott v. Sandford）案中，黑人奴隶斯科特向密苏里联邦巡回上诉法庭诉称纽约州公民桑福德袭击

---

① 参见蒋建华：《浅谈美国人对黑人的歧视》，载《科技信息》2008年第11期。

了他。被告人主张,斯科特是他的奴隶,所以不可能存在所谓的袭击。法院认为,斯科特是桑福德的财产,所以支持了被告人的意见。案件随即上诉到联邦最高法院,首席大法官罗杰·布鲁克·坦尼(Roger Brooke Taney)在判决书中写道:"早在一百多年前,他们就已经被视为一种下等的生命;无论在社会还是政治关系中都完全不适宜与白色人种往来;他们是如此低劣以至于不享有那些白人必须予以尊重的权利;该黑人可以出于其利益而被适当且合法地降为奴隶身份。他被买来卖去,被视为一件普通商业和交易物品……德雷德·斯科特不是合众国宪法意义上的密苏里公民,因此无权在其法院提起诉讼。"① 所以,在那个时期尚不存在对黑人适用人权保障问题,因为在美国白人眼里他们根本就不是人。

南北战争后,美国国会通过了三个有关种族问题的宪法修正案。其中,《宪法第十四修正案》规定:"各州不得不经由法律正当程序,即剥夺任何人的生命、自由或财产,或在其管辖区域内对任何人拒绝提供法律上的平等保护。"即通常所称的"平等保护条款"。《宪法第十四修正案》通过的初衷是保护黑人不受歧视,黑人虽然从名义上获得了解放,但制度化的种族歧视依然长期存在。一些白族种族主义占主导的南方立法机关仍以法律的形式对黑人进行种族歧视。如在1896年普利西诉弗格森案中,以法院判决的形式认可了种族隔离制度的合法性,并由此确立了充满种族歧视色彩的"平等隔离"(Separate but equal)原则。在此原则的支撑下,各州法院和联邦最高法院更是承认了种族歧视的合宪性,相应立法机关甚至还制定了系统全面的种族歧视法律,统称《吉姆·克劳法》,在那个时期平等不复存在,而歧视无处不在。

到了20世纪,在南部的许多州,种族歧视现象仍然是随处可

---

① 参见[美]伯纳德·施瓦茨:《美国最高法院史》,毕洪海、柯翀、石明磊译,中国政法大学出版社2005年版,第129页。

见。哪里有压迫，哪里就有反抗，黑人开始寻求获得自由、平等的道路，斗争日益加剧，后来上升到一定的规模，发展为一定的有组织、有领导的运动。无论简单的斗争还是大规模的运动，像19世纪末布克·华盛顿领导的塔斯克基运动，还有20世纪60年代的黑人民权运动等，都是黑人竭力融入白人主流社会的尝试。他们斗争的矛头并不是推翻整个现存的制度，而是在现存制度下争取黑人的合法的权利。[1] 通过不断的抗争与努力，美国的种族歧视问题虽然表面上有了很大的缓和，但仍是根深蒂固的社会痼疾之一。2000年9月21日，美国国务院发表的报告承认，尽管消除种族歧视的法律已经颁布了几十年，但是种族歧视依然困扰着美国社会。报告声称："虽然大多数白人不认为今天的美国有太多的种族歧视问题，但大多数少数民族在现实生活中的感觉却正好相反"。[2] 尤其是对黑人种族的歧视，已渗透到社会生活的诸多方面。几个世纪的压迫不可能在短短的几十年内就得到彻底地解决，这仍然需要美国的全方面努力。

（二）美国死刑制度的历史变革

死刑是由刑法规定的，因犯罪行为而被判处剥夺生命的一种刑罚手段，死刑作为一种极刑，经常被认为是残酷、血腥和不人道的。随着社会文明的高度发达，废除死刑的呼声越来越高，很多西方国家的死刑制度经过长时间的变革最后都已经废除，而一直高呼崇尚人权的美国却是保留死刑的典型代表。美国的死刑制度伴随着美国历史发展的始终，至今死刑制度仍在美国的法律制度中起着重要的作用。

美国的死刑制度源于英国，英国早期的法律规定"故意杀人罪死"。在10世纪，绞刑是最为普遍的处死方式。在最初的死刑制度

---

[1] 参见张晓云：《试析美国种族歧视的历史根源》，载《宿州学院学报》2005年4月第20卷第2期。
[2] http://news.sinohome.com/2000-09/23/62808.htm. 2000/09/23，访问日期：2016年10月4日。

中，英国法律只规定了 8 种死刑罪：谋杀、盗窃、抢劫、入室行窃、强奸、纵火、叛逆和轻叛逆。随着时间的推移，死刑的罪名不断增加，到 1820 年已达到 200 多个，其中不乏一些轻微的经济型犯罪。美国的先驱者基本采纳了英国普通法和相应的司法制度，"美国人承认英国的普通法是他们的传统和后盾"。① 死刑制度也同样在北美殖民地上适用。1908 年，一位名叫乔治·肯德尔（George Kendall）的上尉军官，因充当西班牙间谍而被判处死刑，他是第一位被执行死刑的罪犯。这一死刑判例开启了美国长达数百年的死刑史。

美国的死刑制度是在死刑制度存废的大讨论中不断变革发展的。1767 年，贝卡里亚在《论犯罪与刑罚》一书中论及，刑罚制度的限度，是达到安全有秩序的适当目标，超过限度就是暴政。同时他还提出要废除死刑，认为由国家来剥夺一个人的生命是不公正的。贝卡里亚的思想对美国的死刑改革有着深远的影响。美国的建国者之一托马斯·杰弗逊曾在弗吉尼亚州议会上提出一个修改死刑法律的提案，即除了谋杀罪和叛国罪之外，都不得判处死刑。这个提案以一票之差落败。宾夕法尼亚州费城是《独立宣言》和《美国宪法》的签署地，也受到贝卡里亚思想的影响。《独立宣言》的签署者之一本杰明·拉什博士甚至认为，处死也是杀人，反而给犯罪行为树立了一个坏的榜样。该州在 1794 年就立法规定，除了一级谋杀罪，其余罪行一律不许处以死刑。②

虽然有的州很早就开始废除死刑或者限制死刑的适用，但由于美国是一个联邦制国家，联邦最高法院对各州死刑制度的制约有限，死刑完全成为各州自己的事情。是否保留死刑、对哪些罪名判处死刑及死刑案件程序等都由各州独立决定。③ 这就造成了美国南北方死

---

① 参见程味秋：《外国刑事诉讼法概论》，中国政法大学出版社 1994 年版，第 37 页。
② 参见张栋：《美国死刑程序研究》，中国人民公安大学出版社 2007 年版，第 2 页。
③ Franklin E. Zimring, The Contradictions of American Capital Punishment, Oxford University Press, 2003, p. 69.

刑状况的巨大差异，北部地区在殖民地时期就将死刑主要适用于谋杀类的犯罪，因此，处于该区域的州或者明文规定废止了死刑，或者极少适用死刑。中部区域的各州比北部区域适用死刑广泛，但数量上相对也较少。而南方大部分为蓄奴州，对奴隶逃跑、帮助奴隶逃跑或者强奸等行为大量地适用死刑，也正是这些州强烈地反对废除死刑。根据美国"死刑信息中心"2006年公布的数据，自1973年以来，美国执行死刑的总人数达到了1004人。其中，仅得克萨斯州就处决了355人，其次是弗吉尼亚州94人，俄克拉荷马州79人。从地域分布来看，被执行人的72%集中在南部各州，中部占了23%，西部占了3%，东北部占了2%。①

此外，美国早期废止死刑的运动是与奴隶解放运动结合在一起的，19世纪三四十年代，当奴隶解放运动风起云涌之际，大规模的废除死刑运动也成勃发之势。后来随着内战、一战的爆发，废止死刑的态势不断被中断、恢复。20世纪50年代，随着美国民权运动的萌芽和发展，死刑废止运动再度兴起。在此期间，弗曼诉佐治亚州（Furman v. Georgia）一案的判决起到了划时代的作用，它开启了联邦最高法院对死刑的合宪性审查。

在弗曼案中，3名被告都是黑人，在被佐治亚州法院判处死刑后，均向联邦最高法院提出上诉。他们认为州法院判处死刑的方式武断且反复无常，该判决违背了《宪法第八修正案》。联邦最高法院在审理后以5:4的结果推翻了原死刑判决，判定该判决违反了《宪法第八修正案》，构成了残酷和异常的刑罚。该案5名大法官对原判决持否定态度，但只有布伦南和马歇尔两大法官是否认死刑本身，他们认为死刑在任何情况下都是违宪的。而另外3名大法官认为，该死刑判决的程序存在不公平，无论是具有歧视性还是因为判决的随意性，都是令死刑无法公平公正适用的不良因素。斯图尔特大法

---

① http://www.deathpenaltyinfo.org/YearEnd05.pdf，访问日期：2016年10月4日。

官曾就该案表达自己的意见:"这些死刑判决与遭受雷击一样残酷和异常,实际被处以极刑的那部分人是在众多被告人中随机挑选的少部分人。此外,部分任意性是对穷人或少数民族的歧视。"因此,该判决没有认定死刑本身违宪,只是认定该死刑适用过程具有违宪情节。然而,这一判决对美国存在死刑的各州产生了巨大的影响,很多人乐观地以为美国的死刑制度会就此终止,各州纷纷对死刑的适用作出了限制,开始重新确立适用死刑的标准。

1976 年,在弗曼案宣判后的第 4 年,联邦最高法院在格雷格诉佐治亚州(Gregg v. Georgia)一案中却作出了相反的判决,依据仍然是《宪法第八修正案》"残酷和异常刑罚"条款。为何根据同一条款却作出不一样的判决?在过去的 4 年中,为了避免弗曼案再次上演,佐治亚州已经像其他多数州一样,按照联邦最高法院的标准修改了其相关法律。根据当时最新的法律,死刑案件的审理分为定罪程序和量刑程序。死刑只适用于很窄范围内的罪名,并且列明了加重与减轻情节,只有犯罪时存在至少一项加重情节才可以考虑适用死刑;死刑判决作出后将自动上诉至州最高法院。在格雷格案中,被告人在定罪阶段罪名成立,在量刑阶段陪审团确认存在两项法定加重情节。在这种情况下,在弗曼案中赞同法庭意见的 5 位大法官中,除了布伦南和马歇尔大法官仍然坚持死刑违宪的立场外,另外 3 名大法官认为,现有法律已足以保证死刑得以公平执行,再加上当初就持反对意见的 4 位大法官,最后以 2∶7 的投票驳回上诉,维持死刑判决。从此被停止执行 4 年之久的死刑再次恢复。①

在这两个具有里程碑意义的案件判决之后,直至今日,美国死刑制度的整体格局变化不大。目前,美国共有 53 个司法辖区,各自都有自己的司法系统,因此也很难一一列举相应的死刑制度。但总

---

① 参见郑延谱:《中美死刑制度比较研究》,中国人民公安大学出版社 2010 年版,第 18 页。

体观之，美国死刑制度大致呈以下几个特点：（1）可适用死刑的罪行范围极窄；（2）死刑适用越来越谨慎；（3）死刑的适用在南北方差异巨大；（4）死刑判决多，实际执行少，从判决到执行时间漫长；（5）死刑执行制度相对较为文明，体现出西方的人文关怀。①

二、 种族歧视对美国死刑制度的影响

（一）种族歧视对美国死刑的立法影响

美国有着两百多年奴役黑人的历史，白人的种族优越感在大部分人心里根深蒂固，种族歧视则最能体现这种优越感。因此，在美国的司法系统中也不免受到种族歧视的影响，美国关于死刑的立法也不例外。

独立战争之前，美国各州已将奴隶制合法化，依照当时的法律，黑人要将奴隶的身份代代相传。那时美国死刑法律里充满了种族歧视，美国南部的死刑是控制奴隶的一个工具。例如，在北卡罗来纳州，奴隶偷窃、煽动奴隶暴动和为了使奴隶获得自由而隐藏奴隶都要被处以死刑。佐治亚州法律规定，奴隶或黑人自由人强奸白人要处以死刑，白人强奸奴隶或黑人妇女则由法院自由裁量处以罚金或监禁。② 当时南部各州通过了臭名昭著的"黑人法典"，限制自由人拥有财产、签订契约的权利，还单独为黑人设立了特殊的罪名，对黑人犯罪施加歧视性惩罚。③

随着南北战争的胜利，奴隶制度的瓦解，美国黑人开始拥有选举权和被选举权等基本人权。1865年，美国第38届国会通过了《宪法第十三修正案》，以宪法的形式废除了奴隶制。1868年和1870年

---

① 参见郑延谱：《中美死刑制度比较研究》，中国人民公安大学出版社2010年版，第18—19页。
② Evan J. Mandery, Capital Punishment: A Balanced Examination, Jones and Bartlett Punishers, pp. 6—7.
③ 参见［美］罗森：《最民主的部门》，胡晓进译，中国政法大学出版社2013年版，第46页。

又分别通过了《宪法第十四修正案》和《宪法第十五修正案》，确立了黑人与白人同等的法律地位。同样，宪法为国家的根本大法，在法律上保护了黑人的人身权利，在死刑的立法方面也不得存在任何具有种族歧视的条款。虽然各个法律条文都不得具有任何种族歧视意味，但种族歧视依然存在，在这一时期被判处死刑的罪犯中有一半以上是黑人。

在麦克莱斯基案发生之后，种族歧视对美国死刑的影响再一次被热议。作为对联邦最高法院号召采取立法行动的回应，几名国会议员提出了"种族公正法案"，该法允许被告人用统计数据来证明在死刑判决中存在种族歧视。尽管有很多人支持，但最终还是没有被通过。各州立法机关的反应与之类似，但只有肯塔基州将该法案签署为法律。该法案规定：任何人不得因种族原因承受或被科处死刑……如果法庭认定，在肯塔基州拟判处死刑时，种族是决定量刑的重要因素，就可以认定种族因素是拟判处死刑的依据。①

（二）种族歧视对美国死刑的执法影响

纵观美国历史会发现，由于种族歧视或者偏见的存在，美国司法机关在死刑执行方面也存在因人而异的情况。在早期，私刑作为一种特殊的死刑执行方式被广泛应用于美国南部。私刑的最初含义只是各种法外执行惩罚措施的总称，后来演变为专以死刑为内容的处罚方式。到19世纪90年代，私刑的适用开始专门针对黑人。这一时期的私刑执行往往伴有大量的围观者，并对被执行人进行残酷折磨。在执行私刑的过程中，如若罪犯认罪态度良好，则还有可能获得一顿饱餐或者最后向亲人告别的机会；如若罪犯不肯认罪，则会受到酷刑的折磨，执行场面令人毛骨悚然。被执行者或者被吊死在树上、旗杆上以及桥上，或者被绑在发红的铁柱上烫死，还有少

---

① 参见［美］琳达·E.卡特等：《美国死刑法精解》，王秀梅等译，北京大学出版社2009年版，第303—304页。

数被勒死。执行过程中,被执行者在死亡前还要再次受到折磨,有的生殖器被割掉,有的内脏被拉出并抛在其前面。在被执行人死亡后,人们会争抢捆绑他的绳索、铁链、衣服甚至骨头,以便日后进行炫耀及出售。①

虽然这种死刑执行方式在北部很多州都已经被废止并受到指责,但在南方几个州却受到普遍欢迎。有人认为,这是由于当时法律不健全所造成的残酷刑罚。其实不然,法律体系的不完善只是其中原因之一,但真正的原因是白人与生俱来的种族优越感和对黑人的歧视。在他们看来,这些黑人奴隶杀害雇主或者强奸白人妇女的行为是对种族规则最强烈的挑战。那些人为了白人的荣誉,为了显示白人种族的力量,对那些敢于危害白人利益的黑人施以残酷的处决。他们利用这种惨无人道的死刑执行方式向黑人传递一种信息,即黑人无平等的法律保护权,无人格,更无地位,一旦他们侵犯了白人的利益,等待他们的只有更加惨无人道的处决。绞刑曾是美国南部最流行的死刑方式,用这种方式处决的大部分都是黑人,特别是对强奸白人妇女的黑人。在 1882 年至 1968 年间,大约共有 4743 人被私刑处死。在 1889 年至 1899 年,在美国平均每隔一天就会有一个人被私刑处死,其中 2/3 是黑人。② 在那个年代,种族因素对死刑的执行方式影响巨大。

随着时代的进步和法制的健全,美国死刑的执行方式和程序也得到了规范,种族问题在公众面前已无处藏身,但由于思想上的种族歧视因素根深蒂固,黑人仍然可能会在执行上受到不公正的对待。

(三) 种族歧视对美国死刑的司法影响

种族问题是美国刑事司法制度中始终挥之不去的难题,尽管司

---

① The New York Times, 2 Feb. 1893; 24 June 190. 转引自郑延谱:《中美死刑制度比较研究》,中国人民公安大学出版社 2010 年版,第 51 页。
② Joell Williamson, The Crucible of Race: Black-White Relations in the American South Since Emancipation, Oxford Univ. Press, 1984, pp.117-118.

法部在管理联邦死刑的问题上，尽力维持种族中立的立场，但因种族原因产生的不公平仍然不断引发问题。在 1988 年至 2006 年 7 月间的 382 个被批准的联邦死刑指控中，有 278（78％）件是针对少数族裔。在所有的被告人中，104 人是白人，64 名西班牙裔、16 名亚洲/印度/太平洋岛国居民，3 名阿拉伯裔以及 195 名非裔美国人。再有，在现有被判处死刑的联邦罪犯中，59％是少数族裔。尽管在过去几年里，这一比例有所减少，但是联邦死刑犯中非白人的比例仍然明显高于各州死囚的比例。批评者提出，即使这些数据不构成麦克莱斯基诉坎普案（McCleskey v. Kemp）中的违宪事实，但起码从表面上可以证明存在种族不公。①

美国的死刑司法审理主要包括审前程序、审判程序和复审程序，种族歧视的影响主要作用在前两个程序：审前和审判程序。因为美国的死刑复核程序主要是对定罪和量刑两个阶段产生的问题进行审查。其中包括对法官或量刑陪审团对死刑或被告人是否存在偏见的审查。因此复核阶段主要是排除种族歧视的程序。

1. 种族歧视对审前程序的影响

在审前程序的执行过程中，种族因素主要作用于逮捕、起诉和挑选陪审员三个阶段。

（1）逮捕阶段。逮捕是指司法当局对某人进行人身拘留或拘押，并使其回答法律上的指控或接受讯问。② 在逮捕阶段，警察为主要的执法人员。警察个人可以决定是否把被告人逮捕。美国法律允许警察在执法时有便宜行事之权，这种权力导致大批并没有犯罪的黑人被捕。美国警察对黑人的歧视由来已久。美国警察局设立于 19 世纪末，自成立以来，即以迫害黑人著称。大多数美国警察局是在 60 年

---

① http://www.deathpenaltyinfo.org/article.php? amp；scid＝29&did＝147，访问日期：2016 年 12 月 13 日。
② 参见郑延谱：《中美死刑制度比较研究》，中国人民公安大学出版社 2010 年版，第 125 页。

代后为对付黑人暴动而设立。因此形成了传统的种族偏见和与黑人为敌的心态。在他们决定逮捕被告人与否时,主要看对方的种族。如果犯同样的罪,白人可以不被逮捕,而黑人一定要被逮捕。警察的乱抓乱捕造成被捕的黑人数量惊人之多。美国黑人只占全国人口的14%,但在押黑人囚犯却占全美囚犯的54.2%。[①]

(2)起诉阶段。美国的死刑案件必须以检察官"寻求"死刑为前提,作为刑事案件中最为重要的量刑者之一,检察官在案件中有权决定指控谁,以什么罪名指控,是否提交审判,以及将哪个符合死刑资格的案件作为死刑案件起诉,这些决定大部分不会进行复核,也没有细致的规定进行指导。从某种程度上说,检察官对死刑的态度会直接影响判处死刑和实际执行死刑的数量。[②]虽然法律规定检察官在处理死刑案件时要重证据、要公平、公正,然而又规定检察官处理案件有自由裁量权。这就为检察官利用手中之权歧视黑人创造了机会。其表现有如下情况:第一,如果黑人指控白人,检察官将驳回黑人的上诉,宣布白人无罪。第二,如果警察抓错了黑人,或没有证据证明被告人有罪,检察官本应通过诉讼谈判而结案,但却不愿受理这个案子,使被告人无法结案。第三,当被告人是黑人,尤其是贫穷黑人,检察官更不愿接案,因为检察官认为他们无钱打官司。第四,当证人中有白人,也有黑人时,检察官只听白人作证,而不采信黑人的证词。[③]即使有些黑人没有达到应判处死刑的犯罪程度,但也很有可能最终被判处死刑。美国检察官98%是白人,据全国有色人种协会法律辩护基金会称,在同样的情况下,黑人对白人犯罪,检察官可能会谋求死刑;而当受害者是黑人时,则不会谋求死刑。在几类重大犯罪中,一旦被裁定有罪,黑人比白人更有可能

[①] 参见李世安:《美国司法制度对黑人人权的践踏》,载《中国人民大学学报》1998年第4期。
[②] 参见张栋:《美国死刑程序研究》,中国人民公安大学出版社2007年版,第26页。
[③] 参见李世安:《美国司法制度对黑人人权的践踏》,载《中国人民大学学报》1998年第4期。

被投入死牢。本案被告人麦克莱斯基就曾指出,一旦黑人被以谋杀罪进行指控,检察官就必须考虑判处死刑或者终身监禁的可能性,此时,受害者的种族就会成为重要的因素。

(3)挑选陪审团阶段。在美国,无论是审前程序中的控告、预审还是庭审阶段的定罪和量刑,陪审团都起着重要的作用,前者是大陪审团制,后者是小陪审团制。尤其是庭审阶段的小陪审团制,被告人的罪责完全由小陪审团决定。[①] 由于陪审员拥有极大的自由裁量权,陪审员的种族态度也会在有意识或者无意识的情况下影响定罪量刑。陪审员的选择分为两个阶段:第一阶段为初选;第二阶段为庭选。初选为任意选择,一般是从选民登记单上挑选,种族因素在这一阶段影响不大。而在庭选过程中,检察官和被告人的律师通过有因回避或无因回避从初选陪审员中选出正式陪审员。在这一过程中,种族因素就有可能悄然发挥作用。在巴特森诉肯塔基州(Batsan v. Kentucky)一案中,被告人巴特森是一个黑人,被控犯有二级盗窃罪和收受赃物罪。在对陪审团的预先审核中,检察官利用无因回避排除了陪审员中的 4 名黑人,导致陪审员全部为白人。这必然会导致判决有可能存在种族歧视的危险。事实上,许多州和联邦法院通过审判实践已经表明,无因回避制度有时可能并且也确实导致了部分案件对黑人的歧视。

2. 种族歧视对审判程序的影响

在死刑案件中,审判程序包括两个阶段——定罪阶段和量刑阶段。

定罪阶段,是审判程序的第一步,由陪审员根据公诉人所提供的证据及辩方所提供的证据来考量被告人是否有罪。量刑程序在定罪之后进行,在该程序中,控辩双方围绕是否存在加重情节或者减

---

① 参见郑延谱:《中美死刑制度比较研究》,中国人民公安大学出版社 2010 年版,第 176 页。

轻情节进行辩论,最后由陪审团决定是否适用死刑。

在审判过程中,黑人最终被判处死刑的比例很高。来自北卡罗莱那大学的伯格教授曾就该州发生的3900宗杀人案进行研究后得出结论,黑人杀害白人的案件有284件,被判处死刑的比例为11.6%;白人杀害黑人的案件有80件,被判处死刑的比例为5%,黑人被判处死刑的概率远远高于白人。这种量刑中的不公正,种族因素不可避免地起到作用。这种作用通过两种方式实现:一是联邦法案,如1984年的联邦量刑改革法案,该法案强调联邦检察官的作用并制定了相应的量刑指南,具体规定了量刑的范围。这项规定不仅加重了检察官在判刑中的权力,更增加了种族歧视现象发生的危险性。该法案自1989年实施以来,黑人犯人被判入狱或重判的情况屡见不鲜。二是司法系统内的黑人比例低,白人一手遮天。[1] 黑人虽然在法律上已经具有与白人相等的社会地位,但在现实生活中还是很难进入到权力机构,尤其是司法机构。在美国,只有少数的黑人法官、检察官,绝大多数的权力执行者还是白人。这些权力者的种族成分也会影响到案件的最终判决。

同样,对具有定罪与量刑权的陪审团来说,种族因素有着很大的影响力。华尔街日报曾有一篇文章称:"种族因素在陪审团的许多裁决中似乎发挥着越来越大的作用。特别是在南方,有清一色白人的陪审团,不管证据是否确凿,几乎总是裁决对白人犯罪的黑人有罪,而对黑人施暴,甚至私设公堂处死黑人的白人罪犯却逍遥法外"。[2]

---

[1] 参见姬虹:《"司法对于我们少数族裔从来就不是平等的"——种族歧视在美国执法、司法领域中的表现》,载《世界民族》2006年第4期。
[2] 参见邓蜀生:《世代悲欢"美国梦"》,中国社会科学出版社2001年版,第442页。

第四节　麦克莱斯基诉坎普案的法律评析

一、联邦大法官对麦克莱斯基诉坎普案的法律评析

在本案中，联邦大法官们以5∶4的投票结果否定了被告人的上诉证据，驳回了上诉意见。联邦最高法院指出，麦克莱斯基想要使自己的主张成立，就要证明检察官或者陪审团故意或者蓄意进行歧视。① 由鲍威尔大法官执笔的多数派意见认为，没有足够的证据证明违反平等保护条款或违背《宪法第八修正案》的主张。

对于本案，尽管布莱克门大法官同意被告人根据平等保护条款赢得种族歧视主张必须证明存在有目的的歧视，但他提出，联邦最高法院应该适用与陪审团成员选择相同的标准。这种标准要求被告人以表面证据证明存在种族歧视，然后将证明责任转移给控方，控方要证明这种行为是一种被允许的中立行为。

布伦南大法官不同意法庭对《宪法第八修正案》的分析。他指出，自弗曼案以来，联邦最高法院担心出现的是任意裁决的危险，而不是当事人提出的已证事实。他还指责法官里的多数派害怕太多的公正，他写道："自联邦最高法院第一次决定打破种族隔离到现在仅仅经历了不到一代人，自立法在国民生活的诸多领域禁止种族歧视到现在也不过20年。尽管这些都是值得炫耀的进步，但我们不能自以为在30年里已经完全摆脱了延续几个世纪的陈规陋俗……只要我们否认它对现在造成的影响，我们就还受到这些陈旧思想的禁锢。"② 他认为麦克莱斯基的上诉意见有道理，种族歧视的存在是无法磨灭的事实。

---

① 参见[美]琳达·E.卡特等：《美国死刑法精解》，王秀梅等译，北京大学出版社2009年版，第299页。
② 同上书，第301页。

同样持反对意见的斯蒂文斯大法官在其意见书中写道:"巴尔杜斯研究结果表明麦克莱斯基案中的量刑法官受到被告人是黑人且被害人是白人这一事实的影响。如果被害人是黑人或者麦克莱斯基是白人,那么结果也许就不会如此严重。"

当时为联邦最高法院最终判决执笔的鲍威尔大法官在若干年后曾表示,如果有机会,他会改变对麦克莱斯基案的投票,因为他最终认为死刑是应该被禁止的,不仅因为死刑本身无法适用,而是死刑的适用程序无法做到公平、公正。

二、 学者对麦克莱斯基诉坎普案的法律评析

查尔斯·布莱克(Charles Black)教授就本案对被告人适用死刑持反对意见,他认为:"在美国的司法制度中,法官、检察官都拥有量刑酌定权,因为即使面对相同的案件,科处的刑罚也会因人而异,这取决于法官或者检察官对于具体案件的考虑。如果量刑酌定权已授予法官,任性科刑在所难免。尽管可以通过减少或者缩小酌定权的手段和范围来控制滥用,但毕竟无法完全避免。在整个司法体系中,警察、检察官、法官、陪审团等各级参与案件人员的个人判断力对司法审判程序发挥着重要作用。尤其在涉及死刑的案件中,这种任意科刑的问题会更加的严重,种族、性别、文化等等隐形的因素都会牵涉其中,这样的死刑是不平等的。"[1]

麦克莱斯基判决的一些支持者认为,被告人麦克莱斯基提出的质疑无法减轻其罪责或者改变死刑判决。如果他的主张能够推出相应结论,那么将会对整个刑事司法制度原则构成严重的挑战。欧内斯特·范·登·哈格教授认为,现在美国的死刑适用比建国初期要谨慎得多,尤其在死刑的上诉和复审程序中,司法制度很是严谨。

---

[1] 参见 [美] 欧内斯特·范·登·哈格、约翰·P·康拉德:《死刑辩论》,方鹏、吕亚萍译,中国政法大学出版社 2005 年版,第 233 页。

如果仅因为认定在自由裁量权行使过程中可能存在的种族歧视就认定判决违宪，那么，我们除了不制定法律外别无他法来避免违宪。因此，在本案中，只要对被告人适用死刑的过程符合法律规定，对他适用死刑就是合理合法的。

三、个人对麦克莱斯基诉坎普案的法律评析

在漫长司法进程中，人们虽然一直都努力清除所谓的种族偏见，但是恰恰是这些努力的存在意味着种族问题的根深蒂固。种族观念可能在各种程序过程中体现出来，如确认陪审团成员、公诉人的酌处权和审理案件中有意识或无意识的判断等等。

量刑者在审查过程中所使用的具有宽恕和任意性的自由裁量会使种族问题变得更加糟糕。即使是根据非常细致的死刑法律程序，种族因素在认定谁生谁死的过程中依然发挥着重要的作用。无论死刑的适用范围多么狭小，只要量刑者能自由地对少部分群体进行不受限制的自由裁量而具有歧视，真正的程序正义就无法实现。K. 戴维斯（K. Davis）曾说："仁慈的权力就是歧视的权力。"

在被指控种族歧视的本案中，平等保护条款适用的法律文本和法律理论不能无视无意识的存在，而种族主义在很大程度上是对无意识的认识。它是我们借以非理性地对所谓的种族附加重要性的一整套信仰。在美国，种族主义比一个有权的上层人士有意识的阴谋或一些无知盲从者们的愚蠢谬论更为复杂。因为它是历史经验的一部分，也是文化的一部分。

关于无意识的种族歧视如何影响死刑制度，杰夫·伯克拉克（Jeff Pokorak）教授曾考察了拥有死刑案件最终裁决权的地方检察官的种族。该研究表明，自1993年10月至1998年2月间，在38个保留死刑的州中，地方检察官几乎全是白人。这些州共有1838名地区检察官，其中1794人为白人（97.5%），22人为非裔美国人（1.2%），22人为拉美人（1.2%）。事实上，在这38个州中有18个

州的地方检察官全是白人。根据这个数据,伯克拉克提出,检察官的决定过程可能受到无意识的种族歧视影响。该研究就此提出无意识种族歧视渗入死刑制度的两种途径。(1)检察官与死囚的种族差异,占绝大多数的白人检察官更可能形成认为黑人低下的文化观念,并因此认为黑人被告人比白人被告人更为暴力、危险。(2)检察官与受害者的种族相同,83.2%的受害者是白人,结果就可能造成种族歧视在无意识的情况下对死刑判决产生影响。①

在本案中,巴尔杜斯研究数据具有可靠性,他用数据展示了人们内在潜意识里的无意识的种族歧视。虽然法律在其大部分篇幅中否认无意识的存在,律师和法官也否认不为人知的力量对我们生活产生影响的理论,这就是为何联邦最高法院大部分法官对麦克莱斯基的主张视而不见的原因。但其实在很大程度上,这种不情愿是不恰当的,不认同并不代表不存在。即使联邦最高法院否认种族因素对麦克莱斯基判决的影响,但种族因素仍真实地存在着。因此,我们认同查尔斯·布莱克教授的意见,所有涉及种族、性别、文化等隐性因素的死刑判决都是不公正的,这样的死刑制度违反了《宪法第十四修正案》平等保护的原则。

四、 麦克莱斯基诉坎普案的启示

种族歧视由于历史性因素而存在,虽然在法律条文中不复存在,但在思想上仍然根深蒂固。想要完全地清除掉需要漫长的过程,短时期内只能尽量减少种族歧视因素对司法程序的影响。首先,应当不断完善司法制度,尽量减少或者限制司法惩处的任意性。例如,完善陪审员的选择制度,对无因回避或者有因回避的使用严格把关。对自由裁量权的使用可以出台相关的使用细则,规避权力滥用。其

---

① 参见[美]琳达·E.卡特等:《美国死刑法精解》,王秀梅等译,北京大学出版社2009年版,第305页。

次，提高民众的法律意识。在美国的死刑程序中，陪审团发挥着举足轻重的作用，提高民众的法律意识，加强法制观念，能够让陪审团的成员们依法断案，尽量不感情用事。这样能够有效地减少种族歧视存在的危险。最后，应当不断调整种族政策。在美国建国初期，对待不同的种族实施的是同化政策，这就造成后来的异族深受歧视的社会现象，而随着社会的进步，美国开始调整种族政策，开始接受各族文化，努力达成民族融合的状态。在这样的努力下，种族问题确实有所减少。因此，为了使社会大环境更好、更快地达到种族和谐状态，美国政府应当进一步调整与完善种族政策。

美国的发展和构成美国社会的少数民族密不可分，但从不同肤色、不同文化导致不公平对待这一现象来看，少数民族在美国社会没有获得真正的平等与自由。今天，虽然宪法上实现了一些少数民族要求的平等、公正，但遗憾的是，贫穷、偏见、不公平仍然存在着。就连美国政府也不得不承认，美国存在种族主义、种族歧视和事实上的种族隔离，少数民族面临的不平等问题仍然是美国最严重和无法解决的挑战之一。从根本上改善黑人及其他少数族裔不平等的地位和状况，这是美国社会根本性的大问题。

美国《宪法第十四修正案》规定了平等保护原则，死刑本身不具有违宪性，但因种族因素所造成不公正的适用程序会违反宪法。因此，美国的司法部门应该采取所有可能的措施来规避种族因素造成的危险，无论是完善制度还是废除死刑，不能将种族因素置于无法解决的境地。

第六章　死刑替代之终身监禁不可假释制度

第一节　美国终身监禁不得假释制度概述

一、美国终身监禁不得假释制度确立的法理依据

边沁作为著名的功利学派学者之一，把死刑和终身监禁的利弊做了一个比较。他认为，死刑是剥夺人的生命，终身监禁是剥夺人的自由，而生命权是人的最基本权利，其价值要远大于人的自由。因此，终身监禁是一种成本代价低于死刑的刑罚，同时其威慑力却并不比死刑弱。由此，死刑的成本代价高于终身监禁，但效果却等同于终身监禁，因而死刑是一种不必要的浪费之刑，完全可以由终身监禁所替代。[①] 终身监禁刑有利于预防犯罪。一方面，终身被关押在监狱的犯人不可能再犯罪，因而能够实现特殊预防；另一方面，终身监禁刑具有威慑效果，有利于实现一般预防。在削减或废止死刑后，对罪行极其严重的犯人判处终身监禁刑，有利于实现刑法的公平正义。对无矫正可能的习惯犯，应该使之与社会相隔离，使之无法再危害社会。

根据美国犯罪防治的统计，整体来说，所有执行死刑的州的犯

---

① 参见江涛：《我国的死刑替代措施》，载《法制与社会》2010 年第 6 期。

罪率并没有低于废止死刑的州。在某一州开始施行死刑后，其犯罪率往往不降反升。在相邻两州一个适用死刑，而另一个不适用死刑的情况下，适用死刑的一州的谋杀率没有持续低于另一个州。在废止死刑的州，其袭警案件的几率比保有死刑的州要低，其囚犯及狱政人员遭到终身监禁者暴力攻击的几率为低。主张把终身监禁刑作为死刑替代刑的最大理由之一是，终身监禁刑将有利于减少和废止死刑。美国1991年的一项调查表明，若采用经过25年才能假释的终身监禁刑，死刑的支持率是56%；若采用不得假释的终身监禁刑，死刑的支持率是49%；若采用经过25年才能假释的终身刑且附加赔偿金制度，死刑的支持率是44%；若采用不得假释的终身刑且附加赔偿金制度，死刑的支持率是41%。这表明，设置终身监禁刑可以减少死刑的支持者，从而有利于废止死刑。①

美国大多数人都信奉天主教，这对终身监禁不得假释制度逐步建立和实行产生了重大影响。

盖洛普民意调查以其权威性和准确性在世界各地享有很高的声誉。

图表 6.1　盖洛普民意调查

死刑统计数据	2006	2005	1999
死刑执行	53	60	98
死刑判决	114	128	283
在押死刑犯人数（到7月1日为止）	3366	3415	3625
各地区执行死刑的比率			
南部	83%	72%	75%
中西部	11%	23%	12%
西部	6%	3%	12%
东北部	0%	2%	1%
公众舆论（盖洛普民意测验）：对第一级谋杀罪的适当刑罚是什么？			

---

① See Hugo Adam Bedau, Paul G. Cassell, Debating the Death Penalty: Should America Have Capital Punishment? The Experts on Both Sides Make Their Case. Oxford University Press, USA, 2005, p.19.

（续表）

死刑统计数据	2006	2005	1999
不得假释的终身监禁	48%	39%	38%
死刑	47%	56%	56%
自1973年以来死刑统计			
执行死刑总人数	1057		
得克萨斯州执行死刑人数	379		
弗吉尼亚州执行死刑人数	98		
俄克拉荷马执行死刑人数	83		
死囚室中无罪和释放人数	123		

二、终身监禁[①]

终身监禁不得假释制度作为一种公权力，这种公权力来自公民在特殊情况下的自由处置权的让渡。如果公民投票的结果是杀人者须终身监禁不得假释，那就意味着公民把杀人者的自由处置权交给了公权力，即便这未来的杀人者就是其本人。这就是终身监禁不得假释制度公权力的法理基础。科学研究表明，始终没有任何有力的证据可以证明死刑能够比其他刑罚都更有效地威慑犯罪。联合国2002年对死刑和杀人罪概率之间的关系进行调查发现："……接受使用死刑比使用较轻些的终身监禁在很大程度上震慑杀人罪的假设是不够谨慎的。"[②] 事实上，虽然处死与终身监禁罪犯的手段不同，但是目标和结果一样，即都限制和停止了罪犯行为，使其不能再对他人和社会造成伤害。关于死刑不符合道德要求的观点认为：国家没有权力以集体的暴力手段及合法方式非法剥夺一个人的生命。因为生命是一个人生而具有的自然权利，不可放弃、不可让渡。这种观点来自贝卡利亚反对死刑的一个重要立论：（1）国家的一切权力都

---

① 参考美国死刑信息中心，See www.deathpenaltyinfo.org.
② 参见高铭暄、王秀梅：《死刑替代利弊分析》，载《江苏行政学院学报》2008年第1期。

来源于个人对自己的自然权利的割舍。(2) 生命是个人的，绝对不能转让给国家。如果个人可以把自己的生命权割舍给国家，就如同个人有权自杀一样，意味着人的生命权是可以被放弃的，从而否定生命权的自然属性。(3) 与个人无权将生命权割舍给国家相对应，国家同样无权剥夺任何人的生命。① 这一"禁止杀人者无权杀人"命题的翻版就是：不论是个人还是国家都无权杀死任何人——纵使是对杀死他人的谋杀犯。由此可见，生命权的不可转让或剥夺的绝对性是贝卡利亚关于废除死刑立论的前提和基础。贝卡利亚是在天赋人权与社会契约论等古典自然法的基础上，论证死刑的不必要性和非正义性。多数学者认为，用不得假释的终身监禁来替代死刑，相比而言更人道些。

以终身监禁不得假释替代死刑的主要依据有：(1) 废除死刑是文明社会发展演变的趋势；(2) 人道主义者认为，天赋人权，人的生命不可以被剥夺而只能自然结束。适用死刑与杀人同样残忍，必须将其禁止。刑罚应以剥夺犯罪人再犯罪的能力、使之不再犯罪为目的。② (3) 与社会契约论对政府和公共权力运作的理解不吻合。相对社会契约论者认为，订立契约的人们各自交出了微小的权利从而组成国家的最高权力。但人们没有将生命权交给国家，因而国家无权剥夺其社会成员的生命。③ (4) 在预防犯罪方面终身监禁刑优于死刑。况且对诸如激情杀人、欲杀人后自杀者和政治犯罪等，死刑不能形成其内心恐惧。因此，死刑不具有足够的预防刑罚的震慑力。废除死刑将不会导致社会治安的恶化。(5) 死刑错用，出现误判无法挽回。(6) 教育刑论者认为，阻止有罪者再次危害社会，制止他人实施同样的行为和改造罪犯防卫社会才是刑罚教育的目的所在。

---

① 参见［意］贝卡里亚：《论犯罪与刑罚》，黄风译，中国大百科全书出版社1993年版，第45页。
② 参见邓亮：《关于死刑存废的犯罪学思考》，载《中国政法大学学报》2001年第5期。
③ 同上。

适用死刑将与刑罚教育的目的相违背。① (7) 宪法均规定保护人的生命权利，而子法中却规定可以剥夺人的生命，这违背宪法精神，应予废止。死刑侵犯了罪犯的生命权。(8) 死刑可能对公众产生恶的引导作用，助长他们的残酷心理，进而引发新的犯罪。死刑由来已久却未见犯罪减少便是有力的证明。(9) 死刑并无轻重之别，这样很难做到罪刑相适应。(10) 对罪犯适用死刑不仅对解决犯罪造成的损害赔偿不利，对解决被害人及其家属的生活困难问题也没有帮助。此外，美国统计数据表明，死刑是一种比终身监禁更不经济的刑罚方式。

三、美国终身监禁不得假释制度确立的实证依据

1848 年，美国密歇根州率先对除叛国罪以外的犯罪废止死刑，开了在法律上废除死刑的先河。约 60 年以后，美国又有 9 个州在 1907 年到 1917 年之间废止了死刑。由于美国存在联邦和州两个相互并行的法律体系，因此各司法区对死刑的态度也不尽相同。在废除死刑的地区，绝大多数州的最高刑罚是终身监禁不得假释。对原本该被判处死刑的极为恶劣的谋杀等重罪，废除了死刑的州采用终身监禁刑作为替代。终身刑一般是指将罪犯终身关押于监狱的刑罚方法，包括绝对终身刑和相对终身刑。前者指不得假释的终身刑，即指绝对终身限制罪犯的人身自由并且不得减刑和假释的自由刑，后者指经过很长一段时间（25 年到 30 年）的服刑才能假释的终身刑。

美国终身监禁不得假释制度起源于死刑制度的重大变革。在弗曼诉佐治亚州（Furman v. Georgia）案中，被告人以被判处死刑系"残酷和异常刑罚"从而违反了美国宪法为由上诉至联邦最高法院。1972 年 7 月 29 日，法院审理后发表了一段法庭意见如下："在几起案件中适用的法律与判处死刑的方式构成异常与残酷的刑罚，违反

---

① 参见邓亮：《关于死刑存废的犯罪学思考》，载《中国政法大学学报》2001 年第 5 期。

了《宪法第八修正案》和《宪法第十四修正案》，原判死刑部分作废，发回重审。"[1] 从技术角度看，弗曼一案只是使佐治亚和得克萨斯两个州的死刑法律规定归于无效；但从实际来看，其效力却波及了所有州，原因非常简单：其他各州的死刑法律均和上述两州相类似。从这个意义上说，弗曼一案使得美国所有州的死刑法律规定都失去了效力，继而也使当时全美700多名死囚免于一死。在这种情形之下，各州纷纷修改自己的死刑法律规定，更加小心地限制适用死刑犯罪的种类，以避免重蹈两州的覆辙。

根据普通法的传统，所有重罪都带有强制性的死刑条款，即只要确认被告人犯有某种罪行，就直接判处死刑，而不允许法官和陪审团自由裁量刑罚。在美国历史上这些强制性死刑的罪名有谋杀、抢劫、强奸、纵火、鸡奸、入室行窃、叛国和海盗等罪。虽然随着时代的发展，这些强制性死刑的规定越来越少，但是直到20世纪70年代，有些州仍然有强制性死刑条款的规定。1976年，美国最高法院在伍德森诉北卡罗来纳州（Woodson v. North Carolina）等案中判定："虽然在《宪法第八修正案》通过之时，所有州均对某些罪名规定了强制性死刑条款，然而立法者和陪审团却均对此条款的严厉性持否定态度，同时以自由裁量代替了强制性死刑规定，对不将罪犯具体情况考虑入内而进行统一量刑的做法已经过时。对于死刑这种不可挽回的特殊刑罚来说，北卡罗来纳州的强制性死刑规定与当代宪法的标准相背离。"强制性死刑规定据此被废除，根据案件的具体情况，陪审团有权选择适用死刑或是终身监禁。目前，在美国有死刑规定的34个州的法律都允许陪审团在对谋杀罪量刑时考虑以终身监禁来替代死刑。美国废除死刑的16个州当中，除了阿拉斯加州，其余的15个州均采用了终身监禁不得假释制度。至此，全美已

---

[1] See Raymond Paternoster, Robert Brame, Sarah Bacon, The Death Penalty: America's Experience with Capital Punishment. Oxford University Press, USA, 2007, p. 11.

有49个州和哥伦比亚特区以及联邦采用了终身监禁不得假释制度。

美国是移民国家,由于存在外来人口融入美国社会的适应期、失业等社会压力,犯罪相对来说较多。在寻找死刑替代措施之初,美国也曾探讨过能否对那些应被判处死刑的移民用驱逐出境的方式作为替代。例如,美国阿拉巴马州前检察官比利·黑尔(Billy Hill)先生曾对死刑的价值进行质疑,在重新考虑其看待死刑的立场时他说,只有当躺在停尸板上的那一刻,罪犯才有可能走出监狱。因此,终身监禁不得假释应该是惩罚暴力犯罪最合适的刑罚。一个支持死刑适用的国家,为了保证适用死刑的公正,还需花费更大的成本来保障审判的准确和程序的公正。他支持在阿拉巴马州废止死刑,并一直考虑死刑是不是一种的应该采用人道的、英明的资源,死刑的任意性、错判、被害人家庭经受长期的折磨、不能得到良好的辩护,使他坚信终身监禁不得假释应该是替代死刑的较好方法。根据多年的工作经验,他认为,通常在确定罪犯的执行日期后,被害人家庭不断重复地上诉,不断地取消执行,在此过程中始终被失去亲人的痛苦缠绕,因此,死刑并不能真正地满足被害人家庭的需要。① 1997年以来在美国进行的数十次民意调查表明,即便是就谋杀罪而言,无条件赞成使用死刑的人数在减少,而支持采用终身监禁不得假释作为替代的人数在不断增加。尤其是在"9·11"事件之后进行的几次大型民意调查表明,美国民众中支持对恐怖主义扩大适用死刑的人数比例并未因"9·11"事件的发生而增加。最近的调查表明,美国赞成用终身监禁替代死刑的人数已经超过了反对人数,并且在美国的民众中多数人认为死刑存在歧视性、任意性和程序不公等问题。② 广泛的舆论支持,为美国终身监禁不得假释制度的逐步确立奠

---

① 参见高铭暄、王秀梅:《死刑替代利弊分析》,载《江苏行政学院学报》2008年第1期。
② 参见杨诚:《死刑司法控制的美国模式之研究与借鉴》,载《政治与法律》2008年第11期。

定了坚实的群众基础。

迄今为止，美国有16个州和哥伦比亚特区完全废除死刑，34个州保留死刑。① 2007年12月13日，新泽西州众议院投票通过废除死刑，成为近40年来全美第一个立法废除死刑的州。由民主党控制的新泽西州众议院，以44∶36票通过了这项提案。州参议院在稍早也通过了以终身监禁不得假释来替代死刑的提案。此前，最近两个投票废除死刑的州是爱荷华州和西弗吉尼亚州，但时间远在1965年。2009年3月18日，新墨西哥州州长理查德森宣布在该州废除死刑。理查德森表示，废止死刑的原因是当前司法系统有很多不完善之处，这很容易造成草菅人命的事件。美国审理有关死刑的案件十分谨慎且耗时冗长，造成了较大的经济损失。

2011年1月11日，伊利诺伊州参议院以32∶25的投票结果，通过了伊利诺伊州废除死刑的议案。同年3月10日，伊利诺伊州州长签署了废除死刑的议案，伊利诺伊州成为美国第16个废除死刑的州。这成为继新墨西哥州后美国又一个废除死刑的州。目前，科罗拉多州和堪萨斯州也已将废除死刑法案提上日程。

第二节　美国终身监禁不得假释制度的实施

一、美国终身监禁不得假释制度的实施状况

一个国家在某一特定时期内的犯罪状况反映了其所采取的刑事

---

① 废除死刑的16个州是：密歇根州、缅因州、纽约州、威斯康星州、明尼苏达州、阿拉斯加州、北达科他州、夏威夷州、爱荷华州、马萨诸塞州、西弗吉尼亚州、新墨西哥州、罗得岛州、佛蒙特州、新泽西州、伊利诺伊州。保留死刑的34个州是：阿拉巴马州、亚利桑那州、加利福尼亚州、阿肯色州、科罗拉多州、特拉华州、康涅狄格州、佛罗里达州、佐治亚州、堪萨斯州、爱达荷州、印第安纳州、路易斯安那州、肯塔基州、马里兰州、密西西比州、蒙大拿州、密苏里州、内布拉斯加州、新罕布什尔州、内华达州、北卡罗来纳州、俄克拉荷马州、俄亥俄州、俄勒冈州、南卡罗来纳州、宾夕法尼亚州、弗吉尼亚州、南达科他州、得克萨斯州、田纳西州、犹他州、华盛顿州、怀俄明州。

政策是否恰当,而科学合理的刑事政策基本上能将罪犯控制在社会公众能够容忍的范围之内。自1950年以来,美国的刑事政策逐步由轻缓型向复合型转变。20世纪70年代后,美国的刑事政策发生转向,推行强硬的"轻轻重重,以重为主"的刑事政策。发生变化的主要原因在于美国社会的犯罪率激增,尤其是毒品犯罪、暴力犯罪等严重犯罪大幅上升,有组织犯罪、恐怖犯罪日益严重,民众要求严惩犯罪,使得政治家们和整个刑事司法系统面临巨大压力,故而必须采用比教育改造见效更快和更易操作的惩罚力度大的措施。1976年迈阿密州首先取消假释,之后有9个州在80年代和90年代相继对假释进行限制。监狱爆满是采用强硬主义刑事政策所导致的直接后果。据统计,美国1977年每10万人口中有135名罪犯,1982年这个数字上升为170名;在1973年至1982年间,仅州监狱关押的罪犯人数就达到约38万,此外有29673名犯人被关押在联邦监狱。① 监狱人口爆满、拥挤不堪的状况促使美国联邦及州政府不得不考虑更加现实的对策,将一大部分犯罪人提前释放,而对危害严重的犯罪和危险性大的犯罪人,不适用假释或者严格限制假释的适用条件。在适用死刑的大部分州里都规定仅有严重谋杀罪才可以被判处死刑,其他罪则一般判处有期徒刑或是终身监禁。在没有死刑规定的州,严重谋杀罪通常情况下会被判处终身监禁,罪行极其严重的则会被判处不得假释的终身监禁。

从1963年开始,新泽西州就未真正执行过一例死刑。2007年12月17日,新泽西州正式废除了死刑并以终身监禁不得假释作为其替代措施。至此,近40年来新泽西州成为第一个在立法上废除死刑的州,对整个美国死刑制度产生了广泛而深远的影响。伊利诺伊州已暂停执行所有死刑达7年之久。纽约州则是自2004年执行死刑被法院否决后便没有再恢复执行死刑。美国按年度统计的被执行死刑

---

① 参见种若静:《美国社区矫正制度》,载《中国司法》2008年第10期。

人数在 1999 年后出现明显的下降趋势。从 1999 年到 2007 年的 9 年间，美国按年度统计的被执行死刑人数减少了近 60%。这也说明，10 年来美国法院实施终身监禁不得假释制度为减少死刑起到了决定性作用。于是出现了美国年纪最大（94 岁）的死囚在亚利桑那州监狱自然死亡的现象。据有关方面透露，这位名为纳什的囚徒生于 1915 年，从 15 岁起就开始劣迹斑斑。32 岁时他因枪袭警察被判处 25 年有期徒刑。62 岁时此人再次因枪杀他人被判处终身监禁。据美国死刑信息中心网的统计数据显示，美国每年执行死刑的人数于 1999 年达到顶峰的 98 人，后急剧减少至 2010 年的 46 人。在美国规定有死刑制度的 34 个州当中，密西西比州早在 1880 年《密西西比法典》第 2877 章中便规定了终身监禁不得假释制度。1941 年，宾夕法尼亚州规定终身监禁不得假释制度。随后，1967 年内华达州、1974 年罕布什尔州、1976 年阿肯色州也采用了终身监禁不得假释制度。加利福尼亚州于 1976 年将终身监禁不得假释制度写入法典，并于 1978 年生效实施。此后，南达科他州于 1978 年、阿拉巴马州于 1981 年、怀俄明州于 1982 年、密苏里州和俄勒冈州于 1984 年、康涅狄格州于 1985、马里兰州于 1987 年、俄克拉荷马州于 1988 年、犹他州于 1992 年都采用了终身监禁不得假释制度。1993 年亚利桑那州法规规定了终身监禁不得假释制度，同年，佐治亚州、华盛顿州也将该制度写入法律。次年，佛罗里达州、印第安纳州、路易斯安那州、北卡罗来纳州也采用了这一制度。弗吉尼亚州则在 1994 年针对"三振出局"（Three Strikes Legislation）采用了终身监禁不得假释制度，并于 1995 年将其作为一项死刑的替代刑。1995 年，俄亥俄州、南卡罗来纳州、蒙大拿州和田纳西州规定了终身监禁不得假释制度。紧随其后的是肯塔基州和科罗拉多州。内布拉斯加州 2002 年将该制度增加入州法规，2010 年终身监禁不得假释制度被该州的最高法院裁定为违宪，其后虽不再称之为终身监禁不得假释制度，但在现实中仍有适用。近年来，其他规定有死刑制度的特拉华州、爱达荷州、堪萨斯州和得克萨斯州也全都采用了终身监禁不得假释制度。

在废除了死刑制度的州和特区当中,缅因州在 1841 年虽没有明确将终身监禁不得假释制度规定在法典当中,但已经在实践中运用。随后规定终身监禁不得假释制度的州和特区是密歇根州、马萨诸塞州、西弗吉尼亚州、夏威夷州、伊利诺伊州、罗得岛州、哥伦比亚特区、佛蒙特州、明尼苏达州、威斯康星州、纽约州、新泽西州、北达科他州和爱荷华州。新墨西哥州于 1997 年将终身监禁不得假释制度规定适用于强奸罪的累犯,在 2009 年该州废止死刑后变更为死刑的替代刑。阿拉斯加州则还没有终身监禁不得假释制度的规定。

二、美国终身监禁不得假释制度的实施条件

伴随着法院不固定刑期制度的产生,美国的假释制度也随之孕育而生。1868 年,美国第一次将假释制度纳入刑罚执行的范畴,制定了假释法。1930 年,美国全国假释委员会由国会决定成立。至 1944 年,美国联邦政府及各州均确立了假释制度。

(一)提出选择性无害化

为了实现对严重犯罪人适用严厉的政策,选择性无害化(也称有选择地剥夺犯罪能力)措施被提出,并且迅速受到青睐。无害化,是指对不能矫正或者矫正困难的犯罪人长期监禁以使其不能再危害社会的措施。而所谓选择性无害化,是指从已进入刑事司法体系之全体犯罪人中,选择性区别出危险性犯罪人群而予以长期监禁的政策。李斯特曾经提出:矫正可以矫正的罪犯,不能矫正的则使其不再为害。[①] 而美国近代提出对犯罪人进行分类,有选择地进行无害化的则是格林伍德。通过对常习性重罪犯罪人进行研究,格林伍德等

---

① See David Garland, Punishment and Modern Society: A Study in Social Theory, University of Chicago Press, 1993, p. 22.

人发现，因为这些人的经历以及周围的环境因素导致他们天然地倾向于犯罪。普通的矫正措施对这些人根本就没有显著的效果，或者说是根本就没有效果，国家与其花费大量的金钱和精力做这些徒劳的工作，还不如直接长期监禁这些人，以保障社会的安全。①

（二）兴起实际刑运动

随着人们对医疗模式失望情绪的增加，强硬的刑事政策不断抬头并且受到追捧。人们认为对于受刑人不能太过随意地释放，而要求其实质性服完法院最初裁定的一定比例的刑罚。由此，实际刑运动便产生了。1984年华盛顿州首先颁布了实际刑，之后美国各州逐渐加入这一行列。美国联邦政府1994年的《暴力犯罪控制与执行法》也对实际刑进行了规定。实际刑运动强调罪犯事实上在监狱服刑的时间，罪犯在监狱只有服完一定比例的刑罚量方才有资格获得假释。但是，有关实际刑的范围和罪犯在监狱服刑的比例，各个州的规定并不完全相同。有的州要求所有的罪犯都需服完一定比例实际刑，但大部分的州则只针对暴力犯罪。在服刑比例上，大部分州规定犯人必须服完85%的监禁刑。为了实施实际刑，联邦和各州都改善了监狱条件，扩充了监狱规模。联邦政府通过《暴力犯罪控制与执行法》将80亿美元投入暴力犯罪的罪犯隔离和实际刑的实施过程中，并且授权联邦政府资助各州来改善监狱设施。地方各州也认为花费如此高昂的经费用于监禁暴力犯罪是值得的。

（三）出台"三振出局"法

三振出局（Three Strikes Legislation）是棒球比赛中的术语，意思是打击手在被三次投出好球后，将被淘汰出局。在应对犯罪的政策措施方面，三振出局是针对有前科同时又犯重罪者所采用的一种刑事制裁措施，当其第三次犯重罪时，就可能被判处25年有期徒

---

① 参见张亚平：《美国假释制度之趋势及其启示》，载《甘肃政法学院学报》2008年第4期。

刑至终身监禁，而且不得假释。为了加重对累犯、再犯的处罚，1994年9月16日，美国联邦政府签署了《暴力犯罪控制与执行法》。该法的主要内容是：对于之前已经两次触犯严重犯罪的罪犯，之前曾犯严重犯罪一次以上的暴力重罪犯以及一次以上严重犯罪的毒品犯，当其再一次犯暴力犯罪的重罪时，应被判处不得假释的终身监禁。因该法对严重暴力犯罪的处理与棒球比赛中的三振出局相类似，所以通常被称为"三振出局法"。其中暴力犯罪的重罪包括杀人罪、纵火、重大恶性的性虐待、劫持航空器、抢劫他人车辆和勒索等。除联邦政府外，此联邦法还被全美30多个州所采用。在遵循三振出局规则的大多数州中，当一个罪犯第三次犯下重罪时，通常情况下就会自动适用终身监禁，而且这种终身监禁必须在25年以后才可以获得假释的机会，惩罚相当严重。[①] 理论上对美国三振出局法的评价褒贬不一，有的学者对其严苛程度表示质疑，甚至也有人认为该法与美国宪法中关于法律不得规定残酷和异常刑罚的内容相悖。但是，更多的人则表示支持，尤其是美国的普通民众，他们认为对于打击犯罪维护社会秩序来说，三振出局法是必不可少的。1990年以来，美国的犯罪率不断下降，不可否认三振出局法也有一定的贡献。

第三节　美国终身监禁不得假释制度的价值分析

一、美国终身监禁不得假释制度的利弊分析

支持终身监禁不得假释制度的人认为，事实上，许多罪犯是根本改造不好的，他们在监狱里没有对象、没有条件、一时醒悟或慑于威严，不能也不敢再犯罪，但一旦他们踏出监狱的大门，进入社会，邪恶的念头便又开始萌发。对于这些人，我们的法律更要威严

[①] See Markus D. Dubber, Mark G. Kelman, American Criminal Law: Cases, Statutes and Comments, Foundation Press, 2008, p.35.

些，或者通过消灭肉体的方式消灭其人身危险性，或者让其与世隔绝，终身失去犯罪的机会。①

卢卡斯是法国著名监狱学家与政论家，19世纪20年代他坚定地站在废除死刑立场的一边，但他反对终身刑。在他看来，长时间囚禁一个不再具有危险性的人和将一个仍具有危险性的人交还社会是同样错误的。因为终身监禁刑不存在减刑与假释，随着时间的推移，罪犯会逐渐出现生活机能减退与人格崩溃，直到退化到幼儿阶段，甚至连生活都不能自理。在这种情况下，很多服刑者会要求一死了之。继而，监狱便面临一个无法解决的问题：当终身服刑者要求死亡时，能否对其适用安乐死。不论安乐死是否合法，或者对被判处终身刑的人是否适用安乐死，都与罪犯处遇的公正性相悖。倘若实施安乐死，就意味着实际上执行死刑；如若不实施安乐死，而让罪犯在监狱里自然死亡，则比死刑来得更加残酷。既然认为死刑不人道、不必要，那么大幅度减少直至废除死刑即可，而没有必要寻找死刑的替代措施。能够替代死刑的方式，必然和死刑相当或是更加残酷。对罪犯来说执行死刑虽然要承受强烈的痛苦，但也只是一个短暂的瞬间；而执行终身刑则需要相当长的过程，服刑人将长期地遭受痛苦。据此，终身刑不会比死刑轻缓。换句话说，终身监禁也是一种死刑，是一种侵害了罪犯个性分期执行的死刑。从这个意义上说，将终身刑作为替代死刑的一种方式，不过是用一种死刑替换另一种死刑而已。②

二、美国司法实践中适用终身监禁不得假释替代死刑的问题

（一）监狱中人满为患问题

终身监禁刑使得监狱已经感到终身监禁囚犯增长的压力。与

---

① See Hugo Adam Bedau, The Death Penalty in America: Current Controversies, Oxford University Press, USA, 1998, p. 26.
② Karl A. Menninger, The Crime of Punishment, Author House Press, 2007, p. 23.

1992年相比,终身监禁刑的适用到2003年已经增加了83%,罪犯也从7万人增至12.8万人。在州及联邦监狱中每11名罪犯中就有1人是终身监禁刑。监狱内人满为患,终身监禁浪费资源,导致沉重的经济负担。最后,监狱方面将承受终身监禁的所有工作压力,最直接的问题是大量的罪犯被长期关押在监狱中,还将产生医疗和养老等很多具体的管理问题,政府届时将进退两难。

(二)罪犯评估改造问题

不得假释的终身监禁,同刑罚宗旨背道而驰。通过对罪犯科学有效地进行评估,即在罪犯服刑一段时间后,对其人身危险性和社会危害性进行评估,以便调整其羁押的时间。若对罪犯不进行激励性改造,而单一地采取终身监禁,便等同于不给其改造的机会。对罪犯而言,不给予改造的机会,他就会抗拒改造。所以某些时候可以通过减刑来激励罪犯积极进行改造。对于那些经过改造后,主客观都不致再危害社会的罪犯来说,就可以进行假释回归社会。如果一个人犯了罪,就将其一板子拍死,不再给其改过自新的机会,这是缺乏理性的,也有悖于社会的人道原则。针对那些经过改造后有所悔改的人,减刑和假释则是一种补救措施。若为了提高法律的威慑力而采用终身监禁,也是一种对司法资源的巨大浪费。客观来说,在服刑期间每个被判处终身监禁的罪犯的表现肯定有所差异。因此,确有必要依据这种差异,有针对性地实现对罪犯的改造。对于再犯可能性和人身危险性明显降低的罪犯,依法予以减刑和假释,不仅有利于实现刑罚制度改恶向善的引导机能,也有利于实现对犯罪的一般预防,扩大社会影响。

刑罚具有动态化特征。法官在量刑阶段只能预测犯人在行刑过程中会如何表现,需服刑多久才能消除其再犯可能性。正因如此,刑法才规定了减刑和假释制度,并使行刑呈现出动态的特点。在服刑期间每个罪犯不同的悔罪表现,反映了他们再犯可能性程度变化的不一致。根据这种不一致,行刑机关要及时有针对性地对其分别进行有效的教育改造；对其中确有立功、悔改表现，并且再犯可能性明显降低的服刑人员可以依法适用减刑和假释。也就是说，行刑过程是持续体现罪刑相适应原则的一个进行性的过程。而终身刑将刑罚的动态特征抹杀了，使行刑静态化，使罪刑相适应原则在行刑阶段丧失了作用。

（三）终身监禁刑如何符合罪犯处遇的国际标准问题

终身监禁要符合罪犯处遇的国际标准。《儿童权利公约》第37条规定，禁止对18周岁以下的未成年人实施的犯罪适用终身监禁不得假释。根据《公民权利和政治权利国际公约》第10条第1款的规定，不得假释的终身监禁与刑法的改造功能不相符；根据第10条第3款的规定，终身监禁缺失返回社会的机会，客观上否认了刑法的教育和改造功能。1994年联合国预防犯罪和刑事司法处的报告指出，国家应当将终身监禁方面的一系列建议列入考虑的范畴。报告指出，刑事政策是为了确保正义和保护社会才适用终身监禁刑，并且只能将其适用于最为严重的犯罪。同时，行为人有上诉、要求赦免或者减刑的机会。国家在提供释放可能性的同时，还应对真正的危险犯罪人适用特别的安全措施。该报告还对包括羁押条件、处遇、培训和审查程序及释放等等建议进行了强调。此外，《囚犯待遇最低标准规则》第12条和第13条规定，应对终身监禁罪犯提供有关的处遇，特别是《经济、社会及文化权利国际公约》第11—13条规定的食品和足够的生存标准等，最高的精神、身体健康以及教育标准等。通常终身监禁刑会对囚犯造成心理和社会的影响，这些影响主要是由某些生活和长期刑的不确定性造成的。长期被剥夺自由和基本权利的缺失可能导致很多后果，例如不断增长的群居问题、与社会隔绝、心理认同的转折、失去人格，以及对刑事机构的依赖。罪犯在长期的监禁中慢慢失去责任感，同时对监狱的依赖也不断增加，这对他们重返社会和融入社会生活的能力造成了重大影响，消极的应对机制导致他们情感和情形能力的减弱。

从人道角度出发，在世界大部分国家及美国多数州还保留死刑的情况下，在相当长的时期内终身监禁不得假释制度还能存在。但从历史发展的角度看，刑罚的人道性逐渐融于公正性是有目共睹的，比如历史上的一些残酷肉刑就因其非人道性而慢慢退出了历史舞台，虽然从现在的公正性角度来看，这些肉刑存在一定的合理性，但由于人道性的逐渐融入使得公正性的整体评价大打折扣。所以，随着民权运动的发展和国际人权观念的普及，人道性将越来越为人们所认可。随着这种人道性的增强，社会的等价观念也将在刑罚的公正性价值方面有所改变。可想而知，终身监禁不得假释制度的公正性基础将在人道性越来越被重视的同时受到前所未有的挑战。可以预计，在未来由于失去了公正性价值的保护，终身监禁不得假释制度也将逐渐走向衰亡。①

三、 美国终身监禁不得假释制度的价值分析

正确认识和研究某个法律制度，首先需要搞清楚它的法律价值。任何刑罚的方法都以其存在的一定价值作为依据与前提，终身监禁不得假释作为刑罚的一个刑种亦不例外。刑罚的价值归根结底，可以用效益、公正和人道来进行表述。而终身监禁不得假释制度是刑罚的一个刑种，所以分析它的基本价值时也应当从终身监禁不得假释制度是否符合刑罚的效益、公正和人道性出发。

（一）终身监禁不得假释制度的效益性分析

1. 终身监禁不得假释制度的效果

所谓效益，是指效果和利益。终身监禁不得假释制度的功能是该制度产生效果的前提。刑罚的功能在于预防犯罪，包括一般预防与特殊预防。作为刑罚的一种方法，终身监禁不得假释制度的一般

---

① 参见高铭暄、王秀梅：《死刑替代利弊分析》，载《江苏行政学院学报》2008年第1期。

预防功能表现为：对被害人产生一种安抚作用，也就是满足被害人要求惩罚犯罪的强烈愿望，抚慰其心灵的创伤，并让其从犯罪所造成的痛苦中尽快解脱出来。与此同时，对社会上的其他人也产生阻止其犯罪的功能，即以刑罚的严厉后果来警示社会上的其他人，告诫他们不要去犯相同的罪，否则将受到刑罚的严惩，从而实现对社会的防卫功效。终身监禁不得假释制度的安抚功能显而易见，震慑效果十分明显。由于终身监禁不得假释制度剥夺的是人的自由，而具有人身自由是人进行各种活动所需具备的基础条件，所以终身监禁不得假释制度的特殊预防功能比一般预防功能要表现得更为明显。一旦人的自由被剥夺，就不再具备这个基础，也就无法再去做任何事情了，自然也无法再去犯罪。因此，终身监禁不得假释制度的特殊预防功能仅次于死刑，较其他刑罚方法也更大。

2. 终身监禁不得假释制度的利益

终身监禁不得假释制度的利益，是指该制度实际保护的权益扣除作为成本的该制度所实际剥夺的权益后的剩余值。从规定有终身监禁不得假释制度的美国各州法律来看，终身监禁不得假释一般都适用于一些罪行极其严重的犯罪，比如非法剥夺他人生命、严重危害公共安全或是严重危害国家安全的犯罪。这些在法律保护的权益和利益权衡上至少不低于该刑罚所剥夺的权益。例如，将终身监禁不得假释适用于危害公共安全或是危害国家安全的罪行时，刑法所保护的就是高于个人自由的公共安全或国家安全，从成本上说为其配置的刑罚小于收益。当被保护的权益大于被剥夺的权益时，即当该刑罚功能达到最大而其投入却较小时，这被认为是"有利可图"。所以终身监禁不得假释的规定适用于一些非法剥夺他人生命、严重危害公共安全或是严重危害国家安全的犯罪，是符合利益价值的。[1]

---

[1] See Frank R. Baumgartner, Suzanna L. De Boef, Amber E. Boydstun, The Decline of the Death Penalty and the Discovery of Innocence, Cambridge University Press, 2008, p. 33.

（二）终身监禁不得假释制度的公正性评析

1. 终身监禁不得假释制度存在的正当性评析

公正性也是刑罚的基本价值之一。从历史的角度看，终身监禁不得假释存在的正当性很少受到质疑，因此，终身监禁不得假释的正当性几乎成为了一个不容置疑的命题。刑罚是作为一种惩治犯罪、防卫社会的法律制裁手段而出现的。犯罪被认为是一种恶因，而终身监禁不得假释作为恶果的表现形式之一，产生出一种派生与被派生的关系，因而是一种先验的、天然的正当。因此，终身监禁不得假释制度存在的正当性是应当得到承认的。

2. 终身监禁不得假释制度运用的公平性评析

终身监禁不得假释制度的存在符合正当性，并不意味着该刑罚就具有了公正性。因为终身监禁不得假释制度存在的正当性仅仅是该刑罚公正性价值的一个组成部分。只有当终身监禁不得假释制度的运用具有了公平性，才可以说该刑罚具有了公正性价值。终身监禁不得假释制度运用的公平性，是指该刑罚必须运用于一些必要的犯罪之上，即只有对一些必要的犯罪适用终身监禁不得假释才符合该刑罚运用的公平性。从目前的社会观念来看，实现公平的基础是等价观念。刑罚的属性包括惩罚属性与教育属性，同时以惩罚属性为主，这便意味着刑罚无法实现一种绝对等价。因此，这种等价观念在终身监禁不得假释制度运用上的表现就是该刑罚所保护的利益必须大于或者等于其所剥夺的利益才可能形成一种等价，也只有这样才能达到终身监禁不得假释制度适用的公平。①

终身监禁不得假释制度剥夺的是人的人身自由，因此，如果要使终身监禁不得假释制度的适用符合公平原则，那么该刑罚所适用的犯罪，其侵犯的权益必须高于个人的人身自由，只有这样才能形成一个等价。同时，对个人来说，没有任何东西比自由更宝贵，自

---

① 参见辛科：《我国刑法体系的重构》，载《江西公安专科学校学报》2007年第6期。

由是至高无上的。所以针对侵犯个人权益的犯罪，只有故意杀人罪才能与终身监禁不得假释之间形成一个等价关系，并达到该刑罚的公平性。从宏观上看，人在作为自然意义上的人的同时也是社会意义上的人。因此，在微观上生命自由属于一种至高无上的权益，在宏观的社会中也具有其特定的权益价值。而个人是组成社会的细胞，所以个人的一切权利都是社会权利的组成部分。国家作为社会权益的保护者，其安全显然要比个人利益更重要。因此，对于那些危害国家安全的犯罪适用终身监禁不得假释也有可能符合等价观念，从而达到该刑罚的公平性。再者，如前所述，个人的一切权利都是社会权利的组成部分，社会利益是个人利益的集合。因此，社会的公共安全也必然高于个人的人身自由，所以对危害公共安全的犯罪适用终身监禁不得假释，也有可能符合等价观念而形成该刑罚的公平性。

（三）终身监禁不得假释制度的人道性评析

终身监禁不得假释是一种将剥夺人的终身自由权益作为其基本内容的刑罚，因此，对自由的认识是判断终身监禁不得假释制度是否符合人道性要求的决定因素。在人的所有权利当中，生命是人的最基本权利。一方面，生命是作为人存在的标志。人之所以成为人，生命是其存在的前提和依据。另一方面，个人的其他权利也是以生命的存在为基础和载体的，生命的丧失和终结便同时意味着其他权利的丧失和终结。因此，判断人存在的唯一标准便是生命，剥夺生命之死刑必定无法满足刑罚的人道性要求，很显然死刑是不人道的。理由很简单：死刑剥夺了人的最基本权利——生命。人存在的唯一标准是生命，失去生命的人同时也失去了其社会意义，因而对生命权益的剥夺也就是对人存在的否定。相对于死刑而言，终身监禁不得假释刑罚是较为人道的，这亦在现实生活中得到了广泛认可。

第四节　美国终身监禁不得假释制度与死刑

首先，死刑可以表明一个国家和社会对某种犯罪所持的态度。当行为人的犯罪达到一定严重程度时，便不再为整个社会所接纳，国家政府也认为必须将其生命予以剥夺，方能使社会的其他成员得到安宁。这是一种完美的设想，善良的愿望，也是一种完全合理的要求。一个有能力的政府有责任对最严重的犯罪适用死刑。

其次，死刑的震慑作用是其他刑罚方式无法比拟的。没有一种刑罚方法会比剥夺一个人的生命更令人恐惧。从古至今，死刑都被人们列为刑罚方式中最严厉的一种，这是经过反复讨论、充分思考和社会实践的检验才得出来的结论。虽然现在已无法知晓当时的讨论及决定过程，但可以判断人们的价值选择是正确的。很多人对死刑极其害怕，所以当一个罪犯在考虑犯罪结果可能面临死亡的惩罚时，在实施犯罪行为时便总会有所顾忌。有人曾借用某国停止执行死刑或废止死刑后该国严重犯罪并未明显增加的现象，来试图对死刑的震慑力进行质疑。但这也只能表明死刑并非是万能的，其震慑力有限而已。因为严重犯罪客观存在，而不论有无死刑规定。即便是如此，死刑的震慑力还是相当巨大。死刑的存在促使人们产生类似于杀人者死的这种观念，以至于在死刑被废除之后，此种观念都还能世代相传，根深蒂固，这更加证明了死刑的作用。

最后，死刑对被害人的抚慰功能是其他刑罚方式无法比拟的。遭受严重犯罪的被害人大多数已经死去，如果他们的家属看到杀害自己亲人的罪犯还活着，并在监狱里过着衣食无忧的生活，指不定某天还能假释出狱，内心必然会感到不平衡。如若任这种情绪发展，势必造成民众的失望，甚至会出现滥用私刑的现象，使得一些原本不致被判处死刑的罪犯也被杀死。从这个意义出发，保留死刑或许对大部分严重犯罪的人是有利的，因为他们至少能够避免被激愤的民众草率处死，而得到司法机关的公正审判。

但是，死刑的本质和人类社会文明的发展相悖，其作为一种肉刑，随着人类文明水平的不断提高和社会的不断向前发展，自由刑、资格刑和财产刑将逐渐取代身体刑，身体刑的使用频率会越来越低。退一步说，即便适用死刑，其执行方式也将愈发文明，死刑的身体刑本质会渐渐被掩盖。这便是大部分身体刑被人类弃用而死刑却得以继续存在的理由。但不论如何，死刑毕竟是身体刑，即便死刑的执行方法演变至何等文明，它仍是极其残忍的。这种残忍的刑罚方式，不属于人类文明高度发展的产物，也不会随着社会的发展而愈加完善。因此，作为人类未开化时期的产物而被历史传承下来的死刑，将会随着人类文明的发展而最终走向没落，最后消失。

终身监禁与死刑有着本质的区别，因为即便在被判处终身监禁不得假释的情况下，毕竟人仍然还活着。虽然失去了人身自由，尤其是行动自由被严重限制和约束，但其思想仍是自由的，他们仍能看电视、读书并参与到监狱的社会生活中，而不是生活在悲惨的人间地狱。这便类似于我们生活中的残疾人，残疾人并非自愿选择残疾，他们也能拥有幸福的生活。即便被适用像美国那样的不得假释的终身监禁刑，残忍的罪犯仍能舒适安全地在他咎由自取的花园里尽享余生，这体现了报应。[①] 使用死刑最大的风险从司法角度看是误判，误判会导致两个令社会无法接受的后果，放走真凶与滥杀无辜，因为误判会造成不可挽回的生命风险。与此相对应，终身刑则具有可能挽救误判的功效。在这个意义上，终身刑比死刑更优越。此外，美国政府提供的统计数字表明，关押一名普通罪犯每年至少花费4.9万美元。而每名死囚的年度关押成本更高达13.8万美元。所以，死刑的财政支出要高于终身监禁刑。

---

① 参见高铭暄、王秀梅：《死刑替代利弊分析》，载《江苏行政学院学报》2008年第1期。

是否应该废除死刑及何时废除，这种争论已经在西方持续了上百年。在争论过程中人们逐渐看清死刑的本质，死刑的价值也渐趋明朗，因而多数国家能够越来越理性地看待死刑问题。死刑同人类文明的进程和社会的发展是不和谐的，是残忍的，所以死刑最终会走向消亡。

第七章　美国死刑案件中的新证据制度

1992年2月19日，埃雷拉还有几分钟就要被执行死刑。他因在10年前谋杀了一名官员和一名警察而被判决谋杀罪名成立。与此同时，埃雷拉的代理律师向法院提交了新的证据，试图申请联邦人身保护令的救济。然而，联邦最高法院以5∶4的投票拒绝了延缓执行的要求。埃雷拉申请人身保护令的救济被法院拒绝后，埃雷拉的代理人立即申请调取案件的令状，同时去诸多法院上诉，无论是州法院还是联邦最高法院，埃雷拉的律师拼尽全力希望使审判得以继续，以保住当事人一命。在行刑之前，法官们决定听取其申诉但拒绝延缓执行死刑。

这场九死一生的判决及其附带事件引起了媒体的关注。在1992年10月的第一周，法院就有关申诉人和州立法之间进行了辩论。没有什么要比如此具有戏剧性又扣人心弦的审判更夺人眼球。由此次事件引发的问题是，联邦《宪法第八修正案》和《宪法第十四修正案》都赋予当事人享有宪法救济，获得宪法保障的权利，而埃雷拉提交的新证据是否可以作为申请再审或者其他救济方式的依据？申请人迟来的新证据是否具有足够的效力推迟或者终止对其执行死刑？埃雷拉认为，基于新证据，地区法院应当给他一个"有意义的后审理机会"，以证明自己的清白。但埃雷拉最终并未如愿，他第二次申请联邦人身保护令的请求被联邦最高法院9位大法官以5∶4投票否决,埃雷拉的死刑执行将继续进行。1993年4月15日,埃雷拉在得克萨斯州的亨茨维尔被注射死刑。尽管埃雷拉提交的新证据并没被采纳,但新证据作为本案的争议焦点仍然值得分析研究。

美国是为数不多仍然保留死刑的发达国家之一,然而,死刑这种剥夺犯罪人生命的残酷刑罚,显然与美国所宣扬的人权保障以及自由民主的精神相违背,死刑的存废在美国仍然是一个具有很大争议的问题。每当死刑犯被处决时,很多废除死刑的支持者会在刑场外面抗议,这种情形也会引起媒体的争相报道。美国联邦法律和三十几个州法律保留死刑备受西方发达国家和国际人权保障组织的抨击。他们认为无论是从人道主义精神、社会道德观念,还是美国死刑错判率等方面来看,美国都应当废除死刑制度。不过,根据盖洛普民意测验,60%多的美国人支持对犯有谋杀罪的人判处死刑。美国的死刑制度除了在上个世纪70年代初有比较短暂的停顿外,一直得以实行,而这一短暂停顿是由于有关死刑的法律在此间历经了比较重大的修改。1972年,美国联邦最高法院根据几宗死刑案件的裁定认为,由于美国法律对于死刑判决的程序不够谨慎[①],可能违反《宪法第八修正案》从而构成残酷和异常的惩罚。这项裁定使得联邦法律暂停对死刑的适用,与之相对应的三十多个州也相继对法律中有关死刑的规定进行了修改。如一些州对死刑的审判重新作出规定,在对可能被判处死刑的被告人审理过程中需要把定罪和量刑区分为两个步骤,即先由陪审团对被告人的罪名是否成立进行判断。当罪名成立时才可以进行第二步,也就是量刑阶段。法官在对被告人作出死刑判决时,应当综合考量该案的具体量刑情节,如是否存在加重或者减轻的因素。美国联邦最高法院对将定罪量刑分两步走的规

---

① 参见李慧、安自然:《死刑的人道主义探析》,载《科学大众(科学教育)》2013年6月。

定表示认可。① 1976 年，美国联邦最高法院在格雷格诉佐治亚州一案的裁决中认定，死刑并不是残忍且异乎寻常的刑罚，因此死刑并不违宪。但是对被告人判处死刑必须遵循严格的程序和标准，而避免死刑的滥用。自此以后死刑制度在美国联邦和各州得以继续并实行直至今日。而自 1976 年美国恢复死刑以来，死刑的适用较 1972 年死刑暂停之前呈现出上升趋势。② 特别是本案案发地——得克萨斯州。得克萨斯州一直都是美国联邦各个州之中执行死刑人数最多的③，它地处美国南部，长久以来都存在种族问题，种族关系较为紧张，特别是该地区来自墨西哥的非法移民较多，与东部地区相比，经济文化发展水平都相对落后，导致该地区的犯罪率较高，得克萨斯州始终保持支持死刑的司法传统，死刑执行率也一直居高不下。1982 年得克萨斯州恢复死刑，而这一年也恰恰是本案被判决的那一年。

第一节 埃雷拉诉柯林斯（Herrera v. Collins）案情介绍

一、埃雷拉案的基本案情

在 1981 年 9 月 29 日夜里十一点多，德州公共安全部门的官员大卫·拉克（David Rucker）在高速公路以北几英里处的格兰德河谷的布朗斯维尔被枪杀，拉克的尸体被路人发现躺在他的巡逻车旁，头部中弹。大约在同一时间，洛杉矶警察卡里塞勒斯（Carrisalez）和其同事埃尔南德斯（Enrique Hernandez）观察到一辆超速行驶的

---

① 参见孙春雨：《美国死刑概览》，载《中国检察官》2007 年 2 月。Campbell v. Wood, 18F, 3d 662, (Decided 1994).
② 参见［美］柯恩、唐哲：《当代美国死刑法律之困境与探索》，刘超等译，北京大学出版社 2013 年版，第 25 页。
③ 参见胡云腾、刘科：《2000 年以来美国死刑的适用情况及其改革评价》，载《人民司法》2006 年第 2 期。

汽车正由拉克尸体被发现的方位向洛杉矶方向行驶。卡里塞勒斯与埃尔南德斯随即紧跟该超速车辆,并打开警灯示意该车停车接受检查。超速车辆停下后,卡里塞勒斯拿着手电向超速车辆走去,该车司机打开车门与卡里塞勒斯简单交谈几句便开枪击中了卡里塞勒斯的胸部。警官卡里塞勒斯于9日后在医院死亡。

埃雷拉(Leonel Torres Herrera)在枪击事件的几天后被捕并被指控谋杀了卡里塞勒斯和拉克。在案件审理的过程中,与卡里塞勒斯当天同坐一辆车的警官埃尔南德斯指认埃雷拉就是开枪射杀卡里塞勒斯的真凶。经调查,这辆车的车牌登记在埃雷拉同居女友的名下,而埃雷拉也经常驾驶这辆车。当埃雷拉被捕时,这辆车的钥匙就在埃雷拉所穿裤子兜内。警官埃尔南德斯同时指认,这辆车就是当日枪杀警官卡里塞勒斯的凶徒所开的那辆车。在庭审过程中,还有很多证据指向埃雷拉,包括在拉克巡逻车旁发现埃雷拉的社保卡,埃雷拉牛仔裤和钱包上的血迹均为A型血,这与拉克的血型是相同的。在超速车辆上发现了拉克的头发,埃雷拉所写信件中也强烈暗示了自己是杀害了拉克的凶手。1982年7月,埃雷拉亲口承认杀害了拉克。

1982年1月,申请人埃雷拉被法院判决谋杀罪名成立并判处死刑。他在得克萨斯州法院对有罪判决的直接上诉、国家担保诉讼以及对人身保护令的申请均未成功。1992年2月,即埃雷拉被判有罪10年以后,他再次提出了联邦人身保护令的申请。他声称,尽管被判处死刑,但实际上他是无辜的,基于《宪法第八修正案》和《宪法第十四修正案》"残酷和异常刑罚"等条款,应当禁止对其执行死刑。10年之后这个案件再次吸引了人们的眼球,因为在埃雷拉第二次申请联邦人身保护令的同时提交了两份新的书面证言。该证言分别由埃雷拉弟弟劳尔(Raul Herrera)的儿子小劳尔(Jr. Raul)以及劳尔曾经的狱友何塞(Jose Ybarra)提供,他们均证明,劳尔曾经亲口告诉他们两个谋杀案都是由劳尔所为,真正的凶手是劳尔而非埃雷拉，埃雷拉实际上是清白的。

二、埃雷拉案件的审理情况

本案被告人埃雷拉第二次申请联邦人身保护令的请求最终被联邦法院9位大法官以5∶4的票数否决，埃雷拉的死刑执行将要继续进行。1993年4月15日，埃雷拉在得克萨斯州亨茨维尔被注射死刑。临刑前埃雷拉仍坚称："我是无辜的，无辜的，无辜的！毫无疑问，我不欠社会什么。我将继续为人权斗争，帮助那些无辜的人，特别是格拉汉姆先生。我是无辜的人，今晚非常严重的错误即将发生。愿上帝保佑所有人，我准备好了。"

本案法庭意见由联邦最高法院首席大法官伦奎斯特执笔，其就赦免、新证据限制、证据效力等对判决的结果进行阐述。针对申请人的赦免，首席大法官马歇尔在阐述总统的赦免权时曾说：赦免权在远古时期就被国家行政机关使用，我们接受这些原则并尊重宽赦行为，深入研究那些能够从中获益的人，他们应该懂得使用这项权益。在英国，国王被赋予赦免权可以追溯到公元700年。那时通过赋予地方法官赦免权来平衡法院，软化一般法律的过度严苛。赦免为被判处刑罚的人提供了主要的救济渠道，特别是被判处死刑的人，因为在1907年以前他们并没有上诉权。美国采用了英国模式，赋予总统对违反美国法律的行为有进行缓刑或赦免的权利。尽管总统被宪法赋予赦免的权利，但并不要求每个州都建立赦免机制。因为早在英国殖民时期，赦免就已经在美国存在。当然，各个州并不愿意对赦免进行授权，但是随着时间的推移，一些州把赦免权下放到州长和由立法机关选出的顾问委员会手中。时至今日，已经有36个州对死刑赦免有宪法或法律上的规定。

行政赦免为美国刑事司法体系提供了安全保障，这是美国司法体系的既定事实，就像人与人之间的管理也非毫无瑕疵。历史上有很多这样的例子，当受到不公正刑罚的人在后期证据调查中被证明无辜时，则被赦免。在博查德（Edwin Borchard）教授的经典著作中，有 65 个案例在判决后发现罪犯其实是无辜的。其中 47 个案件重审的时候予以轻判，其余的案件则在重审后宣告无罪。博查德教授的著作表明，在过去一个世纪中，屡有死刑被宽赦的情况在罪犯被证明"实际无辜"时发生，这足以令人看到赦免存在的必要价值。在得克萨斯州，州长有权利根据赦免委员会的建议发布赦免令。委员会的考量应涉及被判处死刑当事人的请求，还要综合考虑其代理律师及州长的意见。在死刑案件中，当事人可以请求赦免死刑、减为无期徒刑或判处其他适当的刑罚，或暂缓执行。在不超过 30 天的情况下，州长有授予任何一个死刑案件缓刑的权利。得克萨斯州对无罪赦免有着自己的指导规则。委员会将会根据如下材料受理无罪赦免申请：(1) 现行审判法院法官意见一致的书面推荐材料。(2) 伴随事实调查核证副本的确认命令或者有管辖权法院的判决。(3) 证明证人无罪而采纳的证言。在本案中声称无罪的申请人显然已经向政府申请了 30 天的缓期执行，但却没有申请赦免，甚至没有申请减刑。国家刑事诉讼判决被告人有罪或者无罪都关乎人的生命和自由，一般来说，在不违宪的情况下，联邦人身保护令对国家刑事犯罪的再审在刑事诉讼的过程中都不应当被限制。历史表明，基于新证据而提出的无罪诉讼请求，因为证据发现得太晚以至于没有提出新的诉讼请求的，其案件当事人都已经被行政赦免。其次，在美国法律发展进程中就是否设立新证据提出的时间限制曾引发争议。保留时间限制可防止误判，但设置时间限制却可促进案件终结，二者都有其实际意义。1945 年美国对基于新证据而引发的新案件审理申请作出两年的时间限制，但并没有对死刑的再审申请进行限制。然而，这种对基于新证据而引发的案件申请时间限制直到它被废止前都没有改变过。在美国殖民地时期，案件审理中适用英国的普通法，因此，这种基于新证据的审判是可行的，这种救济申请的提交通常是在案件审判届满之后进行。随着时间的推移，很多州对各种类型案件的审理有了具体的规则。在现今美国的司法实践中，对上诉时间的限制各不相同。包括得克萨斯州在内的17个州，对新发现证据而引发的新的审理请求均规定应当在判决作出后60日内进行，18个司法管辖区有3年的时间限制。10个州和哥伦比亚特区有两年的时间限制。只有15个州允许基于新发现证据而提出新的审判申请可以在被判有罪的3年之后。其余各州中，两个多于120天的限制，4个少于120天的限制，另外9个州并没有时间限制。而本案中埃雷拉新证据的提交时间显然不符合德州对新证据提出在时间上的限制。

最后就本案新证据本身而言，上诉人埃雷拉新发现并提交的证据是证人证言。在新的审判中，仅仅基于证人证言而提出上诉申请是站不住脚的，因为证人陈述并没有得到交叉询问，则无法对其可信度进行法律上的认定。因此，证人证言特别值得怀疑，小劳尔和何塞的证言都是传闻证言。同理，在审查申请人的新证据时，被告人经常利用新的申请来作为一种延缓刑罚执行的方法。尽管法官并没有批准这项申请，但是在批准申请的过程中滥用权利的可能性是很大的。在本案中，根据这份证人证言所提出的人身保护令申请是在埃雷拉被宣判8年以后。没有合理的理由解释为什么这份证人证言要在宣布对埃雷拉执行死刑后第11小时才被提出。同样令人不安的是，没有理由可以解释一个被假设无罪的人会承认自己谋杀了拉克。

此外这份证人证言本身也存在矛盾，如对在拉克和塞勒斯被杀当晚发生了什么就存在争议。当时9岁的小劳尔指认有3人在超速车辆上，但何塞则证明劳尔告诉他当时在超速车辆上是两个人。而埃尔南德斯在庭审当中作证说汽车司机是车上的唯一一个人。证言对于案发时车辆的行驶方向和埃雷拉所处的地点也存在矛盾。最终埃雷拉提供的证人证言需要与在庭审中证明埃雷拉有罪的证据相结合进行衡量。有罪证据包括两个目击证人指证，无数间接证据和一份手写的书信，信中表达了对杀死两名警官的愧疚以及在一定条件下希望自首的意愿。这些证据与迟来的证人证言相较之下，仍然明显可以证明埃雷拉有罪。如果这种证据呈给法庭，陪审团本应权衡，因为这是由原告或者州政府提出的，应当在判决前认真衡量。当法庭接到新提交的证人证言时，陪审员应当对其可信性进行判断。但是埃雷拉的审判已经过去 10 年了。

三、 埃雷拉案的法律问题

本案被告人埃雷拉的诉讼请求最终被联邦法院 9 位大法官以 5∶4 的投票否决。首席大法官伦奎斯特认为，新证据不能作为申请联邦人身保护令的依据。尽管申请人埃雷拉认为新证据可以证明他是无罪的，对他执行死刑将违反美国宪法修正案禁止残酷和异常的惩罚，而这一条款也运用到《宪法第十四修正案》当中。但伦奎斯特的意见指出，几乎没有什么比随意宣称无罪而申请联邦人身保护令的行为更使司法系统遭到破坏的。虽然埃雷埃认为对他执行死刑违反联邦《宪法第八修正案》，但其实联邦《宪法第八修正案》并不认为死刑是"残酷和异常的刑罚"。在司法实践中，很多所谓的新证据都是为了拖延死刑执行而采取的手段，其本身并不具备真正新证据所具备的效力。埃雷拉是经过正当程序确认有罪的，他的新证据并没有足够的证明力推翻原审裁判。

奥康纳大法官撰写了驳回埃雷拉请求的意见。在投票过程中她加入了多数派的阵营，奥康纳在她的意见中写道："宪法不能容忍对一个法律上和事实上无辜的人执行死刑。"然而，从任何角度说埃雷拉都不是无辜的。因为埃雷拉作为一个刑事被告人，我们的宪法给予他完整、系统的保护。但在与他同龄的陪审团面前，经过庭审，陪审团认定埃雷拉超越合理怀疑，判决他罪名成立。那么这种判决不应该被质疑，是公正有效的。奥康纳大法官重申了大多数人的结论，本案的关键并不是对一个无辜的人执行死刑是否违宪。也就是说，摆在我们面前的问题不是一个国家是否可以对无辜的人执行死刑，而是申请人所提交的新证据是否具有推翻原审的效力。正如法院指出的那样，作为一个公平的审判，一个被判定有罪的人仍然享有宪法权利。尽管申请人提交新证据试图证明宪法错误影响其审判的动议最终失败了。

联邦最高法院大法官布莱克认为，埃雷拉诉柯林斯案应该发回原审法院，由原审法院决定是否举行聆讯并解决被告人主张其无罪的法律根据。布莱克法官注意到，在得克萨斯州当地居民反对对该案被告人执行死刑的这一立场。布莱克大法官认为，实际上这是要求联邦最高法院大法官解决当一个人已被定罪判处了死刑，但又提交新证据以证明其是清白的，而在这种情况下，宪法是否可以对他禁止执行死刑的问题。布莱克认为，一个实际上无辜的人可以提出要求重新审判，关键问题并不在于一个新审判是否会比原审判更加可靠，而是在于根据新的证据原审判是否有足够理由让州政府对被告执行死刑。布莱克认为，被告人提出了新的证据，基于新证据具备真实的可能性，该被告人就应当享有豁免权。

根据3位法官所持的不同观点，我们可以看出，本案所产生的法律问题就是新证据的效力问题。

第二节　死刑案件中新证据的概述

在埃雷拉诉柯林一案中，申请人埃雷拉提交的新证据显然是这一案件最终成为美国近年来经典死刑案件的关键之处：什么样的证据可以被认定为新证据，新证据作为证据本身而言应当具备怎样的证明力，在本案中基于新证据提出而引发的争议问题是什么。

一、新证据理论

在法治社会日益发展的进程中，人民普遍需求用法律手段解决纠纷并维护自身权益。检察机关则通过履行自身职能以实现追究犯罪伸张正义的目标。审判机关通过对案件的依法审理从而作出公正的审判。① 任何刑事案件一经法院作出有效裁判，无论是被告人、检察机关、社会公众还是作出生效判决的法院，都必须尊重法院作出的合法裁判。因为只有这样才能实现惩罚犯罪与保障人权的统一②，而且这也是法治精神的体现。但是根据实际的司法实践可以看出，尽管各国刑事诉讼体系都在不断完善，但在具体适用的过程中仍然不能达到百分之百的准确。因此，审判机关据此作出的生效裁判也存在百密一疏的可能。特别是在判处死刑的案件中，这种错误关乎一个人的生死存亡，更应加以重视。我们既不能因为一味地维护司法权威，为避免滥用法律资源就对错误视而不见，也不能为保障人权盲目申请救济，置法院的有效裁判于不顾。为了使法的稳定性和公平性得到平衡，就需要再审这一途径。而在美国这种判例法国家，除再审之外还有人身保护令等途径，但因受到宪法规定禁止双重危险原则的限制，对有罪判决申请再审或通过人身保护令进行救济的规定都十分严格。③ 在刑事诉讼中，证据是诉讼活动的依据，也是证明犯罪事实的唯一手段。所以证据在刑事诉讼中具有不可忽视的重要地位。④ 而"新证据"则是一般证据的特殊情况，作为上诉或者申请宪法救济的理由，新证据在形式上应当具备新鲜性的特点，在实质上应当具备明确性的特点。

（一）新证据的形式要件——新鲜性

新证据在何时发现和提交才能称之为新证据？这使新证据存在两种不同的可能性，即"发现意义上的新证据"以及"存在意义上的新证据"。⑤ 前者是在作出生效判决之前因为某些原因并未发现但

---

① 参见格兰德：《死刑与美国文化》，江朔译，载《中外法学》2005年第6期。
② 参见许琼月：《论刑事再审事由的——新证据》，载《西南政法大学》2010年3月。
③ 参见岳蓓玲：《试论刑事二审新证据的相关问题》，载《人民司法》2013年第11期。
④ 参见张栋：《中国死刑错案的发生与治理——与美国死刑程序比较》，上海人民出版社2011年版，第215页。
⑤ 参见李明：《证据证明力研究》，中国人民公安大学出版社2013年版，第369页。

已经客观存在，而在生效裁判作出之后才被发现的证据。后者则是在生效裁判作出之后才存在的证据。① 两者比较，前者作为刑事再审或申请其他救济手段的依据更为合理。

对新证据新鲜性的要求在英美法系诉讼法体系的具体规定中体现地更为严格。具体表现为，该新证据没有在之前的案件审理程序中提出是因为"不可归责于当事人的事由"。② 而这一要求也与判例法系国家所遵循的以庭审制为中心，陪审制为基础，当事人主义的抗辩制诉讼制度密切相关。③ 在普通法系国家，案件审理中起到主要作用的并非法官，法官在审理进程中主要负责指引程序，而对案件事实的证明则全部是由控诉双方在庭上提出证据证明。对于证据证明规则问题，美国联邦证据规则有一系列具体、细致的规定。对案件被告人被控犯罪事实的认定则是由陪审团根据庭审情况作出的，而且陪审团只需提交裁定结果并不需要作出解释。从某种程度上讲，普通法系是将解决纠纷视为刑事诉讼的主要目的，而非发现案件真相。④ 在此之所以要求新证据的提出是"不可归责于当事人的事由"，是因为需要考虑当事人的主观因素。如果当事人希望通过先隐匿证据，而后再把之前被隐匿的证据作为新证据提交，从而获得赔偿，那么这种证据将不能被认定为新证据。总而言之，对新证据新鲜性在时间点上的判断，应当以发现证据的时间为标准。也就是说，在案件发生、审理过程中已经存在的，但是由于非当事人自身原因而没有被发现，而后在案件审判之后又被发现的证据，可以被认定为新证据。这样的证据在形式上具有新鲜性的特点。

---

① 参见格兰德：《死刑与美国文化》，江朔译，载《中外法学》2005年第6期。
② 参见黄士元：《刑事再审事由中的新证据——证据虚假和证据不足》，载 Evidence Science 第6期。
③ 参见［美］柯芬：《美国上诉程序——法庭·代理·裁判》，傅郁林译，中国政法大学出版社2005年版，第79页。
④ 同上。

(二) 新证据的实质要件——明确性

新证据之所以能成为上诉或者申请其他方式救济的事由，不仅在于它的新鲜性，最为关键的是该新证据明确性的特点，即该证据需要具备高度证明力足以撼动之前的生效判决。在新证据的明确性上，需要对两个问题进行判断。一方面是明确性的程度高低，另一方面是采用何种方式判断新证据的明确性。两个方面相结合才能准确评估新证据的明确性。

从新证据明确性的程度来看，美国联邦最高法院意见指出，要求新证据对刑事指控罪行的证明达到确定无疑的程度。排除合理怀疑在美国刑事诉讼制度中发挥着至关重要的作用，它是减少因事实错误而错判的主要工具。特别是在刑事诉讼中，由于被告人根据定罪可能失去自由，乃至生命。因此，一个珍视每个人自由和生命的社会，在对被告人的罪行存在合理怀疑时，就不应该对其实施的行为加以处刑。[1] 一个新的证据能够使原审证据产生合理怀疑，那么该新证据具备了明确性的特点。反之，一个新的证据并没有打破原审证据的确定无疑，那么该新证据必然不具有明确性的特点。总而言之，新证据的明确性是证据的核心。

从采用何种方式判断新证据的明确性来看，基本可以分成两种方式。一种是孤立评价法，要求新的证据应当从原审对证据评价的基础上出发，新证据对案件事实的明确性程度应当受到原审判决对证据评价的约束，即不能仅从新证据本身来确定是否具备明确性的要求，而应该对比原有证据进行判断。另一种方法是重新评价法，即新的证据不再受到原审对证据评价的约束，再审法院应当对新的证据进行新的综合评判，确定其明确性程度。[2] 而各国对这两种判断方式的采用不尽相同，法国并未作出明确区分，而德国则是两种方

---

[1] 参见张南宁：《从新证据学到证据科学》，载《中南大学学报》第15期。
[2] 参见秦宗文：《死刑案件证明标准的困局与破解》，载《中国刑事法杂志》2009年2月。

式相结合。

二、新证据的证明力分析

在本案中埃雷拉所提交的小劳尔以及何塞的书面证言，在这里撇开诉讼程序不谈，单从证据的角度来分析，就必须对证据的证明力进行认定。证据的证明力是其作为证据本身就具备的天然属性，而不是人为赋予的。根据联邦证据规则的具体规定，评价一份证据的证明力大小，大致可以从以下几方面进行。

（一）新证据的确实性

证据的确实性是评价证据证明力的重要方面。证据的确实性是指，反映案件事实的证据是对案件的真实还原，而非刻意加工而生成。无论它最终是印证还是推翻未证事实，其必须是确实可靠的。(1) 从证据的生成来看要求其具有真实性。证据从反映事实的材料到最终成为判定案件事实的依据，需要经此严格的审查过程。因此，从来源上就需要做出评价，即证据从何而来，是否符合法律规定的标准。证据在生成过程中很有可能受到外界的影响。例如，证人与本案嫌疑人有密切关系；证人的认知水平有限，因此不能以最准确的方式做出表达；社会舆论使证人产生心理压力导致证人对证言进行二次加工，使证言发生偏差；等等。(2) 从证据所反映的客观事实来看要求证据具有真实性。也就是证据的内容需要具备同一性特点，即各个证据之间相互联系所要证明的是同一待证事实。如果多个证据之间存在相斥现象，那么就必须重新认定证据的真实性。当然在考虑证据同一性的同时还要注意，这些证据是否符合现实生活的价值判断，是否符合科学常识、人类的逻辑思维。综合以上方面才能确定证据的确实性。

（二）新证据的关联性

在美国，证据的关联性在联邦证据规则中具有举足轻重的地位。可以说证据的关联性原则是美国陪审制度下的产物，因为所有证据的证明力都需要陪审员作出判断。然而，在集中审理的情况下，为了使陪审员在审判中正确分析与案件相关联的证据，合理排除无关证据，避免受到无关证据的干扰，就需要通过证据的关联性对在法庭审理过程中的证据调查进行划定。证据的关联性体现在可否通过这个证据证明案件事实或推翻案件事实。也就是说，证据应当对案件事实起到肯定或者否定的作用。如果证据不具有关联性，那么它将对案件所需要证明的事实毫无意义。当然证据的关联性是有强弱之分的，如单一证据和复合证据。西方谚语说："一个人作证相当于无人作证。""不应当听取单独证人的证言。"① 也就是说单一证据的关联性很弱，不具有证明力。如果单一证据想要取得可以证明待证事实的证明力，就需要与其他证据相结合，成为复合证据。在美国联邦证据规则中对单一证据进行了限制：品格证据规则或称排除品格证据规则、习惯证据规则、事后补救规则等。② 另外补强规则规定单凭口供不能作为定罪的根据。单一证据只有和其他证据连接在一起，形成完整的证据链条才能起到证明待证事实的作用，否则极有可能导致误判。而复合证据一般是由多个间接证据构建而成，每个证据虽然不能单独证明案件事实，但是将它们合理地组合在一起，可以形成一个逻辑严谨的证据链条。单独观察其中一个证据的关联性并不强，但在证据链条中却可以与其他证据相互印证。各个证据能够环环相扣，紧密联系，最终指向同一个待证事实。总的说来，证据的关联性强弱在很大程度上影响证据的证明力。

三、死刑案件采用新证据的争议

以首席大法官伦奎斯特为代表的 5 位大法官反对采纳新的证据，并最终以 5∶4 的投票驳回了埃雷拉的人身保护令的救济申请。究其

---

① 参见李训虎：《美国证据法中的证明力规则》，载《比较法研究》2010 年第 4 期。
② 参见秦策：《美国证据法上的推定学说与规则的发展》，载《法学家》2004 年第 4 期。

原因，美国的司法程序有着严密的体系，特别是死刑案件的审理过程更为严格缜密，死刑案件的救济途径也非常多。根据美国的刑事诉讼程序和美国《联邦证据规则》，只有为了防止明显的不公正判罚才会采用新证据。也就是说，一般情况下新的证据不会被接纳，可谓相当严苛，因此被视为证据失权制度的典范。[①] 这样的制度看似并不符合美国宪法的精神，但事实上这一制度恰是受到美国法律崇尚正当程序的影响。在本案中人身保护令申请人埃雷拉在被宣判 10 年之后提出了新的无罪证据，即劳尔的儿子小劳尔以及劳尔的狱友何塞的书面证言。该证言宣称谋杀案的真正凶手是埃雷拉的弟弟劳尔，而埃雷拉确实是被冤枉的。就该证据本身而言显然违背了美国《联邦刑事诉讼法》以及得克萨斯州相关法律对根据新证据提出再审动议时间上的限制。为何该案还是引发了联邦法院 9 名大法官的激烈讨论以及社会的广泛关注？那是因为新证据存在证明埃雷拉清白的可能性，埃雷拉实际上可能是无罪的。由此可见，死刑案件采用新证据的争议在于：到底是应该基于一种可能性而暂停案件判决的执行，还是应该根据原案的有效判决维护法律的权威？根据美国《联邦刑事诉讼规则》的规定，被告人有权提出再审的动议，但当被告人提出该动议时，法官需要根据实际情况作出是否撤销原判决并再审的裁定。如果是因为发现了新的证据而提出的再审动议，那么该动议应在有罪判决的 3 年内提出。如果不属于发现新的证据的其他原因而提出再审动议，那么该动议应在有罪判决后的 7 天内提出。[②] 如果申请再审的新证据符合法律对新证据的规定，那么该新证据则能引起再审程序的启动。另外还要指出一点，对因控方证据不足而造成的原有罪判决被撤销的案件，根据美国的司法解释，被告人可

---

① 参见孙春雨：《中美定罪机制之比较》，载《政法论坛》2005 年第 10 期。
② 参见沈栩：《"新的证据"与举证时限制度的冲突研究——对关于民事诉讼证据的若干规定中"新的证据"的存废考察》华东政法学院 2004 级诉讼法研究生论文。

免予再审而直接获得"无罪开释"。① 如此规定就存在这样的问题，如果新证据的发现是在有罪判决的 3 年之后提出的，那么根据法律的限制，新证据不得作为再审的事由，这可能有损被告人的司法权和人权。

联邦最高法院反对采纳新证据的法官们认为：申请人声称美国《宪法第八修正案》和《宪法第十四修正案》禁止对被定罪判刑而实际上无辜的人执行死刑。因此，相类似的观点就是宪法禁止一个无罪的人被监禁。毕竟任何刑事司法体系的主要目的都是对有罪的人定罪处罚和给予无辜的人自由。当一个人被指控犯罪时应当作无罪推定，而坚持一个人罪名成立则应当超越合理怀疑。在死刑案件当中，司法机关被要求对生死攸关的事情作出额外保护。因此，国家对每个刑事被告人来说最终推翻无罪推定都非常严格。但我们也观察到，并非每一个可想象的步骤都是必需的，但我们不惜一切代价消除一个无辜者被定罪的可能性。然而，另一方面这也可能会麻痹我们的刑事司法系统。一旦被告人被公平审判并定罪，那么他所被指控罪行的无罪推定将不再适用。从国家的角度来看，是将刑事被告人从推定无罪到超越合理怀疑这一过程的转化。毫无疑问国家承担了在审理过程中的举证责任。申请人被判决一级谋杀罪名成立，已经超越了合理的怀疑。因此，在法律面前，申请人并不是一个在法律上无辜的人，而是一个经正当程序审理被认定为残忍杀害无辜被害人的犯人。申请人埃雷拉提交的无罪证据并没有在案件审理过程中提出过，而是在 8 年之后才出现，在任何刑事司法体系中，无罪和有罪都是由某种刑事司法程序来确定的。申请人展示清白并且基于展示清白而主张他的宪法权利应当得到救济，而这些本应当在案件审理过程中进行。

---

① 参见孙春雨：《中美定罪机制之比较》，载《政法论坛》2005 年第 10 期。

第三节 新证据的有效性分析

法律作为思想意识的结晶,是非物质性的客观存在。既然法律是思想意识的产物,就必然会受到法律发展传统、社会生产力、人类思维模式等因素的影响。同样,法律根据不同法学理论方法进行研究,所得到的结果也可能是不同的。因此,根据两大法学派——分析实证主义法学派以及自然主义法学派的观点,就本案焦点新证据及其效力分别加以分析,从而达到更深入的认识。

一、从分析实证主义角度分析新证据的有效性

(一) 分析实证主义法学理论概述

分析实证主义是以西方资产阶级革命为背景,时至今日历经两百多年的发展。最主要的创始人是边沁和奥斯丁。边沁的最大影响在于奠定了分析实证主义法学理论和方法论的基础,这一理论和方法论基础是功利主义哲学。① 边沁主张将"实然的法"和"应然的法"相分离,他以霍布斯的思想为基础,明确提出了法律命令的概念——法是国家权力处罚犯罪的威吓性命令。② 而奥斯丁作为分析实证主义法学的真正开创者,提出法学研究只应该考虑法律本身而不应该对其善恶进行研究。也就是说,严格区分法律和道德,法律的存在是一回事,它的优缺点是另一回事。在这里对法律价值的研究并不应该结合政治或者道德,他的研究对象应当是法律规范,从结构上研究法律,特别强调"恶法亦法"。分析实证主义法学派作为西方法学思想理论体系的重要组成部分,是实证主义和分析哲学方法

---

① 参见邓索瑶、万平:《简析美国刑事再审程序——以辛普森杀妻案为例》,载《景德镇高专学报》2007 年 6 月。
② 参见左军:《试论分析实证主义法学的方法论特色及其借鉴意义》,载《理论观察》2007 年第 2 期。

在法学领域的结合。分析实证主义法学派的基本思想大致可以概括为严格分开"实然的法律"和"应然的法律"。强调对法律概念的分析，依靠逻辑推理来确定可适用的法律，以及否认法律和道德之间的必然联系。① 其核心就是对法律进行一种实证的客观分析，而对实然法进行实证分析或者对一个国家制定法的客观分析是西方法学中源远流长的传统。分析实证主义法学作为极具影响力的法学思想，它的价值不仅仅体现在其思想理论价值的本身，更重要的是一种价值标准，一种研究法律的方法。我们可以透过分析实证主义观念重新认知法律，重新看待新证据。

（二）分析实证主义法学派下的新证据理论

从分析实证主义理论的角度分析新证据理论，新证据就应当具有独特性。分析实证主义法学派认为，对法学理论的研究应当是独立的，不能像其他法学理论那样将法学理论与道德伦理、宗教、政治等其他学科混为一谈。法学作为独立的学科应当明确区分自己的研究对象。凯尔森曾经说过，如果某一种理论可以称为法律的纯粹理论，这种理论就应当是站在法律的立场上，以法律的方法论认识问题、分析问题。也就是说，这种理论需要把法律所研究事物中的其他干扰因素剔除掉。② 新证据理论作为一个比较新兴的法学理论，应当站在实证分析主义法学派的立场上。新证据理论的独立性体现在，尽管它内含于证据理论和刑事诉讼理论之中，但它本身应当保持其内在的独立性。我们在分析新证据的时候应该秉持中立、理性的态度，避免使用主观价值的判断。

科学要解决是与非的问题，不存在是非不明、界限不清的可能。但是道德则有所不同，它所考虑的是应或不应的问题。评价科学并不以善恶为标准，科学方面不存在好坏之分，然而道德则会对一个

---

① 参见左军：《试论分析实证主义法学的方法论特色及其借鉴意义》，载《理论观察》2007年第2期。
② 参见周发财：《法律的目的论》，西南政法大学2005年硕士论文。

事物进行好坏、善恶的评价。法律作为科学的分支，所要回答的也应当是事实问题，不应该受到道德的影响。科学地认识法律应当通过法律的结构进行深入研究，而非过分关注法律的内容。法律的内容并不能通过科学而被理解，比如说如何认定法律代表的正义。因为在不同的意识形态下，对正义所得出的结论不尽相同。法律内容仅能表达其社会形态中的主流价值观，并不能涵盖所有的思想观念。比如凯尔森指出，"人们通常认为，确实存在着象征正义这样的东西，只是不能明确予以定义。显然这种主张本身就是一种矛盾，对人们的意志和行动而言，无论正义多么必要，它都是无从认识的。从理性认识的观点看，所存在的只是利益以及因此而产生的利益冲突"。[①] 凯尔森所强调的就是应该对法律与道德加以区分，法律应保持自身的可管理性。因此，新证据理论不能受到道德的影响，如果对新证据的判断带有道德的色彩，那么所引起的结果可能就会存在偏差。新证据是影响案件审判结果的关键，甚至涉及对生死的裁决，一旦新证据因道德而变色，就是对审判公正性的不尊重，就是对生命价值的不尊重。因此，本案中对采纳新证据持反对意见的5位大法官就是基于这种理念。本案的审判程序早已终结，而在任何刑事司法体系中，有罪与否都需要通过合法的审判程序判决，而非个人甚至公众的主观道德因素可以控制。从分析实证主义的角度看，本案对被告人的新证据不予采纳，其根本原因是出于维护程序正义。

（三）分析实证主义法学派之新证据的有效性

分析实证主义下的新证据是否具有有效性，取决于新证据是否经过了依照法定程序的判断。分析实证主义法学派特别注重程序正义的重要性，因为程序正义是看得见的正义，是可以通过法律具体条文规定的正义。特别是像美国这样法治相对发达的国家，特别注重法的程序正义。在英美法系中，程序被视为"法律的心脏"。美国

[①] 参见冯立坡：《分析实证主义法学的法律效力观研究》，湘潭大学2008年硕士论文。

《宪法第十四修正案》提出的"适当的法律程序"是美国法律最基本、最广泛的概念。整个美国宪法和司法制度的核心是防止"苛政猛于虎",注重保障公民权利和遵循正当程序。美国联邦最高法院大法官道格拉斯精辟地指出:"权利法案的绝大部分条款都与程序有关,这绝非毫无意义。正是程序决定了法治和随心所欲或反复无常的人治之间的大部分差异。坚定遵守严格的法律程序,是实现法律面前人人平等的主要保证。新证据应当是由法律明确规定,在对新证据有效性进行判断时应当科学严谨地根据法律进行。新证据符合法律正当程序是法律公正的客观要求,也是法律最终的价值体现。要确保新证据可以实现法律公正,唯有通过法律程序进行才是最有效、最客观、最为人所接受的手段。"① 因为"程序的实质是管理和决定的非人情化,其一切布置都是为了限制恣意、专横和裁量"。② 本案中,对新证据的不予采纳正是对正当程序的维护。因此,从实证主义的角度来看,本案对新证据效力的确定并无不当,可以看作是对程序正义即法律公平正义的另一种维护。

二、 从自然法主义角度论新证据的有效性

(一)自然主义法学理论概述

自然主义法学理论作为西方法律发展史中十分重要的法学理念,经历了相当长的发展过程,它对法律制度的完善和社会发展都起了重要作用。法学思想家对自然法学理论基本价值的理论建设可以追溯到古希腊时期。当时的自然法理念受到古希腊哲学思想的影响,寻求通过一种普遍原则作为人们行为的标准,从而改善社会秩序。之后自然法学派还历经了中世纪宗教神学的冲击,而后又进入了自由资本主义时期,形成了古典自然法学。尽管自然法学派不同的法

---

① 参见左军:《试论分析实证主义法学的方法论特色及其借鉴意义》,载《理论观察》2007 年第 2 期。

② 参见吴传毅:《论正当法律程序的作用及其原则》,载《行政论坛》2008 年第 3 期。

学家对其性质有着不同的理解,但是对法律道德的追求和对法律实质正义的追求却是他们的共同之处。自然主义法学追求法律的道德价值,强调恶法非法,自然法是指宇宙秩序本身中作为一切制定法基础的关于基本正义和终极原则的集合。自然法学派是指以昭示宇宙和谐秩序的自然法为正义标准,坚持正义的绝对性,相信真正体现正义的是在人类制定的协议、国家制定的法律之外的、存在于人的内心中的自然法,而非由人们协议所产生规则本身的法学学派。[①]自然法学派对法学理论的发展做出了巨大贡献,对人类文明的发展也起到了积极的影响。自然法学派理论的贡献在于,它为人类的立法活动提供了标准和方向,使人定法不偏离理性、正义、人权这些维系人类自身生存和发展的价值目标。进一步讲,就是要以理性、正义、人权来约束立法权的行使,使立法者不能为所欲为。从自然法学派的角度出发,如果立法者所创立的法律属于恶法范畴,那么该法律就不符合法律精神,因此人民也不需要遵守。当然自然法学理论发展至今,不单是一种法学理论,与前文所述的分析实证主义法学理论一样,已经上升为法律分析的方法。

(二)自然主义法学下的新证据理论

自然法学派深受人本主义精神的影响,把人视为法律的基础和意义所在,用人的本质需求作为标准来衡量法律,将法律视为追求伦理道德的载体。自然法学派十分重视个人权利的实现,强调法律与道德是密不可分的,法律应当以保障人权为出发点和归宿。在自然主义法学派影响下的新证据理论,应当注重个人权利的实现。首先,新证据作为启动再审或其他救济途径的依据,最主要的功能就是纠错和救济,但两者之间最为根本的应是救济。因为纠错也是为了使因该错误而受到损害的人得到救济。[②]为了实现新证据的救济功

---

① 参见陈仲:《论政治意识文明的法治功能》,载《社会科学论坛》2010年第2期。
② 参见卿娜:《"钓鱼执法"违法性分析》,载《思想战线》2010年第3期。

能,在对新证据的把握上就应当适当"放宽"。而这种放宽具有双重意义,对新证据起到的不同作用,有着不同的规定。现代刑事诉讼更强调被告人权利的特殊保护,只有被告人权利得到有效的保护,才能指望社会公众的人权不受到国家权力的侵犯,而相对于犯罪对社会公众人权的侵害而言,国家权利的滥用对人权的侵害更为严重。因此,新证据理论更应注重对人权的保护。比如,申请人基于新证据而提出再审或者其他救济途径时,司法机关不可通过对新证据提交的诸多限制来剥夺申请人的权利。在本案中,根据自然主义法学观点,就应当采纳新证据,因为这事关个人权利的实现和人的生命保护,而不仅仅是为了维护法律尊严。不应当因程序的正义而剥夺了人的生命,法律不应当为了程序而牺牲个人的人身权利。

(三)自然主义法学派之新证据的有效性

在自然法学观念中,法律条文仅作为形式而存在,而法律的内在价值才能实现实质正义。社会有序化要求的道德,即社会要维系下去所必不可少的"最低限度的道德",通常可以上升为法律。而法律实施本身也是一个惩恶扬善的过程,不但有助于人们法律意识的形成,还有助于人们道德意识的培养。而自然主义法学思想生发的新证据理论应当与道德的价值判断相融合,对新证据的具体规定也应当符合"应然法"的标准。

新证据的提交可能会引发原案再审或提请其他救济,这也将导致原案判决结果发生变化,更可能导致刑事被告人的生死存亡被重新裁判。因此,对新证据的采纳就必须要遵循自然主义法学派的观点,对新证据效力的判断则应取决于其是否能实现实质的正义。有的学者指出,在对新证据的效力进行认定时,应当优先考虑实体公正,不可一味强调遵循诸如对新证据提交时间限制的规定。应当预防过分追求正当程序从而侵害了实质正义。新证据在实现实质正义时,在一定程度上会产生侵害程序正义的不良影响,或者使司法成本增加。尽管如此,为了实现实质正义的目标,这些损失也是有必要的，能接受的。当新证据提出时，不应以纠正原审法院的错误为必要条件，应当从新证据本身是否重视人权保障并兼顾道德方面加以评判。根据自然主义的法学理念，法官的判决应当以实质正义为准绳，对于能够改变案件判决的证据，特别是涉及重大死刑案件的证据，应当先行考虑实质上的正义，而不是为了维护某种程度上的正义而放弃个人的权利，这对于社会中的个体而言是不公平的。

第四节 从埃雷拉案获得的思考和启示

新证据引发的实质正义与程序正义的博弈。本案的新证据所引发的不仅仅是联邦最高法院法官对判决的争论，还体现前述实质正义和程序正义的博弈。实质正义和程序正义一直以来都是法学界争论不休的焦点问题：当实质正义和程序正义发生矛盾时，应当优先保障何种正义。然而，不可避免的是实质正义可能引发所谓道德价值判断干预司法的严谨，程序正义则有可能因为法律体系的疏漏而导致正义没有得到伸张。实质正义一直以来都是大陆法系国家在刑事诉讼程序中最希望实现的，这一理念是受到大陆法系法学传统的熏陶和影响。职权主义是大陆法系在诉讼领域的重要原则之一，由于大陆法系深受罗马帝国时期以来控诉式诉讼的影响，而纠问控诉式诉讼是从当时盛行的宗教裁判法庭中发展而来。出于维护宗教教义的考虑，在宗教裁判法庭上，罪行的"真实性"要比任何所谓"人权"更为重要，诉讼程序的各个要素都必须服务于确定犯罪行为的真实性。[①] 在审判中法官的作用举足轻重，对证据的调查以及案件真相的查明都由法官所主导。大陆法系国家在刑事诉讼中传承已久的价值追求是把裁判结果的公正放在首位，这样一来也相对造成了对诉讼程序的忽视。程序正义又可以解释为"看得见的正义"，这种

---

① 参见许琼月：《论刑事再审事由的——新证据》，载《西南政法大学》2010 年 3 月。

理念也与英美法系国家一直以来的判例法传统息息相关。这源于一句人所共知的法律格言："正义不但需要得到实现，而且应当要以人所共见的方式加以实现。"① 可以将这句话的意思理解为，想要实现真正的正义，不仅需要使案件的审判结果正确，还需要体现法律的精神和价值，同时还应当使社会公众感受到整个案件审判程序的公平合理。也就是说，审判机关对一个案件的判决，不仅要求审判结果公平公正、合法合理，还要做到判决结果符合社会对正义的普遍价值观。因此，法官在案件审理过程中必须秉承法律客观公正的精神。总而言之，"看得见的正义"本质就是相对于裁判结果的裁判过程也要公平，相对于实体结论而言的法律程序更要正义。

在处理实质正义和程序正义的关系时，不应该采取一边倒的观点，如支持实质正义而孤立程序正义，或者支持程序正义而孤立实质正义。在这里主张实质正义需要优先实现的人同样也是实体法的支持者，他们认为法律应当优先维护实质正义，实质正义才是法律精神的体现，而程序正义不可与实质正义相提并论。这种观点往往由于过分偏重实质正义，而忽略了程序正义的内在价值，从而体现不出法律程序的平等、公开等特点。主张程序正义应当优先实现的人则坚持程序正义是法律追求的最终目标，想要追求程序正义就应当创设严密的诉讼程序和规则。然而，过分坚持程序正义则会导致由于程序太过繁琐复杂而浪费司法资源，原案当事人的权利没有得到重视，实质正义没有被实现，社会公众难以接受审判结果等问题，从而造成暗藏的社会矛盾。

当今法学界比较主流的观点是实质正义和程序正义并举，两者应共同作用于法律实践当中。（1）实质正义和程序正义两者各自有其存在的价值，在法律运行中不可忽略任何价值的存在。（2）任意一个价值被过分追求均不利于正义的实现，只有坚持实质正义和程

---

① 参见张光玲：《刑事证据法的理念》，载《中国刑事法杂志》2004年第3期。

序正义两者互相融合统一，实质正义和程序正义并重，才是司法正义的正确价值取向。尽管追求实质正义和程序正义并重是科学、合理、符合法律精神的，但是在现实法律实践中，由于案件的情况不尽相同，遇到的问题也有所区别，在法律适用过程中，很有可能会出现实质正义和程序正义之间发生矛盾的情况。因此，实质正义和程序正义达到完全平衡只能是一种理想状态，两者之间实质上呈现一种对立统一的关系，统一的情形固然存在，但多数情况下处于对立状态。此时就需要正确处理实质正义和程序正义的对立关系。简言之，就是要理论联系实际，既要达到对法的价值追求，又不能脱离案件的具体情况，需要将这些因素结合起来考虑，在维护一种正义的同时，尽量兼顾另一种正义。这里的兼顾，并不是说要使两种正义达到完全平衡的效果，而是根据实际出现的问题，在保证社会共同认可的价值目标得到实现的同时，还需要考虑法律本身的权威性以及在刑事诉讼中的诉讼效率问题，从而才能有选择性地侧重一种正义，不盲目追求两种正义的兼顾，使案件得到最公正的审判。总的来说，实质正义和程序正义相互区别、相互联系，两者密不可分。在创设法律特别是诉讼程序时，更要考虑到两者的关系，根本的价值取向是要坚持两者兼顾，达到实质正义和程序正义的平衡。一旦它们之间发生冲突时，也应当具体问题具体分析，在不能脱离正义本质的情况下可以适当有所侧重。在本案审理过程中，也应当采取相结合的方式。从实证角度来看，为了保护法律上的程序正义，被告人的人身自由应当摒弃，但是与此种观点截然相反的自然法学派认为人的生命神圣不可侵犯，程序正义应当为实质正义让步。但是，本案在新证据提出时已经过去8年之久，诉讼程序已经无法再行启动，审理程序也不可能因新证据的提出而重新开始，是否还要坚持自然法学派的实质正义，这就要综合考虑实际情况。如果对埃雷拉定罪量刑的新证据以及其他证据能够进行调查并且重新比对印证，应当重新采取司法程序来保护人的自由和生命。但是，如果因时间原因无法再对当前的证据进行印证，则要维护法律的程序正义，毕竟，程序正义是实质正义的前提和基础，在无法保证实质正义的前提下，对程序正义的维护是对实质正义的最好保障。

美国联邦《宪法第五修正案》规定任何人不能因同一犯罪行为两次遭受生命或身体的危害。① 而这条规定所体现的就是美国刑诉法的重要原则之一——禁止双重危险原则。这一原则也是西方法律传统的组成部分。在许多国家的法律中有明确具体的规定。这项原则在美国刑诉法中体现为禁止启动损害被告人利益的再审。当然这也与美国作为判例法国家的法律思想传统息息相关。该原则具有相当积极的作用，既有效维护法律的稳定性，使法律权威不受动摇，还可以保障被告人的人权不受侵害。

---

① 参见［美］德雷斯勒、迈克尔斯：《美国刑事诉讼法精解》，魏晓娜译，北京大学出版社 2009 年版，第 343 页。

第八章　美国死刑案件中的陪审团制度

第一节　陪审团在美国死刑制度中的变革背景

一、社会背景

美国作为世界上仅有几个保留死刑的西方国家之一，本身拥有一套独特的死刑裁量程序，时至今日已经历了一段漫长的发展时期。美国死刑案件量刑程序与普通案件的区别在于主体上的差异，普通案件的量刑主体一般是案件的主审法官，而死刑案件的量刑主体多为陪审团成员。

美国死刑陪审团的产生有着悠久的历史，可以追溯到1787年美国宪法的通过以及1791年《权利法案》的批准，在传统美国人的思想里保障人权的观念根深蒂固。美国法律继承了英国的判例法传统，在很多犯罪条文中规定了强制性的死刑条款，也就是说，只要被告人被判处犯有某罪即可被处以极刑。为了缓解死刑的强制性，当时的陪审团频频利用其手中定罪的权利将证据充分可判死罪的被告宣判无罪，用以规避极其不人道的量刑。久而久之，从18世纪末起，美国各州逐渐减少了可判处死刑的罪种。如俄亥俄州于1788年率先进行罪名缩减，根据其法律规定死刑罪名只有一种即谋杀罪；宾夕法尼亚州紧随其后，于1794年将谋杀罪立法分级，只保留对一级谋杀罪（Murder of the First Degree）的死刑条款。从此美国各州相继开始修正宪法，但这仅仅只是减少死刑罪名的立法，在量刑情节上并没有改善，陪审团仍然使用原有的办法进行抗争，而且其逐渐作为一个亟待解决的问题走入各州立法委员会视界，在后续的改革过程中加大了让权于民的力度。在死刑案件中赋予陪审团自由裁量权的"第一个吃螃蟹的州"是田纳西州。田纳西州于1838年立法废除了判处死刑的强制性法律规定，明确将死刑案件的量刑权赋予陪审团，这就意味着当被告人被作出有罪判决后，陪审团有权决定最终的刑罚是被判处死刑还是终身监禁。阿拉巴马州（1844年）、路易斯安那州（1846年）、得克萨斯州（1858年）、加利福尼亚州（1874年）、俄亥俄州（1898年）也相继废除了强制性的死刑条款，让陪审团拥有死刑裁量权。随着各州的相继动作，美国联邦法律于1897年1月15日也正式赋予陪审团死刑裁量权。由此，死刑案件中的陪审团制度作为一项广泛的制度在美国构建起来。① 2002年，美国联邦最高法院通过对瑞恩诉亚利桑那州（Ring v. Arizona）一案的判决确立了死罪案件中的量刑加重情节须由陪审团认定的瑞恩规则（Ring Rule），这对坚持法官裁量死刑制的少数派来说是一次极大的冲击。② 实际执行情况如下：（1）完全接纳并遵守瑞恩规则的有亚利桑那州、科罗拉多州、爱达荷州以及印第安纳州，这4个州进行了积极的法律法规的修订工作，将死刑案件中的量刑权完全赋予了陪审团。（2）部分接纳瑞恩规则的州有蒙大拿州、阿拉斯加州和得克萨斯州，他们仅仅将法定加重情节的认定权授予了陪审团；（3）拒绝接纳瑞恩规则的州如阿拉巴马州、佛罗里达州，他们认为他们的建议式陪审团（Advisory jury）量刑制度完全符合《宪法第六修正

---

① 参见李蓉：《美国陪审制度的两次重大变迁及成因探析》，载《法律适用》1998年第12期。
② See Ring v. Arizona, 536 U. S. 584 (2002), pp. 615-616.

案》中关于陪审团的要求,无需再做更改。① 据统计,瑞恩规则确立后,美国的 50 州中已有 33 个州完全接纳这项制度并赋予陪审团完全的自由量刑权,有 5 个州采取的是法官与陪审团相互制约的混合式量刑制度,而在此之前由法官独立量刑的制度则彻底退出了历史舞台。

二、 文化背景

美国将陪审团设定为死刑裁量的最终决定者,除上述历史原因外,还与美国法律界对死刑功能的认识有关。在美国人的意识里,刑罚的功能大概分为报应、剥夺(权利或自由)、威慑、矫正等等。鉴于死刑的功能主要在报应(Retribution),联邦最高法院认为陪审团更适宜作出死刑判决,因为美国陪审团的成员是来自不同行业的普通公民,并没有我国法律对于人民陪审员的学历要求限制,美国的陪审员完全是按照生活常识、日常情理和生活经验来裁决案件,弥补了法官专业知识外的道德人情。布瑞尔大法官在谈论陪审团这种比较优势时曾言:"原则上来说,陪审员更能够准确表达出社会大众们的观念和感受,可以更好地融入社会大众的日常生活,从而在关乎生命的存在与否上,他们更能贴切地代表社会大众的良知,从而也更好地履行特定案件的死刑报应功能。"也就是说,一件案子通过公众来判断,其罪行是否恶劣,有无达到不判处死刑不足以显示其报应的地步。

对美国民众来说,死刑存在的意义就是一种对犯罪行为道德公愤(society smoral outrage)的惩罚方式,它作为一种公正平等的制裁存在,而非某个个人的司法判断(judgment of one man)。美国相关法律赋予陪审团的死刑裁量权充分体现出这种普适观念,法官从

---

① See Jeffrey Abramson, Death-is-Different Jurisprudence and the Role of the Capital Jury, 2 Ohio St. J. Crim. 117 (2004), p.149.

来不会对法律裁决承担唯一责任,假若罪行当死,那么判决也是由陪审团代表人民意愿所作出的。死刑陪审团制度并不仅仅只源于陪审团自身的争取,更得益于美国人民为限制死刑所做的不懈努力和艰苦斗争。美国陪审团死刑裁量权制度的发展,在一定程度上反映了美国司法公正和保障人权的先进理念,所以死刑陪审团制度作为美国刑事司法的未来发展方向前景乐观。

第二节 瑞恩诉亚利桑那州案概况

一、基本案情

1994年11月28日,当去银行办理存款业务的人带着未存入款项返回时发现本来停在亚利桑那州格兰戴尔市箭头商场前面的运钞车连同司机全部失踪不见了,随即报案。后来警察在一个教堂的停车场里找到了这辆车,发现驾驶员已经中弹身亡,而根据报案人提供的信息,却没有找到放在车里的现金及支票(大约价值80多万美元)。在随后的侦查走访中,当地警方根据线人提供的线索,发现蒂莫西·瑞恩(Timothy Ring)和他的两个朋友——杰姆士·格瑞恩·汉姆(James Green ham)、威廉·弗格森(William Ferguson)最近有一些奢侈品(比如购买了一台新汽车)的消费记录,于是警方将这三人作为犯罪嫌疑人进行调查。最终以监听他们电话的形式打开案件突破口:在一次监听中得到瑞恩和弗格森的对话,这次对话里提到在瑞恩家放着一个"里面放着东西的很大的行李袋"。警方随即对瑞恩的住宅申请搜查,最终在瑞恩家的车库里找到了如瑞恩所说的一个旅行包,旅行包里面放有大约27.1万多美元现金和一张小纸条,小纸条上面潦草地写着嫌疑人之间的分赃情况。经检查,这张小纸条上面的字迹是出自瑞恩之手。① 随后检控官根据亚利桑那州的法律指控瑞恩,蒂莫西·瑞恩被控犯有一级谋杀罪。

依据亚利桑那州法律,1996年12月6日,陪审团裁定被告人蒂莫西·瑞恩一级重罪谋杀、持械抢劫未遂、入室盗窃和偷盗罪名成立,但由于没有进一步的调查结果,瑞恩还不能被判处死刑。当被告人瑞恩被陪审团裁定谋杀犯罪成立之后,将由法官通过一个自行判断的量刑听证会来衡量影响本案量刑的加重和减轻情节,在量刑听证会这一阶段法官将独自认定犯罪事实和搜集证据②,在权衡这些情节时,法官如果没有找到充足的证据证明减轻情节可以对抗加重情节,就要宣判犯罪嫌疑人死刑。量刑庭审后,根据瑞恩两个同伙的证词,法官发现了两个适用加重刑罚的因素,瑞恩实施谋杀罪目的在于获得经济收益,并采用一种极为恶毒、残忍和不可饶恕的方式(指瑞恩在亲手杀死运钞车司机后曾抱怨其同伙没有流露出赞美和崇拜的表情)。尽管极少发现瑞恩的犯罪记录前科,但法官得出的结论认为,这并不大于加重因素,最终依此将瑞恩判处死刑。

二、案件审理情况

在瑞恩诉亚利桑那州案件的审判过程中,控方并不能提供充分的证据证明在瑞恩家中发现的那支枪曾在抢劫过程中使用过,所以控方只能以在瑞恩家中搜到的钱作为间接证据提起诉讼。针对控方提供的此项证据,瑞恩表示搜到的现金是替别人作保的报酬、制枪工以及给FBI提供情报所得,之所以将这么多现金放在家中是为了准备不久后与朋友合办一家建筑公司。但在审判过程中,一位联邦调查局特工以证人身份出庭时说,像瑞恩这样的联邦调查局线人只

---

① 参见张栋:《林诉亚利桑那州案对美国死刑案件量刑制度的深远影响》,载《国家检察官学院学报》2006年第5期。
② 参见张栋:《林诉亚利桑那州案与美国的死刑陪审团制度》,载《时代法学》2006年第5期。

能拿到 458 美元的劳务报酬；与此同时其他证人提供的证据也表明瑞恩作保释金担保的收入和做制枪工的所得总共不会超过 8000 美元。在案件庭审过程中控方还向法庭提交了在搜查过程中发现的小纸条，小纸条上清楚记录了 575995 美元在 "Y" 和 "T" 之间的具体分配数额。根据控方推测，"Y" 是瑞恩同伙格瑞恩·汉姆的绰号 "Yoda" 的首字代称，字母 "T" 也是瑞恩名字 "Timothy Ring" 的首字代称。① 据此，控方指控瑞恩的罪名包括一级重罪谋杀、持械抢劫未遂、入室盗窃和偷盗罪等。虽然对于认定一级预谋杀人陪审团没有确凿证据，但瑞恩在持枪抢劫中的行为已经符合一级重罪谋杀的犯罪构成要件。

在亚利桑那州，诸如瑞恩这类死刑案件一般是由法官来认定罪名，陪审团根据听审结果来决定最后的刑罚轻重。在此案中，主审法官依据瑞恩同案犯格瑞恩·汉姆的证词，将瑞恩在抢劫的过程中杀害运钞车司机的行为作为判定其死刑的加重情节之一，即瑞恩为了"谋财"而"害命"；另外一个法官提供的加重情节是瑞恩的谋杀行为采用了一种极为残酷、十恶不赦且不可饶恕的方式，即根据同案犯证词表明瑞恩在谋杀行为中似乎获得了一些快感。可以与这两个加重情节相抗衡的减轻情节是瑞恩"极少有犯罪记录"，但是法官却认为这一减轻情节并不足以有充足的信服力可以让瑞恩争取宽大处理。

（一）案件的争议与量刑的质疑

瑞恩根据亚利桑那州的相关法律直接将案件上诉到了亚利桑那州最高法院。其主要理由是，根据亚利桑那州现行的量刑制度判决此案违反了美国联邦宪法的规定，这可以参考美国联邦最高法院在琼斯和阿普伦迪案中的裁决。瑞恩认为，联邦法院的判决侵犯了

---

① 参见张栋：《林诉亚利桑那州案对美国死刑案件量刑制度的深远影响》，载《国家检察官学院学报》2006 年第 5 期。

《宪法第六修正案》中有关陪审团权利的规定和《宪法第十四修正案》中的正当程序条款,阿普伦迪案的裁决中支持由法官独立认定犯罪事实并据此来定罪量刑是违宪的。① 瑞恩提出,格瑞恩·汉姆的证词并没有在定罪程序中提交法庭,而是法官已经根据陪审团的意见指控其犯有一级谋杀罪后,在法院进入量刑阶段提交的。针对瑞恩提出的质疑,控方认为,在此之前的沃尔顿一案联邦最高法院已就亚利桑那州量刑制度的合宪性问题给予肯定。对于阿普伦迪诉美国一案在一致性方面与沃尔顿判例存在差异②,亚利桑那州最高法院的定论是:沃尔顿判例在没有被联邦最高法院推翻之前,仍然具有法律上的适用性和约束力。沃尔顿判例明确表明,死刑案件的量刑可以独立于陪审团,由法官在经过量刑听审之后独立加以适用。在量刑时,如若认定了一个加重情节,而又同时认定了多个减轻情节,由法官来权衡减轻情节和加重情节的比重。加重和减轻情节的权衡标准并非单纯由数量多少来决定,还要综合其犯罪程度或者立功程度高低等因素,但是法官在衡量情节轻重时有完全独立不受制于外界的自由裁量权。终审审判的结果,由亚利桑那州最高法院根据阿普伦迪和琼斯一案判例的实际情况来判定,瑞恩案并不足以抗衡亚利桑那州的死刑量刑制度,因此,瑞恩的抗辩以失败告终。

在亚利桑那州最高法院作出判决后,瑞恩不服并向联邦最高法院申请了调卷令。鉴于此案牵涉沃尔顿案与阿普伦迪案在适用上的争议,美国联邦最高法院决定此案经由"绿色通道"(Fast Track)的形式来亲自审理。2004年4月22日,瑞恩一案在美国联邦最高法院开庭审理。③ 在此案言词辩论阶段,控辩双方的阵容十分强大,担任瑞恩主辩律师的是安德鲁·赫维茨(Andrew Hurwitz),而时任

---

① See State v. Ring, 25P. 3d p.1139, 1150 (Ariz. 2001).
② See State v. Ring, 25P. 3d p.1150.
③ 参见朱玉霞:《宪法学上的一种死刑观——以美国宪法原理和判例为中心的考察》,载《浙江社会科学》2011年第7期。

亚利桑那州总检察官（后升任亚利桑那州州长）的珍妮特·纳波利塔诺（Janet Napolitano）则担任瑞恩一案的检控官。

在阿普伦迪判例在本案中的适用及影响问题上，控辩双方的辩论十分激烈。法官就"当很多州的量刑制度在现实操作中的长期运行模式遭到冲击时，可能会对以后案件的实际运行产生什么样的不良后果以及对作为评判标准的法律性文件《美国量刑指南》（U. S. Sentencing Guidelines）会产生怎样的潜在影响"这一问题向瑞恩的辩护律师赫维茨首先发问。赫维茨回应道："《宪法第六修正案》的内容就是在一切刑事案件中，被告人有权利被允许在审慎适用死刑之前由犯罪行为发生地的州和地区的公正陪审团来认定相关事实。"基本上，针对法院提出的问题主要集中在《宪法第六修正案》的适用上，纳波利塔诺检察官详细阐明了"立法机关的权利包涵界定犯罪的概念和做出适用刑罚的决定，但是陪审团的量刑决定权利却没有被联邦最高法院在《宪法第六修正案》中明文规定"这一要点。[①] 2002年6月24日（此时离口头辩论结束已有两个月左右的时间），美国联邦最高法院对瑞恩诉亚利桑那州一案作出裁决，这一裁决的结论是"陪审团有权对任何可能导致提高其法定刑罚的事实作出认定"，彻底推翻了沃尔顿案判例在亚利桑那州刑事审判中的判例作用。

（二）联邦最高法院大法官的论证意见

法官判决主要意见的审定和执笔者金斯伯格（Ginsburg）认为，瑞恩诉亚利桑那州一案的焦点在于"对量刑加重情节的认定是根据亚利桑那州法律由法官单独认定，还是依据《宪法第六修正案》中对量刑加重情节的表述将决定权赋予陪审团"，对于死刑量刑情节的

[①] See Joan Huls, Ring Cycle Continues: Arizona Capital Sentencing at U. S. Supreme Court, Ariz. ATT'Y, July, 2002, p. 27. Randall coyne and Lyn Entzeroth, Capital punishment and the judicial process, Carolina academic press, Durban North canlina, p. 100.

评判标准在联邦和州之间存有分歧。金斯伯格（Ginsburg）法官就联邦最高法院在沃尔顿案到琼斯案再到阿普伦迪案中立场的变化进行了透彻的分析，最后给出的结论是：瑞恩案根据不同的评判规则裁定出不一样的罪行后果，如果法官依据先入为主的认定事实，那么瑞恩会被判处死刑；而如果由陪审团根据其认定的事实来量刑的话，那么瑞恩至多会被判处终身监禁。金斯伯格法官在评判亚利桑那州法律"认定一级谋杀罪的量刑是单纯由一位法官作出判处死刑或是终身监禁"的规定时，重申了阿普伦迪案"要看犯罪情节轻重和实际社会影响力，而不仅仅从形式上依据已有标准来判定"的判例要义，认为必须由陪审团裁定加重情节是否足以对瑞恩处以极刑。针对"法官在认定加重因素对预防死刑判决任意性和保持法律一致性方面无可替代地位"的论点，金斯伯格法官的观点是"《宪法第六修正案》规定的陪审团审判权利是独立的，并不受事实认定者的专业意见、公正态度和效率所左右"，另外她还引用了阿普伦迪一案中斯卡利亚（Scalia）大法官的意见："假如一个国家完全把刑事司法系统依赖于政府，那么由法官来认定即将会被判处极刑的犯罪嫌疑人的全部犯罪事实可能会拥有公平公正的司法，并且这种刑事司法制度的设计也会变得行之有效。但美国不是要依靠国家刑事司法的支持，这也就解释了为何陪审团的裁量权是权利法案中争议最少的条款之一，因为虽然它的效率不是最强的，但是它却是保障自由的最坚实后盾。"① 美国联邦最高法院针对沃尔顿和阿普伦迪两案在判例上的冲突与对立，经过严密的审议之后作出了推翻沃尔顿一案所确立原则的决定，进一步扩大阿普伦迪案中适用范围所确立的原则，将死刑案件也囊括其中。美国联邦最高法院在瑞恩诉亚利桑那州一案的判决中着重强调了判处死刑所必需的加重情节必须由陪审团在

---

① Ring v. Arizona, 1225. Ct. at2438. (quoting Apprendi, 530U. S. p.498 (Scalia, J., conecurring).

排除合理怀疑的基础上认定这一原则。因为"《宪法第六修正案》所确定的由陪审团裁量权利的意义就在于陪审团的权利包括了对被告人判处死刑所必需的事实的认定"。

斯卡利亚大法官在阿普伦迪案裁决的附署意见中持肯定态度，并再次强调了金斯伯格大法官陈述的观点："陪审团审判就是对被告人量刑依据的案件事实都必须由陪审团在排除合理怀疑的基础上予以认定，这些案件事实包括犯罪构成要件、量刑因素等。"① 斯卡利亚大法官在主持审判的 12 年中，亲身经历了立法机关将量刑决定权几近完全地交由法官使用的过程，对传统陪审团的审判权力几近丧失的未来前景担心万分。他的观点是："如果一个国家能够让陪审团在定罪阶段就决定是否存在加重因素，并把最终的量刑权交给法官，这才合宪。"② 所以基于对陪审团量刑权力的威胁以及事实认定权归于陪审团的信念，斯卡利亚大法官将赞成票给了阿普伦迪案所确立的原则，并且明确表示反对在死刑案件适用上对沃尔顿案所确立的原则。肯尼迪（Kennedy）大法官也在一个简短的附署意见中表达了对阿普伦迪原则的不赞成态度，然而却不否认阿普伦迪案作为一个判例所具有的约束力，只是阿普伦迪原则和沃尔顿原则在法的适用上存在冲突而已。另一位大法官布雷耶（Breyer）在附署意见中也对阿普伦迪原则投了反对票，但他对瑞恩诉亚利桑那州一案的裁决结果则表示赞成，他在附议中给出的理由独具一格，并针对这次审判中法官量刑提出异议，认为违背了《宪法第八修正案》中免于残忍和异常刑罚的精神。首席大法官威廉·伦奎斯特（Gehnquist）和奥康纳（O'Conner）则是联邦判决的拥趸者，他们认为 2002 年阿普伦迪诉新泽西（Apprendi v. Newjersey）一案所确立的"资本判刑"原则应该予以推翻。奥康纳大法官给出的理由是，阿普伦迪案确立

---

① Ring v. Arizona, 122S. Ct. p. 2438.
② Ring v. Arizona, 122S. Ct. p. 2438. (Scalia, J. conecurring).

的"资本判刑"原则无法论证是否合宪而且对先前的判例是一种挑战。

（三）联邦法院对瑞恩诉亚利桑那州案的裁决

法庭根据控方提供的记录赃款分配纸条，指控瑞恩犯有一级预谋杀人和一级重罪谋杀等罪名。亚利桑那州法律规定，死刑制度中的量刑程序是由陪审团判决罪名，法官拥有绝对量刑权。在瑞恩抢劫案中独审法官认定瑞恩杀害运钞车司机犯罪行为的加重情节是依据瑞恩同伙格瑞恩·汉姆提供的证词。格瑞恩·汉姆的证词表明瑞恩是抢劫案的"首犯"，并亲手杀死运钞车的司机，在实施完杀人行为后还曾抱怨其同伙没有对他的行为鼓掌称赞。亚利桑那州法律规定，导致最终判处死刑的标准是：法官必须至少认定一个加重情节，并且所有减轻情节不足以抵消这个加重情节，量刑法官自主权衡加重情节和减轻情节的博弈。

瑞恩诉亚利桑那州一案中的加重情节有两个：（1）"瑞恩是为了'谋财'而害命"；（2）瑞恩实施的杀害运钞车司机的犯罪行为用了"一种特别残忍、变态和劣迹的方式"[①]，而瑞恩在杀害运钞车司机后取走了车内的现金和支票，再加上其同案犯格瑞恩·汉姆的证词证明瑞恩似乎从杀人行为中获得了"某种快感"，这两个行为更加支持了陪审团在定罪程序中对加重情节的认定。

瑞恩诉亚利桑那州一案能支持的减轻情节却只有一个，即瑞恩的犯罪记录比较少。但是很明显，法官认为这一减轻情节"不足以推倒加重情节以便可以争取宽大处理"。1996年12月6日，陪审团裁定蒂莫西·瑞恩一级重罪谋杀、持械抢劫未遂、入室盗窃和偷盗罪名成立，最后法官对瑞恩判处了死刑。[②]

[①] Ring. 536 U. S. pp. 594-595.
[②] Ring, 25P. 3d p. 1142.

第三节　瑞恩诉亚利桑那州案的法理分析

一、瑞恩一案的违宪性分析

死刑在美国可以上升为宪法领域的研究对象。美国联邦最高法院通过对《宪法第六修正案》"在一切刑事诉讼中，被告人有权由犯罪行为发生地的州和地区的公正陪审团予以迅速和公开的审判，该地区应事先已由法律确定；得知控告的性质和理由；同原告证人对质；以强制程序取得对其有利的证人；并取得律师帮助为其辩护"①，结合其他宪法修正案的司法解释，保障了诉讼中被告人所应具有的权利，确立了一系列以"瑞恩规则"为代表的死刑适用规则，构成了美国现代死刑体系。

美国联邦宪法赋予了美国死刑制度的正当性，死刑立法和死刑适用必须以不违反"正当法律程序""平等保护"以及"禁止残酷、异常刑罚"等宪法性要求为前提。美国联邦《宪法第十四修正案》规定：（1）一切在美利坚合众国出生或者后来加入美国国籍的人，都是美利坚合众国合法的公民。每位公民在法律面前人人平等，任何州不得制定允许特权存在的法律法规；不经正常的法律程序，任何人或组织不得剥夺美国公民的生命权、财产权和健康权等一切人身权利；在美国国土管辖范围内，不得表示出对寻求平等法律保护的公民拒绝的意思。（2）议员代表的名额，由各州按人口比例进行选拔，选拔范围包括除没有缴税义务的印第安人外的全部人口。但是国家总统、副总统、国会（州议会）议员、州行政和司法官员的选举，由各州年满21岁的无叛乱罪或其他犯罪记录的男性居民投票选出，如果这些选民的选举权受到打击或者被剥夺，那么这就说明

---

① 参见孙春雨：《美国死刑制度概览》，载《中国检察官》2007年第2期。

这个州的基层代表的基础薄弱，应该按该州年满21岁男性公民人数占该州总人数的比例予以削减。(3) 无论何人，凡先前曾以国会议员或合众国官员或任何州议会议员或任何州行政或司法官员的身份宣誓维护合众国宪法，以后又对合众国作乱或反叛，或给予合众国敌人帮助或鼓励，都不得担任国会参议员或众议员、总统和副总统选举人，或担任合众国或任何州属下的任何文职或军职官员。但国会得以两院各2/3的票数取消此种限制。(4) 对于法律批准的合众国公共债务，包括因支付平定作乱或反叛有功人员的年金而产生的债务，其效力不得有所怀疑。但无论合众国或任何一州，都不得承担或偿付因援助对合众国的作乱或反叛而产生的任何债务或义务，或因丧失或解放任何奴隶而提出的任何赔偿要求；所有这类债务、义务和要求，都应被认为是非法和无效的。(5) 国会拥有以立法的形式实施本条规定的权利。① 通过以上由美国宪法制定的法律条款为美国各州适用死刑提供宪法性授权。

　　1972年的弗曼诉佐治亚州案（Furman v. Georgia）之所以具有历史性的意义，是因为联邦最高法院第一次以5∶4的票数裁决此案死刑适用构成《宪法第八修正案》禁止的"残酷和异常刑罚"。多数派的意见认为，在弗曼诉佐治亚州案中死刑违宪的原因是没有一个统一的合理"标准"来规范死刑判决过程，并且死刑适用存在着法官独立判案的擅断性、任意性等极大风险。② 由此，弗曼诉佐治亚州案的影响巨大，不仅中止了全国范围内的死刑判决，而且当时美国几乎所有州的死刑法律都被宣布无效。弗曼诉佐治亚州案之后，美国有35个州制定或修正了新的死刑法，新死刑法的主要特点是加强对死刑案件中裁判者量刑权的规范和限制。1976年联邦最高法院在格雷格诉佐治亚州案（Gregg v. Georgia）中支持了佐治亚州法院的

---

① 参见马君：《美国的陪审团制度》，武汉大学2005年硕士论文。
② See Furman v. Georgia, 408 U. S. 238, 92 S. Ct. 2726, 33L. Ed. 2d 346 (1972).

死刑判决，理由是该州死刑法的规定避免了裁判者选择适用死刑的任意性。佐治亚州的死刑法规定，死罪案件的审判分为定罪和量刑两个阶段。在量刑阶段，死刑适用的前提是量刑者至少发现犯罪嫌疑人具备 10 个法定加重情节[①]之一，并且要求量刑者在选择适用死刑前需要进一步考虑犯罪的情状和性质、被告人的品行和背景。[②] 同年，佛罗里达州[③]和得克萨斯州[④]新颁布的死刑法相继通过了联邦最高法院的司法审查。此后，死刑慎用在美国的历史舞台由此拉开序幕，美国的现代死刑制度由此而始。

自弗曼诉佐治亚州案开始，死刑制度的合宪性受到越来越多的质疑，但美国联邦最高法院对州申诉的死刑案件进行合宪性审查的标准并没有依据"适用死刑的宪法性授权"，而是通过判断"死刑适用是否具有合宪性的外观表征"（Perseconstitutional）解释死刑的合宪性，而"合宪性外观表征"具体在司法过程中评价死刑合宪性的 3 个标准是依据联邦最高法院对《宪法第八修正案》和《宪法第十四修正案》的解释。

这三个标准分别是："限制擅断风险"（Limiting the risk of arbitrariness）、"个体化裁量"（An individualized penalty determination）、"比例原则"（Proportion）。(1)"限制擅断风险"要求死刑案件的判决过程和死刑适用法律能够限制裁判者的独裁独断，帮助判决者区分哪一罪行恶劣的犯罪更加严重，更应该适用死刑；(2)"个体化裁量"是刑事政策的要求而不是宪法性要求，宪法只规定在死刑案件中对犯罪和罪犯裁断的个体化。在联邦最高法院看来，因为死刑与其他刑罚相比有质的不同，一旦执行便具有无法追回性，所以必须进行个案裁量才能保证其适用的合理性；(3) 比例原则要求

---

① GEORGIA CODE 17-10-30.
② Gregg v. Georgia, 428 U. S. 153 (1976).
③ Proffitt v. Florida, 428 U. S. 242, 96 S. Ct. 2960, 49 L. Ed. 2d 913 (1976).
④ Jurk v. Texas, 428 U. S. 262, 96 S. Ct. 2950, 49 L. Ed. 2d 929 (1976).

只有对最极端恶劣的犯罪才适用死刑,而死刑的罪行标准在一般情况下只适用于一级谋杀罪和威胁国家安全的叛国罪;"行为人标准"即死刑只适用于有民事行为能力的正常的自然人,而那些犯有死罪的青年人、智力缺陷者或没有杀人故意的被告人属于比例原则中死刑的阻却事由(Categorical Bars to the Death Penalty)。在司法实践中,判断罪刑是否符合比例原则的标准是把此案件的罪与刑同本司法辖区或者其他司法辖区中相似案件的罪与刑进行比较,从而确保全国范围内的案件得到相同的处理。[①]

总之,美国死刑的合宪性即在美国现代死刑制度中,死刑适用的基本前提是存在于死刑与其他刑罚的区别上,死刑是"最严厉的、不可逆的刑罚"。[②] 而一般刑罚只是刑期上的多少。因此,理论上只有以最恶劣的手段非法剥夺他人生命的犯罪才可以构成死罪(Capital crime)。[③] 但死罪成立仅是死刑适用的必要条件而非充分条件,也就是说,死罪成立只能说明判处死刑的被告人仅仅被定罪,怎样对被告人死刑量刑仍需要进行更深层次的考量,即对死刑量刑情节的考察。

二、 瑞恩一案对美国死刑制度的影响

美国仍保留死刑的 31 个州,在瑞恩诉亚利桑那州(Ring v. Arizona)一案裁决时有 38 个州保留死刑,但在该案判决后,有 30 个州明确规定了死刑的量刑程序也采用陪审团审理,有 8 个州只将最终判处终身监禁或者死刑的决定权赋予法官。[④] 瑞恩一案的裁决

[①] See Victorl Streib, Death Penalty in A Nutshell, Thomson West, 2003, pp. 51-52.
[②] See Thomas J. Gardner, Terry M. Anderson, Criminal Law Principles and Cases, West Publishing Company, 1996, p. 182.
[③] 参见于佳佳:《论美国的死刑情节及对中国的启示——以死刑适用标准统一化为视角》,载《刑事法律评论》2007 年 12 月 15 日。
[④] See Adam Liptak, A Supreme Court Ruling Roils Death Penalty Cases, N. Y. TIMES. Sept. 16. 2002. p. A14.

后，有 5 个州的死刑量刑制度要进行改革，其中亚利桑那州、爱达荷州、蒙大拿州和内布拉斯加州这 4 个州规定由法官最终作出量刑裁定；而科罗拉多州则将这一决定权赋予由法官组成的合议庭。① 所以在瑞恩一案后，这 5 个州共有大约 168 名已经宣判等待被执行死刑的罪犯可能依据"瑞恩规则"重新上诉。② 另一方面，这一判例对当时美国诸如阿拉巴马州、特拉华州、佛罗里达州和印第安纳州这些采用"混合制程序"（Hybrid-System Process）③ 的州也会产生很大的影响。瑞恩一案还对马萨诸塞州和内华达州之前的制度产生了不小的冲击，直接覆盖了此前这两个州由法官在量刑陪审团的意见不能达成一致时可独立作出量刑决定的规定。上述调查可见，瑞恩诉亚利桑那州一案至少影响了美国 50 个州中 11 个州的死刑制度，基本上占 38 个保留死刑州的 1/3，而在这些被影响到的司法州区内至少会有 500 名死刑犯根据新的死刑制度重新提起诉讼。④

（一）对单一制法官单独量刑州的影响

在美国的 38 个保留死刑的州中，蒙大拿州、爱荷华州、内布拉斯加州和亚利桑那州的法律规定判处死刑所必需的法定加重情节⑤是由法官认定而不是陪审团。瑞恩诉亚利桑那州一案判决前蒙大拿州的法律有如下规定："犯罪嫌疑人一旦一级谋杀罪罪名被判定确实之后，在量刑程序中仍由定罪阶段主持审判的法官针对案件是否具有加重情节进行单独的量刑听审"，这条法律条文与瑞恩诉亚利桑那州一案中确立的"死刑被告人对于立法机构所规定的任何可导致法定

---

① 参见张栋：《林诉亚利桑那州案对美国死刑案件量刑制度的深远影响》，载《国家检察官学院学报》2006 年第 5 期。
② Ring v. Arizona, 536 U. S. 584, 620-21 (2002) (O'Connor, J., dissenting).
③ 参见［美］爱伦·豪切斯泰勒·斯黛丽、南希·弗兰克等：《美国刑事法院诉讼程序》，陈卫东等译，中国人民大学出版社 2002 年版，第 535 页。
④ See Tony Mauro, Supreme Court Declares Death Penalty Sentencing in Five States Unconstitutional, June 25, 2002.
⑤ See John Sanko, Governor Signs Death Penalty Law; Juries Will Make Life-or-Death Calls Instead of Judges, Rocky Mountain News, July 13, 2002, p. 2B.

刑提高的事实，都有权利申请由陪审团来加以认定"的原则①有明显冲突。由瑞恩诉亚利桑那州一案确定的《宪法第六修正案》改变了蒙大拿州的死刑制度。自此之后，蒙大拿州议会立法将犯罪事实的认定权交还给陪审团。爱荷华州法律规定"法院会在被告人作出有罪答辩前或者是陪审团作出有罪裁决之后，针对犯罪嫌疑人一级谋杀罪的指控举行一个听证会，目的就是对控辩双方提供的加重或减轻证据予以甄别"②，其意义在于保证被判有罪的犯罪嫌疑人在陪审团没有认定加重情节前不被科处死刑，这也贯彻了亚利桑那州在瑞恩案中判定法官不经陪审团同意单独量刑的死刑制度是违宪的精神。

爱荷华州和亚利桑那州在认定一个加重情节上的初衷是一致的，但在认定减轻情节的效力上观念略有不同：亚利桑那州规定这个情节是可以据此充分作出宽大处理的减轻情节③，而爱达荷州规定这个减轻情节足以改变判决的公正性。根据瑞恩一案所确立的原则，爱荷华州最高法院随即撤销了一个死刑判决。

内布拉斯加州法律规定，对判处死刑所需的事实可以采用3种审判形式认定：(1) 定罪和量刑阶段都由主审法官认定；(2) 定罪由主审法官认定，量刑由主审法官和最高法院任命的其他两名法官组成合议庭共同认定；(3) 由内布拉斯加州最高法院首席法官任意指定3名法官组成合议庭来认定。但是，只由法官组成的合议庭来认定加重情节，不由陪审团认定事实的形式仍不能免于违宪的质疑。早在瑞恩一案的裁决中，奥康纳（O'Conner）大法官已经明确地指出了这一点。

（二）对混合制法官和陪审团两分式量刑州的影响

在瑞恩诉亚利桑那州（Ring v. Arizona）案件审判时，美国各州实行法官和陪审团二分式审判的混合制死刑量刑制度的有佛罗里

---

① Ring v. Arizona, 122 S. Ct. 2428, 2432 (2002).
② See IDAHO CODE§19-2515 (a) (Michie supp. 2002).
③ ARIZ. REV. STAT. ANN. §13-703 (E) (West Supp. 2002).

达州、亚拉巴马州、印第安纳州和特拉华州。具体来说，法官和陪审团二分式审判的混合制死刑量刑制度是在定罪阶段由法官组织开庭进行审判，然后将定罪结果告知陪审团，陪审团根据具体的犯罪经过，审度犯罪嫌疑人的犯罪情节、犯罪心理以及案件影响等因素，提出量刑建议，最后综合各项因素来对死刑被告人科以死刑或者终身监禁的刑罚制度。瑞恩案之后，这4个州量刑制度的合宪性在全美国范围内遭到法学专家的质疑。[1] 为了顺应瑞恩一案的判决结果而引发改革的潮流，有些州废除了执行死刑的法律条款，有些州将与瑞恩判例相冲突的法律进行了修改。例如，在陪审团对加重和减轻情节权衡和对某些特定事实作出认定上存在一些允许法官拒绝陪审团的量刑建议，这种规定违反了联邦最高法院在瑞恩案中确立的《宪法第六修正案》的基本内容。以佛罗里达州为例，如果一个罪犯被认定为一级谋杀后，州法院会举行一个由陪审团来决定其是否具有加重或者减轻情节的单独的量刑听审，陪审团会审查减轻情节是否充分，可以限制加重情节，然后陪审团会判处被告人死刑还是终身监禁。但是法官有权忽略陪审团的量刑建议，在裁量上拥有绝对的权力。[2] 佛罗里达州最高法院规定，在量刑阶段主审法官要对陪审团的量刑建议给予充分重视，如非特别情况不能拒绝陪审团的建议。但显然这种规定没有起到太大的作用，据统计，自1976年以来佛罗里达州的法官们对陪审团建议的拒绝多达140次。[3] "瑞恩规则"掀起了佛罗里达州历史上一次巨大的宪法危机，具体体现在普罗菲特诉佛罗里达州、斯帕齐安诺诉佛罗里达州和希尔德文诉佛罗里达州这几件案件的实际审判中。在过去的岁月里，佛罗里达州的检察官

---

[1] See John Gibeaut, States Revisit Death Sentence Cases, 1 A. B. A. J. 25, 33; Charles Lane, Court: Judges Can't Impose Death Penalty; Only Jury May Decide to execute Defendant, WASH. POST, June 25, 2002, p. A1.
[2] Tedder v. State, 322 So. 2d 908, 910 (FLA. 1975).
[3] See Scott E. Erlich, The Jury Override: A Bland of Politics and Death, 45AM. U. L. REV. 1403, 1405 (1996).

和法律专家们在现实案件审判中一直靠引用判例来维持原有制度的正当合法①，但是，瑞恩诉亚利桑那州一案的判决使这种维持局面瞬间变得不堪一击。

阿拉巴马州的死刑量刑制度基本和佛罗里达州别无二致，但阿拉巴马州的死刑量刑制度中关于量刑权方面更偏重赋予法官，一旦法官拒绝接受陪审团的量刑建议，犯罪嫌疑人可寻求的法律保护比佛罗里达州更少。佛罗里达州对量刑建议权的标准是"陪审团发出不同的声音可以更加理性地审理案件"；而阿拉巴马州的标准却是"陪审团的建议权对法官并无约束作用"，如此法律规定使得阿拉巴马州法官在拒绝陪审团量刑建议时享有完全的自由。②

三、立法机关对瑞恩一案影响的解释

为了解决亚利桑那州死刑量刑制度的宪法危机，在联邦最高法院对瑞恩诉亚利桑那州案作出裁决后，时任州长简·赫尔（Jane Hull）召开了州议会第五次特别会议，在这次会议上，州参议院司法委员会共提交了三项关于死刑量刑制度的法律修正案。③ 第 1 条宪法改革建议是对参议院 1001 法案的修改，委员会提出将死刑量刑权交还给陪审团，在宪法案第 13 节第 703 条中专门对新的量刑制度增加了一款解释（13—703. 01）。④ 根据宪法案解释，当被告人的罪名成立后必须举行量刑听证会。听证会分两个阶段：第一阶段为"加重阶段"（Aggravation Phase），即实际上的审判员（the trier of fact）在这个阶段给予是否证实加重情节的结论，而控方则证明加重

---

① See Linda Kleindienst, Court of Opinion; Attorneys Argue Before Justices Over Death Penalty and Constitution, SUN-SENTINEL, Aug. 22, 2002, p. 8B.
② ALA. CODE § 13A-5-47 (e).
③ See Jury Sentencing: Hearing on S. B. 1001 Before the Senate Judiciary Comm., 45th Leg., 5th Spec. Sess. (Ariz. 2002).
④ See generally Ariz. S. B. 1001.. § 3 (codified at ARIZ. REV. STAT. ANN. § 13-703. 01 (West Supp. 2003).

情节是否得到合理排除的结论。如果陪审团担任"实际上的审判员"一职,那么陪审团的每位成员都要认同加重情节的存在。第一阶段进行完毕后,如果有一个以上加重情节被认定,程序便进入"刑罚阶段"(Penalty Phase)。在此阶段,由实际上的审判者决定是否判处死刑。在听审过程中,"实际上的审判者"需要审查控辩双方各自提交的有关减轻情节的证据。"优势证据"(Preponderance of the evidence)是衡量辩方的证明责任的唯一标准,并且只要提出具有减轻情节即可,无需获得陪审团成员的一致同意。最后,只有当"实际上的审判者"一致同意"死刑是适当的刑罚",被告人才能被判处死刑。如果"实际上的审判者"在判处犯罪嫌疑人死刑是否适当方面无法达成一致意见,则最后由法官决定对被告人判处终身监禁或不得假释的终身监禁。[①]

为避免新法案对原有体制的冲击,新的 1001 法案将司法复审程序、修订后条款的适用性以及立法目的的一个概括说明也囊括进去。(1) 司法复审条款。在此条款中为了限制"实际上的审判员"滥用自由裁量权。亚利桑那州最高法院有权对判处死刑的所有案件进行复审,一旦发现滥用问题,首先参考"无害错误"(Harmless Error)标准来判别滥用程度,根据判别结果决定是否维持原判。(2) 法案的立法目的有如下四点:① 自瑞恩案后亚利桑那州的死刑适用以瑞恩诉亚利桑那州案裁决为准。② 一旦其拥有的一审判决的直接上诉权已经行使,那么死刑被告人不能要求重新进行第二次量刑听审。③ 这个新的死刑陪审团量刑制度的使用并不代表原有法官量刑制度具有违宪性,也不能说明依据原量刑制度作出的判决是无效的,本法不溯及既往。④ 亚利桑那州最高法院通过案件复查发现量刑错误的死刑案件,应当发回重审。同时,本法案还规定立法机构没有关

---

① 参见张栋:《林诉亚利桑那州案对美国死刑案件量刑制度的深远影响》,载《国家检察官学院学报》2006 年第 5 期。

于溯及既往案件的上诉或减刑的权利和根据的规定。法案的公布经历了一个循序渐进的过程，法案提出后参议院司法委员会进行了深入的讨论，亚利桑那州检察总长（现任州长）珍妮特·纳波利塔诺（Janet Napolitano）做了重要讲话，参与审判的检察官、专家学者，还有律师等多人在立法听证会上也作出了热烈积极的讨论，最终提交议会表决通过，议会顺利批准并由时任州长的简·赫尔（Jane Hull）签署通过。①

法案通过后，为了解决与"瑞恩原则"之间的冲突，蒙大拿州州议会修改了相关法律条文。爱荷华州的做法是根据联邦最高法院在 2002 年根据"瑞恩原则"撤销的一个死刑判决②，州议会修改了相关法律条款。③ 内布拉斯加州和科罗拉多州紧随其后，由联邦最高院裁定现行制度违宪再修改相关法律避免冲突。

与法官独立量刑州相比，混合制程序州的修宪之路较为坎坷。2002 年"瑞恩裁决"后，印第安纳州随即修改了相应法律，明确规定死刑案件的加重情节由陪审团认定，撤销了法官可以拒绝陪审团建议的权力。而特拉华州则以增补法律条文的形式认定法官判处死刑的前提是陪审团成员一致认定一个加重情节。恰恰与印第安纳州和特拉华州相反的是，阿拉巴马州和佛罗里达州最高法院都明确表示不会遵从瑞恩案裁决来审理案件。瑞恩裁决公布之后，阿拉巴马州与佛罗里达州也相应作出了和特拉华州同样的法律规定，但是这两个州同样规定法官有拒绝陪审团建议的权利，并明确表示不改变现行的死刑量刑制度。④ 在瑞恩裁决颁布之前，内华达州和密苏里

---

① See JurySentencing: HearingonS. B. 1001 Before the Senate Judiciary Comm., 45th Leg., 5th Spec. Sess. (Ariz. 2002).
② See State v. Fetterly, 52P. 3d 874 (Idaho 2002).
③ IDAHO CODE § 19-2515 (Michie Supp. 2003).
④ See Ex Parte Waldrop, 859 So. 2d 1181, 1190 (Ala. 2002); Bottoson v. Moore, 833 So. 2d 693 (Fla. 2002) see also Randolph Pendleton, Florida Supreme Court Upholds Death Penalty Law, Oct. 24, 2002.

州均规定，如果陪审团不能形成一致意见，便由法官来量刑。① 2002年瑞恩规则颁布之后，内华达州最高法院根据瑞恩案的裁决裁定原有法律规定违宪，并规定死刑案件中的加重（减轻）情节都必须由陪审团来裁定。② 密苏里州最高法院也根据瑞恩裁决规定法官量刑制度违宪，而且还根据瑞恩规则可溯及既往原则，欲将之前由法官单独量刑判处死刑的未决犯根据新的法律改判为不得假释的终身监禁。③

四、陪审团在瑞恩一案中的作用暨量刑权

随着死刑陪审制度的出现，在仍旧保留死刑的司法辖区，一时间陪审团在死刑案件量刑情节中取代了法官成为最终裁量者，但有一个司法区在死刑量刑听证中开创了一种特殊规则，这项规则赋予了法官在特殊情况下可以凌驾于陪审团之上，就死刑案件量刑作出终局裁决的权利。④ 这一规则开启了法官与陪审团在死刑裁量中的权力较量。

如前所述，在死刑案件量刑上，由平民组成的陪审团更能代表和反映大众心声，因而更能有效实现死刑的报应功能，但是来自社会各个行业的代表们缺乏专业司法经验，感情上又易于被当事人的说辞所感动，这是陪审团的一大缺陷。相反，在法律专业素养上，法官的职业经验更为丰富，思维也更加理性，但因长期司法工作可能略显麻木，且存在职业上难以克服的固执和偏见，所以法官和陪审团各有利弊。由此可见，陪审团与法官在量刑方面各具优势，将二者的优势有机结合的最佳方案就是让陪审团与法官共享量刑权力。

---

① See NEV. REV. STAT. 175. 556（2002）（current version as amended at NEV. REV. STAT. 175. 556 (LEXIS through 2003 legislation)）.
② See Johnson v. State, 59 P. 3d 450 (Nev. 2002).
③ See State v. Whitfield, 107 S. W. 3d 253 (Mo. 2003). pp.264-72.
④ 参见林义全、施润：《陪审的价值与制度定位》，载《湖南省政法管理干部学院学报》2003年第4期。

其实不然，日渐强大的陪审团攫夺了法官史上固有的量刑权，将生杀大权完全控制在自己的手中。有鉴于此，法官对于自身已有权力难以割舍，实际实行起来也困难重重。因此，美国 1962 年版《模范刑法典》特作如下规定：死刑被告人在被定罪后召开案情听证会，在听证会上，陪审团会作出相应的量刑判决，一旦法官同意陪审团的判决就会最终生效。这一条款的颁布影响到阿拉巴马、特拉华、佛罗里达和印第安纳等州的死刑制度。联邦最高法院大法官史蒂文斯（Stevens）概括这种审判形式为"特殊的三分式"，即这种审判包含定罪（陪审团权利）、初次量刑（陪审团权利）与最终量刑（法官权利）三个相对独立的阶段。① 此条款规定，法官可以不考虑陪审团的量刑建议直接判处被告终身监禁或者死刑。立法者的本意是为了避免陪审团因一时感情冲动而作出不正确的死刑裁决，以便更好地保障被告人权利，减少死刑适用。

为了防止法官拥有绝对的裁量权而任意推翻陪审团的量刑建议，1975 年佛罗里达州最高法院颁布了"特德尔标准"（Tedder Standard），这个标准是以判例的形式作出规定，用来限制法官凌驾于陪审团之上而行使不利于被告人的绝对权力。标准具体表述为：除非有让大家悦服的明确可信事实，否则初审法官必须听从陪审团的量刑建议，不得推翻陪审团所作的判决。② 但在司法实践中，陪审团却超越法官所作的量刑建议占据被推翻案件的大部分。截止到 2003 年 11 月，仅佛罗里达州就发生了 167 起将终身监禁改判死刑的案件，但将死刑改判为终身监禁却只有 64 件。③ 死刑制度因其处刑不止关乎个体生命的终结，更关乎一国社会法义的正当与否，因而在中外司法中占有极重要的位置。

---

① See Spaziano v. Florida, 468U. S. 447 (1984), p.470.
② See Tedder v. State, 322So. 2d 908 (Fla. 1975), p.910.
③ 参见［美］约翰恩·理查德森：《陪审制度改革——回归制度本意保护死刑案件被告的合法权利》，蔡艺生等译，载《时代法学》2005 年版，第 12—13 页。

五、 陪审团在案件审理过程中的量刑建议权

美国的案件审理过程基本包括当事人开场陈词，检察官和被告人律师出具证人证物，被告人最后陈词，法官定罪。

（一）检察官和被告人的陈词阶段

检察官先于被告人进行陈词，简明扼要地描述案情，指控对方罪由并就罪由将会出示何种证据；而后被告人就利于自己的案发情况进行还原，辩白自己的无辜。据研究结果表明，在此程序中，往往雄辩的一方会先入为主地进入到陪审员的思维中被投得赞成的一票，而无论这一方是否占据有力的证据。

（二）证据的出示阶段

在此阶段由控辩双方（或其律师）分别传唤证人出庭作证，向主审法官提交证物证据等。一般情况下陪审团成员不得直接向证人提出疑问，如果必要，可向法官提交纸质疑问由法官代替进行。

（三）最后陈述阶段

在以上阶段中如果被告人没有向陪审团提出无罪辩护或者提出的要求未通过，那么就要进行最后的陈词了。陈词顺序也是由控方率先进行，被告人律师提出疑问，双方进行辩论；而后被告人进行最后陈述，原告人律师进行发问。在此阶段，陪审团会接收到来自控辩双方有利于自己的申辩来说服成员作出有利于自己的判决。

（四）法官定罪阶段

这一阶段中，法官在作出定罪判定后，陪审团会收到来自法官提供的关于此案件的一些法律法规，用来明确自己的权利和义务；同时也会收到控辩双方律师所提供的可以形成法律依据的量刑建议，由此来指示法官进行有罪或者无罪的判决以及罪轻罪重的判决。当代美国的死刑案件审理过程中，陪审团裁决遵循的是"完全一致"原则，即案件审理法院是联邦法院的话，对被告人的量刑判决需要

获得全体陪审团成员的一致同意。而在美国各州当中，只在死刑案件中允许陪审团裁决的州有佛罗里达、路易斯安那和罗德岛；在重罪中允许陪审团裁决的州有阿拉巴马、阿拉斯加、特拉华、肯塔基、缅因、马萨诸塞、密西西比、新罕布什尔、新泽西、纽约、北卡罗来纳、俄亥俄、南卡罗来纳、田纳西、得克萨斯、西弗吉尼亚、罗德岛；轻罪中允许陪审团裁决的州是新泽西、南卡罗来纳、田纳西和西弗吉尼亚。而另外有5个州在刑事犯罪达不到重罪处罚时的判决是"多数通过"原则，这5个州分别是爱荷华（5/8通过）、蒙大拿（2/3通过）、俄克拉荷马和得克萨斯（3/4通过）、俄勒冈（除一级谋杀外5/6通过）。①

陪审团的量刑一般会出现下面几种情况：(1) 做出有罪或者无罪判决，即为终结判决，审判法官需要根据陪审团量刑建议来宣判刑期或者无罪释放；(2) 陪审团经过审理发现此案证据不足无法宣判，被告人趁机提出无罪释放的要求，那么法官可以宣布无罪，但是控方保留上诉的权利；(3) 陪审团成员经过审理意见未能统一或者不能多数通过，那么就有可能重新审理案件。

美国联邦最高法院在2000年通过阿普伦蒂诉新泽西州（Apprendi v. Newjersey）一案确定了加重情节证明要件的规则。阿普伦蒂诉新泽西州一案中被告人可判死刑的加重情节是由法官提供的，据此法官宣判阿普伦蒂死刑。联邦最高法院认为，这违背了联邦宪法中的正当程序条款。1791年，美国《宪法第五条修正案》规定："任何人不经大陪审团的审批或起诉，不得接受被判死刑或其他损害名誉罪的审判，但发生在陆军和海军的公共危险或者现役民兵除外。任何人不能因一个罪名两次遭受生命或身体的危害；不得在任何刑事案件中被迫自证其罪；未经正当法律程序，不得被剥夺生命、自

---

① 参见［美］F. J. 克莱因：《美国联邦法院与州法院制度手册》，刘慈忠译，法律出版社1988年版，第77—78页。

由和财产。私有财产在公平补偿的情况下才可充公。"而通过此案确定的加重情节证明要件规则具体内容是指,在死刑案件审判中关于加重情节的案件事实要由陪审团发现并验证,而非法官根据结果进行裁判。美国《宪法第六修正案》有如下规定:"在一切刑事诉讼中,被告人有要求由犯罪行为地的州(地区)的陪审团进行迅速透明和公开公正审判的权利,这些地区的确定须经法律明文规定;被告人有在被公开审判前知晓被指控的犯罪性质和被指控缘由的权利;被告人有同原告方证人对质的权利;被告人有对有利于其的证人采取强制措施的权利;被告人有申请取得律师帮助其辩护的权利。"

《宪法第六修正案》更是在内容上将陪审团证明加重情节的存在这一条文写入法律,这一规则建立后首先便应用于 2002 年的瑞恩诉亚利桑那州一案,通过瑞恩一案加强了陪审团在死刑案件中至高无上的量刑地位。

第四节 美国死刑适用中的民意考量制度化

一、美国死刑适用的民意制度化概况

没有任何一个国家可以避免民意对司法的渗透问题,美国也是如此,但美国已经形成了较为完善的死刑适用民意考量的制度化机制,使得在美国司法与民意能够达到相得益彰的和谐状态。美国主要的民意考量机制包括死刑陪审团制度和法庭之友制度。

(一)法庭之友(Amicus Curiae 或 Friends of the Court)

法庭之友是指诉讼案件当事人以外的其他人或组织,认为其个人或者相关群体的利益已经或者可能受到某个案件裁决的影响时,向法院提交独立陈述意见的制度。美国联邦最高法院在对具有里程碑意义的唐纳德·P. 罗珀诉克里斯托弗·西蒙斯(Donald P. Roper v. Christopher Simmons)案进行审理时,就采纳了法庭之友提

交的意见,最终判处实施犯罪行为时年仅 17 岁的西蒙斯(Simmons)终身监禁,以判例形式明确了禁止对未成年人适用死刑的规则。在该案中,由其他州等组成的法庭之友,有支持保留对未成年人的死刑并赞成对西蒙斯适用死刑的;也有 5 个法庭之友,如美国药品协会、美国精神病学协会、欧洲联盟、诺贝尔和平奖获得者、英国及威尔士律师协会人权委员会等分别从不同角度作出论证,反对对未成年人适用死刑。联邦最高法院法官在判决理由中这样阐述:美国民意已经不再支持对未成年人执行死刑,要顺应民意,也不避讳接纳来自世界上的友情劝阻声音,即国际民意。[①] 由此可见,民意在格外注重司法独立的美国,同样可以对死刑的个案以及死刑的宏观适用发挥至关重要的作用,只要这种民意在法定制度的规制下运作,就能够较好地实现法律效果和社会效果的统一。

(二)美国的死刑陪审团

死刑案件作为一类特殊的刑事案件,其审理过程必须遵守一般的刑事程序,由于死刑的特殊性质决定了它与普通刑事案件刑事程序的不同。纵向来看,美国的死刑案件发生后,一审程序可分为以下阶段:(1)警方调查、逮捕、传讯;(2)预审;(3)大陪审团裁判;(4)起诉;(5)审前动议的听证程序;(6)检方表达求处死刑的意愿;(7)陪审员遴选;(8)定罪阶段;(9)量刑阶段。这些阶段中,民意参与的阶段主要是审前程序中的大陪审团裁判、定罪阶段的陪审团裁决以及量刑阶段的陪审团裁决。在美国,陪审团与其说是一种刑事司法体制,不如说是一种政治体制,希望通过陪审团防止联邦或者地方检察官、法院甚至立法者沆瀣一气,迫害政治上的异议者。随着时间的推移,美国的立法、行政、司法等权力都在试图削弱陪审团的权力,事实上陪审团在参与案件的审理上也确实

[①] 参见刘李明:《从西蒙斯案看美国司法体制中民意与司法的和谐》,载《哈尔滨工业大学学报》2006 年第 3 期。

权力式微。截止到 2008 年,美国有大约 96.3% 的刑事案件通过辩诉交易解决,而非由陪审团裁决。① 即便如此,几乎所有的死刑案件都是通过死刑陪审团对被告人定罪、量刑并最终审结。

1. 陪审员的遴选

美国各州均有自己的陪审员遴选程序,且各州之间存在差异。但存在共通之处,美国宪法保证所有人都有得到一个从社会不同阶层中随机抽选的公正陪审团审判的权利。以马萨诸塞州为例,陪审员的遴选主要包括以下几个程序②:

(1) 填写保密问卷。每一名候选陪审员都会收到一份保密的陪审员问卷表格,填好并签署后携带至法院报到。这份保密问卷告知候选陪审员有关服务的资格,包括本人为美国公民、懂得英语以及年满 18 岁。候选陪审员须在表格里提供如下信息:本人及配偶的姓名、性别、住址、教育水平和婚姻状况等基本信息。表格的另一部分内容将问及其是否曾经担任过陪审员,是否曾在民事或刑事诉讼中担任过当事人或者证人,亲属中是否有警察或者执法人员,是否有在法院或者监狱系统工作的经验等问题。还有一个很重要的问题便是:"在你的背景、职业、培训、教育、知识或者信仰当中,是否有任何因素会影响你担当一位公平陪审员的能力。"从这个步骤开始,主审法官及控辩双方就已经开始依据问卷答案来决定对一名候选陪审员的"有因排除"。

(2) 预先甄选。陪审团进入法庭之后,法官会向他们介绍诉讼的控辩双方,并对案件作出简单描述。然后由应召陪审员进行宣誓,承诺他们将如实回答法官的询问。这个环节主要是口头询问,是初步考验陪审员能否持平公正的一种设计。在马萨诸塞州,法官所问

---

① 参见李立丰:《民意与司法——多元维度下的美国死刑及其适用程序》,中国政法大学出版社 2013 年版,第 92 页。
② Randall coyne and Lyn Entzeroth, Capital punishment and the judicial process, Carolina academic press, Durban North canlina, p. 82.

的问题都是法律规定的。针对刑事案件,法官会询问陪审员是否理解被告人应被推定无罪,检察官的证明标准应达到排除合理怀疑的程度,且被告人无需提出任何证明自己无罪的证据。这些问题的目的是要确定候选陪审员具有中立态度。

此外,法律还规定需要对整个陪审员群组询问的一系列问题,法官可就不同性质的案件提出单独的问题。通过这些设计问题判定一名陪审员是否会受到社区态度等外部干扰,同时也为控辩双方提供排除某位陪审员所需的信息。

(3) 排除陪审员。陪审员遴选过程中的询问都是为了排除法官以及控辩双方认为不适宜担任陪审员的候选陪审员,这个目的通过"有因排除"和"无因排除"实现。当然,陪审员的遴选过程是由法官主导,而不是控辩双方,从而避免当事方通过选择陪审员对案件审理结果事先进行不当干预。在询问完一名候选陪审员以后,法官可以主动或者基于控辩双方的动议而排除该陪审员,理由是该候选陪审员带有某种程度的偏见。例如,该陪审员与被告人存在某种关系使其不能中立行使陪审权。有因排除没有次数限制,控辩双方只要能够说出明确的理由,就可以排除被质疑的陪审员。此间很重要的一个方面是针对陪审员主观态度的排除。所谓针对陪审员主观态度,是指候选陪审员对死刑是否应当适用的固有观点,这种观点不因具体案件中的加重情节或者减轻情节而改变。美国联邦最高法院通过1968年的威瑟斯布恩诉伊利诺伊州(Witherspoon v. Illinois)案[①]和1980年的亚当斯诉得克萨斯州(Adams v. Texas)案[②],实际上将排除陪审员的标准明确为"不得以任何较之于遵守法律、服

---

① 参见刘李明:《从西蒙斯案看美国司法体制中民意与司法的和谐》,载《哈尔滨工业大学学报》2006年第3期。
② 参见李立丰:《民意与司法——多元维度下的美国死刑及其适用程序》,中国政法大学出版社2013年版,第92页。

从陪审员誓言更为宽泛的理由"。① 在摩根诉伊利诺伊州（Morgan v. Illinois）案②中，美国联邦最高法院承认，辩方有权将那些表示会对死刑罪名成立的被告人直接适用死刑的候选陪审员加以排除。相应地，在1985年的温赖特诉威特（Wainwright v. Witt）案中，联邦最高法院也宣布任何不具有死刑资格（Death Qualified）的候选陪审员不得担任陪审员，也就是候选人不得不顾案件具体情况一概反对适用死刑。③ 无论是一概适用死刑或是反对适用死刑的陪审员，他们偏执的主观态度都将使审判失去意义。

无因排除（Peremptory Challenges），顾名思义，只要控辩双方认为候选陪审员对案件的公平审判、对被告人不利，就可以要求排除该陪审员。即便如此，控辩双方也不得基于性别、种族、肤色、宗教信仰或原国籍来排除陪审员，不容许这种针对陪审员客观特征带有歧视性地排除。联邦最高法院在巴斯顿诉肯塔基州（Baston v. Kentucky）案④中，明确不得单纯以陪审员的种族为理由将之排除出遴选。而后，联邦最高法院在米勒艾尔诉德雷克（Miller El v. Dretke）案⑤中认定，地区检察官办公室的内部工作规范规定了歧视性的排除技巧，违反了宪法平等保护条款。法官须对无因排除并非基于上述因素的解释是否充分、清楚、具体以及针对个人作出裁决。这种无因排除有次数限制，在马萨诸塞州，律师只有两次行使无因排除的权利。

2. 定罪阶段的民意

陪审员经过遴选，即可参与到死刑案件的审理中。美国死刑案

---

① 参见廖永安、[美]比特·安德森：《对话与交融：中美陪审制度论坛》，湘潭大学出版社2012年版，第463页。
② See Witherspoon v. Illinois, 391 U. S. 510 (1968).
③ See Adams v. Texas, 448 U. S. 38 (1980).
④ 李立丰：《民意与司法——多元维度下的美国死刑及其适用程序》，中国政法大学出版社2013年版，第94页。
⑤ See Morgan v. Illinois, 504 U. S. 719 (1992).

件不同于一般重罪案件的一个突出特点是定罪阶段与量刑阶段的分开审理（Bifurcated Trial）。定罪阶段的庭审过程主要包括如下环节[①]：

(1) 开庭陈述（Opening Statement）。在这个阶段由控辩双方向法庭做第一次陈述。

(2) 控辩双方出示证据。开庭陈述后，公诉人先向法庭出示证据、传唤证人以支持控诉。然后由辩护人向法庭提供证据。这个阶段穿插着对出庭证人的交叉询问。事实上，在公诉人提交完证据之后，辩方可以"无法证实一个表面证供成立的案件"为由提起径为无罪判决的动议。如果检察官确未尽举证责任，法官得依职权或申请，径为无罪判决，无须将案件交由陪审团审议。不过，这种情形在司法实践中鲜有出现。

(3) 反驳证据。在控辩双方都提交过主要证据之后，每一方都有机会提供反驳证据（Rebuttal Evidence）。在新一轮提交证据的环节中，公诉人得以对被告人之前提交的证据进行反驳。同样，辩方也具有这样的权利。

(4) 结案陈词。在大多数司法区，控方首先作出结案陈词，辩方作出相应回应，然后公诉人作出最后陈词来反驳辩护人。公诉人相对辩护人被准予多一次的机会进行陈词，是因为其承担了"排除合理怀疑"地举证被告人罪行的证明责任。

(5) 指示陪审团。初审法官必须就与案件有关的一般法律原则、案件涉及的相关法律规定以及由证据引发的问题对陪审团作出恰当的书面指示，法官可以选择在结案陈词之前或者之后作出指示，对此各州规定不一。法官的指示包括与特定罪名成立所需要的所有因素以及需要达到排除合理怀疑来证明被告人有罪。以一级谋杀罪为

---

① 参见郑延谱：《中美死刑制度比较研究》，中国人民公安大学出版社2010年版，第131页。

例,法官必须向陪审团讲明一级谋杀罪的犯罪构成,如犯罪人在主观过错上必须有杀人预谋(Premeditation)和杀人故意(Deliberation),并解释二者的含义。① 在大多数州,法官拥有对证据发表意见的权力,有些州则将对证据性质的评价和可信性的评估权赋予了法官。通常法官、检察官和辩护律师会就指示举行非正式的会议,检察官和辩护律师可以要求或者建议法庭作出何种指示,但法官可以予以接受或者拒绝,最终给予何种指示的决定权在法官。

(6)陪审团评议和裁决。得到法官的指示后,陪审团成员退出法庭随后进行秘密评议。在审判和评议期间,陪审员通常会被隔离,尤其是引起社会轰动的案件。不管陪审团得出何种结论,都不用接受法律质询。在表决方式上,联邦最高法院在 Apodaca v. Oregon 案中已经认可陪审团少于全体一致投票的合宪性,但必须至少达到 10∶2 的投票比例。回到法庭之后,由陪审团团长代表陪审团宣布对被告人的裁决,结果可能是"有罪"或者"无罪"。无罪裁决的效果是案件终止,被告人当庭释放;有罪裁决则使案件进入死刑量刑阶段。

3. 量刑阶段的民意

在死刑罪名成立的罪犯的量刑主体问题上,美国各司法区有不同的回答,但绝大多数州都选择由陪审团作出量刑裁决。陪审团作为量刑主体的渊源可以追溯到 1838 年,田纳西州率先通过立法明确授予陪审团死刑案件的量刑权,规定陪审团对于死刑罪名成立的罪犯可以选择适用死刑或者不得假释的终身监禁。随后,路易斯安那州、得克萨斯州、加利福尼亚州等州也赋予了陪审团相同的权利。值得一提的是,还有 9 个州没有参与到这次浪潮中,它们保留了由法官作出被告人终身监禁或者死刑决定的裁判权。其中亚利桑那州、爱达荷州、蒙大拿州和内布拉斯加州规定最终的量刑决定由一位法

---

① See Baston v. Kentucky, 476 U. S. 79 (1986).

官根据其自由裁量作出,科罗拉多州的决定权则由法官组成的合议庭掌握,阿拉巴马州、特拉华州、佛罗里达州和印第安纳州采用混合制,即法官在陪审团建议的基础上作出最终决定。1897 年,联邦法律正式赋予了陪审团这一裁量权,至此,陪审团在大部分州的量刑程序中的主体地位开始奠定。①

当然,陪审团也不能凭主观臆断决定对被告人的刑罚,加重情节成为其在量刑阶段的关键指示,而正是 1976 年的格雷格案开启了美国死刑案件量刑制度的这种基本样态。在该案中,修改后的佐治亚州死刑程序法被联邦最高法院认定能有效限制死刑适用的任意性,具有合宪性。该州成文法规定,陪审团需要在量刑阶段对与被告人相关的情节进行认定,必须以排除合理怀疑的方式认定存在至少一项法定加重情节②,而后才能考察其他证据以确定是否对被告人适用死刑。③ 佐治亚州法得到联邦最高法院的认可后,受到保留死刑的其他州的追捧和效仿,但各州具体规定不一。例如,加利福尼亚州的法定加重情节多达 22 项,不仅如此,加州还规定了减轻情节。对被告人适用死刑的前提是陪审团认定的加重情节相对减轻情节具有压倒性优势。一般而言,对于法定的加重情节的认定需要在排除合理怀疑的基础上,由陪审团全体成员一致同意通过;减轻情节的认定则没有陪审员一致同意的严格要求,联邦最高法院在一系列案件中甚至认为要求只有一致同意才能认定减轻情节的规定是违宪的。④ 控辩双方提出情节证据之后,陪审团需要作出两个判断:一是死刑适格判断;二是死刑适用判断。死刑适格判断通常由陪审团成员排除合理怀疑地一致认定至少一个法定加重情节。2002 年的瑞恩诉亚利桑那州(Ring v. Arizona)案使得法定加重情节成为作用相当于犯

---

① See Miller El v. Dretke, 545 U. S. 231 (2005).
② 参见 [美] 罗纳尔多·V. 戴尔门卡:《美国刑事诉讼——法律和实践》,张鸿巍等译,武汉大学出版社 2006 年版,第 56—61 页。
③ 参见张栋:《美国死刑程序研究》,中国人民公安大学出版社 2007 年版,第 35 页。
④ 参见康黎:《美国死刑量刑程序的历史考察》,载《北方法学》2012 年第 4 期。

罪构成要件的因素，只有被认定存在法定加重情节的被告人才具备适用死刑的"资格"。如果被告人不具有死刑适格性，那么就不得进行死刑适用的判断。所谓死刑适用的判断，是指陪审团综合考量案件的所有加重情节和减轻情节之后，对死刑适格的被告人作出适用或者不适用死刑的最终裁决。死刑适用判断强调的是"个性化考量"，即死刑必须是在对犯罪的性质和情状、罪犯的性情和背景进行个体性考量的基础上作出。①

二、 对美国死刑陪审团的评价

从宏观角度看，美国死刑历史与陪审团的历史是相互交织在一起的。对于人之生死的抉择承载了人们愤怒与报应的情感表达，也具有一般威慑与特别威慑的目的和意义，因此，陪审团这种"同侪审判"就成为了人们深信不疑的选择，因为群体更好地代表了社区价值取向，而且这种抉择的权力应当由公民共享。应当说由陪审团来决定是否适用死刑，保证了当时社会的价值取向与刑罚体系的联系。而这种联系反映了"不断发展的标准"，体现了成熟社会进步的程度。② 美国联邦最高法院一直致力于维护死刑陪审团在死刑案件中的地位，也明确地展示了死刑陪审团的价值。

从微观角度看，从陪审团成员的遴选，到死刑案件的定罪和量刑，无不散发着民主的气息，展现着公民的生活智慧。整个程序具有逻辑性而不可缺其一，陪审员的严格遴选是社会公众对死刑的适

---

① 佐治亚州成文法规定了 10 种加重情节包括：（1）被告人之前曾因实施过死刑犯罪而被判刑，或者实施过其他严重犯罪；（2）被告人实施的本起死刑犯罪是在其实施其他死刑犯罪的过程中发生的；（3）被告人的犯罪行为对于他人的生命安全造成了严重威胁；（4）被告人实施犯罪的目的是谋取金钱或者其他财产性利益；（5）被告人杀害正在执行公务的法官或者检察官；（6）被告人雇凶杀人；（7）被告人实施的犯罪行为涉及针对受害人所实施的丧心病狂、手段令人发指的残忍的折磨、殴打行为；（8）被告人杀害执行公务的警官、监狱看守或者消防员的；（9）脱狱者所实施的相关死刑犯罪；（10）在拘捕过程中实施死刑犯罪的。
② 参见 [美] 琳达·E. 卡特等：《美国死刑法精解》，王秀梅等译，北京大学出版社 2009 年版，第 47 页。

用与否作出公正理性判断的前提；而后的两个阶段，对被告人作出的有罪非罪、罪轻罪重的裁决，结合了陪审员自身对被告人罪行及与之相关因素的理解。正义价值与人道价值孰高孰低本就没有标准可以参照，谁也不能说服谁无条件地遵从正义或者人道标准，因此个案中的具体考量便显得愈发重要，此时这种制度化后的民意就是最好的参照物。与此同时，很多法官和学者也对死刑陪审团制度仍然表示担心。2000年6月，哥伦比亚大学利伯曼教授等一些社会学家发表了一篇关于美国死刑误判率的文章，该文指出在1973至2000年间，美国全国5760个死刑案件中，误判率高达68%。① 虽然社会学家们批判的矛头主要是死刑这种不人道的刑罚，但由于美国的死刑案件均由陪审团审判，因此，陪审团的审判质量甚至陪审团制度本身自然受到质疑。另外还存在对于陪审团发现案件事实的质疑。在复杂的死刑案件中，陪审团可能难以对相互矛盾的证据作出采纳和排除的正确选择，而且有时法官对陪审员的指示不完整、模糊不清且晦涩难懂。事实上，也不乏陪审员将这些指示置之不理的情形，他们只按照自己内心的是非曲直标准断案而不顾法律的规定。对于死刑陪审团的内部设计，也有学者提出质疑，认为陪审团制度被设计成一项不透明的制度。社会科学家、公民甚至法律都不得对其检查，任何人都无从得知陪审团作出裁决的推理过程。

综合这些质疑，我们可以发现，产生这些问题的根源似乎在于陪审团的裁决权过于强势，陪审团作出裁决既不需要说明理由，也不接受任何法律、机构或者个人的检验。这使得这种制度化的民意考量方式过分看重了司法民主的价值，相对忽视了裁决的逻辑性和说理性。死刑陪审团的裁决权过于随意的问题早在克兰普顿诉俄亥俄州（Crampton v. Ohio）案和麦克哥特哈诉加利福尼亚州（Mc-

---

① 参见程进飞：《美国死刑量刑程序对我国的启示》，载《郑州航空工业管理学院学报》2008年第3期。

Gautha v. California)案中就受到关注。在这两个案件中,联邦最高法院驳回了被告人的主张,认为毫无节制的陪审团裁量权并不违反宪法。在司法实践中,陪审团的裁量权日益受到法律规范内的指引。总而言之,美国的死刑陪审团制度包含了社会公众对死刑适用的社区道德观念,但是由陪审团判决并非完美无缺,即使法官也不能做到零误判率。虽然对死刑陪审团的质疑不断,却鲜有彻底将之废除的主张。对于任何意欲借鉴美国在死刑适用中民意考量制度化经验的国家,都应当取其精华去其糟粕,同时立足于本国国情,才能取得令人满意的效果。

第九章　美国强奸犯罪中的死刑适用制度

随着人类文明的不断发展，人权保护成为现代化的时代背景下的产物，人权观念逐渐深入人心。世界上绝大多数国家已经废除了死刑，有些国家仍然保留着死刑制度，如美国也同样一直保留着死刑，而且一直受到国际舆论和国内民众的普遍质疑。在此压力下，美国开始走上了保留死刑但是限制死刑之路，并一直坚持这种刑事政策。随着未成年人、智障者等特殊群体被废除死刑过后，2008年的肯尼迪诉路易斯安那州案（Kennedy v. Louisiana）所作的判决，在美国全面废除死刑的道路上迈出了巨大的一步。通过此案例，联邦最高法院明确规定，对强奸犯适用死刑构成"残酷和异常的刑罚"并违反《宪法第八修正案》的规定。这正是美国在限制死刑方面所作出的努力，从中可以进一步看到美国全面废除死刑的希望。

通过对强奸犯死刑制度的研究发现，美国废除强奸犯的死刑制度，经历了漫长而曲折的过程。这与美国的政治体制、判例法制度、刑事政策有着密切的联系。美国是一个联邦制的国家，各州在自己所辖区域内对刑事司法有着绝对的权利，联邦最高法院对各州立法的约束力显得很薄弱。但是联邦最高法院在死刑问题上，有着至高无上的权利，这种至高无上的权利来自联邦最高法院对死刑违宪的审查权。也就是说，在死刑问题上，联邦最高法院可以通过宪法的规定来决定对某种犯罪是否适用死刑。由于美国是一个判例法国家，遵循先例是法官断案的重要原则。所以联邦最高法院的违宪审查权和遵循先例原则推动着美国在废除死刑的道路上不断前进。

基于美国特殊的政治体制和司法制度，通过对如下一系列先例的研究并加以分析：2008年肯尼迪诉路易斯安那州案（Kennedy v. Louisiana）对强奸犯禁止适用死刑的原因，库克（Coker）案确认了强奸成年妇女的强奸犯适用死刑违宪，肯尼迪（Kennedy）案确认强奸儿童的强奸犯适用死刑的违宪；从废除未成年人、智障者等适用死刑制度到废除强奸犯适用死刑的制度，可以发现美国联邦最高法院处理强奸犯死刑案件的司法模式，也可以看出美国保留死刑但限制死刑制度的司法政策。在肯尼迪案审判中，联邦最高法院援引《宪法第八修正案》"残酷和异常刑罚"的条款，并且对此条款进行一系列的逻辑解释，把"不断演进的道德标准"作为此条款的依据，认定对强奸犯适用死刑违反宪法规定。通过肯尼迪案可以看出，美国宪法拥有至高无上的权利，这种方式将公民的生命权纳入宪法的高度加以保护。

第一节 肯尼迪诉路易斯安那州案概述

一、基本案情

1998年3月2日，帕特里克·肯尼迪因强奸8周岁的继女L.H.，并给其造成严重的心理和生理伤害，被申请人路易斯安那州根据《路易斯安那州刑事诉讼法典》第905条第4款及相关条文规定，指控犯有强奸未满12岁的幼童之加重强奸罪，并寻求对其科处死刑。① 据此，陪审团支持了州的主张，1998年5月7日，法院认定肯尼迪犯有加重的强奸儿童罪并判处其死刑。而后，肯尼迪上诉到

---

① 参见辛科：《我国刑罚体系的重构》，载《江西公安专科学校学报》2007年第6期。

路易斯安那州最高法院。2003年10月2日，州最高法院维持了这一判决，并声称："儿童是需要特殊保护的群体，鉴于该罪骇人听闻的性质、对被害人所造成的极其严重伤害以及对整个社会造成的伤害，对于强奸12岁以下儿童的犯罪，处以死刑不属于过度刑罚"。① 最后，肯尼迪向联邦最高法院提出上诉。

肯尼迪案判决在美国联邦最高法院死刑合宪性的法理中具有重要地位，而且与佐治亚州科克尔案一并解读，则意味着联邦最高法院将强奸案作为一个类型彻底排除在死刑适用范围之外。1977年，库克诉佐治亚州（Coker v. Georgia）案已对强奸成年妇女的强奸犯宣布禁止适用死刑。而肯尼迪诉路易斯安那州案是关于强奸儿童的强奸犯是否适用死刑的问题。两个案子的对象不同，一个是成年妇女，一个是未成年的幼女。联邦最高法院将如何适用死刑？是遵循先例禁止适用死刑，还是适用死刑？倘若适用死刑，是否违反了联邦《宪法第八修正案》"残酷和异常刑罚"的条款。这也是本案的争议焦点。一方面死刑作为极刑，只适用于惩罚那些罪行极其严重、恶劣的犯罪，必须慎用；另一方面是强奸12岁以下幼童，不同于其他犯罪。因为孩子无法保护自己，尤其容易受到伤害，故对于这种行为必须严惩不贷。对这两个方面都需要兼顾。因此，对强奸儿童的强奸犯适用死刑是否属于"残酷和异常的刑罚"，这需要联邦最高法院的法官们加以衡量后作出判定。然而，《宪法第八修正案》所禁止的"残忍和异常刑罚"条款规定得过于宽泛，对这两方面难以去理解并作出精确衡量。② 2008年6月25日，联邦最高法院最终的判决推翻了路易斯安那州最高法院的判决，宣布对强奸儿童的强奸犯适用死刑违宪。安东尼·肯尼迪大法官认定，在人类文明社不断发展的当今社会对强奸儿童的强奸犯适用死刑，不符合当今的时代背

---

① Kennedy v. Louisiana, 554 U. S407 (2008).
② 参见［美］琳达·E. 卡特等：《美国死刑法精解》，王秀梅等译，北京大学出版社2009年版，第90页以下。

景。换言之,"禁止残酷和异常刑罚"应该按照社会发展的文明程度来判断某种刑罚是否属于残酷或者异常。"残酷和异常刑罚"要求只有罪大恶极的犯罪才适用,即死刑只针对那些罪大恶极的人才适用。在此案例中,联邦最高法院的大多数法官认为,此案的强奸犯,虽然强奸的是幼女,但是毕竟没有达到不可挽回的地步,即儿童的生命没有被剥夺。强奸犯的罪行没有达到罪大恶极的地步,故判决强奸儿童的强奸犯适用死刑是违反宪法的。对强奸犯而言死刑就是"残酷和异常的刑罚"。此案的判决结果与1977年科克尔诉佐治亚州案(Coker v. Georgia)的判决结果如出一辙。这就宣布了联邦最高法院在处理人身侵犯案时,考虑的只有一个问题,那就是在人身侵犯中,被害人的生命是否还在延续,倘若被害人的生命没有被剥夺,那么对被告人适用死刑就是"残酷和异常的刑罚",就是违反宪法的。通过这一判决,《宪法第八修正案》"残酷和异常刑罚"条款全面禁止对强奸犯适用死刑。通过这一判决,联邦《宪法第八修正案》禁止"残酷和异常刑罚"的条款全面禁止对强奸儿童罪适用死刑。自此,美国彻底废除了对未造成被害人死亡的强奸犯适用死刑的制度。[①]

二、案件审理情况

肯尼迪诉路易斯安那州案的争议是,强奸儿童的强奸犯适用死刑是否违反《宪法第八修正案》"残酷和异常刑罚"条款。为此,安东尼·肯尼迪大法官支持废除强奸儿童罪死刑。他认为强奸犯适用死刑违宪,并阐述了3个主要问题以支持其结论。第一个问题,如何界定联邦《宪法第八修正案》"残酷和异常刑罚"条款的含义。"残酷和异常刑罚"条款的核心是罪刑均衡,罪刑均衡意味着把死刑

---

① [美]琳达·E. 卡特等:《美国死刑法精解》,王秀梅等译,北京大学出版社2009年版,第92页。

留给罪行极其严重的人,即如果一种较为轻缓的刑罚就可实现刑罚的目的,那么所适用的刑罚就是不必要的。刑罚是否残酷,必须要遵循"不断演进的道德标准"在当今社会的演进程度。由此引出了安东尼·肯尼迪大法官阐述的第二个问题,即依据"不断演进的道德标准",是否有客观证据表明对强奸儿童罪废除死刑形成了"全国一致的共识"。在此问题中,如何界定"不断演进的道德标准"的含义,标准为何?安东尼·肯尼迪大法官认为,"不断演进的道德标准"应该主要依据各州的相关法律来界定。全国只有6个州允许判处强奸儿童犯死刑,有45个法域(44个州和联邦政府)禁止判处强奸儿童犯死刑,但是仅凭借各州的相关法律,这还不足以说明形成了全国共识。① 接着安东尼·肯尼迪大法官阐述了第三个问题,美国是联邦制国家,联邦政府对各州的死刑案件有违宪审查权,再加上美国又是一个判例法国家,遵循先例是判例法国家的一个重要原则。对这些背景的理解对强奸儿童罪是否适用死刑有着重大的作用。肯尼迪大法官又从刑罚功能的角度出发,提出强奸犯适用死刑不利于刑罚目的和刑罚威慑效果的实现。被害儿童的身心已受到很大程度的伤害,在审判的过程中,对于儿童出庭作证,会给儿童增加更多的压力和伤害,不利于儿童身心健康的恢复。这不利于刑罚目次的实现。在此案中,由于被告人是被害人的继父,倘若法律明文规定强奸儿童犯会被判处死刑,那么罪犯的家人怕再次受到打击而放弃举报的机会,刑罚的威慑效果则无法实现。最终安东尼·肯尼迪大法官强调,"不断发展的道德标准"要求把死刑留给谋杀犯等罪大恶极的罪犯,但强奸儿童罪不属于这类罪行。因为被害人的生命还在,没有被剥夺。②

---

① 参见张守东:《美国死刑制度的宪法法理及其未来——以 Kennedy v. Louisiana 案为例》,载《法学》2011年第3期。
② [美]琳达·E. 卡特等:《美国死刑法精解》,王秀梅等译,北京大学出版社2009年版,第94页。

以上就是肯尼迪案多数意见的要点。就该案的分析框架而言，争议的焦点与之前的科克尔案，即强奸成年妇女是否适用死刑之争并无特殊之处，这次案件辩论真正的突破是废除了强奸儿童罪适用死刑的制度。

但是，代表少数派意见的阿利托大法官对此提出了强烈的反对意见并指出，这样一来，只要没有剥夺被害儿童生命，强奸儿童犯均可逍遥法外。是否可以这样认为：只要被害儿童的生命没有被剥夺，那么无论情节多么严重，比如造成了被害儿童以后失去生育的能力，或者造成被害儿童变成植物人，或者被告人对多名儿童进行强奸等等，只要被害儿童还有一口气在，都不足以让被告人适用死刑。联邦《宪法第八修正案》的"残酷和异常刑罚"条款仿佛是美国限制死刑政策的一把利器，它不断限制着美国适用死刑的种类和数量。在肯尼迪案中，联邦最高法院又是利用这把利器，把强奸儿童罪排除在死刑之外。[①]

第二节 美国死刑限制适用于强奸犯的背景

一、强奸犯限制适用死刑制度的背景

（一）对强奸犯限制适用死刑的历史背景

美国刑事政策的形成是各种利益集团博弈并妥协的结果。美国刑事政策主要有两种：一种是保守主义；另一种是自由主义。前者认为，对于犯罪人来说矫正的机会渺茫，主张严惩不贷，对法律制定也趋向于严厉。而后者自由主义则认为，造成犯罪的主要原因与社会政治经济制度紧密相关，主张采取教育感化为主惩罚为辅的政策，对法律的制定也趋向于宽容。这两种刑事政策在不同的时期交

---

① Kennedy v. Louisiana, 554 U. S. 407 (2008).

替占据着主导地位。

但是不管是严厉的形势政策还是宽容的刑事政策,美国始终坚持保留死刑,而且是目前为止唯一保留死刑的西方大国。美国的死刑起源于殖民地时期,在继承了英国普通法死刑观念的同时继承了英国的死刑制度。自美国独立战争之后的两百多年以来,美国的死刑制度一直被保留了下来。虽然长期以来,美国固守保留死刑的立场受到国际舆论和国际组织的猛烈批判,但是美国还是坚持保留死刑制度。这主要与美国的犯罪率居高不下的情况有关,政府和民众希望通过严惩犯罪的方式来维持安定的社会生活。但是,关于是否应该保留死刑的问题一直是美国各阶层利益集团争论的焦点。

虽然美国一直保留着死刑,但是在保留死刑的同时也在逐步限制死刑的执行方式和死刑的种类。美国首次通过维克森诉犹他州案(Wilkerson v. Utah)限制死刑的执行方式。[①] 通过对代位谋杀犯恩芒德诉佛罗里达州案(Enmund v. Florida)、智力障碍者阿特金斯诉弗吉尼亚州案(Atkins v. Virginia)、未成年人罗珀诉西蒙斯案(Roper v. Simmons)限制死刑的种类。[②] 那么对于非谋杀罪的强奸犯是否也应该限制死刑。通过1977年科克尔诉佐治亚州案(Coker v. Georgia),美国已经废除对强奸成年妇女未造成被害妇女死亡的强奸犯适用死刑的制度。这个判例引发的一个很重要的问题是,该判例是否也适用于强奸儿童的强奸犯。2008年的肯尼迪案肯定回答了科克尔案遗留的问题,即美国通过肯尼迪案废除了对强奸儿童未造成被害儿童死亡适用死刑的制度。自此美国就彻底废除了强奸罪适用死刑的制度。

就美国强奸犯犯罪刑事政策而言,是随着一定历史时期主导思想的变化而变化的,国际人道主义的盛行,美国公众的态度以及联

---

① 参见张守东:《美国死刑制度的宪法法理及其未来——以 Kennedy v. Louisiana 案为例》,载《法学》2011年第3期。
② Wilkerson v. Utah, 99 U. S. 183 (1878).

邦最高法院的先例，使美国对强奸犯的态度也趋向于宽容，希望通过矫正和教育进行改造，使犯罪分子改过自新，从而获得新生重新做人。

(二) 对强奸犯限制适用死刑的政治背景

美国是一个联邦制的国家，联邦有自己的制定法，而各州也都有自己的制定法，各州有权行使自己管辖领域的司法权力，当然包括刑事司法权。联邦最高法院对各州的刑事司法权力没有约束力，只有在死刑问题上，联邦最高法院拥有至高无上的权力，即死刑违宪审查权，《宪法第八修正案》"残酷和异常刑罚"条款就是联邦最高法院对死刑审查的依据。换言之，在死刑问题上，联邦最高法院对各州死刑是否合宪拥有审查权。

美国死刑法的渊源多种多样，其中包括各州的制定法、各州宪法、联邦制定法、联邦宪法、判例法以及各种国际公约。美国死刑制度法律渊源的多样性与其文化传统、政治体制以及各州经济文化发展程度都有密切的关系。据统计，美国南方大多数州适用死刑已经成为了一个传统，这主要是因为美国南部暴力犯罪比较严重，也是美国各州中杀人比率最高的，而且南部地区种族歧视现象突出，人们为了维护自己的荣誉，性格就变得容易冲动，行为具有攻击性。[1] 所以对于那些手段恶劣、罪行极其严重的犯罪行为，只有通过死刑才能平民心，要在短期内废止美国南部地区的死刑仍比较困难。在这些法律渊源中，联邦宪法"残酷和异常刑罚"条款仍是联邦核准死刑的依据，因为联邦对于各州判处死刑的行为无权干涉，只有具体案件上诉到联邦最高法院时，才能依据"残酷和异常刑罚"条款进行被动审查，如果不构成过度刑罚，就不能宣布其无效。[2] 但往

---

[1] Enmund v. Florida, 458 U. S. 782 (1982); Atkins v. Virginia, 536 U. S. 304 (2002); Roper v. Simmons, 543 U. S. 551 (2005).
[2] 参见曾赛刚：《美国死刑制度探究》，载《内蒙古农业大学学报（社会科学版）》2010年第1期。

往其他法律渊源对联邦最高法院大法官的审判也会产生影响。

美国一直以来都是政治经济大国,但是在死刑问题上却无法与其他西方国家保持同步,并受到了来自国际组织和社会舆论等各方面巨大的压力。在此压力下,美国参议院代表国家签署了一系列旨在保护人权的国际公约,比如《公民权利和政治权利国际公约》《美洲人权公约》等,但是美国其他各州并不受这些条约的约束,因为各州并不是国际法的主体,这些条约对美国各州没有约束力。这样就造成了美国废止死刑制度的阻力,以及死刑废止进程的反复。

二、对强奸犯限制适用死刑制度的演进

(一) 科克尔案——强奸成年妇女犯的死刑限制

1976年,联邦最高法院认定宪法本身不禁止死刑适用于谋杀罪,对于死刑适用于没有剥夺人命的犯罪是否符合宪法则是尚待解决的问题。直到次年,联邦最高法院审查了一个因强奸罪被判死刑的案件,即科克尔诉佐治亚州案(Coker v. Georgia)。1974年9月,被告人科克尔因谋杀、强奸和绑架罪在佐治亚州监狱服终身监禁时越狱逃跑。他闯进了卡沃尔家并用刀威胁卡沃尔先生,然后强奸了他的夫人。科克尔把卡沃尔先生捆绑后带着卡沃尔夫人开车逃跑。卡沃尔先生挣脱后报了案,科克尔被抓。卡沃尔的夫人没有受到进一步的伤害。审判后,科克尔被判处死刑。于是他提出上诉,上诉至联邦最高法院并声称对他的死刑判决违宪,因为他并没有杀人。[①] 联邦最高法院最终驳回对科克尔的死刑判决,并将该案界定为对强奸成年妇女罪适用死刑是否合宪的问题。6位大法官都认为,死刑适用于强奸罪不符合均衡性。因此,联邦最高法院进行了均衡性分析,他们注意到在过去50年里允许将死刑适用于强奸罪的州占很少数。还注意到在1925年,20个法域(18个州、1个特区和联邦政府)规

---

① 参见赵秉志:《中美两国死刑制度之立法原因比较》,载《现代法学》2008年第2期。

定死刑适用于强奸成年妇女罪。到 1977 年科克尔判案时,佐治亚州是唯一一个规定死刑适用于强奸成年妇女罪的州。联邦最高法院注意到,在 1972 年各个州的死刑制定法被否决后,各州重新颁布了新的死刑制定法。他们发现之前规定死刑适用于强奸犯罪的州中,没有一个州将强奸罪纳入新的死刑法。联邦最高法院还认为,对强奸罪和谋杀罪应加以区别。他们通过行为的恶性程度和被害人的受害程度来区别失去生命的犯罪和没有失去生命的犯罪。怀特大法官写道:"对于谋杀罪,被害人的生命被剥夺了。对于强奸罪来说,被害人的生命还在延续,被害人有希望通过多种方法来重新生活,也许不会恢复到以前那样快乐,但是并不是很难做到。"①

但是,鲍威尔大法官认为,死刑适用于强奸罪并非在任何情况下都构成违宪。假如被害人在生理和心理上受到极其严重的伤害并且无法恢复正常生活,在这一情况下,适用死刑是适当的。首席大法官金斯伯格和伦奎斯特大法官对此观点强烈反对。尽管联邦最高法院在科克尔案中没有明确指出,对任何没有剥夺被害人生命的罪行适用死刑都属于违宪。联邦最高法院推理的依据在于被害人的生命是否被剥夺了。换言之,只要强奸犯没有剥夺被害人的生命,那么判处强奸犯死刑就属于过度的刑罚。②

因此,对于强奸罪而言,只要罪犯没有剥夺被害人的生命,那么强奸犯就不必适用死刑,这显然成了联邦最高法院判断强奸犯是否适用死刑的新规则。根据强奸罪的定义来看,强奸并不包括对被害人造成严重伤害甚至对被害人造成生命危险。强奸犯不同于谋杀犯,他们的本质区别在于,谋杀犯杀了人;而强奸犯没有杀人。所以科克尔案认定强奸成年妇女的强奸犯适用死刑属于违宪,构成"残酷和异常的刑罚"。

---

① 参见 [美] 琳达·E. 卡特等:《美国死刑法精解》,王秀梅等译,北京大学出版社 2009 年版,第 94 页。
② Coker v. Georgia, 433 U. S. 598 (1977).

(二) 肯尼迪案——强奸儿童犯的死刑限制

从科克尔案废除强奸成年妇女罪犯的死刑到肯尼迪案废除了强奸儿童犯的死刑，这只是时间早晚的问题。自 1997 年科克尔案美国废除对强奸成年妇女未造成被害妇女死亡适用死刑制度以来，引起了很大的争议，其中各界学者专家最想知道的问题就是，这个判例是否对强奸儿童的强奸犯也适用。最终，2008 年的肯尼迪案应运而生，给出了答案。

如前所述，在 2008 年 6 月 25 日，联邦最高法院最终以 5∶4 的投票结果宣布肯尼迪案对强奸儿童的强奸犯适用死刑违宪，宣布废除对强奸儿童犯适用死刑的制度。联邦最高法院在肯尼迪案中关于强奸儿童罪的判决依据的就是之前科克尔案和恩芒德案所确立的新规则：对除了谋杀罪之外的任何犯罪，只要被告人没有剥夺被害人的生命都不应该适用死刑，这违背了罪刑均衡原则，是违宪的。[①] 在科克尔案中怀特大法官曾指出，"被害人的生命未曾被剥夺，所以不应该判处罪行与惩罚不成比例的死刑。"现在的肯尼迪案也援引了罪刑均衡原则，并宣布判处没有剥夺儿童生命的强奸儿童犯死刑构成违宪，是"残酷和异常的刑罚"。尽管这次的被害人是儿童，而且被告人还是幼女的继父，这些严重情节都不能对被告人适用死刑。因为联邦最高法院认为，被害人的生命还在延续，没有被剥夺，身心健康还有可能复原。所以陪审团忽略了对这些加重情节的考虑，原因只有一个，被害人的生命没有被剥夺。由此，肯尼迪案为以后审理强奸儿童罪开创了一个先例，也是重要的判例。此案宣布了一个新的量刑规则：只要被害儿童的生命没有被剥夺，无论犯罪情节多么严重，被告人不会被判处死刑。

肯尼迪案的判决宣布了美国废除强奸犯的死刑制度，强奸犯将免于极刑。从此美国限制死刑的适用对象又多了一种——强奸犯。

---

① 参见任炎锋：《论联邦主义对美国死刑的影响》，西南政法大学 2009 年硕士论文。

这一判例拓展了美国废除死刑之路，有着重大而深远的意义。

三、美国死刑限制适用强奸犯的理由

（一）宪法"残酷和异常刑罚"条款的适用

美国联邦《宪法第八修正案》禁止施加残酷和异常的刑罚。这一原则性的条款成为联邦最高法院审查各州死刑立法和司法的重要依据。通过联邦最高法院针对死刑制度实践对该条款所作的解释以及一系列判例可以看出，《宪法第八修正案》禁止残酷和异常刑罚条款的含义得到了充分的阐释。联邦最高法院不仅就"残酷和异常刑罚"条款衍生出新的法律原则，而且在依照此原则的基础上遵循死刑现代化的通例，从而确立了美国对死刑适用限制的一些重要原则。当然死刑本身并不违宪，《宪法第八修正案》规定的"禁止残酷和异常刑罚"与《宪法第五修正案》和《宪法第十四修正案》的"正当程序条款"构成了死刑适用的宪法依据，只要"经由法律上的正当程序"，便可以剥夺公民的"自由与财产乃至生命"。因此，《宪法第八修正案》反酷刑条款针对的是任意适用死刑而非死刑本身。综上，"残酷和异常刑罚"条款的任意适用问题才是此条款存在的意义。事实上，死刑是否构成"残酷和异常刑罚"是一个非常模糊的概念，随着时代的发展，联邦最高法院不断充实着它的意义，并根据此条款衍生符合时代潮流的新的法律原则。这些新的法律原则在美国各个历史时期对限制死刑的适用起着非常大的作用。在两百多年的时间里，《宪法第八修正案》禁止"残酷和异常刑罚"如何演进，以及如何对21世纪的肯尼迪案产生影响，"残酷和异常刑罚"是否可以适用于强奸罪，从而使强奸儿童罪犯免于死刑。

早在一百多年前，《宪法第八修正案》禁止"残酷和异常刑罚"与死刑牵连仅表现在死刑的执行方式上。在1878年的威尔克森诉犹他州案（Wilkerson v. Utah）中，联邦最高法院先后适用了"残酷和异常刑罚"条款，禁止了历史上存在的一些残酷和异常的刑罚执

行方式，从而认定在公共场所执行枪决和电椅执行死刑是合宪的，此两种死刑执行方式并不构成《宪法第八修正案》的"残酷和异常刑罚"。而后，在20世纪50年代，联邦《宪法第八修正案》"禁止残酷和异常刑罚"具有了更丰富的内涵，让此条款更具有时代意义。在1958年的特罗普诉杜尔斯案（Trop v. Dulles）中，正如首席大法官沃伦所指出的3点意见：(1)《宪法第八修正案》的概念模糊不清，而"残酷和异常刑罚"的内涵并非静止不变，联邦最高法院应该根据其文意，考虑历史原因以及先例，并根据立法目的与立法目标加以适当考量，从而对其进行解释。(2)《宪法第八修正案》要求对刑罚权进行限制，反对一切刑罚之外的刑罚。(3)"残酷和异常刑罚"必须要符合"不断演进的道德标准"，即历史上某个时候被允许的刑罚，也许在当今就表现得残酷和异常，应该禁止。沃伦大法官的意见显然为"残酷和异常刑罚"充实了时代意义。在特罗普诉杜尔斯案中，"残酷和异常刑罚"则需要通过"不断演进的道德标准"来加以解释。①

经过前述判例对"残酷和异常刑罚"加以解释后，1977年联邦最高法院在科克尔案中宣布对强奸犯适用死刑属于违宪，违反了《宪法第八修正案》"残酷和异常刑罚"的条款。怀特大法官针对此案提出的多数意见认为：《宪法第八修正案》不仅禁止残酷不人道的刑罚执行方式，而且也禁止相对于犯罪危害性而言过度的刑罚，犯罪危害性应与刑罚成正比，即罪刑均衡原则。强奸罪无法与谋杀罪相比，前者没有剥夺被害人的生命，对强奸犯而言，死刑是过度的刑罚，违反了《宪法第八修正案》的规定。此后，在1982年的恩芒德案中，联邦最高法院免除了非谋杀共犯的死刑，确立了一个界限分明、不使任何既没有夺人性命也没有杀人未遂或者没有杀人意图的罪犯承担死刑的规则。因此，这就意味着联邦最高法院对"残酷

---

① Enmund v. Florida, 458 U. S. 782 (1982).

和异常刑罚"加以引申,把"残酷和异常刑罚"与"不断演进的道德标准"和罪刑均衡原则联系在一起,禁止对谋杀之外的犯罪判处死刑。而在随后的判例中,法院援引"不断演进的道德标准"加以具体化和客观化,形成了需要客观证据支持的"全国一致共识"原则。在此原则基础上经过一再的演进,禁止对代位谋杀犯(Enmund v. Florida)、智力障碍者(Atkins v. Virginia)、未成年人(Roper v. Simmons)判处死刑。

禁止"残酷和异常刑罚"条款的不断演进,似乎为科克尔案中关于强奸儿童罪的判决埋下伏笔。联邦最高法院依据科克尔案和恩芒德案确立的客观标准,援引了"残酷和异常刑罚"新的内涵加以适用,认为未造成被害儿童死亡的强奸儿童犯适用死刑构成"残酷和异常的刑罚",违反了《宪法第八修正案》。

综上所述,美国宪法中"残酷和异常刑罚"条款在两百多年的演进过程中所包含的内涵非常丰富,不但涉及实体问题,还涉及了程序问题。实体方面,主张刑罚的均衡化,即符合罪刑均衡、罪刑相适应的原则;刑罚的个别化,即死刑的适用要综合考虑犯罪人的个体情况和悔罪表现等;刑罚的人道化,即对特殊主体不适用死刑。程序方面,要以实质正当程序为原则,要求各州对死刑立法自由裁量范围作出明确的规定,实质上符合罪刑法定原则。在实践中还应考虑死刑的威慑和报应目的,以及该条款在宪法中的整体解释。[①]

(二)"罪刑均衡性原则"对死刑的限制

禁止"残酷和异常刑罚"条款的适用原则是罪刑均衡原则,联邦最高法院运用这一原则质疑对未致人死亡的强奸犯适用死刑是否违宪。罪刑均衡原则包括两方面的内涵:(1)刑罚必须与犯罪相称,对于一个特定的犯罪行为,刑罚过度适用就属于不均衡。死刑只能适用于极少数犯罪,此类犯罪必须是罪大恶极的。(2)不均衡的刑

---

① Trop v. Dulles, 356 U. S. 86 (1958).

罚违反了《宪法第八修正案》"禁止残酷和异常刑罚"条款。因此，不管实施哪种刑罚都必须与犯罪人的罪行相适应，否则就构成违宪。

　　罪刑均衡原则的确立源于 1910 年的威姆斯诉美国案（Weems v. United States）。此案对伪造公文的犯罪人判处 15 年的苦役。联邦最高法院最后宣判，对于伪造公文的罪犯而言判处 15 年苦役过于严厉，属于罪刑不均衡，违反了宪法的规定。"绝大多数当代法律评论者认为，威姆斯案既不符合制宪者的立宪意图和目的，又赋予了法官推翻陪审团刑事判决的自由裁量权。"[①] 由此，律师们就开始使用威姆斯案确立的罪刑均衡原则来衡量各种刑罚，甚至是死刑。可以说，威姆斯案赋予法官在刑事审判中很大的自由裁量权，这种自由裁量权的"自由"程度相当于造法的权利。[②] 随着罪刑均衡原则在威姆斯案中的确立，在 1972 年弗曼诉佐治亚州案（Furman v. Georgia）中，联邦最高法院确立了死刑适用的新规则：选择死刑的适用对象必须十分谨慎，死刑只能适用那些罪大恶极、非常凶残的犯罪。这一判决明显宣布死刑本身不构成"残酷和异常的刑罚"，而事实上则是宣布违反程序正义即是违反了"残酷和异常刑罚"条款，因违反程序正义从而没有保障人权，这样任意适用死刑形成违宪。[③]

　　联邦最高法院认为，任意适用死刑属于"残酷和异常刑罚"，显然不是针对死刑本身。这一点在 1976 年格雷格诉佐治亚州案（Gregg v. Georgia）中可以看出，联邦最高法院认为，适用死刑并非自动导致违反联邦《宪法第八修正案》"残酷和异常刑罚"条款。通过合法正当的程序适用死刑，死刑判决不构成"残酷和异常刑罚"。反之，倘若对死刑的适用没有具体的法律规定，那么这一死刑判决就有可能违宪，违反了"残酷和异常刑罚"条款。格雷格案宣

---

① 参见陈立、黄冬生：《死刑的宪法依据与限制——美国宪法第八修正案死刑限制功能及其借鉴意义》，载《中国刑法年会合集》2008 年第 4 期。
② 参见张守东：《美国死刑制度的宪法法理及其未来——以 Kennedy v. Louisiana 案为例》，载《法学》2011 年第 3 期。
③ Weems v. United States, 217 U. S. 349 (1910).

告死刑本身并不违宪,从而使死刑得到恢复。虽然死刑在美国存在,但是事实上,美国的死刑制度已逐步受到限制。弗曼案死刑判决程序已经违反了"残酷和异常刑罚"条款。格雷格案之后,在1977年的科克尔案中,"残酷和异常刑罚"条款的罪刑均衡原则成为减少死刑适用类别的重要原则。特别是2008年的肯尼迪案,死刑基本上只适用于谋杀罪及叛国罪等极少的罪行。"残酷和异常的刑罚"所反映的罪刑均衡性原则应如何限制对强奸犯死刑的适用,这一形成过程可以从科克尔案开始阐述。

在科克尔案中,怀特大法官的多数意见表示,联邦《宪法第八修正案》不仅禁止那些"野蛮的"惩罚,也禁止那些与所犯罪行相比"过重的"惩罚。如果这种惩罚(1)没有对该惩罚可接受的目的作出可衡量的贡献,或者(2)与罪行的严重性严重不成比例,那就是违反宪法的。死刑与强奸罪并不成比例,尽管强奸罪应该受到严厉的惩罚,但是,由于死刑具有独特性和不可挽回性,对强奸犯来说属于过重的刑罚,因为强奸罪与谋杀罪不同,强奸犯并没有无正当理由而剥夺他人的生命。鲍威尔大法官也指出,对于强奸成年妇女的罪行而言,死刑是严重不成比例的惩罚,因为本案罪行不构成极端残忍野蛮地实施,而且受害人没有遭受严重或持久的伤害。科克尔案的判决似乎有这样一层意思,即强奸犯未剥夺被害人的生命,所以强奸犯适用死刑是不成比例的惩罚,是过度的惩罚,违反了罪刑均衡原则。虽然联邦最高法院并没有明确说明这一点,但是这一判例似乎宣告了联邦最高法院对死刑适用的新规则。因此,罪刑均衡原则对于科克尔案来说,就是受害人的生命是否还存在,如果被害人未被剥夺生命,那么对强奸犯适用死刑就违背了罪刑均衡原则。反之,则没有违反罪刑均衡原则。这就是为何强奸成年妇女的强奸犯免于死刑的重要原因。随后,在1982年的恩芒德案中,联邦最高法院免除了非谋杀共犯的死刑,也是基于违反了罪刑均衡原则。原因是被告人在参加抢劫过程中没有杀人,甚至连杀人意图都没有,更没有使用暴力,也没有使用暴力的意图,尽管被告人构成共犯行为,但被告人不应因为共犯的行为而被判处死刑。

在 2002 年的阿特金斯诉弗吉尼亚州案(Atkins v. Virginia)和 2005 年罗珀诉西蒙斯案(Roper v. Simmons)中,联邦最高法院同样是根据罪刑均衡原则认定,对于未成年人和智障者适用死刑违反了宪法,构成了"残酷和异常刑罚"。至此限制适用死刑的适用对象又多了两个。这次在肯尼迪案中关于强奸儿童罪的判决,就是上述罪刑均衡原则对死刑的限制适用的结果。对于除谋杀罪以外的没有剥夺被害人生命的犯罪而言,适用死刑则违反罪刑均衡原则。可以说,肯尼迪案真正缩小了死刑限制的种类。死刑只适用于那些罪行极其严重的犯罪等极少的犯罪。至此,肯尼迪案为美国废除死刑制度迈出了坚实的一步。

(三)"不断演进的道德标准"的需要

如上所述,"残酷和异常刑罚"与罪刑均衡原则被援引到死刑判例中加以引申,那么在实践中应如何适用罪刑均衡原则?在 1958 年特罗普诉杜尔斯案(Trop v. Dulles)中,首席大法官沃伦指出,"残酷和异常刑罚"的概念模糊不清,要考察历史原因和立法目的对此加以理解,在考量这两方面时也应该符合客观发展的时代需要,对此应加以注重并进行解释,即"残酷和异常刑罚"必须与"不断演进的道德标准"相牵连,以此来界定"残酷和异常的刑罚"符合不断发展的社会道德。这个标准应该随着人类文明社会的发展而发展,不应该一成不变。所以遵循"不断发展的道德"标准来界定《宪法第八修正案》"残酷和异常刑罚"条款已经应用于美国先例审判中。"不断演进的道德标准"作为《宪法第八修正案》"残酷和异常刑罚"条款所考量的一个重要因素,其观念形成由来已久。

在 1879 年威尔克森诉犹他州(Wilkerson v. Utah)一案中,联邦最高法院判决指出"残酷和异常刑罚"仅限于那些历史所承认的酷刑,拒绝用"不断演进的道德标准"对其进行解释。随后,在

1910年威姆斯诉美国（Weems v. United States）一案中，联邦最高法院主张，由于人类文明社会的发展，客观环境的变迁，对于《宪法第八修正案》"残酷和异常刑罚"应该结合时代背景的需要加以解释，以便使"残酷和异常刑罚"的内涵充实新的意义。1958年特罗普一案中多数法官认为，像"残酷和异常刑罚"这样宽泛模糊的条款，必须由联邦最高法院作出具体的解释，并且国家依据该条款作出刑罚时，要符合当代社会不断发展的道德标准，但是并未对"不断发展的道德标准"作出具体的解释。随后，在科克尔一案中，联邦最高法院拒绝对未造成被害人死亡的被告人判处死刑。这表明死刑作为一种不可逆转的极刑，只适用于谋杀罪。根据与时俱进的道德标准，法院除非迫不得已，不得随意扩大死刑的适用范围。直至2002年对智障者（阿特金斯）判处死刑和2005年对未成年人（罗珀）判处死刑的案例中，联邦最高法院大法官都强调，对特殊主体适用死刑是依据立法机关的法律，而非法官的主观观念，根据"不断发展的道德标准"，对特殊主体适用死刑并不符合比例原则。[①]而在肯尼迪案中，肯尼迪大法官代表的多数意见表示，之前的判例已经对"不断发展的道德标准"作出了"与时俱进的道德标准"逻辑解释。当然，在本案中对"残酷和异常刑罚"的解释也与"不断发展的道德标准"相牵连。联邦最高法院认为，强奸儿童虽然给儿童造成了很大的身心健康损害，但是毕竟没有剥夺儿童的生命，而且儿童有可能通过一系列的身心治疗得以恢复，并且能够很好地生活。所以，联邦最高法院判决强奸儿童罪的强奸犯适用死刑违宪，不符合罪刑均衡原则。所以从1972年弗曼案死刑判决援引罪刑均衡原则，经过多次不断符合客观发展的逻辑解释，最终在肯尼迪案中开始通过罪刑均衡原则与"不断演进的道德标准"这两个标准来界定"残酷和异常刑罚"，才似乎符合《宪法第八修正案》"残酷和异

[①] Furman v. Georgia, 408 U. S. 238 (1972).

常刑罚"条款在时代背景中的确切内涵。换言之,"不断演进的道德标准"已经成为联邦最高法院审查死刑案件合宪性的标准,可是"不断演进的道德标准"这个概念很模糊,没有一个确切的定义。用一个不确定的标准来衡量一条不确定的宪法条款——"禁止残酷和异常刑罚",就会增加法官的自由裁量权,使得对宪法的解释具有任意性,缺乏权威性。但是对死刑合宪性的审查,不仅关系到公民生命权的实现,同时也关乎各种利益团体的权力制衡,所以必须找到一个相对稳定的标准来审查《宪法第八修正案》的反酷刑条款,即"不断演进的道德标准"。①

(四)"全国一致的共识"的要求

"残酷和异常的刑罚"需要通过"不断演进的道德标准"加以认定,而"不断演进的道德标准"的概念极其模糊,又需要一个标准来加以界定,这个标准就是"全国一致的共识"。所以,在肯尼迪案中,联邦最高法院援引"全国一致的共识"来界定"不断演进的道德标准"。从而得出结论,即"全国一致"都认为对强奸儿童犯适用死刑违宪,即不符合"全国一致的共识"。那么,如何理解"全国一致的共识"及其衡量标准?

在肯尼迪案以前,联邦最高法院认为,只有大多数州在法律规定上保持一致时,才能确定这样的法律规定构成"全国一致的共识"。然而,肯尼迪案也延续了这种方式认定是否达到"全国一致的共识"。即依据"不断演进的道德标准",是否有客观证据表明对强奸儿童犯罪废除死刑形成了"全国一致的共识"。安东尼·肯尼迪大法官的意见确认"不断演进的道德标准"的依据主要是各州的相关法规。全国仅仅只有6个州允许判处强奸儿童犯死刑,有45个法域(44个州和联邦政府)禁止判处强奸儿童犯死刑。这就在客观上说明

---

① 参见韩大元、郑贤君:《违宪审查基准专题研究》,载《南阳师范学院学报(社会科学版)》2007年第5期。

禁止对强奸儿童犯适用死刑达到了"全国一致的共识"。但是,仅凭借各州相关法律的规定一致,才能说明到达了"全国一致的共识"是否过于绝对,这种一致的法律规定是否符合"不断演进的道德标准"?

联邦最高法院对"全国一致的共识"的界定,不仅仅是看各州相关法律规定的一致性。在2002年阿特金斯案中,只有百分之五十几的司法辖区的相关法律规定对智障者适用死刑,但最后联邦最高法院仍认为"全国一致"反对对智障者适用死刑。他们认为,对智障者禁止适用死刑是一个趋势,这种趋势就是根据"不断演进的道德标准"得出的结论,因为各州的大多数相关法律规定相对滞后。这丝毫没有影响到联邦最高法院对"全国一致的共识"的判断。他们指出,"趋势"比"州的数量"更能符合"全国一致的共识"。随后,在2005年罗珀案中,联邦最高法院同样根据阿特金斯一案中的"趋势"来界定"全国一致的共识"。因为联邦最高法院找不到各州对未成年人禁止适用死刑的客观依据,所以就直接援引"趋势"这一不那么客观的解释。但是尽管是不那么客观的解释,联邦最高法院还是愿意对此"趋势"作出说明。他们认为,(1)联邦最高法院在1989年斯坦福诉肯塔基州(Stanford v. Kentucky)案中判决对未成年人适用死刑合宪,但是各州并没有因为斯坦福一案判决对未成年人适用死刑合宪而制定新的法律。(2)法律对未成年人适用死刑的规定相对滞后,不符合"不断演进的道德标准"和"全国一致的共识",也是残酷和异常的刑罚。(3)在斯坦福案过后,几乎没有任何对未成年人适用死刑的判例。这些都能说明"全国一致的共识"认为对未成年人适用死刑违反宪法。[①]

在肯尼迪案中,当联邦最高法院发现大多数州的相关法律都规

[①] 参见韩大元、郑贤君:《违宪审查基准专题研究》,载《南阳师范学院学报(社会科学版)》2007年第5期。

定禁止对强奸犯适用死刑,他们认定达到了"全国一致的共识",就没有必要再把精力放在如何解释"趋势"上了。所以可以得出这样的结论:联邦最高法院在判断某种犯罪是否适用死刑时,首先是看大多数州相关法律是否有一致的规定,是否占多数。当法官们找不到"多数"的时候,就会以"趋势"为由来确定达到了"全国一致的共识"。

宪法成了美国废除强奸犯死刑的最主要法律,而不是相关的刑事法律。在处理强奸犯死刑案件时,法院需要从国家的根本制度角度来解释和运用刑事法律,这种论证方式将强奸犯死刑存废之争上升到了作为最高地位的宪法层面,主张用宪法的精神和内涵来贯彻法律。但是,宪法的很多条款仅为原则性规定,在肯尼迪案中,联邦最高法院援引了《宪法第八修正案》"残酷和异常刑罚"条款认定强奸儿童犯是否适用死刑。尽管此条款的概念相对模糊,但是联邦最高法院通过一系列的逻辑解释,成功地运用了"残酷和异常的刑罚"条款禁止对强奸儿童罪适用死刑。联邦法院把非常抽象的宪法原则解释成了具体的法律规则。这样一来宪法就能具体地适用到各种具体案件中,从而从根本上维护了宪法的权威,保障了宪法的有效实施。宪法作为最高效力的法律,要求法院依据客观标准处理死刑案件,不能带有任何偏见和主观色彩,避免任意的不合程序的裁量;而且死刑案件作为一种特殊的案件,要求司法机关制定严格的诉讼程序规则,防止断案不公。

由此可见,美国彻底废除强奸犯死刑制度也经历了一个漫长的过程,从1977年科克尔案禁止对强奸成年妇女的强奸犯适用死刑,到2008年肯尼迪案禁止对强奸儿童的强奸犯适用死刑。至此,美国彻底地废除了强奸犯适用死刑的制度。这是美国政治体制、社会发展的特殊性决定的,也是美国限制死刑刑事政策的必然结果。它将为美国废除死刑的道路上带来一道曙光。

宪法性条款具有抽象性,为了避免宪法条款对死刑的适用或死刑程序的规定不清，对犯罪人的人权权利保障不够充分，司法机关对宪法条款的解释就显得非常重要。就像美国《宪法第八修正案》"残酷和异常刑罚"条款那样，联邦最高法院援引罪刑均衡原则和"不断演进的道德标准""全国一致的共识"对"残酷和异常刑罚"进行解释，并通过援引"全国一致的共识"这种客观存在的因素界定是否构成"残酷和异常的刑罚"。

美国联邦最高法院认定强奸犯适用死刑的合宪性标准已经很清晰了：即首先由各州和联邦的立法对强奸犯死刑适用加以规定，随后赋予联邦最高法院法官违宪审查权，根据"不断演进的道德标准"对《宪法第八修正案》中"残酷和异常刑罚"条款作出广泛的解释，审查对强奸犯适用死刑是否形成"全国一致的共识"，再判断强奸犯适用死刑是不成比例的刑罚。最后由联邦最高法院作出判决，认定对强奸犯适用死刑违宪。然后再通过判例的判决结果制定相应的法律，最终彻底废除了强奸犯适用死刑的制度。违宪审查权是美国联邦最高法院特有的权利，体现了联邦最高法院拥有至高无上的权力，并成功地把适用死刑权牢牢控制在自己手中。2008年，联邦最高法院作出废除强奸儿童强奸犯适用死刑的裁定时，在此刻就已彻底废除了强奸犯的死刑制度。从强奸成年妇女的强奸犯废除死刑到强奸儿童的强奸犯废除死刑经历了漫长的过程。无论如何，废除强奸犯死刑的制度必将推动美国废除死刑制度的步伐。

第十章　美国死刑制度的改革

第一节　美国死刑的评估

死刑是当前在美国最具争议的法律问题之一。对于一些权威的批评者而言，他们反对死刑源于在道德和意识形态上确信死刑这种惩罚本身是残酷和异常的。其他人的主要批评则指向美国死刑制度的运行以及刑事司法体系的不足和缺陷。正如这些批评者所指出的那样，目前的死刑程序极易出错，受限于种族、地区和阶级的偏见。对于这样一个有缺陷和缺乏一致性的体系，诸如适用死刑这类永远不能撤销的刑罚根本不妥。

一、死刑判决中存在的问题

大多数对于美国死刑制度的批评可以分为以下几种类型：

（一）高错误率

2000年，由哥伦比亚大学法学院的詹姆斯·S. 李本（James S. Liebman）教授领导的一个小组公布了他们对于1973年到1995年之间的5760件死刑案件长达6年的研究结果。[①] 他们的研究报告表明，死刑制度充满了错误，在死刑案件中总体错误率达到了68%，基本

---

① James S. Liebman, Jeffrey Fagan, Valerie West: "A Broken System: Error Rates in Capital Cases, 1973-1995" http://www2.law.columbia.edu/insructionalaervice/liebman, 访问日期：2016年10月4日。

上占所有死刑案件的 2/3。这个数据意味着在 68% 的死刑案件中审核死刑的法院发现存在必须撤销死刑的严重错误。[①] 在被撤销和重审的案件中，75% 的被告人被重新判处低于死刑的刑罚，7% 的被告人被认定为无罪。只有 18% 的案件在重审过程中被判处死刑。[②] 总体上，在 1973 年到 1995 年间只有 5.4% 的死刑判决得到了执行，每一起执行都开销巨大。[③] 报告发现几乎在所有的美国司法区域内都存在很高的错误率[④]，无论是在死刑上诉程序的早期还是晚期，发现的错误率都很高。[⑤] 作者得出结论，他们的发现确认了对所有死刑量刑进行多重司法审查的必要性，并对美国的死刑法律和程序提出了严重的质疑。[⑥] 法院在撤销死刑判决时所引最常见审判错误是不称职的律师辩护，这些律师没有寻找或者意识到无罪证据或者减轻情节，以及没有对警方和控方的某些证据要求进行排除。[⑦]

（二）律师辩护不力

一直以来，法学专家都在指责面临死刑指控的被告人所获得的法律援助质量很低。在美国的对抗制中，对被告人进行有效的法律帮助，在确保公正且准确审判和量刑方面具有关键作用。正是因为这个原因，所有的被告人都享有在刑事审判中获得法律帮助的宪法权利，如果他们请不起律师，各州必须为他们提供律师。[⑧] 等待死刑

---

① James S. Liebman 等：《死刑的不彻底忏悔：破碎的体系：1973—1975 年间死刑的错误率》，78 Tex. L. Rev. p. 1839, 1850 (2000).
② 死刑信息中心关于李本（Liebman）报告的总结，见 http://deathepnaltyinfo.org/article.php?scid=19&did=256，访问日期：2016 年 10 月 4 日。
③ James S. Liebman 等：《死刑的不彻底忏悔：破碎的体系：1973—1975 年间死刑的错误率》，78 Tex. L. Rev. p. 1846 (2000).
④ 同上书，p. 1853 (2000).
⑤ 同上书，p. 1856 (2000).
⑥ 同上。
⑦ 死刑信息中心关于 Liebman 的报告的总结，见 http://deathepnaltyinfo.org/article.php?scid=19&did=256，访问日期：2016 年 10 月 4 日。
⑧ Gideon v. Wainwright, 372 U. S. 33 (1963).

执行的犯人几乎100％都是穷人。① 不幸的是，获得法律帮助权常常并不意味着他们获得了有效的法律辩护。

因为程序上是分开进行的，所以死刑审判比其他刑事审判都要复杂。穷人的辩护质量在整个刑事司法体系中一直是个问题，复杂的死刑审判和量刑又加剧了辩护质量的恶化。一些权威的死刑专家指出，死刑辩护是困扰美国当今死刑法律的首要问题。② 这并不是说死刑辩护律师是不好的律师，而是说指定的律师常常缺乏经验以及为其客户提供有效辩护的资源。结果在死刑案件中，律师的能力可能成为是否判处死刑的因素，甚至比犯罪严重性更为重要。③ 2001年，联邦最高法院大法官鲁斯·巴德·金斯伯格（Ruth Bader Ginsburg）曾就此对媒体发表过看法："获得良好辩护的人们不会被判处死刑……在联邦最高法院收到的数十起执行前夕提出暂缓申请的死刑案件中，我还没有看到一起在审判的过程中获得了很好的辩护。"④

在死刑案件中，贫穷被告人获得低质量辩护的原因在于缺乏法律辩护的基金。死刑被告人有赖于他们的律师挑战控方的指控，一旦审判转到量刑阶段，则有赖于律师们提出减轻情节。收集和提出减轻情节需要大量的时间和资源进行调查，而大多数指定律师不能承担这些费用。许多州为指定律师支付的报酬很低。有一些州甚至对每起案件中贫穷被告人的辩护规定有最高限额的补偿，这意味着如果律师为辩护作准备的费用超出了一定的数量，他将不能获得州的补偿。⑤ 这种财政状况妨碍了指定律师花费必要的时间进行有效的辩护准备。更有甚者，大多数州在死刑案件辩护方面并没有提供一

---

① Robin Maher：《美国的死刑和改革》，见 http：//www.hku.hk/ccpl/documents/Pater-DeathPenaltySeminarfromMs.RobinMaher.pdf，访问日期：2016年12月13日。
② 2006年8月对美国律师协会死刑代理项目主任 Robin Maher 的电话采访。
③ Stephen Bright：《为穷人辩护：死刑量刑不是因犯罪最恶劣而是因最差的律师》，103 Yale L. J. 1835（1994）.
④ Crystal Nix Hines：《律师的缺乏阻碍死刑案件的上诉》，N. Y. Times, July 5, 2001, p. A1.
⑤ 美国律师协会：《审判死刑案件中法庭指定律师补偿的比率》，1999年。

个有意义的辩护标准。① 另一方面,控方一般从各州那里获得了可供支配的充分资源,特别是在受到广泛关注的死刑案件中。在资金方面的差异意味着最贫困的被告人将带着严重的不平等进入审判。

关于辩方专家证人的角色和报酬一直存在争论。在确定被告人减轻情节是否成立方面,专家发挥着重要的作用。但是,至于在正当程序原则之下,各州是否应当为贫穷的被告人支付专家证人费用则是众说纷纭。在阿克(Ake)诉俄亥俄州一案中,联邦最高法院对此的回答是肯定的。② 在权衡被告人利益和政府利益,以及在缺乏专家帮助的情况下发生误判的危险之后,联邦最高法院认定被告人享有申请心理医生帮助的权利,费用由各州开销。不过,至于是否应当建立宪法程序保证这些专家的独立性以及国家提供什么类型的专家帮助则仍没有达成共识。

除了资源方面的差异外,其他方面的因素也在贫穷被告人死刑案件的辩护方面发挥着影响。在大多数司法区域,法官和检察官由选举产生。有时面临一个非常愤怒的社区,法官会迫于选举的压力,而显示出对犯罪的强硬立场,他们会为贫穷被告人指定一个缺乏经验的律师。③ 另外,有些专家指出:根据不同司法区域有关为贫穷被告人提供辩护的结构不同,被告人的律师可能更多的是向法官负责而不是对其客户负责。这个问题更多出现于缺乏综合公共辩护体系的地方。法官们可能在不同的律师或者律师事务所之间通过招标进行指定或者选择。④ 尽管存在由于不力辩护所导致的对抗制体系失衡的危险,法院仍然大量容忍缺乏经验、报酬很低的律师为死刑犯罪中的贫穷被告人辩护。实际上,当基于辩护不力的理由而提出上诉时,法院在审查这些辩护时往往与原审法院看法一致而对原判予以

---

① Robin Maher:《美国的死刑和改革》,见 http://www.hku.hk/ccpl/documents/Pater-DeathPenaltySeminarfromMs.RobinMaher.pdf,访问日期:2016 年 12 月 13 日。
② Ake v. Ohio, 470 U. S. 68 (1985).
③ Stephen Bright:《为穷人辩护》,103 Yale L. J. p.1857.
④ Ibid.

维持。

联邦最高法院在斯特里克兰诉华盛顿州（Strickland v. Washington）案中确定了一个普遍适用于以法律帮助不力为由对死刑定罪提出上诉的标准。被告人必须：（1）推翻辩护律师的行为属于提供合理专业帮助的假定；（2）证明律师的代理不充分，这意味着它低于客观的合理标准；（3）确定（律师代理）存在偏见——这种情况被界定为存在着因律师错误而影响结果的合理可能性。① 这些高标准使主张律师帮助不力方面的上诉很难成功。在斯特里克兰（Strickland）案中马歇尔（Marshall）大法官发表了不同看法，他认为，因为死刑不可撤回的性质和为了与更大可靠性的要求相一致，死刑案件中的律师应当比其他刑事案件的律师有更高的标准。② 然而，除非律师的代理明显不充分和明显带有偏见，法院一般不愿意认定死刑定罪中律师的帮助不力。例如，比较有名的案件包括在审判中打瞌睡，吸毒和酗酒，或者有精神疾病或精神错乱的辩护律师，但是，法院仍然认为这些辩护律师的不充分代理并非带有偏见，因而不属于"缺乏效率的代理"。③

（三）歧视的影响

种族歧视一般在刑事司法制度中有着很重要的作用。在死刑案件审理中也是如此，造成这种歧视的主要是历史原因。美国的历史以存在奴隶制度为特点，直到19世纪晚期，还存在奴隶制度，然后是长时间不受法律管辖的暴力以及一直延续至今的非裔美国人在政治和经济上被剥夺公民权。从历史上看，许多州对黑人和白人都制定了不同的法律。这些法律因被害人的种族和被告人的种族而规定了不同的刑罚。其至在宪法修正案要求在法律方面进行同等保护而

---

① Stephen Bright:《为穷人辩护》，103 Yale L. J. p. 1858；Srickland v. Washington 案，466 U. S. 668（1984）。
② Srickland v. Washington 案，466 U. S. p. 716。
③ Liada E. Carter and Ellen Kreitzberg:《理解死刑法律》，第 232—234 页。

废除了某些州的此类法律后，这些州仍然能够在事实上保留这样的制度。并且，直到20世纪，有些针对非裔美国人的歧视性法律依然存在。

因此，不考虑美国种族的影响和不平等法律历史，则无法理解美国的死刑制度。许多人认识到，1972年以前所谓的前弗曼（Furman）时代死刑制度对黑人被告人具有歧视性。这种死刑适用上的体制性种族歧视成为联邦最高法院在弗曼（Furman）案件中认定该案在死刑判决方面恣意的重要因素。① 非裔美国人和其他少数民族在等待死刑囚犯中的人数与白人相比是不成比例的。② 正如在麦克莱斯基诉坎普（McClesky v. Kemp）案中原告所指出的那样，在对其他上百个可能的因素进行综合考虑之后，统计学家发现黑人杀害白人定罪的可能性要比白人杀害黑人的定罪率高4.3倍。③

因为在刑事司法体系中存在着必要的自由裁量，所以歧视在死刑被告人的审判和量刑方面产生一些影响。在刑事案件的每一个阶段，从逮捕到量刑，决策者们都被赋予了广泛的自由裁量权。在这些带有自由裁量的决定中，经常可以发现存在种族歧视。警官在如何进行调查和逮捕实践中通常有自由裁量权。检察官在是否对被告人寻求死刑起诉方面有自由裁量权。他们对于辩诉交易可以自由裁量。法官们则对是否允许某种形式的证据可以自由裁量。尽管他们的自由裁量权在某种意义上受到了限制，陪审团在判断诸如被告人将来是否危险以及是否判处死刑方面有自由裁量权。正是因为存在这些广泛的自由裁量权，偏见和歧视可能出现在影响案件结果的每一个环节。

种族偏见是歧视中的最主要形式，部分是因为这个国家的社会

---

① David Baldus, George Woolworth：《种族歧视和死刑惩罚的合法性：事实和感觉的互动》，53 DePaul L. Rev. 1411, 1437 (2004).
② Robin Maher：《美国的死刑和改革》，见 http://www.hku.hk/ccpl/documents/PaterDeathPenaltySeminarfromMs.RobinMaher.pdf，访问日期：2016年12月13日。
③ McClesky v. Kemp, 481 U. S. 279 (1987).

历史状况与现实。然而,基于社会阶层和其他因素的歧视也在死刑决定中发挥着作用。如前所述,几乎所有在监的死刑犯都是由各州指定律师代理的贫穷被告人。为什么歧视是一个受到关注的问题?在死刑制度运行中存在歧视的情况违反了平等保护司法原则,该原则要求对实施同样犯罪的被告人予以同等对待。[①] 如果没有这种惩罚上的一致性,刑事司法体系将在人民的眼中失去合法性。基于不相关因素,诸如种族或社会经济地位,而对犯罪人区别对待,危及到大众对政府是否公平和正义的整体看法。注意有两种形式的歧视——建立于被告人种族或者其他特点基础之上的歧视和建立于被害人种族和其他特点基础之上的歧视。这两种歧视在美国当前的死刑法律中都扮演着角色,尽管建立于被害人种族或其他特点之上的歧视一直被认为在判断某些死刑案件中起着更为重要的作用。[②] 不过,两种形式的歧视都涉及法律体系的公正性。

(四)不确定性和无罪

死刑案件的高撤销率引发了更多关于这些被定罪并判处死刑的潜在无罪者的疑问。而且,随着DNA技术的进步,在美国无罪的比例急剧上升。是否存在无辜者被执行死刑的情况?实证研究的结果表明答案是肯定的。

在一项艰辛的研究中,塞缪尔·格罗斯(Samuel Gross)教授和他的研究团队研究了从1989年到2003年美国所有的无罪案件。这些案件包括被告人最初被认定有罪而后来被正式宣布无罪的重罪暴力案件。[③] 他们发现,自从1989年开始使用DNA技术以来,在美国被宣布无罪者的比率急剧地上升。从1989年到1994年,平均每年有12人被宣布无罪。然而,从2000年到2003年,平均每年被

[①] David Baldus, George Woolworth: "Equal Justic And The Death Penalty: A Legal and Empirical Analysis", 53 DePaul L. Rev. 1411, 1437 (2004).
[②] Ibid., 53 DePaul L. Rev. 1414, 1437 (2004).
[③] Samuel Gross 等: "Exonerations in the Uniteel states 1989 through 2003", 95 J. Crim. L & Criminology 523 (2005).

宣布的无罪者飙升到 42 人。① 格罗斯（Gross）将该上升归结于 DNA 确认技术的可能性和精准性，公众更多地意识到存在无罪情况，并且将更多的资源运用于甄别无罪者。②

在 1989 年到 2003 年，格罗斯（Gross）总共发现了 205 例无罪的情况。其中 74 件案件适用了死刑。这构成 12 年间所有无罪案件的 36%。将近一半的死刑犯罪无罪情况是建立于 DNA 确认基础之上的。③ 其他研究表明，从 1976 年到 2003 年，存在着 110 起已知的被判处死刑的错误定罪案件。④

为什么这些无罪情况如此集中于死刑谋杀案件？有些专家认为，由于为了对最令人发指的犯罪定罪，警方和检察官面临非同一般的压力，甚至这意味着在证据程序方面上下其手，因此，错误定罪更可能发生于死刑案件之中。控方可能依赖不可靠的狱内线人，运用欺骗性或者低水平的法医鉴定方法，或者从事诸如诱骗证人这种违法起诉行为。如前所述，辩护方的律师通常在经费不足、配备很差的情况下与控方对抗。最后，调查杀人案件原本就是非常困难的工作。真正的杀人者及其同谋犯常常有更大的动机栽赃或者嫁祸于无辜者。⑤ 所谓的犯罪参与者或者案件目击者的伪证行为是造成谋杀罪错误定罪的最主要原因之一。⑥

无辜者被定罪并被判处死刑的实际数量可能会更高。尽管被认定死刑的被告人可以通过直接上诉并且在人身保护令程序中主张无罪，但是，刑事程序中某些设置常常阻碍将无辜者从真正的罪犯中

---

① Samuel Gross 等："Exonerations in the Uniteel states 1989 through 2003", 95 J. Crim. L & Criminology 527 (2005).
② Ibid., 95 J. Crim. L & Criminology 528 (2005).
③ Ibid., 95 J. Crim. L & Criminology 529 (2005).
④ American Bar Associettion："Guidelines for the Appointment and Performace of Counsel In Death Penalty Cases", 31 Hofstra L. Rev. 913, 933 (Summer 2003).
⑤ Samuel Gross 等："Exonerations in the Uniteel states 1989 through 2003", 95 J. Crim. L & Criminology 532 (2005).
⑥ Ibid., 95 J. Crim. L & Criminology 551 (2005).

甄别出来。例如，法律制度强调刑事定罪的确定性。法官和检察官通常不愿意推翻判决并重新考虑案件。他们通常只有在不得已的情况下才会承认错误，例如，出现了 DNA 证据才会这样做。① 然而，并非在所有的死刑案件中都可以获得 DNA 证据。对于许多目前仍然等待处决的死刑犯而言，证据样本可能已经不能用于做 DNA 检测了。② 有些犯罪并没有生物证据留在现场，所以没有基因物质可供对比。并且，无罪证据也往往在事后很长时间后才会出现或者被发现，也有可能直到被告人提出一次或者多次人身保护令申请后，才会提出无罪的主张。如前所述，效率和确定性方面的考虑已经导致国会严格限制犯人通过人身保护令来挑战已有的有罪判决。这意味着一些拥有无罪证据的被告人将无法获得司法审查。

由于意识到无罪者被执行死刑的可能性很高，公众对这一问题也提高了关注程度。甚至导致最坚定支持死刑的人对于死刑惩罚做了明智的重新选择。过去曾是死刑坚定支持者的伊利诺伊州州长乔治·瑞安（George Ryan）最近宣布：因为他不再"在道德上确信"等候执行死刑的人中没有无辜者，所以将所有死刑暂缓执行。③ 联邦最高法院的法官们也对等候死刑的犯人中有可能存在无辜者表达了担忧。④

二、死刑适用和赦免决定的政治化

尽管公众对美国的死刑法律和程序存在着争议并且认识到其存在很多缺陷，许多美国人似乎仍然支持死刑的运用，死刑仍然在许

---

① Samuel Gross 等："Exonerations in the Uniteel states 1989 through 2003"，95 J. Crim. L & Criminology 525（2005）.
② Liada E. Carter and Ellen Kreitzberg：《美国死刑法精解》，王秀梅等译，北京大学出版社 2009 年版，第 248 页。
③ Samuel Gross 等："Exonerations in the Uniteel states 1989 through 2003"，95 J. Crim. L & Criminology 525（2005）.
④ Liada E. Carter and Ellen Kreitzberg：《美国死刑法精解》，王秀梅等译，北京大学出版社 2009 年版，第 248 页。

多州得到执行。根据学者们的观点,民众观点是比其他任何因素更能解释在美国许多的司法区域持续使用死刑的原因。① 民众对于死刑的支持意味着,对于选举产生的检察官和法官而言,在个案中寻求死刑的政治所得要比向"犯罪示弱"多得多,而后者会影响到选举结果。同样,尽管赦免是各州州长和总统可以免除被告死刑,将死刑改为无期徒刑或者完全赦免的一个重要手段,但是在公众强烈支持死刑的时候,出于政治考虑,这种手段常常也变得完全不可能。

然而,许多学者相信,支持死刑的民众受到美国死刑适用错误信息的误导。他们注意到:最近几年随着对于等候死刑执行的人们被免罪情况的了解,民众支持死刑的比率已经下降了。然而,除非支持死刑的民众人数进一步下降,该问题很容易就会变成政治家妖魔化对手"在犯罪上软弱"的工具,从而阻碍政府领导人对犯罪以及死刑的使用和目的进行更为周密的、正式的探讨。②

第二节 死刑制度改革建议

一、检察官在死刑案件中的作用

检察官在死刑案件中起着至关重要的作用。从某种程度上说,检察官对死刑的态度直接影响了被判处死刑和实际执行死刑的数量。检察官一方面可以通过死刑罪名的指控,控制死刑数量的多寡;另一方面,当大陪审团不同意检察官的死刑罪名指控时(事实上,这种情况很少发生),检察官可以通过更换陪审团,达到实现死刑罪名指控的目的。换言之,在一定程度上,检察官左右了大陪审团的意图。因此,在实践中,检察官倡导死刑和反对死刑两种截然相反的

---

① Liada E. Carter and Ellen Kreitzberg:《美国死刑法精解》,王秀梅等译,北京大学出版社 2009 年版,第 251 页。
② 同上书,第 252 页。

意见直接影响了保留死刑的各州被判处死刑人数的多寡。如加利福尼亚州现任总检察长本人反对死刑的适用,从而导致检察官提出的指控意见书中很少出现死刑,且实际执行死刑的数量也相对较低。相反,得克萨斯州总检察官本人倾向于死刑的适用,该州被指控死刑和实际执行死刑的人数也相对较多,几年来一直高居全国榜首。可见,检察官对死刑适用的态度不仅影响了立法,还影响了司法。

从本质上说,美国之所以不能在全国范围内废除死刑,其主要原因是美国的政治结构。检察官的任命依赖于民众选举,直接对民众负责,导致检察官出于政治需要而迎合选民的心理,更加直接地关注民众的观念。因而在检察官个人的意愿中,往往倾向于其所在州公众对死刑的态度,以便获取更多的选民支持。实践中,确实有检察官和法官因在任期间反对死刑的适用而在连任的选举中落选,加利福尼亚州最高法院原法官约瑟夫·格罗迪恩(Joseph Grodin)先生在连任竞选中败北就是一个典型的事例。

二、 陪审团在美国死刑案件定罪量刑中的主导作用

在死刑案件中,陪审团不仅决定被告人是否有罪,而且还决定是否适用死刑。关于陪审团参与法庭审理的问题曾一度引发争论。1950年英国高级政府委员会在探讨陪审团参与案件审理时指出,由于陪审团是随机挑选的当地居民,他们其中有些人既没有丰富的法律知识,也没有一般的处理案件的经验,特别是死刑案件是极端复杂的案件。但是,美国最高法院认为,陪审团是从当地居民中遴选产生的,他们代表了当地人民的利益,也最有权决定人民的命运,因而陪审团应当参与刑事案件,特别是死刑案件的定罪和量刑,并在其中发挥至关重要的作用。

陪审团在美国死刑案件的起诉、审理、量刑中起着决定性的作用,这表现为:

一方面,大陪审团审查检察官的死刑指控,有些州还是大陪审

团签发公诉文书。在审前程序中，当检察官根据证据对被告人提出应当适用死刑的指控后，就将该指控提交给了大陪审团。大陪审团经过审议，提出是否同意检察官指控意见的意向。在大陪审团不同意检察官指控的情况下，检察官必须补充新的证据，然后再次向同一大陪审团提交指控意见，待陪审团同意后，案件才能提交给法庭审理。当然，检察官也可以在案件被大陪审团否决后，向法官提出另行组织大陪审团的申请，法官对检察官的申请进行审查后决定是否重新组织陪审团。案件获准提交法庭审理后，需要重新组成大陪审团。该陪审团对定罪、量刑起着决定性的作用，法官只是消极的仲裁者。陪审团在听取检察官、律师及被告人当庭就犯罪事实和证据进行的控辩陈述后，作出被告人是否有罪、应否适用死刑的结论。法官一般不能扭转大陪审团的决定，在上诉程序中同样如此。大陪审团可以改变死刑判决为终身监禁，而法官没有这个权力。

另一方面，在所有适用死刑的州，被告人有获得陪审团审理的权利。陪审团代表了民众的呼声，而且大多数陪审团成员都倾向于适用其他刑罚替代死刑。法官无论作出有罪裁决或者无罪裁决，都应建立在陪审团达成一致意见的基础之上。如果陪审团不能达成一致意见，法官就不能作出任何裁决，案件将被重新审理。

实践证明，陪审团在案件审理过程中发挥了积极的作用。特别是在死刑案件和未成年人案件中，充分吸收不同阶层、不同职业背景、不同文化层次、不同种族的人士，有利于从不同的角度协助法庭厘清一些事实，作出公正的判断。

三、律师在死刑案件中的重要作用

尽管存在检察官的死刑指控，但出色的律师调查和辩护工作对死刑案件的改判更起着至关重要的作用。但是，毋庸讳言，律师工作的成败一方面源于律师的能力和素养，同时，在很大程度上也取决于资金等外力资源。正因为如此，美国许多人士认为死刑是针对穷人的刑罚。

在决定被告人是否会受到死刑判决的诸多因素中起重大作用的是被告人是否获得了律师高质量的辩护。几乎所有的死刑案件中，被告人都没有能力支付自己的辩护律师费用，而许多死刑案件中被指定的律师们都在超负荷地工作并获得很低的报酬，而且很多律师也缺乏死刑案件所需要的庭审经验。实践中有些典型的律师不称职的案例显示，有些律师严重缺乏庭审经验以至于对审理中的量刑阶段完全没有准备；另一些被指定的律师在审理部分过程中睡觉，或者酒气冲天地赶到法庭。美国最高法院大法官金斯伯格先生曾指出："如果人们在庭审中能够得到良好的代理，就不会被判处死刑……我从上诉到最高法院的许多即将执行死刑的案件中看到，若庭审中被告人获得了良好的律师代理，其结果往往就是终止了死刑的执行。"①

在死刑案件的审理过程中，联邦和各州法院一般都要求，被告人至少要有两位律师为其提供法律服务，一位应为死刑方面的专家，另一位则应精通诉讼方面的事务。而且原则上死刑案件的辩护律师都应参加过死刑知识和案件辩护技巧等方面的培训。对于没有聘请或无能力聘请律师的被告人，联邦或州政府会为其指定公共律师辩护机构的律师为其辩护。一些私人律师辩护机构，特别是有雄厚资源的知识产权或者公司法方面的律师也愿意承担死刑案件的辩护工作，以此扬名。

死刑案件之辩护律师的来源主要有两条途径：

一是州依照本州法律建立的公共律师辩护办公室，如纽约州，1995年根据纽约州法律的规定，建立了公共辩护办公室。该办公室除了为无能力支付律师费用的被告人提供辩护律师外，还对其他私人辩护律师的资质进行认证，以保障死刑案件的被告人得到良好的

---

① http://www.deathpenaltyinfo.org/article.php?did=896&scid=68，访问日期：2016年10月4日。

辩护。同时，纽约州的一些民间组织也为死刑辩护、被告人及被害人权利的保障起到了良好的帮助作用。如纽约市的上诉权维护组织（民间组织），为那些无钱辩护的人提供法律帮助，但只针对上诉案件，而不涉及初审案件，其权利来源于上诉法院指定该组织为当事人服务。但有些州没有这种公共辩护机构和民间组织，如得克萨斯州以前不仅没有这种公共辩护机构（现在刚刚建立），而且死刑案件的律师也不同于纽约和加利福尼亚等州的要求，为死刑辩护的律师大多没有经过专业培训，这也是得克萨斯州死刑案件数量居高不下的主要原因之一。不过，近年来，得克萨斯州的民间人士已经意识到这一问题，开始筹划民间上诉维权组织，组织死刑律师的培训，以期在死刑案件中充分发挥律师的作用。

二是法庭指定的律师。各州法庭指定律师的情况也不平衡，纽约州死刑辩护律师的素质相对较高，在法庭指定的两名律师中，其中至少一名接受过死刑案件辩护的多次培训，对死刑辩护有丰富的经验和多年的从业经历。但也有些州的法庭指定的律师良莠不齐，从业经验不足、律师素质低下等情况时有发生。但通常情况下，法庭会尽量指定曾经从事过死刑案件辩护的律师，或者诉讼经验较为丰富的律师从事死刑辩护。不过毕竟法庭指定的律师受到资源方面的限制，而使他们的工作成效平庸，从而影响了辩护的质量。由于为死刑犯辩护的律师资源极其匮乏，全美律师协会倡议有死刑的州寻找知识产权或者公司法方面的律师，并对其进行培训后担任死刑犯的辩护律师。其主要目的在于，一方面，这些律师所在的律师事务所能够为复杂冗长的死刑案件审理程序提供充足的资源；另一方面，成功的死刑案件辩护也为这些律师事务所带来了声誉。因此，有些州将从事房地产业务或者民事业务的律师指定为死刑辩护律师。

此外，在上诉程序中，律师的作用更加主动，控辩双方的对抗更加明显。律师只要有新的证据或理由，就可以启动新一轮的上诉程序；而检察官只能消极地陪伴律师进入该程序。

从美国判处死刑和执行死刑的数字统计中，我们可以清楚地看出：律师在死刑案件中所起的作用是巨大的，这在一定程度上直接决定了死刑判决的多寡。纽约州有系统的律师培训、认证制度，死刑案件公共律师事务机构和私人律师辩护办公室的律师每年都要系统地得到有关辩护技巧、业务等方面的专业培训和检查，所以，律师的作用在纽约州的死刑案件中得到了充分的表现。自 1976 年以来，纽约州没有一例死刑被执行。而得克萨斯州一直高居美国执行死刑总数的榜首，这一方面源于得克萨斯州地理、人口结构的特殊性；移民多，人口结构复杂，一些民族有私力救济的传统，检察官也是一个倡导死刑论者；另一方面，也是最重要的原因，即由于律师素质低、经验不足、不敬业，从而导致一审被判处死刑的案件居高不下。死刑案件被告人的上诉由于没有律师的积极作用，往往流于形式。在其他的州，死刑案件被告人的上诉可能会往复走完州法院设置的 9 个上诉环节，而在得克萨斯州，至多也就是 2 到 3 个环节，律师提不出新的证据或很好的上诉理由，从而使死刑犯很难免于被执行死刑的命运。

四、死刑案件适用的证据规则与证明标准

美国刑事案件虽然对证据及其证明标准在不同诉讼阶段的要求略有不同，但是，死刑案件与普通刑事案件的证据规则与证明标准并无明显不同。通常情况下，在调查阶段，警察的权力受制于证据的判断，即有"合理的理由怀疑"（Reasonable grounds to suspect）；在逮捕阶段，警察有合理的根据逮捕犯罪嫌疑人，即"有合理的理由确信该被捕之人实施了犯罪"（Reasonable grounds to believe）；在检察官起诉阶段，检察官的权力受制于对谁进行指控，特别是在案情严重的案件中，在调查庭听证的法官尚未裁决该案具有"合理的根据"（probable cause）以前，该犯罪嫌疑人不会接受审判，或者大陪审团依据"合理的根据"驳回指控；在定罪阶段，对证据方

面要求的起点更高。有罪认定必须根据"非法证据排除规则"和其他证据规则,并采用"排除合理怀疑"的证明标准。

为达到上述不同阶段的标准,不仅对警察、检察官、律师和法官的素质和责任感提出了挑战,而且对死刑案件也提出了大量适用高科技检验技术的要求,诸如 DNA 和指纹检验技术的广泛使用。美国几乎对有疑点的所有死囚罪犯都重新进行了 DNA 测试,以免出现错误执行的现象。经过 DNA 测试,并将此测试结果作为死刑复核的关键证据,使被判处死刑的人免于执行死刑的比例占美国判处死刑总数的 10% 左右。

第三节 伊利诺伊州死刑制度改革

一、伊利诺伊州政府的立法改革

在 2000 年 1 月,由于对死刑适用的准确性以及可能对无辜者执行死刑的严重关注,伊利诺伊州州长乔治·瑞安(George Ryan)对该州的死刑进行了延缓执行。州长指定一个委员会研究该问题并提出对死刑制度的改革方案。两年来,该委员会集中研究了免罪案件以及该州司法制度的其他方面。在 2002 年,该委员会公布了一份报告,提出了 85 项具体的改革建议。从此以后,伊利诺伊州的立法机关已经至少将 1/3 的改革建议法律化。[①] 伊利诺伊州的改革,无论是所建议的还是实际贯彻实施的都十分具有影响力。例如,法律专家已经要求将伊利诺伊州的改革贯彻到得克萨斯州,该州死刑执行数量是全美国最多的。[②]

---

① 关于伊利诺伊州已经实行的一系列建议,参见西北大学法学院错误定罪中心 Bluhm 法律诊所的情况报告,http://www.law.northwestern.edu/depts/clinic/wrongful/documents/GCCPStatus.htm,访问日期:2016 年 10 月 4 日。
② 参见得克萨斯辩护服务报告:《将危险最小化:得克萨斯死刑改革方案(2005)》,该报告建立于在伊利诺伊州改革基础之上,http://www.texasdefender.org/risk/risk.pdf,访问日期:2016 年 10 月 4 日。

（一）已经贯彻实施的重要改革①

1. 在所有可能导致死刑的案件中对所有羁押中的讯问进行录像

这是该州实行的最为重要的改革，这项改革被证明对已经实行该做法的其他司法区的警方和被告人而言都有益处。已经采用这一做法的其他警方部门报告说，其获取供认和招供的能力并没有受到影响。同时，因警方强迫和诱导而提出排除非法证据的动议也有所下降，有罪答辩增加了，陪审团对被告人在警察局言行记录的认可也有所增加。该做法保护了被告人，预防了警察在自由裁量方面的滥用职权，因为录像对警方在使用不合适的调查技巧方面起了威慑作用。除非法律作出例外规定，未经录像的陈述在法庭上被推定为不可采用。

2. 改变目击证人排队辨认和照片展示辨认程序

因为人类视力和记忆容易出错，目击证人的错误辨认是错误定罪的主要源头。所以，在证人被带到警察局从一组候选人或者照片中现场辨认嫌犯方面，伊利诺伊州要求候选人辨认也应录像或者拍照，并且所有的照片和结果都应在审判前对辩护律师披露。证人也必须在一份表格上署名，表明认识到嫌犯也可能不在排队辨认或者所展示照片中，证人没有辨认的义务，以及不应当推定嫌犯队列或者照片展示的组织者知道谁是嫌犯。② 这些改革措施已经实行，以期获得更高的准确性。

不过，伊利诺伊州立法机关没有贯彻委员会为了进一步避免证人辨认出错而提出使用"双盲"和后续程序的建议。在后续程序中，目击证人同时看到不同嫌犯的可能是，在每一次辨认中，证人必须在他看到下一个人或者照片之前说明他是否相信此人是实施犯罪者。在这种"双盲"程序中，队列和照片的组织者和证人都不知道谁是

---

① Thomas Sullivan: Reform of Capital Punishment _ Made and Unmade, 92 Ill. B. J. 200 (April 2004).
② 同上书，92 Ill. B. J. 201 (April 2004).

嫌犯，从而避免出现意外的暗示。研究表明这些措施结合在一起大大降低了错误辨认的比率。① 立法机关并没有采纳该建议，而只是资助了一项为期一年的计划。在该计划中，在3个当地警察局使用双盲及后续目击证人辨认程序。

3. 警方必须提交检察官所有显示被告人无罪的信息和证据

在伊利诺伊州法庭上被定罪的案件中有若干个受到广泛关注，包括若干判处死刑的案件，后来人们在警方的卷宗里发现了可能判定被告人无罪的信息，但该信息在审判时却没有披露给检察官或者辩护方。② 改革方案命令警方在死刑和非死刑案件中将所有可能否定犯罪嫌疑人的罪行信息都提交给检察官。立法机关和法院已采纳要求检察官把该可能免责的证据在审判前交给辩护方的改革建议。③

4. "监狱告密者"证言的使用

在被判处死刑等候执行但后来又被免罪的犯人案件中，控方将证明被告人有罪建立在同室囚犯的证言之上。这些所谓的"监狱告密者"常常通过其证言获取减刑好处。这种做法极大地损害了证人证言的可靠性。④

改革方案要求初审法官对检察官在死刑案件中引入所谓"监狱告密者"的证言时，就证言可靠性进行庭前听证。控方必须以优势证据证明提供信息者证言的可靠性。伊利诺伊州的委员会还建议，如果允许一个告密者作证，那么，陪审团的指导规则应当包括证言可靠性方面的特别提示，但是伊利诺伊州法院并没有采纳这种指导规则。⑤ 不过，议会接受了委员会的另外一个建议，即：如果被告人有罪的唯一证据是没有其他佐证的监狱告密者或者共犯的证言时，

---

① Thomas Sullivan: Reform of Capital Punishment _ Made and Unmade, 92 Ill. B. J. 201 (April 2004).
② 同上。
③ 同上。
④ 同上。
⑤ 同上书，92 Ill. B. J. 202 (April 2004).

则不判处死刑。①

5. DNA 证据的取得和其他法医证据

因为许多免罪案件是通过 DNA 技术被证明的，因此，DNA 鉴定是被告人主张无罪的重要来源。根据该项改革建议，为了证明其实际上无罪，被告人在审判中被定罪以后，可以要求法庭进行 DNA 检验或者其他法医鉴定。如果鉴定结果有可能产生相关新证据的情况下，即便该结果可能不会完全免除被告人的责任，法庭可以命令进行法医鉴定。② 在审判之前，法院有权要求在数据库中查找被告人的基因数据或者其他法医证据比对 DNA 证据，或者在 DNA 数据库中比对 DNA 证据。③

6. 初审法官的合格证书和培训

目前，伊利诺伊州法院规则要求所有主持死刑案件审判的初审法官每两年参加一个死刑诉讼讲座。改革委员会的建议则对此提出了更高的要求，包括更多的培训，颁发听审死刑案件法官的资质合格证明书，以及建立一个为初审法官提供指导和帮助的委员会。在这些建议中，州最高法院已经对额外培训做出了规定。④

（二）立法机关或法院没有采纳的改革建议

1. 为羁押在警察局的贫穷犯罪嫌疑人指定公共辩护律师⑤

尽管贫穷的被告人享有辩护权，但是，在实践中，无力聘请律师的被逮捕者只有在被带到法官面前，法官为其指定一个公共辩护律师时，才能够得到律师的帮助。这可能发生于逮捕之后的一天或者两天以后。在这段时间里，对犯罪嫌疑人进行的所有问讯或者审讯都是在没有律师帮助或代理之下进行的。委员会建议，在符合死

---

① Thomas Sullivan: Reform of Capital Punishment _ Made and Unmade, 92 Ill. B. J. 203（April 2004）.
② 同上。
③ 同上。
④ 同上。
⑤ 同上书，92 Ill. B. J. 201（April 2004）.

刑条件的案件中，只要贫穷的犯罪嫌疑人要求咨询，公共辩护律师应当被授权进行代理，而无需等到法院的正式指定。但是，这一建议尚未被接受。

2. 削减死刑案件的适格情况

委员会建议，减少法律中可以判处某些犯罪死刑的情况，以真正将可能被判处死刑的人缩小到最坏情况中的最恶劣者。委员会大多数成员建议，只有在下列加重情况下死刑才是适格的：谋杀警官或者消防队员，在矫正机构杀人，谋杀两人以上的人，涉及酷刑的谋杀，以及涉嫌重罪并受到调查的人谋杀参与该重罪调查的人。① 少数人建议，重罪谋杀也应当保留为一个适格的因素。不过，立法机关对此都没有采纳。

3. 全州范围的独立法医实验室

委员会建议创设由个人独立运作且有自己预算的州法医实验室，独立于任何警察机构或者监督机构。该实验室拟取代已有的属于伊利诺伊州警方的实验室。该建议的提出是为了改善法医鉴定服务的总体质量，并消除州立鉴定机构在提供服务时所表现出来的任何不公。②

4. 全州范围的复核委员会

为了消除伊利诺伊州死刑适用方面明显存在的地区和种族差异，委员会建议，建立一个全州范围的委员会复核每个州检察官寻求死刑的决定，赋予它在认为不合适时否定检察官的决定权。立法机关和州长都没有采纳该建议。③

5. 伊利诺伊州最高法院在确认歧视性死刑适用方面的复核权

委员会同时也建议，州最高法院能够在对比类似案件所判刑罚

---

① Thomas Sullivan: Reform of Capital Punishment _ Made and Unmade, 92 Ill. B. J. 202（April 2004）.
② 同上。
③ 同上书，92 Ill. B. J. 221（April 2004）.

的情况下，考量任何个别案件中的死刑量刑是否过分或者不恰当。这种罪刑相适应程度方面的复核将有助于监督和预防死刑适用方面的歧视。尽管该州新的法律改革了上诉程序，赋予州最高法院在发现死刑"在根本上是不公正"时，可以推翻死刑判决，但是，法律却不要求对刑罚是否适当进行审核。

需要注意的是，有些州已经确立制度，允许被告人在其被指控的案件中或者一般死刑指控中提出受到歧视抗辩。例如，在新泽西州，州最高法院就对个别死刑案件的刑罚是否适当进行审查。它还从制度性歧视模式方面审核某一案件是否存在歧视。[1] 肯塔基州根据《平权法案》实际上也实行一种对种族歧视理由进行裁决的制度。在该制度中，允许被告人主张控方做出指控决定的动机中存在种族歧视。根据《平权法案》，被告人可以基于种族因素是决定寻求死刑量刑的基础而要求对特定的量刑审理作出禁止裁决。[2] 这是两种各州在刑事量刑实践中用于确认歧视和消除歧视的程序。

6. 一级谋杀指控数据的收集

委员会建议，在所有的一级谋杀案件中，无论是否寻求判处死刑，都应当收集信息。这些数据应当包括案件事实、被告人的背景以及做出量刑的基础。[3] 该数据将协助立法机关判断死刑的适用是否公正，以及帮助联邦最高法院进行罪刑是否相适应的审查。

二、改善辩护代理工作

在 2003 年，美国律师协会出版了在保留死刑的司法区域具体规

---

[1] Baldus & Woolworth: "Equal Justic And The Death Penalty: A Legal and Empirical Analysis", 53 DePaul L. Rev. 1411, 1460, 1473 (2004).
[2] 同上书, 53 DePaul L. Rev. 1466 (2004).
[3] Thomas Sullivan: Reform of Capital Punishment _ Made and Unmade, 92 Ill. B. J. 200 (April 2004).

定辩护律师在死刑案件中所需辩护的绝对最低标准。① 美国律师协会花费了两年时间起草最新的指南,在全国范围内召集法律专家提出建议和咨询。美国律师协会敦促所有保留死刑的州采纳和执行这些指南。

美国律师协会敦促辩护律师遵循下列最低要求:

(一)审前调查

为了质疑和反驳控方的指控事实,为拯救被告人生命积极准备辩护,辩护律师必须通过审前调查为审判进行准备。② 审前调查对于辩护律师为被告人进行辩诉交易以挽救其性命,或者发现被告人不符合死刑案件条件方面的事实至关重要。作为最低要求,美国律师协会要求辩护律师至少要获得一名专业调查人员和减轻情节专家,以及任何适当专业人士的协助。③ 充分的审前调查包括获得所有指控文件、警方报告和其他可以通过正式和非正式披露的证据复印件,寻找所有潜在的证人,以及现场目击者。辩护律师应当使用自己的专家重新审查控方的证据,并尽快勘验犯罪现场,最好是在所控犯罪发生时类似的条件下进行。④ 为了发现减轻情节,辩护律师应当会见熟悉被告人身世和背景的证人,获得被告人的病史,以及关于被告人家庭和社会背景、教育、工作和服役记录以及其他犯罪前科等方面的证据。⑤ 调查和发现这些减轻证据对在审判量刑阶段挽救被告人的生命亦至关重要。

(二)与客户的关系

辩护律师还应当努力与他们的客户之间建立信任和亲密的关

---

① American Bar Associettion:"Guidelines for the Appointment and Performace of Counsel In Death Penalty Cases",发表于 31 Hofstra L. Rev. 913, 933(Summer 2003)(下文或称指南条文数字或者附有页码的"ABA 指南")。
② ABA 指南 10.7。
③ ABA 指南,第 924—925 页。
④ 同上。
⑤ ABA 指南,第 924—925 页。

系。① 这意味着尽可能地会见被告人，为了避免自认其罪或者预防无律师咨询下向警方和检察官供认和招供，而尽快与被告人进行会见，以及使被告人知悉所有和案件有关的事情。因为存在文化差异或者教育区别，与客户的交流常常是对辩护律师的挑战。死刑被告人常常会出现精神疾病或者性格扭曲，也会使交流变得困难。辩护律师应当准备和社会工作者或者精神病专家一起确定并克服这种交流障碍。与被告人良好的工作关系，对被告人律师而言是必要的。

(三) 审判和审后代理

在审判过程中，律师必须提出每一个可能存在的法律问题，在陪审团的遴选和专家证人、证据的使用方面充分敏感，并富有经验。他们必须能够通过交叉询问对控方的证据和专家提出有效的挑战。② 高质量、有效率的代理在州和联邦定罪③后的程序中以及申请暂缓执行方面也很有必要。④ 这些后期程序充满了复杂的程序性规则和惯常做法，而且有许多截止期限，并面临困难的策略选择。在这些案件的后期阶段，美国律师协会呼吁律师要非常熟悉程序方面的技术规则以及州、联邦以及国际法上和死刑有关的实体规则，包括任何联邦最高法院尚未涉及的边缘问题。进一步的审后调查对发现任何被告人在定罪后程序提出上诉或者申请赦免的理由也至关重要。

(四) 方便辩护律师的继续工作

对于被告人而言，不可能在每一个阶段都用同一律师团队来代理。为了便利继任律师的工作，辩护律师应当以方便继任律师了解诉讼中所有重要进展的方式保留案件记录。他们也应当与继任律师分享他们在法律和事实上的研究成果，在继任律师应当选择何种妥当的法律策略方面与其合作。⑤

---

① ABA 指南 10.5。
② ABA 指南，第 925 页。
③ ABA 指南 10.14, 10.15.1。
④ ABA 指南 10.15.2。
⑤ ABA 指南 10.13。

(五) 系统性改革

认识到贫穷被告人辩护质量方面的许多问题并非源于个人失误和能力不足，而是源于更广泛的体制问题后，美国律师协会敦促各州采取措施改革其贫穷被告人的辩护体制。[①] 最重要的措施有：

(1) 取消个案个别指定制。

(2) 为最具有经验并致力于死刑代理的辩护律师提供充足的基金，以便他们可以组成一个包括专业调查人员、减轻情节专业人士和专家组成的辩护团队，并将团队成员的工作量保持在可以控制的范围内。[②]

(3) 确定死刑案件中被告人律师最低的培训标准，规定为这种培训提供资助和补偿，避免在如此复杂案件中指定缺乏专业知识的私人辩护律师从事死刑辩护。[③]

(4) 指定一个州立机构确定辩护工作标准并监督所有辩护律师的工作表现，以确保客户获得高质量的法律代理。规定调查和解决所有投诉的程序，定期审查这些有资格在死刑案件中接受指定辩护的律师。该机构有权在通知律师并且提供听证机会之后将该律师从名册中除名。[④]

[①] ABA 指南，第 937 到 938 页。
[②] ABA 指南 4.1, 6.1, 9.1, 10.3。
[③] ABA 指南 5.1, 8.1, 9.1。
[④] ABA 指南 3.1, 7.1, 10.1。